|天
Borderless
|下

天下，在乎正义和你

霸权的黄昏

大国的衰退和收缩

[美]保罗·K.麦克唐纳　[美]约瑟夫·M.培伦特　著
武雅斌　郭晓梦　译

法律出版社
LAW PRESS·CHINA
—— 北京

Twilight of the Titans: Great Power Decline and Retrenchment
by Paul K. MacDonald & Joseph M. Parent
originally published by Cornell University Press.

著作权合同登记号
图字：01-2019-4189

作 者 简 介

保罗 ·K. 麦克唐纳 Paul K. MacDonald

美国韦尔斯利学院政治学副教授，著有《统治网络》。

约瑟夫 ·M. 培伦特 Joseph M. Parent

美国诺特丹大学政治学副教授，著有《联邦》《美国阴谋论》。

译 者 简 介

武雅斌

现任联合国工业发展组织投资和技术促进办公室（中国 · 北京）主任，兼任中国国际贸易学会常务理事，中国信息化百人会成员，中华股权投资协会首席经济学家，美国索菲亚大学客座教授。曾任对外经济贸易大学全球价值链研究院执行院长、国际经贸学院院长、国际战略投资研究中心主任及多家上市公司独立董事。曾就职于商务部发展司、外贸司、国际贸易谈判代表办公室，长期从事宏观经济研究、贸易与产业政策制定和国际贸易谈判工作，曾任浙江省义乌市副市长。

北京大学应用经济学博士后，中科院管理科学与工程博士，美国杜克大学亚太研究所访问学者，英国伦敦大学学院公共政策硕士，中国人民大学法学硕士。译有《金刚之美》等，著有《新时期中非发展合作研究报告》《进口贸易与中国实践》等。

郭晓梦

对外经济贸易大学翻译硕士，曾任对外经济贸易大学全球价值链研究院见习研究员。

只是近黄昏

——《霸权的黄昏:大国的衰退和收缩》译者序与中美关系漫谈

中美关系是21世纪最重要的大国关系,没有之一。

2004年年底,美国经济学家彼得森国际经济研究所所长弗雷德·贝格斯滕(C. Fred Bergsten)最早提出了中美"两国集团"(G2)的概念,美国哈佛大学经济史教授尼尔·弗格森(Niall Ferguson)更直言不讳"不是两个国家,而是一个:中美国(Chimerica)"。关于中美两国力量的对比和消长,弗格森坚信"21世纪将属于中国",而"软实力之父"约瑟夫·奈(Joseph Nye)则强调:"中国在全球的崛起是一个漫长的过程,现在还远不能标志着美国世纪的结束。"很多人对中美和平进行权力转移持悲观态度,"修昔底德陷阱"论者是最典型的代表。这个词源自古希腊著名历史学家修昔底德,他认为当崛起中的大国与既有的霸权国家竞争时,战争通常变得不可避免。

在《霸权的黄昏:大国的衰退和收缩》这本书即将付梓之际,在中美之间关于COVID-19的"舆论战"正渐趋升温的当口,作为译者,希望可以借着对21世纪的前两个十年中美关系特别是经贸关系发展脉络的回顾,与读者共享一片冷静思考和理性判断的空间。

近年来,在充满竞争与合作的国际舞台上,中美显然是主角。中美关系既经历过从正式建交到苏联解体前的"蜜月期",也经历过克林顿执政时期的磕磕绊绊，再到小布什公然将中国当作战略竞争对手加以“遏制”的剑拔弩张。奥巴马上台伊始，恰逢中国 GDP 上升至全球第二，美国立即做出战略调整，军事上“重返亚太”（strategic pivot to the Asia-Pacific），经济上提出将中国刻意排除在外的“跨太平洋伙伴关系协定”（TPP）。这些做法背后的逻辑一以贯之，然而，它们大抵没有成功：中国的和平崛起并没有受到太大干扰，经济总量与美国的差距日渐缩窄，在工业产出、基础设施、科技创新和国际影响力等方面表现亮眼，而且民族复兴的信心和捍卫国家利益的意志大大增强。

2007～2008 年间，我有机会赴美国杜克大学亚太研究所（Asian/Pasific Sdudies Institute of Duke University）做了一段时间的访问学者。彼时，中美贸易已经出现一些不和谐的声音。在一个初春微凉的夜晚，在杜克大学社会学系一位资深教授的家里，我们进行了一整天关于创新、产业政策、地缘政治经济等题目的广泛讨论后，面对壁炉里即将熄灭的炉火，忧心忡忡地叹喟，“中美在经贸领域将进入矛盾多发期”。众所周知，中美经贸关系的本质是互利共赢。中国改革开放以来，中美经贸合作给两国企业提供了巨大的市场，创造了大量就业机会，还非常可观地降低了美国家庭的平均开支负担。随着中美贸易额的不断走高，中美间贸易摩擦自然也如影随形，作为一个常态化问题始终保持着“适度”的规模和“可控”的影响，发生贸易争端的出口商品占中美总贸易额通常不超过百分之一，单个案值也较小。但 2008 年后，形势发生了很大变化。2009 年美国对华轮胎特保案涉案金额达 22 亿美元，2013 年光伏“双反案”更高达 84 亿美元。近年来，美国对华贸易救济单案涉案金额经常以 10 亿美元起步。2019 年 1～11 月，除贸易救济调查外，美国还发起了 25 起涉及中国出口产品的 337 调查，涉案金额约 165 亿美元，案件数量和金额同比分别增长 47%和 9%。

2008 年由美国次贷危机引发的全球金融危机，并未对其本土经济造成根本性伤害，但中国在危机中体现出内生性力量及对欧洲的慷慨救助，使中国在东亚地区乃至世界的影响力和威望剧增，这给“市场至上”的美国带来了巨大的心理冲击。西方主流经济学家和政策制定者对“经济计划”和“产业政策”普遍存在一种强烈的“俯视感”，但中国特色市场经济将“看不见的手”与“看得见的手”相结合,“两手都要硬”的救市措施在危机中表现出色;与此同时,中国产业迭代速度日新月异,“增益型”“应用型”创新层出不穷,一直以来中国政府制定的经济和社会发展规划的执行力度惊人,引起了美国精英界的震动。这也就解释了为什么欧美各国都可以有自己的产业战略规划,唯独《中国制造2025》会引起西方国家的广泛不安和戒备,不仅是因为其中踌躇满志的十大战略领域“剑指”欧美未来产业的核心竞争力,更让他们恐惧的是中国政府说到做到的强大执行力。

访学归国不久,我很快成为中国贸易代表办公室的一员。其后的若干年里,我亲历了中美间多次经贸谈判,有机会近距离观察其中的峰回路转与波谲云诡。其中,奥巴马当选后为回报美国钢铁工人而执意对中国发起的“轮胎特保案”给我留下的印象最深。“特保”是“特定产品过渡性保障机制”和“特殊保障措施”的简称,是中国入世协议中一条专门针对中国设计的临时性、单方面、具有一定歧视性的贸易救济方式。中国签订入世协议时,中美间达成不成文的默契,在没有穷尽所有贸易救济手段的前提下,美国不会“非善意”动用这一“杀手锏”。但奥巴马上台后,为尽快扭转选战期间竞争对手批评其“外交经验不足”和“不懂经济”的印象,执意用“特保”的大棒威吓中国。错上加错的是,在中国已发出必将坚决回击的明确信号后,美国仍一意孤行,结果24小时内就得到了其“想得到的”结果——中国果断而切中要害的有力反击。以至于半年后,在杭州西湖畔举行的年度中美商贸联委会上,美方代表带来总统的口信,希望双方偃旗息鼓,重新回到谈判桌前——而这正是中方此前一直建议美国的。而后,美国又鼓噪将中国列入“汇率操纵国”,发起光伏“双反”等,可谓一波未平、一波又起。记得在一次谈判期间,在华盛顿举办的中美工商界早餐会上,一位美国500强企业高管低声抱怨:“国会山的空气已经被毒化,任何为中国辩护的行为在美国都可能成为一种‘政治不正确’!”这种斗而不破、时雨时晴的局面一直持续到特朗普就任前。

直至2016年美国大选的最后一刻,很多人仍坚持认为,经历过“占领华尔街”的美国人无论多么急于“让美国再次伟大”(MAGA),也不会选择一个房地产商人作总统。结果让人跌破眼镜,却又异常合理:“后全球化”时代以“美国优先”为旗帜的美国民族主义思潮泛起,加上大数据和社交软件等新兴助选工具的成熟应用,将美国“铁锈地带”(Rust Belt)中间选民票仓这一关键少数的决定性作用发挥得淋漓尽致。

特朗普当选后,国内很多所谓专家(pundits)又统一调门,乐观地表示特朗普毕竟是个商人,在生意上和中国打过多次交道,在“实用主义”方面应该和中国有更多“共同语言”。然而未曾想,特朗普一上台就毁约、“退群”、极限施压,挥动关税大棒四面出击,让对手、伙伴乃至盟友都摸不到头脑。2018 年 3 月 23 日,就在美国宣布正式对华开启“301 调查”的当天,恰好彼时我所在的大学邀请美国曾分别任奥巴马和小布什政府前贸易谈判代表的苏珊·施瓦布(Susan C. Schwab)女士和迈克尔·弗罗曼(Michael Froman)先生出席公共学术论坛。席间,两位讲演者多次提及当前对世界经济的最大挑战,是日益增加的“不确定性”。会后的工作午餐上,我表示“愿闻其详”。尽管两位分别为民主党和共和党的总统工作,却异口同声地慨叹:“美国人每天早上醒来第一件事就是看推特,因为谁都不知道今天会发生什么。”是的,特朗普的出现,大大增加了世界的不确定性,但唯一可以确定的是,中美间竞争加合作的“竞合”关系,将会成为未来一二十年两国关系的主流。

其实这一点,可以从近年来日本对中国崛起的反应而窥得一二:2007 年中国工业增加值超过日本,2010 年中国 GDP 超过日本跃升为世界第二大经济体,成为中日关系的关键转折点。日本国内“中国威胁论”开始甚嚣尘上,各种政治敏感动作不断,而 2010 年钓鱼岛撞船事件和 2012 年日本对钓鱼岛实施“国有化”导致中日关系急剧恶化,降至冰点。彼时中国经济持续高歌猛进,短短 5 年后,2017 年中国工业增加值已是日本的 3.5 倍,GDP 是日本的 2.5 倍。日本认识到再也无法压制中国的发展,激化矛盾只会损害自身利益,进一步拖累经济发展,终于调整好心态,认真思考如何适宜地同作为新晋世界第二大经济体的中国打交道。2018 年 5 月,终于迎来中日关系转圜,中国总理时隔 8 年后第一次正式访日,中日关系回到正常轨道,中国和日本正变得越来越相互依赖。

反观美国,从制造业指标看,2008 年中国工业增加值为美国的 70%,2011 年中国首次超过美国,到 2017 年中国工业增加值已超出美国 1/3 以上。要知道,日本就是在制造业达到美国 70%时开始受到美国打压。而中国的 GDP 从 2001 年仅为美国的 1/11,到 2019 年已达到美国的 65%。据国际货币基金组织、世界银行等多家机构预测,2030 年左右中国 GDP 将超过美国。因此可以合理预期,至少在接下来的 10 年,中美关系的总基调应仍处于竞争与合作并存,机遇与挑战同在。

如果说奥巴马时期对中国的阻遏还保持了一定的斯文,特朗普执政以来中美之间的“竞合”关系日渐凸显,贸易争端的“战火”很快在双边及多边场合全面点燃,进而延及投资、科技、金融和国际治理甚至军事等诸多领域。经过几轮实力和意志的较量后,直至 2020 年初中美第一阶段经贸协议尘埃落定,担心中美之间爆发“新冷战”的全世界才算松了一口气。但即使当新冠疫情在中国已得到初步控制而美国面临较大挑战的危急情况下,美国国内的一些人仍在不断叫嚣所谓“中美脱钩”,似乎争着要为受疫情冲击本已十分脆弱的全球经济压上最后一根稻草。

看来,相信中美之间“必有一战”的人仍有市场。他们似乎从历史上捕捉到了什么,却又始终无法给出令人信服的证据;他们恐惧《当中国统治世界》一书中描绘的图景会最终降临,即使作者都出面澄清:“对这本书的书名不应仅仅按照字面上来理解,因为没有任何一个国家能够真的‘统治’世界,历史上没有,将来也不会有”;他们还会搬出 1993 年冷战刚结束时出版的《文明的冲突》,言之凿凿地把“中华文明”和“伊斯兰文明”树为“西方文明”的挑战者和对立面,全然不顾原书名字的后半段不是什么“世界的毁灭”,而是“世界秩序的重建”。

的确,如果单从经济上看,2007 年中国对全球增长的贡献就已经超过美国,这是至少自 20 世纪 30 年代以来,首次有某个国家能做到这一点。国际货币基金组织预测数据显示,2019 年中国对全球经济增长的贡献率为33%,美国仅为11%。然而,如果我们可以更加客观,看看人均排名,2019年中国人均GDP仅列世界第72位,而美国则是第8位。即使从贸易上看,虽然中国在2009年和2013年就先后取代美国成为世界第一出口大国和第一贸易大国,但根据2012年12月经济合作与发展组织与世界贸易组织共同发布的53个国家基于增值法统计的贸易数据,中国的贸易额仅居全球贸易第19位。

正如很多学者所言,经济体量的大小并不能直接反映国家的实力地位。当前中国面临着经济发展不平衡、不协调、不充分等一系列内部挑战,仍是世界上最大的发展中国家。而美国依然拥有地缘政治、经济和军事方面的绝对优势,在接下来的若干年里仍将保持其在国际秩序中的核心地位。尽管从相对意义上讲,中国以及其他新兴大国的崛起,势必造成美国的相对衰落,但问题的关键在于:美国是否面临绝对衰落?关于这一点,仁者见仁,美国国家情报委员会曾预测:"美国在2030年将是世界上最强大的国家,但不会是'霸主'。'单极时代'已经结束,美国将不会像过去那样强大。"

21世纪的第三个十年已然拉开序幕,中美关系将会走向何方?"修昔底德陷阱"的预兆是否会出现?中美是必将落入其中,还是可以凭借政治智慧创造出新的共赢模式?人类的历史是否会因此改写?以上等诸多问题,相信历史可为我们提供更多镜鉴。

《霸权的黄昏:大国的衰退和收缩》这本书恰恰从近代历史的角度,为读者提供了对上述问题的回答。在这本书中,两位美国学者保罗·K.麦克唐纳(Paul K. MacDonald)和约瑟夫·M.培伦特(Joseph M. Parent)重点解答了关于大国如何应对衰落的问题。首先,他们对"相对衰落"和"绝对衰落"进行了区分,认为应重点考察"持续5年以上并导致国家地位下降的相对实力的削弱"。接着,他们研究了1870年(从这一年开始才有了较可靠的GDP统计数据)以来6个国家在不同时期面临不同程度衰落的16个历史案例,对大国权力转移进行了定量分析,得出"收缩是应对衰落最常见的反应"这一与很多人的常识相违的结论。进而,作者分别从财政、军事、机构改革、资源配置和外交政策等方面,给出了国内和国际两个层面进行收缩的具体政策分析,讨论了收缩的可能性。最后,作者得出一致结论:收缩并不一定会导致战争和国家衰败,反而可以帮助大国体面地应对衰落,甚至有可能恢复昔日的地位;而那些未进行收缩的国家则往往会加速衰落,而用暴力争夺霸权的崛起大国通常会走向毁灭。

具体而言,该书第一章对衰落会导致内部瘫痪和外部动荡的传统观点提出质疑;第二章解释了大国在衰落过程中采取收缩政策的原因,并介绍了收缩的不同形式、具体政策和相应条件;第三章对衰落进行了量化分析,通过对 16 个衰落案例的研究,得出衰落中的大国通常会采取收缩策略,而且收缩程度由其衰落程度决定;第四章和第五章考察了两个“轻度”衰落案例,分别是 1872 年和 1908 年的英国,阐述了同一国家在不同的环境条件下会采取不同的收缩方式;第六章和第七章比较了两个“中度”衰落的案例,分别是 1888 年的俄国和 1893 年的法国,显示政治制度存在根本差异的两个国家同样会采取类似的收缩政策;第八章和第九章分析了两个“重度”衰落的案例,分别是 1903 年的俄国和 1925 年的法国,表明无法根据所处的困境来限制雄心的国家最终会面临致命结局;结论部分则对潜在的中美权力转移做出了预测,认为中国的崛起不具有必然的危险性,而美国可能会采用较温和的收缩政策,同时相信两国有令人信服的动机避免对抗,通过和平外交手段解决争端。这一点与约瑟夫·奈在《美国世纪结束了吗》中的判断不谋而合:“从 19 世纪末美国成为世界上最大的工业强国开始至今,实施收缩政策的总统包括艾森豪威尔、尼克松、福特、卡特、老布什和奥巴马”,而当前特朗普的政策则充满了矛盾与前所未有的“不确定性。”

本书从历史实证角度出发,为如何理解大国面对衰落时的反应提供了崭新的视角,对重新审视中美大国关系具有尤为重要的意义。当前,任何一个全球问题的解决方案,如果离开中美两国的合作,都必然是不可能取得成功的,此次全球合作抗疫正是例证。正如尼尔·弗格森所说:“如果‘中美国’继续密切合作,我们将找到走出森林的路径;但如果它们在危机中分道扬镳,我们将就此告别全球化。”

此外,本书对世界其他国家也具有借鉴意义。中美两国作为全球最大的两个经济体,所有国家都希望与两国保持良好的关系而非被迫“选边站”,因为这决定了其能否在未来搭上中美的“顺风车”,分享发展带来的机遇,而不是忙着帮一方制衡另一方。

今年年初,在得到翻译书稿即将与读者见面的消息时,我正忙于新的工作转型——加入联合国大家庭,担任联合国工业发展组织中国投资促进办事处的负责人,为可持续与包容性工业发展(ISID)贡献一己之力。新的身份使我不方便再站在任何一个国家的立场评论时事和具体政策,而历史的维度和学术研究的方法就成为了一个非常巧妙的切入点和出发方向。我十分感恩合作译者郭晓梦老师及很多师生朋友为协助我翻译此书付出的辛勤劳动,也感恩家人对我的无私支持。尽管在翻译的过程中我们不免时不时迷失在枯燥冰冷的历史和政治术语中,但得到更多的则是心灵的相互启迪和温暖慰藉。我很庆幸在鲁迅文学院第35届中青年作家高级研讨班(翻译家班)的同学推荐下,承接了这本书的翻译工作,也为我能在正式投入繁忙的多边工作前将书稿完成并交到慧眼独具的选题编辑和出版社手中备感欣慰。

中国需要继续坚持走和平发展的道路,美国则应当尽早接受中国崛起的现实。“合则两利,斗则俱伤”,双方只有在合作中才能找到最佳平衡,否则难免会陷入“囚徒困境”。我相信,任何从良知出发的思考,都将引发正直的行动,并最终具备改变世界的力量。

最后,衷心希望本书的译介可以为读者带来新的启示,若有错漏之处,必是译者的水平所限,尚祈读者与专家批评指正。

2020年3月　终稿于陶然亭

目　录

致　谢

本书探讨了国家如何发展并保持自身的最高竞争力。本书认为,实现路径之一就是最大限度地降低对他国的依赖,或完全自力更生。我们相信这一方式在国际政治层面是正确的,但在学术层面却是个假命题。在完成本书的过程中,许多团队和个人帮助我们克服了自身的无知和懒惰,大大提升了本书的质量水平。最应感谢的是我们一直以来的顾问鲍勃·杰维斯(Bob Jervis)和杰克·斯奈德(Jack Snyder),是他们给了我们开始这项工作的灵感,也是在他们的帮助下,这本书才能顺利完成。我们还要感谢曾参与本书研讨会的各位:比尔·沃尔沃斯(Bill Wohlforth)、大卫·埃德尔斯坦(David Edelstein)、萨拉·克莱普斯(Sarah Kreps)和陶德·塞克斯(Todd Sechser)。在大家的推动下,本书才得以更加简短、清晰及有力。

以下各位也在本书完成的各个阶段提供了自己的意见和建议:马西亚·贝克(Marcia Beck)、迈克·贝克利(Mike Beckley)、杰夫·科尔根(Jeff Colgan)、艾蒂恩·迪·杜兰德(Etienne de Durand)、杰夫·安格尔(Jeff Engel)、查理·格拉泽(Charlie Glaser)、史黛西·戈达德(Stacie Goddard)、劳拉·戈麦斯-梅拉(Laura Gomez-Mera)、布兰登·格林(Brendan Green)、凯尔·黑尼斯(Kyle Haynes)、罗杰·卡内特(Roger Kanet)、罗恩·克莱伯斯(Ron Krebs)、克里斯·莱恩(Chris Layne)、杰克·莱维(Jack Levy)、詹姆斯·麦卡利斯特(James McAllister)、伊万·蒙哥马利(Evan Montgomery)、乔恩·蒙特(Jon Monten)、吉米·摩洛(Jim Morrow)、沙尼·摩尔(Shany Mor)、桑迪亚

哥·奥利维拉(Santiago Olivella)、乔治·裴登(George Pedden)、罗伯特·鲍威尔(Robert Powell)、乔什·什福林森(Josh Shifrinson)、布洛克·泰斯曼(Brock Tessman)、比尔·汤普森(Bill Thompson)、史蒂夫·沃尔德(Steve Ward)、阿历克斯·维斯哲(Alex Weisiger)和布兰登·约德(Brandon Yoder)。另外,还要感谢参与剑桥大学、康奈尔大学、乔治·华盛顿大学、南卫理公会大学、德克萨斯州农业机械大学、乔治亚大学、迈阿密大学、圣母大学和韦尔斯利学院研讨会的各位同侪。我们也不会忘记乔·卡拉斯(Joe Karas)、俄琳·佩尔蒂埃(Erin Pelletier)和萨沙·郑(Sasha Zheng)在研究中为我们提供的宝贵协助。每个人都尽了全力帮助我们避免错误,所以如果有任何错误,都是错在作者冥顽不灵。

非常感谢迈阿密大学提供的教务长研究奖,以及韦尔斯利学院提供的教职工研究奖对我们的资助。意大利富布赖特委员会、国际社会科学自由大学、圣母大学艺术与文学学院文科学者研究所也在调研的最后阶段,为本书提供了支持,协助了本书的出版。康奈尔大学出版社的工作人员为这个项目提供了极大的便利,我们非常感谢罗杰·海登(Roger Haydon)、史蒂夫·沃尔特(Steve Walt)、鲍勃·阿特(Bob Art)和一位不愿公开姓名的外部审稿人。本书包含了我们的文章《体面的衰落?——大国收缩策略的意外成功》中的部分内容,该文章发表于《国际安全》第4卷第35期(2011年春),由麻省理工学院出版社出版。

本书的付梓,离不开朋友和家人的支持。或许他们并不很理解我们所做的事情,但总能理解做好这件事的必要性。保罗要感谢他的妻子史黛西·戈达德(Stacie Goddard)、母亲贝蒂·麦克唐纳(Betty MacDonald)、兄弟布莱恩·麦克唐纳(Brian MacDonald),还有克里斯特尔·威廉姆斯(Chrystal Williams)、戴维·默里(Dave Morley)、詹妮弗·帕帕帕弗洛(Jennifer Papapavlou)和安德里亚斯·帕帕帕弗洛(Andreas Papapavlou)、拉敏·马纳德(Ramin Mahnad)和波利娜·马纳德(Polina Mahnad)、尼基尔·那拉言(Nikhil Narayan)、恩格尼·穆尼摩(Ngoni Munemo)和朱莉娅·穆尼摩(Julia Munemo)、唐·埃尔默(Don Elmore)和朱莉·普林提斯(Julie Prentice)以及艾利克斯·蒙哥马利(Alex Montgomery),感谢他们的爱和支持。约瑟夫也希望借此表达对朋友和家人无尽的谢意:巴克(Buck)和胡迪(Huddie)、P. 罗杰斯·尼尔森(Rogers Nelson)、阿比盖尔·贝克(Abigail Becker)、卡罗莱纳·桑多沃·加西亚(Carolina Sandoval Garcia)和玛丽亚·德尔·皮拉(Maria del Pilar)。

这本书也要献给我们的孩子索菲·麦克唐纳(Sophie MacDonald)、斯黛拉·麦克唐纳(Stella MacDonald)和尼可·帕伦特(Nico Parent)。虽然他们迫使我们压缩一定的睡眠时间,却让我们的生活充满了新的欢乐。孩子们直面生活的挑战,也让我们对衰落这一概念悟得一二。我们期待通过他们的眼睛看世界,也希望他们能比父辈看得更远。

序　言

其实，我认为真正的原因最不易为人所察。雅典日益壮大，由此引起了斯巴达的警觉，二者使战争不可避免。

——修昔底德(Thucydides)

如此卓绝的努力和非凡的勇气定会引起后人的注目；但这只能在史册上留下微弱的痕迹，因为国家的命运并没有因此发生本质的改变。

——爱德华·吉本(Edward Gibbon)

大国该如何应对相对衰落？自修昔底德以来，人们普遍认为，大国权力转移是尤为危险的。[1] 陶醉于新获得的力量，崛起中的大国会破坏和颠覆现存秩序，民族主义政治家抨击过去遭受的耻辱，渴求未来的荣耀。崛起中的国家认为自己是在争取生存权，而衰落中的国家则认为他们的生存权正被他国蚕食。由于害怕丧失影响力，以及随之而来的更糟境况，衰落中的大国会采取武力威胁来保持现状，外交面临破裂，因为双方都不再相信对方会遵守协定。随着弱小的国家站到挑衅方一边，联盟不再具有威慑作用。由于政党分化、特殊利益集团介入，以及外交陷入拉锯或僵局，国内机能失调进一步加剧，结果往往是灾难性的：恶性内部斗争、政治僵局、无重点的外交、不断升级的危机、孤注一掷的选择以及最终导致的结果——战争。同自然界的日食一样，政治中的“日食”也是一段格外黑暗的时期。

如果相对衰落期间的根本问题是国家努力用日益减少的资源维持或扩大雄心，那么解决办法可能是降低雄心水平以配合当下的路径。但传统观点认为，这无益于解决问题，相反收缩会带来更多问题。对外，收缩意味着软弱，会引起盟友的焦虑并刺激对手的贪婪，“脱钩”会破坏区域稳定，造成分裂，进而导致国际秩序分崩离析。对内，惊慌的说客会动员民众捍卫狭隘的国家利益，而强硬派则会把退却等同于失败，把提倡采取收缩战略的人当成天真的绥靖主义者，决策者不会在国内重新投资，而是顺势增加军费。[2] 如此一来，虚张声势将胜过外交策略，挑衅将取代威慑，而当前先发制人的战争比之后不可避免的失败更为可取。

本书认为传统观点是错误的。具体而言，我们提供了三个主要论点。首先，由于国家力求保持战略偿付能力，相对衰落会导致相应地迅速收缩。国际体系是一个大竞技场，大国是无法通过轻率、非理性或不负责任的方式登顶的。当国运衰退时，国家倾向于保留那些成就其伟大的道义准则，面对衰退，大国对自身的相对能力有很好的认识，但除非迫不得已，他们不会轻易作出让步。在衰落期间扩大或保持宏伟的战略雄心，会带来无法承受的负担，而且会煽动无法取胜的战争，因此国家衰落速度越快，收缩也就会越严重。大国也可能在其他情况下选择收缩，但在面对相对衰落时，他们选择收缩的动机最为强烈。

其次，相对衰落的程度不仅决定了一个国家的收缩程度，还决定了其采取的政策。世界是复杂而残酷的，领导者不能为获得预期效果而轻易下架某项政策，因为国际政治是一个自助(self-help)体系，大国更喜欢那些能较少依赖盟友和对手的政策。由于缺乏更合适的术语，我们倾向于将以下这些称为国内政策，包括削减支出、改建军队以及改革机构，从而重新配置资源并实现资源的更高效利用。而国际政策则包括重新部署军队、化解冲突热点和重新分配国际责任，目的是避免高代价的冲突并强化战略要点。一个国家衰落的速度越快、程度越深，就越愿意依赖其他国家来减缓其衰落。收缩不是一件武器，而是一个武器库，可以根据不同的情况和面临的对手而使用不同的数量及组合。

最后，除衰落程度外，结构条件是影响大国如何应对相对衰落的最重要因素。衰落中的国家进行收缩的条件有四个。一是衰落国家的排名。在大国序列中,位于顶层的国家比位次较低的国家拥有更多的资源和犯错的余地,因此收缩的紧迫性较小。二是盟友的可利用性。如果国家可以将责任转移到具有相似偏好的有能力的地区大国,那么收缩的风险和难度就会降低。三是对外承诺的相互依存度。当国家认为一个地方的承诺与其他地方的承诺紧密相关时,撤回承诺就变得更加困难且不切实际。四是对征服的考量。如果扩张能带来好处而收缩没有,那么大国就不会倾向于进行收缩,世界不仅是复杂而残酷的,同时也是动态变化的,没有任何条件是永恒的,领导者必须与时俱进。

从实证角度来看,该研究的价值在于首次系统地研究了当代大国权力等级中的所有变化。自 1870 年以来,大国的可靠数据得以获得,我们发现了 16 个相对衰落的案例,并通过不同方式将他们与非衰落国家进行了比较。研究结果显示,收缩是迄今为止面对相对衰落时最常见的反应,此外衰落大国与非衰落大国的表现不同。衰落国家更有可能削减军队和预算,以及在极端情况下组建联盟,但他们还未能熟练地利用这些措施;衰落国家在军事化争端中表现得相对较好,然而,我们的主要发现是,进行收缩的国家在一定程度上可以恢复先前的地位,但那些未进行收缩的国家则没有。这些结果挑战了大战略(grand strategy)和战争理论,为决策者提供了指导,并指出了一条为人所忽视的和平之路。

这一问题为何重要

相对衰落具有危险性,这已成为国际关系中具有广泛影响的基本真理。首先,这一假设为我们的大多数战争与和平理论提供了依据。霸权稳定论者认为,相对衰落削弱了体系的领导国维护国际秩序的能力;[3] 权力转移论者警告说,相对衰落为修正主义者提供了挑战现状的机会;[4] 权力平衡的批判者认为,权力突然转移可能会破坏维持和平所需的微妙平衡;[5] 理性主义理论认为,差异增长会导致承诺问题无法解决,这是引发战争的主要原因之一。[6] 就每种方法而言,相对衰落都是解释和平稳定的关系何以演化为不稳定与冲突的核心因素。

相对衰落是危险的,这一观点也具有重大的政策含义。领导国之所以相信声望的重要性、信誉的必要性以及绥靖政策的危险性,是基于如下观念:即便仅仅感知到衰落也可能预示着大国的末日。[7] 从历史上看,对多米诺效应和对手肆意妄为的担忧,一直是地缘政治过度扩张和战略调整失败的根本原因。[8] 支持美国海外介入的当代观点认为,美国影响力削弱将破坏国际体系的稳定。[9] 罗伯特·卡根(Robert Kagan)预言,“削减国防开支……会使美国盟友不安,而且会打击加强合作的努力。世界范围内已经形成美国正在走向衰落的认知”。[10] 罗伯特·卡普兰(Robert Kaplan)也预测,“美国减少国际参与会对人类产生毁灭性的后果。若美国在国际责任面前退缩,今天我们所目睹的破坏只是其后果的冰山一角”。[11]

政策制定者给出的评判惊人地相似,“我们从惨痛的教训中认识到,当美国缺席,尤其是在不稳定地区缺席时,会造成诸多后果”。美国前国务卿希拉里·克林顿表示,“例如,极端主义扎根,侵略者乘虚而入,以及世界各地的安全问题,包括国内安全都会受到威胁”。[12]2012年,时任国防部长的莱昂·帕内塔(Leon Panetta)同样认为,“如果我们从世界的关键地区撤离,就有可能失去通过(军事人员)奋斗而收获的重大成果。从长远来看,这会让所有人都陷入更加不安全的环境中。所以现在不是进行收缩的时候”。[13] 雷克斯·蒂勒森(Rex Tillerson)在其国务卿提名确认听证会上提出了基本相同的观点,“最近几十年,我们对美国的领导力产生了质疑。在某些情形下,我们已经退出了世界舞台……与此同时,这也使得我们的对手胆敢从中渔利”。[14] 美国的领导地位对全球和平与繁荣至关重要,这已经成为政策圈的“咒语”。衰落言论是一种失败主义,无论发生什么,国家都必须坚守自己的承诺和信誉。

相对衰落的危险性假设同样也将有关中国崛起的争论置于阴影之中。格雷厄姆·艾利森(Graham Allison)认为,“根据目前的趋势,中美之间在未来几十年发生战争不仅是可能的,而且概率极大……当崛起中的大国威胁要取代占统治地位的大国时,原本可以遏制的常规危机……就会引发一系列的连锁反应”。[15] 阿伦·弗里德伯格(Aaron

Friedberg)评论道:“纵观历史,处于统治地位的国家和新兴国家之间的关系一直不太融洽——而且往往是暴力关系。中美关系是竞争性的事实也就不足为奇了。”[16]

总之,相对衰落具有危险性这一论断具有非常重要的意义。它帮助我们从理论上理解战争与和平的起因,影响了对美国继续海外介入的重要性以及对收缩的风险性的评判,同时加剧了对新兴大国崛起将如何破坏当前自由的国际秩序的担忧。如果大国以国内机能失调和对外扩张来应对衰落,那么 21 世纪将成为具有深远影响的地缘政治动荡时期。然而,如果大国能够和平地进行权力转移,那么这种悲观论调就是不必要的。[17]

定义衰落和收缩

本书主要讨论应对相对衰落的大战略。尽管国内团体、决策者和小国也扮演着配角的角色,但故事的主角是大国。大国是国际政治中的重量级角色,他们是拥有最强大的军事和经济资源组合的一类国家。[18] 军事方面,这意味着他们拥有更强大的军队、更充足的国防费用和最先进的技术。经济方面,这意味着他们可以创造更多的经济产出,更多地参与世界经济,而且拥有更加复杂的经济体系。虽然小国和中等强国会对全球权力分配感到不安,但他们往往聚焦于地区事务,在军事和经济上的应对能力都较弱。我们关注大国是因为他们是最具影响力的角色,在历史发展进程中处于核心地位。[19]

衰落是影响这些主角的主要因素。“衰落”有许多不同的定义方式,但接下来我们重点关注“急剧相对衰落”时期(或简称为衰落)。[20] 这个时期有两个特征:其一,大国的相对实力削弱,导致其在大国排名中位次下降;其二,这种相对实力的削弱会持续至少 5 年。当大国排名发生变化时——例如,当第一大国和第二大国互换位置时——而且这种互换不是暂时的,这就是我们所说的衰落。之后我们会讨论不同类型的衰落是如何影响大国的反应的,但本书没有根据衰落的根源对案例进行区分。有的衰落是由于占统治地位的国家陷入绝对意义上的衰落,进而迅速地失去其排名位次;有的衰落是崛起国家的发展速度相对较快的产物,然后慢慢地超越对方。尽管根源不同,但两种情况都导致了国家地位排序的变换,所以我们把两类都归为衰落。

以这种方式定义衰落时,我们假设大国关心的主要是相对实力,而非绝对实力。[21]由于国家处于竞争的自助体系中,自身有责任对抗外来威胁以保证安全,因此他们特别关心自己在大国序列中的排名。一个国家自身的发展轨迹并不重要,重要的是其轨迹如何改变自身与其他国家的相对位置。绝对衰落之所以令人担忧,是因为这会让竞争对手迅速超越自己,如果被潜在的竞争对手稳步超越,即使取得了自身的绝对增长也只是不起作用的安慰。由此,我们假定霸权转移与大国地位变化不存在本质上的差别。当然,霸权转移可能存在特殊性,但这还有待证明,尚无法下定论,因此,一旦相对落后于其他国家,大国便应尤其警觉。

同时,我们假定国家关注的是长期趋势,特别是威胁国家当前地位的那些趋势。国家权力相关指标的波动可能较为迅速,有些权力转移是短期的,无法体现广泛的趋势,但导致地位变化的权力转移是不同的,这种转移更容易辨别,对政策制定者来说也更为重要,而且会对国家安全构成更大的威胁。[22] 其次,与其他因素相比,我们假定物质因素对国家权力有着更大且更可预测的影响。当然,很多非物质因素塑造了一个国家发挥影响的能力,如民族性格、政治团结、政治地位。[23] 然而,可用的物质资源才是国家权力的基础,如应纳税的经济盈余或可服兵役的人口。国家分裂无疑会妨碍财富的开发,而意识形态上无论多么高度和谐也无法弥补资源的短缺。我们假设部分领导国可能会相信权力的无形组成部分,但大多数的认知是遵循客观的衡量标准的。关注国家权力的物质要素有一个好处,即可以把不同案例的要素进行系统的比较。

我们试图解释的是衰落如何影响大战略。我们将大战略定义为,国家有目的地利用军事、外交和经济资源,以对抗外部威胁并保证安全。[24]所谓安全是指一个国家有能力保持其自治权。[25]大战略不同于军事战略,因为它考虑的是在战争或和平时期,如何整合所有的国家手段来加强国家的安全。[26] 国家自然有其大战略,但通常是不完整的、矛盾的或被误导的，然而最重要的是，针对国家应如何推进海外利益，官方具有最起码的共识。[27]

学者们提供了许多对大战略进行分类的方法，[28] 毫无疑问，根据不同情况进行分类很重要，但就目前而言，我们仅通过单一维度进行分类——雄心水平。所谓雄心是指试图通过特定的大战略达到的影响规模和范围。这里的范围既指特定大战略的地理范围，也指它所涉及的问题领域的潜在范围。

图 1 按照这个范围罗列了一些最为常见的大战略。[29] 在大战略序列的一端，雄心水平较高的大战略试图显著地影响若干问题领域和地理区域的决策结果。这些大战略认为，一个国家的安全取决于在海外保持活跃且积极的介入。此端的一个重要例子就是霸主地位，即大国试图通过建立超越所有竞争对手的优势来保证自身安全。[30] 雄心水平稍低的是合作安全，即大国利用常设联盟和其他多边机构来阻止侵略和管理集体危机。[31]

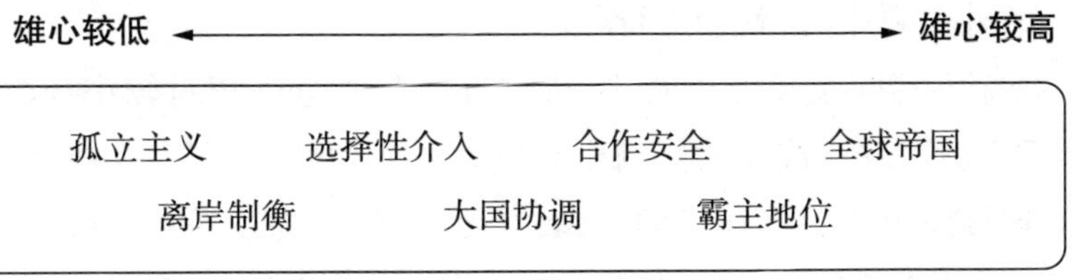

图 1　大战略序列

在大战略序列的另一端，雄心水平较低的大战略寻求的影响不那么显著，影响范围也更有限。这类大战略假定可以通过一种更具选择性且更克制的外交政策来维持安全，这种外交政策旨在影响与国内联系更为紧密或特定领域的问题。其中一个例子是孤立主义，即国家集中精力保卫自己的国土，同时避免大多数外部的介入。[32] 雄心水平稍高但仍相对克制的一个大战略是选择性介入，即一个大国只寻求在对自身安全至关重要的地区发挥影响。[33]

从最基本的层面看，国家可以扩大、收缩或保持其大战略雄心，他们可能会使用一系列工具或多或少地改变大战略，但最基本的区别在于雄心是增强、减弱还是保持不变。当国家的雄心增强时，国家就会进行大规模战略扩张；当雄心减弱时，国家就会选择收缩；当雄心不变时，国家就会维持现状。这些变化本身并不是大战略，但它们可以反映其雄心显著而持续的趋势。国家可以从雄心水平较高的霸主地位战略收缩为雄心水平较低的战略，也可以从雄心水平较低的孤立主义战略扩张至雄心水平较高的战略。

从根本上说，收缩是有意降低国家外交政策的总成本，[34]相较而言，扩张是有意增加国家外交政策的总成本，而保持现状是维持国家外交政策的总成本不变。外交政策成本综合了国家的开支、风险和责任。例如，处于收缩中的国家可以通过一些办法节省开支，尤其是削减军费和人员。还可以通过一些途径来降低风险，比如减轻外交政策责任，调整在某些地区的外交政策目标，以及降低某些议题的重要性。同时，处于收缩中的国家还可以试着转移责任，把外交政策义务转交给盟友或附属国。所有这类政策都倾向于把资源从外围利益重新分配到核心利益中。简单来说，当大国寻求比当下雄心水平低的、不那么积极且负担较轻的外交政策时，就会进行收缩。

收缩不等同于绥靖政策，绥靖政策涉及的范围相对较小；收缩也不等同于改革，改革涉及的范围相对较大。所谓绥靖政策，是指为缓和冲突而持续作出不对等让步的政策。[35]绥靖政策不要求收缩，收缩也不需要采取绥靖政策。收缩不只与对手相关，不需要持续而不对称地进行。事实上，衰落中的大国在招徕潜在盟友方面作出持续不对称让步的可能性，与满足潜在对手的可能性一样大，他们也可能会利用收缩来集中资源以对抗对手。研究衰落的一个好处是有助于确定绥靖政策何时会成为唯一保证安全的途径。

此外，收缩不同于改革这个更广泛的概念。所谓改革，是指国家为显著改变国内主要机构的作用、使命、准则和组织架构而作出的努力。收缩可以提高改革的可能性，但改革并非是自发的，国家可能会减少海外承诺，忽略国内改革，但这仍被视为一种收缩。同样，国家在调整和整顿国内机构的同时，可能会保持其海外承诺不变，而这也被视为收缩。当然，国家也可以通过改革来保持增长或扩张，但这并非收缩的表现。

即使在最好的时代,大战略的实施也是艰难的,而衰落在很大程度上令之更为困难。[36] 如亚历西斯·德·托克维尔(Alexis de Tocqueville)所言,政府着手改革之时是最面临危险的时候。[37] 衰落中的大国可能会面临更强烈和直接的海外安全威胁,以及国内政治控制的更大困难,由于无法在传统的优势地带占据主导地位,他们很容易受到潜在对手和国内团体的挑战,此时很容易选择拖延策略。衰落中的大国还会发现,运用传统的治国手段更加艰难,由于承诺的可信度受到质疑,大国可能很难阻止潜在的侵略者、安抚盟友并协商达成外交协议。或许最为重要的是,衰落中的大国可以用来支持大战略的资源变得更少了,一些政策对于日益薄弱的资源基础来说成本过高,而另一些政策又会动用应对国内紧迫问题的资金。

简言之,衰落中的大国面临着艰难的处境。一方面,他们面临着一个更加不确定的、充满潜在危险的世界,担心新兴挑战者崛起以及因权力分配突变而产生的潜在不稳定。另一方面,在处理这些威胁的过程中,衰落的大国拥有的资源更少,选择也更为有限,他们担心国家权力会持续削弱以及传统治国方略的效力不断下降。那么,大国该如何应对这种压力呢?

本书概览

本书的其余部分探讨了大国如何应对衰落。第一章介绍了将衰落与国内瘫痪和国外的日益动荡联系在一起的传统观点,并对其逻辑提出了质疑,提炼出了可验证的结论。第二章解释了为何大国会在衰落过程中采取收缩政策,描述了收缩的不同形式,以及为何国家会在不同时期采取不同的政策。我们还展示了不同的结构条件是如何放大或减轻收缩压力的。

第三章量化分析衰退。通过分析自 1870 年以来的 16 个衰落的国别案例,并用定量方式追溯了所有案例中的国家为应对衰落作出的大战略抉择。这章的主要研究成果是,收缩是应对衰落最常见的反应,即使在很短的时间内,衰落程度也是决定收缩程度的重要变量。与非衰落国家相比,衰落中的国家在军事上的支出往往更少,武装力量规模也较小，而且衰落最快的国家更有可能组建联盟。同时我们还发现，衰落中的国家不会成为诱人的目标，因为与非衰落国家相比，他们总体上不易输掉争端，而且往往在自身引发的争端中占据上风，这表明衰落中的大国是灵活而令人生畏的。

在简短的概述之后，接下来的六章内容将提供比较深入的针对一系列案例的实证分析。我们研究了三组大国案例，每组都经历了相似程度的衰落，但反应有所不同。第四章和第五章考察了两个轻度衰落案例，分别是 1872 年和 1908 年的英国。虽然地理、文化和制度没有改变，而且英国的政策制定者在这两个时期都采取了收缩措施，但采取的方式却不同。19 世纪 70 年代的政策制定者在国内进行了改革并竭力压制英帝国海外总督，而 20 世纪初的政策制定者则在国内外都推行了收缩政策。第二次衰退引发了更为坚决的反应，因为英国当时的权力储备更少，对多米诺骨牌效应的关注也更少，同时还有更为可靠的盟友。不同的条件决定了不同的应对政策。

第六章和第七章比较了两个中度衰落的案例，分别是 1888 年的俄国和 1893 年的法国。尽管两国的政治制度存在根本差异，但都采用了类似的收缩政策，并最终结成了联盟。然而，这两个案例在关键之处存在细微差别：法国是不情愿地采取了收缩政策，而俄罗斯则是迫切地进行了收缩，这在一定程度上可以通过历任沙皇的铁腕政策来解释。可谓殊途同归。

第八章和第九章分析了两个重度衰落的案例，分别是 1903 年的俄国和 1925 年的法国。尽管这两个国家都拒绝率先发动战争，并采取了一些收缩措施，但他们都没能根据所处的困境来限制雄心，这可以部分归因于国内政治机能失调——古怪的沙皇和难以驾驭的政党制度。但这两个案例都不支持收缩。俄国竭力在其广袤而脆弱的边界上建立稳定的缓冲地带，而法国则步履蹒跚地寻找有力且可靠的盟友。他们的混乱应对导致了两国的致命结局。

在结论部分，我们总结了研究发现，讨论了政策启示，并对萌芽中的中美权力转移作出了预测。我们认为中国的崛起既不是历史上的特例，也不具有必然的危险性。我们预测美国将与其他中低程度衰落国家一样,在解决国内问题上将采用较温和的收缩政策。奥巴马政府采取了一些收缩政策,同时我们列出了一些条件,这些条件可能决定收缩政策是否会持续下去,以及这些政策可能会在哪些方面奏效。最后,我们的结论是,最大的危险可能不是即将到来的中美权力转移本身,而是权力转移更可能引发战争这一普遍观念。

第一章

绝望时刻，孤注一掷

关于衰落的争论

> 面对一个社会的衰落，第一反应和最具吸引力的反应往往是消灭问题的根源。趁军事优势犹在，衰落中的大国发动先发制人的战争，将那些正在崛起的挑战者摧毁或削弱。
>
> ——罗伯特·吉尔平(Robert Gilpin)

> 面对更为艰难的处境，大国可能会发现用于国防上的开支远超前两代人，但世界却越来越不太平……处于相对衰落的大国最本能的反应是增加在“安全”方面的投入，进而将潜在资源从“投资”中转移出来，但这反而加剧了其长期困境。
>
> ——保罗·肯尼迪(Paul Kennedy)

自2008年以来，关于美国是否正在衰落的争论一直十分激烈。有些人看到了美国实力萎缩的明显迹象。法里德·扎卡利亚(Fareed Zakaria)认为，“权力的分配正在转移，与美国的主导渐行渐远”。[1]美国国家情报委员会(National Intelligence Council)称，权力向“多极世界的网络和联盟”转移将是全球最重要的趋势之一。[2]也有人坚持认为相关报告严重夸大了美国的衰亡，约瑟夫·奈(Joseph Nye)认为，“将21世纪视为美国衰落的世纪很可能是不准确的，并带有误导性”。[3]约瑟夫·约菲(Josef Joffe)就“美国衰落的错误预言”得出了相似的结论，“美国是占据世界中心舞台的默认大国(default power)，因为没有任何其他国家具备这种角色所需的实力和意志”。[4]

虽然在美国衰落的性质上存在重大分歧,但对于其衰落的潜在后果却鲜有异议。政治学界的专家们担心美国影响力退潮造成的后果,政治圈的专家们对美国影响力消退可能造成的后果表示担心。罗伯特·卡根(Robert Kagan)认为“如果美国的实力衰落,世界秩序将随之衰落”。[5] 罗伯特·利伯(Robert Lieber)表示,“维持(美国)的统治地位事关重大。另一种选择将……意味着更为无序并且险象丛生的世界”。[6] 克里斯托弗·莱恩(Christopher Layne)同样认为,“在未来十年左右,随着实力逐渐衰减,美国会面临越来越多的挑战”。[7] 查尔斯·库普乾(Charles Kupchan)认同这一观点,“美国的领导力一直面临阻力,而且这种阻力会随其全球影响力的扩大而逐渐增强”。[8] 虽然他们给出的政策建议各不相同,但普遍的共识是如果美国衰落,世界政治将面临更大的不确定性、复杂性和潜在危险。

为什么国际关系学者们认为衰落是危险的?这种悲观主义主要基于大国如何应对衰落的两个重要理论。第一种理论认为,扩张和战争是对权力转移最可能的反应。对衰落中的国家来说,不发动先发制人的战争是很难的,因为战争最有希望减缓或阻止其衰落。国家宁可趁军事实力尚且有利时对抗崛起中的挑战者,也不愿等到衰落后而付出代价。第二种理论认为,在衰退来袭时,迫于应对国内机能失调的大国会努力维持现状。根深蒂固的利益集团、守旧的官僚机构和狭隘的执政联盟,这三方面因素对政策制定者调整路线造成了阻碍。尽管国内已陷入瘫痪,同时面临着日益严峻的挑战和不断攀升的成本,但是衰落中的国家依然死守着无法兑现的承诺。持国内机能失调观点的学者认为,维持现状的政策不够谨慎,而主张先发制人战争的理论家则认为这种政策是合理的,即使固守现状的结果有时不尽如人意。

本章对这两种理论的假设和逻辑提出了质疑。我们认为能够引发国内机能失调或先发制人的战争的条件通常并不多见,而当大国处于衰落之时就更为罕见。衰落为领导者提供了强大的动力,促使他们克服国内的不妥协势力,推动所需的改革,很少有国家会因国内利益的影响而忽视结构性改革。衰落会产生同样强大的动力,促使各国在国际秩序中进行建设性调整,而非发动先发制人的战争等自掘坟墓的冒险行为，很少有国家能够控制先发制人的战争带来的风险，即便赢得胜利也不一定能解决国家的潜在问题。这些观点在实证记载中得到了验证，先发制人的战争和政治瘫痪鲜有发生。真正的问题并不在于国家为何苦于应对衰落，而在于收缩为什么是最常见的反应。

需要明确的是，上述两种理论不一定相互排斥，因为国内动力有可能会强化国际压力。但为了简化问题，我们分别对两种理论进行分析。第一部分研究了先发制人的战争理论，然后详细阐明了其逻辑和缺点；第二部分对国内机能失调理论进行了同样的分析；最后一部分总结了争论及其中的分歧。

国际动因：先发制人战争的诱惑

继修昔底德（Thucydides）之后，很多学者认为衰落是危险的，因为它会催生战争。当国家权力分配稳定且可预测时，个别国家既没有动力也没有能力去挑战现状，而当序列排序不断变化时，崛起中的和衰落中的国家都倾向于使用武力来攫取更多的利益。但这一传统的两个范例，霸权稳定理论和权力转移理论，并不认同衰落与战争之间存在明确的关联机制。下面我们将依次对这两个理论进行解释。

霸权稳定理论的拥护者认为，除了发动先发制人的战争之外，衰落中的大国没有其他更好的选择。罗伯特·吉尔平认为，衰落中的大国面临着战略困境，尽管他们更愿意通过和平方式“恢复体系平衡”，但却没有良好的政策环境。[9] 国内方面，“既得利益者”阻止增加税收或机构改革等措施；[10] 国际方面，比如更紧密的联盟或进行收缩等解决方案都是不切实际且面临危险的。由于存在“搭便车”现象和欺骗行为，“联盟应对衰落的作用”是“极为有限的”，而收缩“本质上……意味着相对示弱”，因而是一种“很少被衰落中的大国所采用”的“危险路线”。[11] 面对无法获得新的收入或难以降低当前成本的困境，衰落中的大国除了武力别无他选。吉尔平总结说：“当眼前的选择只剩下衰落或战争时，政治家们通常选择进行战争。”[12]

戴尔·科普兰（Dale Copeland）也认为，衰落中的大国有强烈的动机寻求对抗政策。当国家“深陷衰落”，而且“几乎可以肯定以后会受到攻击”时，先发制人的战争是“将国家的幸存几率最大化”的唯一选择。[13] 和解策略有可能缓解紧张局势，但会“在过程中牺牲相对权力……降低国家获得战争胜利的可能性”。[14] 试图通过让步来“争取崛起国家的友善”往往也行不通，因为衰落中的国家不能指望新兴国家“在获得优势地位后”还会履行维护和平的承诺。[15] 归根结底，“在缺乏强有力的措施时，国家的衰落程度越深，就越可能采取带来严重后果的行动”。[16] 衰落的速度越快、程度越深，就越可能、越渴望开战。

与之相对，持权力转移理论的人强调，崛起中的大国有很强的动机使用武力。奥根斯基（A. F. K. Organski）和亚切克·古格勒（Jacek Kugler）认为，随着地位不断上升，崛起的挑战者会发现占统治地位的大国拒绝满足他们不断扩大的胃口，[17] 由于无法通过和平手段改变现状，也“不愿屈居人下”，挑战者越来越倾向于采取挑衅政策。[18] 当正在崛起的大国“最终赶上占统治地位的国家”，就会利用武力“试图加速”攀升至层级的顶端。[19] 衰落是危险的，这并非因为占统治地位的大国会为捍卫自身地位而战，而是由于崛起中的大国会通过争夺霸权来破坏稳定。

乍看起来，霸权稳定理论和权力转移理论似乎是相互矛盾的。科普兰认为，“大部分战争通常是由占统治地位的军事大国发起的，因为他们惧怕陷入显著衰落”。[20] 但奥根斯基和古格勒称，“最有可能发起挑衅的通常是较弱的一方，而非较强的一方”。[21] 而在实践中，两种理论逻辑互相强化，都认为打破权力平衡是危险的，其分歧在于哪一方具有更强烈的战争动机。在这两种观点中，崛起中的大国和衰落中的大国陷入了一种安全困境，即任何一方的行动都会降低另一方的安全性。在这种情况下，谁发起战争并不那么重要。由于权力的突然转移加剧了不确定性、恐惧和相互间的不信任，衰落中的大国必然决定固守现状或扩大雄心，而这将不可避免地与崛起中的大国产生冲突。[22] 由于这两种理论在本质上是相同的，就这一点而言，我们可以将其统称为先发制人的战争理论。二者给出了相同的推测：衰落中的大国将维持雄心勃勃的大战略，而僵化的利益观将引发战争。衰落的程度越深，其反应就越具攻击性。

先发制人的战争理论提出了明确的成本效益分析，但其计算方法在很多方面存疑。第一，战争耗资巨大且具有风险。对一国而言，先发制人的战争理论所推崇的方案是代价最为昂贵且最难预测的，这或许是修昔底德所征引的典型案例以失败告终的原因。在彻底击败雅典之后，斯巴达的力量却未能恢复，不久便被底比斯和马其顿击败。而现代战争更为残酷，即便抛开核武器不讲，大国间的战争有时代价极高。[23]正如吉尔平和科普兰所称，强硬的外交政策带来风险——失败是最糟糕的——即便胜利也可能得不偿失。[24] 动用武力可能会疏离盟友，引起中立派的警惕并激怒对手，且抱怨的民众和代价更高的承诺会让胜利大打折扣。轻度衰落不足以引发战争，而重度衰落很难通过武力扭转。由于重度衰落往往是社会和经济的根本缺陷导致的，外交政策手段很难成为灵丹妙药(silver bullets)。而恰恰在利益很可能微乎其微，甚至是难以实现的时候，大国往往最愿意接受强硬政策所带来的风险。

第二，先发制人的战争理论低估了互相妥协(accommodation)的作用。该理论通常假设战争在很大程度上是不可避免的，但这种假设实际上很少发生。正如吉尔平所强调的，对于衰落中的大国来说，可选择的措施“很少是发动破坏和平的战争，而是趁形势对自己有利或在局势可能逆转时再发动战争”。[25]但是崛起中的挑战者有充分的理由避免发起战争。崛起中的大国维持其发展轨迹的能力取决于国内机构，这些机构必须管控因快速增长带来的混乱局面，而战争导致的压力不太可能有所助益，过早地谋求霸权不仅会刺激敌对的国外联盟的形成，还会破坏脆弱的国内基础，进而影响国家的长期发展。衰落中的国家很少像先发制人的战争理论所预期的那样，迅速变得不堪一击，即使是受损最严重的衰落中的国家也不会被轻易击败。而崛起中的国家有强烈的动机来伺机而动，直到自己占据了决定性的统治地位。[26]

就衰落中的国家而言，他们也无须作出对抗反应。崛起中的挑战者出于种种原因，可能会放缓或停止增长的步伐，同时还可能会作出代价高昂的新承诺，这些承诺会分散注意力并耗费资源。国内问题会消耗挑战者的可支配财富，并将其注意力从挑战令人生畏的大国上转移开。尽管衰落中的国家在统治地位上可能只占很小的优势，但仍然可以动用庞大而多样的经济力量和先进且经验丰富的军队,利用长期盟友的支持,诉诸外交的习惯做法和常用规则,把资源集中在已经拥有的利益上。若采取敌对或不妥协的措施,便会丧失这些优势。发起挑衅会将衰落中的国家置于资源稀缺的风险之中,并令其在不确定的环境中采用不可靠的手段来达成不切实际的目标。

第三,先发制人的战争理论关注的是信誉的表象,而不是其来源或价值。对吉尔平来说,“绥靖政策或妥协政策的根本问题”在于导致“一国声誉和国际地位的不断恶化”。[27] 但承诺就像支票,只有经过背书才能兑现。在国际政治中,权力与金钱十分类似,当权力减少时,处于衰落中的国家必须更加节俭。大国不会被愚弄太久,承诺必须有实力作支撑,但衰落中的国家实力下降,他必须决定,到底是保持短期内的强势地位,还是接受长期居于弱势的结局。尽管先发制人的战争理论建议在实践中透支国家信用,但在理论上依然主张信誉的神圣性。相关的争论仍旧很激烈,但抽象的信誉似乎并不像政策制定者所认为的那么有价值。[28] 大国没有义务花费同等精力来捍卫他国的利益,在一个地区的妥协并不一定意味着其他地区的权益会受到侵蚀,虚张声势的名声可能比示弱的名声更糟糕。

最重要的是,国家的信用比先发制人的战争理论所设想的更具多面性,而且容易受具体因素的影响。大国固然担心自身的权力和声望,但他们的承诺并非同等重要,在某一领域的让步并不意味着其他领域的承诺会被削弱。承诺是复杂的,因此衰落中的国家可以转移责任,并将能力集中于应对核心的挑战。[29] 战略性撤退和战略要点防御会强化威慑的可信度,并可能有助于表达善意。[30] 在占统治地位的大国不会大力捍卫现状的区域,承诺的多面性为崛起中的国家提供了挑战现状的机会。崛起中的大国会在不太敏感的领域发起适度挑战,释放出重要信号——他们无意强行推翻现有秩序。[31] 这样他们就可以利用新获得的力量,而不会刺激衰落中的大国将其扼杀在摇篮中。

总而言之,这些观点表明,权力转移令人担忧,但很少会引起发动战争的强烈动机。衰落中的国家只有在以下不寻常的因素同时出现时,才可能发动先发制人的战争:如果战争很有可能获胜、如果战争的后果是可控的、如果胜利能够扭转衰势，以及如果别无他选。另外，还有一个因素，即衰落中的国家必须确信，崛起中的挑战者将延续位次上的快速上升，并为确保自身优势而战，以寻求未来的统治地位。若缺乏这些条件，好战的政策主张就失去了意义。如果先发制人的战争失败，就会招致多阵线的溃败，即使在战争中获胜，大国也可能会陷入脆弱的危险境地。面对衰退带来的真实但又充满不确定性的危险，国家通常会持更为谨慎的态度，而不是发动进攻。

国内阻碍：权力分散和机能失调

还有一些学者认为，由于国内机能失调，衰落会导致巨大的战略惰性。国际体系可能会向衰落中的国家发出信号，使他们撤回大战略雄心，但国内政治干预会打乱这种反应。这些学者一致认为，内部政治会导致大国对衰落作出不协调、不明智的反应，但他们在导致这一失败的确切原因上产生了分歧。一些人将失败归咎于官僚机构，而另一些人则认为是利益集团的责任。无论如何，这些国内因素往往会导致衰落中的大国采取自相矛盾、弄巧成拙的政策。

我们先从官僚政治开始分析。这种观点背后的逻辑是，负责外交政策的官僚机构通常视野狭隘、利益局限，而且这些利益冲突在衰落期间会日益加剧。例如，通过对 19 世纪晚期英国案例的详细研究，阿伦·弗里德伯格（Aaron Friedberg）认为，国内政治碎片化抑制了对权力趋势进行评估并作出正确反应的能力。他指出，外交官僚机构的决策者对衰落的认识是“脱节而不平衡的”，他们不愿向选民推荐苦口良药，[32] 只有持续的出乎意料的外部冲击，加上“变革者的积极推动”，才能改变现有的国家权力形象。[33] 即使政策制定者接受了衰落的现实，他们的反应也不是“平稳的、渐进的、持续的”，而是“部分的，也仅仅是部分程度的妥协”。[34] 可以说，正是官僚机构内部和跨部门的分歧以及公众对坏消息和紧缩措施的厌恶阻碍了必要的改革。

马克·布罗利（Mark Brawley）也同样认为，衰落中的国家常常“保持领导地位附带的国际义务，即使从国内角度看这些政策已不再合理”。[35] 机能失调主要是官僚机构竞争的结果，通常是与国际领导力有关的机构（如中央银行或军队等）同负责资源储备的机构（尤其是财政部）之间的竞争。当官僚机构倾向于国家继续保持领导地位，而且拥有集中的偏好、庞大的选民基础和相当大的自主权时，他们就能够控制内部争论并阻止及时的战略调整。[36] 这种明争暗斗的结果如同“帝国余晖”（afterglow），“看似不合理，但却是一种无法对过度扩张作出适当反应的常见失误”。[37]

关于利益集团，这一观点背后的逻辑是，特殊利益集团阻碍了有益的战略调整，因为他们把不那么短视排外的群体挤出了政府。例如，亨德里克·斯普鲁伊特（Hendrik Spruyt）认为，“否决群体”（veto groups）——包括代表定居者（settler parties）和外来投资商业利益的集团以及在周边地区拥有利益的军事组织——会合谋“阻止领土上的收缩”。[38] 当“制度安排创造了多重否决的机会”时，“即使利益集团只占少数”，他们仍可以阻止变革。[39] 在经济和军事成本不断攀升的情况下，那些“对军队的政治监督比较薄弱”的国家或实行“多党制和宪法否决权（veto points）”制度的国家，最有可能紧紧抓住昂贵的海外资产不放手。[40]

因此，史蒂文·洛贝尔（Steven Lobell）也认为，衰落中的大国所采取的大战略取决于其国内执政联盟的性质。自由贸易利益占支配地位的国家倾向于采取和解政策，并“在自由竞争者不断涌现的地区进行收缩”。[41] 相反，那些经济民族主义利益占支配地位的国家，更倾向于“加强军事防备并维护帝国地位”。[42] 尽管外部条件未必有利于他们所青睐的政策，但“根深蒂固的联盟”将“进一步增强自己的相对实力”，即使他们的行为“损害了国家利益”。这种狭隘的本位主义不能减缓衰落，且“有加速失去霸权地位的风险”。[43]

最后，从这些观点得出结论，国内团体少则会胁迫重大议题，甚至会操纵外交政策，因此，大国不太可能及时有效地调整其战略。国内政治会影响政策过程的每一个环节——从对衰落的认知到确定解决方案和执行政策。民主国家和其他分权国家更容易遭受这些弊病，[44] 这种逻辑给出了明确的预测，由于国内障碍，衰落中的大国不太可能调整其大战略，而且一个政权的权力越分散，面临的障碍就越严重。

毫无疑问，国内因素影响着对衰落的战略反应。尽管如此，国内约束论的支持者还是夸大了这些障碍的影响程度和决定性作用。第一，支持雄心勃勃的外交政策的群体通常没有理论假设的那么有组织。以布罗利为例，他认为担任全球领导角色的大国，往往会在“霸权统治期间”给向外扩张的官僚机构，如中央银行或军事人员，“赋予更多的权力”“以在货币和安全事务方面采取进一步的政策”。[45] 斯普鲁伊特指出，国家之所以收购海外资产，往往是因为受到来自贸易商或外国投资者等利益集团的压力。毫不奇怪，“如果宗主国决定从边缘国家回撤，那些起初拥护帝国的团体可能也恰恰会遭受最大的损失”。[46]

但我们有充分的理由相信，大国中也将出现大量反对那些过时政策的官僚机构和集中的利益团体。虽然大国中通常存在拥护维持国际领导地位的群体，但长期的繁荣也有可能使主张国内事务优先的群体获得权力。拥有庞大国内市场的企业、公共行业联合会和支持社会福利支出的群体，都是为国内利益而非国外承诺进行游说的无数团体中的一部分，和关注国外利益的集团一样，这些以国内利益为重的团体通常力量很集中，而且他们的财力往往更为雄厚。如果领导者认为国内利益更加具体和直接，这些团体很可能更容易介入政策制定进程。[47]

此外，外交政策游说团体内部的声音并不统一，他们也存在可被人利用的分歧，例如，银行可能会游说政府保护他们的外国投资，但却会反对破坏稳定的措施，结果造成资本自由流动的全面终止。[48] 在如何最佳参与国际事务方面，外交政策利益集团也可能存在分歧，正如洛贝尔所指出的，支持保持国家领导地位的人可能会支持自由贸易、稳定的货币体系和能发挥作用的国际机构等自由手段，而其他人则支持保护主义壁垒、货币集团和军事化联盟等民族主义手段。[49] 在哪些利益应该受到保护和哪些地区应该优先考虑这两个突出的问题上，即使在单一的执政联盟内部也可能存在分歧，政策制定者可以利用这些分歧从中离间，进而推动政策改革。

第二，这些理论淡化了国内权力分散的好处，并假设官僚机构和利益集团始终可以优先进入政治体系。弗里德伯格强调，“一个国家政治体系内的决策权越分散，应对相对衰落时就越有可能出现各自为政的现象”。[50] 斯普鲁伊特补充道，“决策过程越分散……改革的阻力越大”。[51] 然而，建立多个负责评估的机构可以减少群体思维，并培育一个更强大的思想市场（marketplace of ideas）。[52] 官僚机构之间的竞争可以鼓励更好的表现和创新。如果敌对的利益集团能够彼此妥协，就可以缓和极端主义，促成创造性的折衷方案。

更重要的是，这些理论低估了领导者对分散权力的管理能力，尤其是在外交政策方面。[53] 即使与组织最健全、最根深蒂固的利益集团相比，国家的领导者也有许多优势，他们对各种吵嚷着要求被关注的利益集团有更全面的了解，在利用正式和非正式渠道促成妥协方面有更多的经验，在议程设置上有更多的权力，并拥有更为广泛的支持网络以平息个别利益集团的躁动。[54] 民主党领导者还有另外一套促成妥协的工具：通过利用国家的宣传喉舌（bully pulpit）来动员民众支持，利用错综复杂的分歧和党派竞争，并通过展望未来选举的胜利说服失败者接受暂时的失败。由于起初就已建立了相应的制度，我们有理由认为除了最顽固的国内反对派外，衰落大国的掌权政治家们完全有能力克服一切阻力。

第三，国内机能失调的理论弱化了（soft pedal）国际环境可以改变国内政治考量的作用。这些理论假定，即使危险不断增加，但小群体仍可以把持国家。布罗利认为，官员“通常能够意识到衰落问题的存在”，但却顽固地拒绝作出改变。[55] 洛贝尔也承认，衰落可能危及执政联盟的命运，但他认为政客们的反应会是顽固地攫取“分配收益”，并“阻止对立的联盟”。[56] 然而，不妥协的策略在短期内可能很有吸引力，但从长远看却行不通。当资源枯竭时，那些紧抓职权不放的官僚机构会不断招致连续的挫败，引起公众的强烈抗议，进而削减预算，导致自主权削弱和威望降低，而官僚机构的领导者都很清楚这些。[57] 对于放弃最佳政策而迫使国家接受次优政策的执政联盟来说，他们面临的后果往往是提前下台，成功的政策制定者不能像国内约束理论所体现的那样狭隘。外部冲击和巨大挫折将迫使他们接受衰落的现实并意识到改革的必要性。

相对而言，衰落时期对狭隘的国内派系最为不利。当资源充足时，政策制定者可以放任国内游说团体，而不会导致严重的后果，他们没有太多动机去解决矛盾利益的权衡问题或拒绝海外冒险。相比之下，衰落中的大国政策制定者有强烈的动机让私人利益服从公共利益。面对新的国外威胁，他们不得不集中注意力，协调官僚机构的竞争，并尝试新政策。正是由于处在衰落时期，党派间的敌意和行业间的竞争也面临着越来越大的压力并受到抑制。

上述观点表明，阻碍战略调整的国内因素被夸大了。毫无疑问，国内政治会影响衰落大国的战略选择时机和内容，但既得利益集团只有在限定条件下才能彻底阻碍战略调整，他们必须比竞争对手更有组织，能够充分利用权力分散的机构，不被政治领导者反对，而且不受狭隘政策产生的负面效应所影响。最后一种观点显示了国内约束理论中的一个重要矛盾：尽管利益集团在面临重度衰落时大声叫嚣寻求保护，但在证明固守现状政策依然可行方面，他们将处于最不利的地位。

收缩的困惑

大多数研究过衰落的国际关系学者都对大国实现权力和平转移的能力持悲观立场。先发制人战争理论的支持者称，衰落中的国家倾向于采取挑衅政策，而这些政策往往最终导致战争。由于衰落中的国家无法容纳崛起的竞争对手，也不愿让步，他们会试图在权力分配有利的情况下恐吓竞争对手，而不愿选择在未来不战而败。国内机能失调理论者认为，衰落中的大国会因国内利益集团和以自我为中心的官僚机构而跛足难行，在最需要作出理性评估和艰难选择的时刻，很难克服派系政治（factional politics）。

我们已经强调了这些理论的弱点。先发制人的战争理论歪曲地解读了大国在地位变化中的动机。该理论夸大了使用武力的好处，却低估了其负面后果，还忽视了崛起中的大国与衰落中的大国之间利益的一致性，而一致的利益是双方谨慎行动的基础。国内机能失调理论高估了狭隘的利益群体左右政府的能力，尤其是在衰退时期。随着维持现状的成本上升，领导者有强烈的动机利用自己的决策地位，克服阻力推行改革。

归根结底,这个问题是需要实证的——大国到底是如何行动的?如果先发制人的战争理论和国内机能失调理论是正确的,那么我们应该看到衰落中的国家倾向于采取扩张主义或维持现状的政策。也就是说,他们并非通过收缩来减轻外交政策负担,而是坚持现有的承诺或奉行扩张主义政策。本书要解答的谜题是,为什么大国面对衰落时,要么张皇失措,要么大张挞伐,从而导致历史的实证中充斥着瘫痪和灾难?

我们在随后的章节中详细解释了研究方法,不过初步调查表明,无论是先发制人的战争理论,还是国内机能失调理论,都没有找到强有力的实证支持。我们找到了自 1870 年以来 16 个大国衰落的案例,并考察了这些国家应对衰落时是扩张、收缩还是维持了其对外政策承诺(见表 1)。在这 16 个案例中,只有两个保持了现状,一个奉行了扩张主义政策。绝大多数国家(11 个到 13 个案例,取决于人们如何对这些模棱两可的案例进行解读)对衰落作出的反应是收缩。

表 1 本身并没有体现对传统观点的完全否定。案例中有一些衰落国家发起了重要战争,其中至少有两场战争是涉及衰落中的国家与挑战者之间的冲突。先发制人的战争或许极其罕见,但从某种程度上讲,当涉及衰落中的国家时,战争的可能性就会增加。衰落中的国家似乎也更倾向于采取更温和的收缩形式,这或许反映了国内政治机能失调制约着政策制定者迅速采取适当的收缩政策。

表 1　大国对衰落的反应

年份	国家	衰落程度	排名	顺位挑战者	战略性调整
1879	俄国	0. 36	3	德国	低等程度收缩
1873	法国	0. 90	3	德国	低等程度收缩—保持现状
1926	英国	0. 96	2	德国	低等程度收缩
1908	英国	1. 41	2	德国	中—低等程度收缩
1872	英国	1. 46	1	美国	低等程度收缩—保持现状
1883	法国	1. 99	3	德国	保持现状
1930	英国	2. 17	2	苏联	中—低等程度收缩
1888	俄国	3. 22	3	德国	中等程度收缩

续表

年份	国家	衰落程度	排名	顺位挑战者	战略性调整
1935	英国	3.22	3	德国	高度收缩
1893	法国	3.23	4	俄国	中—低等程度收缩
1931	德国	3.24	2	苏联	扩张
1925	法国	4.00	4	苏联	中等程度收缩
1903	俄国	4.22	3	德国	中—低等程度收缩
1946	英国	5.54	2	苏联	高等程度收缩
1992	日本	6.32	2	中国	保持现状
1987/88	苏联	9.0/10.8	2/3	日本/中国	高等程度收缩

要对各种不同的理论作出确定性评估，需要我们更详细地研究数据和个案。但如果上表准确描述了这些案例的模式，那么接下来的任务就是解释为什么选择收缩策略，而没有猛烈回击对手或纵容国内的派系纷争？为什么衰落会带来巨大的收缩压力？收缩政策将如何帮助应对衰落带来的挑战？收缩策略何时对衰落中的大国最具吸引力？下一章我们将通过一个理论来回答上述问题。

第二章

躲避攻击

收缩的逻辑

那些认为武力只会带来优势而没有任何其他影响的人，注定会失去他们所拥有的一切……不可估量的因素在未来会产生最广泛而危险的影响。实际上这些因素也是所有事物中最能发挥作用的，由于它带给所有人同样的震慑，从而让我们在互相攻击之前三思而行。

——赫墨·克拉底(Hermocrates)

永远不要指望有人会向你伸出援手。无论是否能得到援助，对你来说都不意味着安全，因为防御本是基础，并不取决于你。防御本身是合理的，是确定而持久的，依赖于你的是你的自身和德行。

——尼古拉·马基雅维利(Niccolò Machiavelli)

衰落的景象令人悲伤，没有人愿意沉湎其中。但就像医生痴迷于研究疾病，以获得维持健康的方法一样，国际关系理论学者长期以来也一直专注于大国衰落，以期得出有利于国家保护自身的方法。关于这一主题的经典著作多围绕远见、自助(self-help)和审慎，但这些分析比较模糊而且未经检验。[1] 在第一章中，我们研究了关于衰落的两个最著名的理论，发现它们都有不足之处。国内机能失调理论强调了阻碍进行及时的战略调整的因素，但低估了政策制定者解决这些障碍的动机和工具；先发制人的战争理论突出了大国在衰落期间的焦虑，但却错误地阐释了武力的效用和战争的风险。两种理论都推测收缩是不可能发生的,但历史表明并非如此。本章提出了另一种观点,我们认为衰落中的国家会陷入收缩,因为在残酷的权力政治领域,大国尤为需要保持战略偿付能力(strategically solvent)。我们主要提供了三个核心论点:第一,在国际体系中,那些在手段和目的之间能够达到平衡的国家通常不会受到损害,因此各国倾向于迅速进行相应的收缩。反应不够敏捷的大国可能不会撑太久,因为竞争对手会很快发现并利用其无能的表现,其外交政策也将遭遇更多挫折,衰落速度越快,就越有可能出现这种情形。收缩并不是"万金油",但通常胜过其他政策结果——低迷的经济增长、僵化的体制制度、脆弱的军事防御、挑衅的外交立场、不可靠的国际承诺以及暴露的前哨阵地。

第二,我们认为收缩是一项需要多方考量的政策,衰落中的大国要根据条件而制定措施,因为处于不同衰落程度的国家,拥有不同的资产和负债,领导者需要详细了解他们的选择和潜在的后果。在国内,收缩包括削减军费开支、改建军队和改革机构,这些政策旨在降低国家的外交政策成本,以期将资源用于效率更高的领域。在国际上,收缩包括重新部署部队、化解冲突热点和重新分配国际责任,这些政策可以帮助衰落中的大国避免卷入代价高昂的国外冲突,同时在本国周边的战略要点加强威慑。衰落中的大国通常会采用国内和国际收缩政策的组合,但这种组合因衰落程度而异,因为大国处于自助的世界中,他们倾向于把对别国的依赖降到最低。总体来说,衰落中的大国最惯用的是国内的收缩政策,但随着衰落加剧,大国将愿意采用风险更大的国际政策。衰落的程度不仅决定了各国的收缩程度,还决定了各国如何减轻其外交政策的负担。

第三,四个结构性调节因素(structural modifiers)或多或少地增加了收缩政策的吸引力:衰落大国的相对排名、盟友的可利用性、对外承诺的相互依存度和对征服的考量。排名最靠前的大国在采取收缩措施方面更为犹豫,因为他们拥有更雄厚的实力储备,同时他们不习惯接受负面反馈;相比之下,拥有具备实力的盟友的大国更容易采取收缩策略,因为他们可以将责任转移给盟国,而不必担心权力转移;承诺的性质也决定了收缩的形态,当承诺被认为是相互依赖的,衰落中的大国会担心某一领域的让步会刺激其他领域的要求,从而降低收缩的可能性;当对征服的考量倾向于防御时,衰落中的大国可以采取收缩策略,而不必担心弱肉强食。由此我们得出,上述条件是关键的催化剂。

准确地说,我们试图解释的是应对衰落的大战略(因变量),特别是收缩的程度和形式,驱动模型的关键因素是衰落的程度(自变量),二者之间由四个结构性调节因素(中间变量)连接。这些因素协同作用,可以加快或减缓衰退的进程。图 2 展示了论证逻辑。

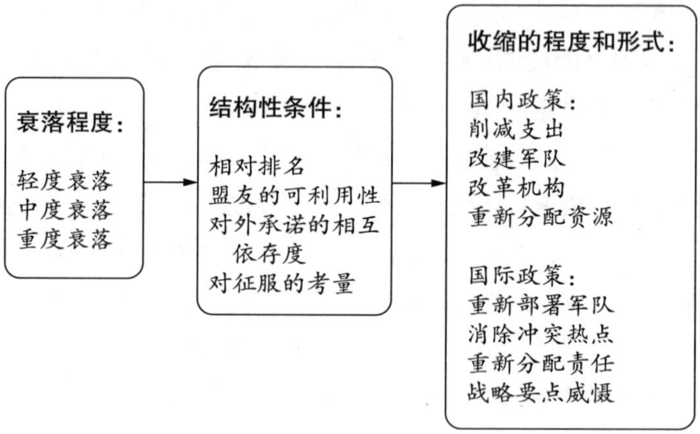

图 2　收缩的逻辑

首先需要明确的是,我们的目标是描述性的,国家倾向于做什么与他们应当做什么是两回事。尽管收缩对决策者的吸引力与收缩是否能带来理想效果之间存在相关性,但二者是不同的。我们描述了收缩政策的逻辑,重点分析了收缩在理论上对政策制定者具有吸引力的原因,但收缩政策能否在实践中产生预期的效果,还取决于一系列因素,如收缩政策制定和实施的好坏、盟友和竞争对手的反应等。我们的方法是解释为什么衰落的国家倾向于按照可预测的模式行事,然后在结论中权衡并考虑收缩相比其他政策的好处。

本章其余部分对该理论进行了细化。第一部分说明了产生收缩的逻辑;第二部分详细阐述了收缩是如何通过具体的国内和国际政策展开的;第三部分解释了有利于收缩政策的条件;最后,我们对该理论进行了总结,并分析了与其他主要理论的不同之处。

逻辑:为什么国家要收缩

该理论的出发点是我们发现国家会在无政府状态中寻求安全,[2] 为了寻求安全,国家会力图通过强大的军事机构、与盟国的良好关系和参与全球外交来遏制侵略并保护至关重要的利益。然而,强权政治这种工具从来都不是免费的,[3] 维护它需要国家投入大量的资源,外交政策支出还会产生相关的机会成本——要确保涉及国家安全的资源不被投入于其他地方。同时,我们还要假设政策制定者是谨慎而理性的。

衰落国家陷入困境的症结在于,对衰落中的大国来说,竞争对手的实力不断增强并具有潜在的威胁,而自身用于应对潜在危险的资源相对较少。衰落中的大国可以选择通过增加外交政策资源份额来捍卫现有的承诺,但衰落往往是由于缺乏国内投资和改革造成的,而此时增加外交政策资源投入将加速负面趋势,因此只能暂时推迟这种考虑。[4] 更有吸引力的选择是,在降低外交政策成本的同时,保护重要利益不受潜在掠夺者的损害,然而这种选择必然会限制国家追求利益的能力,还可能增加安全风险,但其优势在于可以为潜在的改革和复兴提供喘息空间,同时使国家的战略雄心与日益萎缩的政策手段相匹配。

因此,收缩的根本逻辑是偿付能力(solvency)。和企业一样,当国家肆意挥霍而入不敷出时,往往会面临破产,但与企业不同的是,国家可能会遭受致命后果。一国拥有实现目标所需的资源,并以可承担的成本大胆追求目标,这没有任何过错,但国家往往会陷入过度扩张,当目标的雄心程度超出特定的可用资源时——有时被称为“李普曼缺口”*[5]——就等于向掠食者敞开了大门。从长远角度来看,衰落是不可避免的,但从短期来看绝非如此,国家为了避免破产,即使无法扭转衰落的趋势,也会采取收缩政策以进行重组和减缓衰落。[6]

我们推测,衰落中的大国会根据衰落程度及时削减其战略雄心,衰落越严重,收缩程度就越高。当然,程度只是描述衰落的一种方式,衰落的速度(慢与快)、持续时间(短暂与持续)和性质(经济与军事)也可

---

* 李普曼缺口(Lippmann gap),指军事力量和国际承诺之间的差距。——译者注

能存在差异，我们承认这些可能性，但对大国来说，最重要的是国家相对实力的总基础，衰落程度是最能说明这一点的指标。

机会成本是收缩的一个关键因素。与企业一样，如果国家可以作出英明的调整，他们也有能力复苏，但由于国家处于竞争环境中，他们必须谨慎地作出更好的选择，避免浪费资源。重组需要时间、资源和专注，而且国家需要从外部危险中获得喘息的空间，以集中精力进行必要的修复。正如我们在第一章中所分析的，竞争对手有强大的动机对衰落中的国家保持警觉，他们不大可能让收缩的国家在不受干扰的平静中复原。因此，衰落国家的目标是为内部改革创造空间，同时加固外部脆弱之处，而收缩政策可以通过削减外交政策支出、避免代价高昂的冲突并将责任转嫁给其他国家来实现这一目标。而其他选择往往要糟糕得多，如拿钱打水漂、放任持续衰落、无视存在的风险以及目的和手段的顾此失彼。

在以下两种因果机制的共同作用下，即使是最犹豫不决的衰落中的大国也会被动地采取收缩策略。首先是负面的反馈，任何对其权力和目标依理想主义观念行事的国家，很快就会与现实发生冲突。[7] 固守现状的衰落大国注定会失败。在外交政策方面，在能力下降时扩大防御范围将招致灾难，掠夺性大国会盯上过度扩张的脆弱承诺，强硬的言辞将被揭穿为虚张声势，本已捉襟见肘的国库资源也会因意想不到的危机或不必要的冲突消耗殆尽。在国内政策方面，在基础不断缩减的情况下索取资源会带来巨大的代价，民众对政府的横征暴敛愤怒不满，与此同时，国内改革又迫在眉睫，但受到的关注却极为有限，而可用资金也不够充足。进行收缩的最主要动机是为了避免在衰落带来的意外政策失败上重蹈覆辙。

其次是社会化（socialization）。一国从他国身上获得经验，清楚哪些措施会有所回报，哪些会遭受惩罚。[8] 虽然可能采取的外交政策的范围是无限的，但实则不然，即使不够出色的国家也很清楚何种政策可以发挥作用。因为实行良政的国家往往繁荣昌盛，而实行恶政的国家则会遭受损失，所以国家通常严格遵循这一准则。因此，收缩提供了一个可以仿效竞争对手并提升自身的最佳机会，[9] 衰落中的大国可以通过借鉴其他国家成功的技术、制度和政策来改善自己的地位。

我们的逻辑基于两种分析。首先,我们认为政策制定者是有目的且务实的行动者。也就是说,他们会进行理性的考量,对现有的证据作出合理判断,并对相对权力作出可靠评估,[10] 这意味着领导者倾向于明智地评估他们所处的环境、可用的有限资源,以及所能使用的政策工具。毫无疑问,对这些问题的看法因人而异,但随着时间的推移,政策制定者们会就这些问题展开辩论,某种类似于“官方思维”(official mind)的认知就会出现。[11]

可能会有人反对说,政客们并不见得都充满智慧、有条不紊或能够自我约束。现实中,由于动机偏差和认知局限,即使最谨慎的政策制定者也会犯错。[12] 除此之外,衰落的指标可能是模棱两可的,容易让人产生一厢情愿的看法,并坚持粘滞在先前的预判上。此外,前景理论*发现,当个体处于亏损地带(the realm of losses)时,会更愿意承受风险,[13] 对于衰落中的大国来说,这意味着即使领导者谨慎行事,也有可能陷入危机四伏而孤注一掷的赌博中。

我们一致认为,政策制定者并非无所不知,甚至容易产生各种各样的误解,但这些批评可能会有些夸张,错误会格外受到关注,部分在于其显著性以及带来的有用客观教训。[14] 尽管如此,决策失误往往只意味着与正确的决定之间产生了微小偏差。此外,政策制定者往往是经过严格筛选的群体,在大国中尤为如此,他们中的大多数都是受过良好教育、经验丰富的政治家,有着良好的政治悟性和常识,因此才身居高位。虽然这些特质并不能使他们避免愚蠢的错误,但可以防止更轻信或僵化之人获得高位。而衰落国家的政策制定者就处在这样的独特位置,由于衰落与政策失误及受挫的风险增加有关,领导者有强烈的动机抛弃偏见,并选择务实的解决方案。[15]

其次,我们假设政策制定者的首要目的是维护国家利益。当然,很少有如此贤明的政策制定者能够舍弃所有的个人利益,自私之人会联合起来利用外交政策来推进狭隘的议题。但在实践中,无论是具体个

---

* 前景理论(prospect theory),指描述和预测人们在面临风险决策过程中的表现与传统期望值理论和期望效用理论不一致的行为的理论。——译者注

人还是执政联盟，在国家利益上都有强烈的一致性，[16] 安全和繁荣是比国内分歧更为重要的利益，即使在利益不明确时，大多数决策者也都认为自己可以为了国家利益超越党派纷争。官方思维倾向于采取技术官僚的方法，拒绝成为狭隘利益集团火中取栗的工具（cat's paw）。政策制定者可以利用他们体制上的权威，来防止外交政策受到外界的不良影响，而且领导者总体上会掌握重要外交政策利益的自主权。对于需要更广泛的公民社会参与的议题，领导者可以利用政治权威拆分特殊利益集团，弥合错综复杂的分歧并促成和解。

我们的图景显然是粗线条的，所有领导者都面临着来自海外代理人、国内竞争对手以及自身政治基础的压力。[17] 官僚机构不仅要管理公共政策，而且要维护自身利益，甚至会为了追求自身利益不惜损害公共利益。[18] 国家不是黑匣子。在下一部分内容中，我们将讨论收缩政策如何为政策制定者提供驾驭国内利益集团的机会。所有的理论都是经过简化的理论，我们假设政策制定者往往有共同的目标，虽然国内存在分歧，但分歧的范围通常很小，而妥协的动机则很大。更重要的是，在所研究的大国衰落案例中，我们有充分的理由认为国内分歧这一因素是最无关紧要的。随着威胁日益加剧，超越国内分歧的动机也不断增强。[19] 国家有时会作出不负责任的选择或前后不一的举动，但通常只是在短期内，草率行动会招致国际体制的抵制，这种批评和指责会引发派系争斗，直至他们回到更清醒的道路上。无论是在国内还是国外，负面反馈都清楚地表明，政府忽视结构性压力会招致相当大的风险。

形式：国家如何收缩

收缩的首要目标是避免衰落导致的负面后果。短期来看，包括尽量减少与新挑战者的崛起有关的安全风险，缩减目标与手段之间的持续差距；长期来看，收缩旨在减缓并扭转相对权力削弱的趋势。但衰落症状出现时并没有一剂收缩的药方——收缩是一种混合药，剂量和组合取决于患者。上一部分内容提到，衰落程度是应对衰落时要考虑的核心因素，而这部分将介绍大国在能力范围内的具体应对方法。

我们把收缩政策分为两类：国内政策和国际政策。国内收缩政策主要是削减军费、调整军队结构、改革过时的机构，同时把资源重新分配给更高效益的投资；国际收缩政策主要在于化解冲突热点、调整全球战略，并将责任转移给盟国，这些政策可以减少不必要的昂贵承诺，同时帮助释放资源，并在关键的战略要点上加强威慑。在现实世界中，两种政策可以同时使用，但为了清楚起见，我们将分别对其进行讨论。

国内政策

收缩始于国内。由于衰落通常是由内部因素（如经济或军事表现欠佳）导致的，因此最可靠的复苏方式是国内改革。内部改革的好处还在于可以减少外部依赖，因此比依赖盟友或对手的互惠政策更具吸引力。

对于衰落中的大国来说，有四种国内选项：第一，减少军事和外交事务开支。这是收缩可以采取的最显著也是最困难的步骤之一。债务本身并没有错，许多国家都建立在债务的基础上，但持续债台高筑会破坏国家的财政基础，政府支出很可能会面临边际收益递减的境地。随着经济形势向好，更多的资源将被用于外交政策、债务偿还、国内投资或任何政府重视的方面，但在此之前，衰落中的国家可以控制或减少军费、削减对外援助并限制补贴，以恢复经济活力和财政储备。必须强调的是，用乔治·华盛顿的话来说，过度削减开支可能会让国家“无法应对突发状况”。[20] 例如，在“七年战争”（Seven Years War）后，英国大幅削减了国防开支，这使其在随后应对美国独立时处于不利位置。[21]

第二，衰落中的国家可以通过收缩来调整军队结构。国家可以在减少采购的同时进行不同方向的投资，衰落中的大国往往选择通过调整军队结构来实现这一目标。在某些情况下，会将资源从不紧急的任务转移到较紧急的任务上，例如，衰落中的陆地强国可能会削减海军拨款以支持陆军。在另一些情况下，可能会牺牲短期利益以换取长期利益，即使后备军动员速度较慢，国家也会尽可能通过依赖后备军而非现役部队来限制开支。国家还可能改变技术投资结构，投资能够替代劳动力的技术，或更有可能投资购买更廉价的旧式武器。军队结构变化的总体效果是更有效地利用稀缺资源，同时改变外交政策工具以应对紧迫问题。合理消费和合理储蓄一样有价值。

第三,衰落中的国家可以利用收缩来改革机构。为了支持扩张性的外交政策,大国依赖一系列复杂的官僚机构来执行名目繁多的任务。但随着时间的推移,机构的变化跟不上现实的步伐,官僚机构越来越拘泥于标准的操作程序,导致效率低下、机构膨胀,还痴迷于保住各自的地盘。[22] 由于军队是最庞大的机构,因此这一点在军事机构中尤为明显,但在其他官僚机构中也同样如此。官僚惰性可能会对国家的大战略质量产生负面影响,导致忽视新的危险,保留不必要的军事力量并固守无效的政策,然而,衰落打破了这种现状,显示了改革的必要性。

收缩可以通过许多方面刺激官僚机构改革。削减预算可以促使官僚机构提高组织效率,同时整合创新,为了争得稀缺的资源,官僚机构必须证明其使命仍然重要并设法改进表现。收缩还可以约束官僚机构,使其摆脱无关的任务,从而专注于提升核心竞争力。在正常情况下,改革官僚机构已足够困难,而当机构被赋予诸多繁杂的工作时,改革尤其具有挑战性,[23] 但是收缩可以促使官僚机构简化任务,在相互冲突的任务之间确定优先顺序,并将注意力和资源集中在最需要的地方。同样,过度收缩会造成研发、培训和设备的资金匮乏,使官僚机构失去执行基本任务的资源,但如果按比例和目的来节约开支,就会打破标准的操作程序,鼓励官僚机构进行新的思考。

第四,大国成功进行收缩后,可以将资源重新配置到非外交政策目标上。确定国家可以获得多少收入,以及如何在相互竞争的需求之间分配收入,这些是大战略的一部分。国家面临着枪炮和黄油之间的权衡,他们必须决定是将资源用于外交政策还是国内政策,当两种选择的冲突愈发尖锐时,衰落国家就会有强烈的动机通过收缩将资源直接用于其他投资。政府可以通过多种方式发放收缩红利,例如退税、减税、权益福利(entitlement benefits)和基础设施支出等。就目前而言,重要的不是各种方式的组合,而是外交政策在经济中所占的相对份额和相对投资回报。

外交政策支出挤占国内需求的程度各不相同。在某些情况下,国防开支可能会极大地取代民用经济。国防开支可能会导致税率抬高,这就会限制私人部门用于投资的剩余资本;国防支出可能会增加对钢铁等战略物资的需求,导致通胀或生产"瓶颈";国防开支还可能会限制其他类型的政府开支,包括教育或基础设施投资,而这些投资有可能产生更大的长期经济回报。在这方面苏联是一个值得警醒的案例。[24]但在另一些情况下,提高外交政策支出对国内经济的影响则是微乎其微的,有时甚至是积极的。当存在大量未加利用的经济产能时,国防开支可以利用未开发的劳动力或闲置的资本来刺激经济,[25]外交政策开支(尤其是军费)可以产生有利于整个民用经济的技术溢出效应。在美国,国防部的支持促进了一系列民用工业的兴起,例如互联网、商业航空、无线电、计算机、微波、半导体和数据库管理等。[26]

证据表明,枪支和黄油之间的权衡取舍是真实存在的,但程度不同。研究发现,国防负担沉重与经济产出减少有关,但这种关系取决于国防支出的绝对水平、经济是处于高增长周期还是低增长周期以及外部威胁环境等因素。[27]同样,国防开支似乎还与通货膨胀有关,但这在很大程度上取决于经济是否接近充分就业以及国防开支的资金来源。[28]然而,J. 保罗·邓恩(J. Paul Dunne)和田南(Nan Tian,音译)发表的最新学术论文"强烈支持军费开支对经济增长有负面影响的观点"。[29]经过重新分配的外交政策资源可以在国家复兴中发挥很大作用,但这还只是一部分作用,同样的精打细算也应被用于国内支出、优先事项和机构。然而,即使收缩红利很小,它们也可以在较长时间内累积而产生乘数效应,从而构成竞争优势。

总而言之,衰落中的国家可能会通过各种国内政策来推行收缩政策。他们可以放缓或削减外交政策支出,通过调整军队结构以应对更紧迫的需求,并通过改革机构以提高效率。国内收缩节省下来的资源可以循环利用,以减轻债务负担或投资于回报更高的事业,如果操作得当,这些方法可以在不牺牲效率的情况下降低支出。忽视国内收缩的衰落大国往往会面临严重的风险。过高的军费开支会导致长期的投资不足、螺旋式的通货膨胀和经济的缓慢增长;不匹配的投资可能会导致军队结构不良,无法完成必要的任务;一味服从于僵化的官僚机构可能会导致投票交易*、重复劳动、拙劣的协同和执行。更宽泛地说,过重的债务和资源错配可能会对经济健康产生不利影响。

国际政策

如果没有政策来保证国内改革免受国际干预,收缩政策就会受到阻碍,外交政策的变化不应激怒对手、引起盟友警惕或扰乱国内安宁。以下四种政策可以在限制风险的同时减少承诺:重新部署军队、化解冲突热点、重新分配责任、在特定据点加强威慑。

第一,衰落中的大国可以重新部署军队。庞大的常备军是昂贵的,尤其是驻扎在遥远地区的军队,因此减少前沿部队可以节省大量资金,在某些情况下,也可以通过放弃不必要的承诺来节约开支。但衰落中的大国通常会通过减少军队数量、使用成本更低的军队来捍卫自己的承诺,许多方法都属于这一范畴。衰落中的大国可能会更多地动用快速反应部队,从而及时稳固受到威胁的领土。当然,这些部队不会像前沿部队那样作出快速反击,以抵御既成事实(faits accomplis)的扩张,但好处是可以进行温和而灵活的低成本防御。[30] 通过这种军队,衰落中的大国可以像专业击剑手一样敏捷移动,既能保留灵活的空间,又能在对手过度扩张时击中要害。[31] 衰落中的大国可以部署前哨部队(tripwire forces),虽然比以前的驻军规模要小,但仍然可以充分相信他们保卫前沿阵地的意愿。另一种方式是利用区域枢纽,衰落中的大国在处于国际承诺附近的地区部署小规模前沿部队。在这两种情况中,衰落中的大国都试图调整全球军队部署,在保持信誉的同时降低成本。

第二,衰落中的大国可以消除潜在的冲突热点。如果国家有机会以可接受的代价从危机中取胜,冲突热点或许是可加以利用的,但过于雄心勃勃的外交政策会引发冲突,耗尽人力、财富和声誉,因此,衰落中的大国有很强的动机在冲突爆发前将其解决。化解冲突热点有多种实现方式:寻求与潜在对手就相互交易进行谈判,以解决眼下的争端;签

---

* 投票交易(logrolling),指选举国家的政客间互相投赞成票以通过对彼此都有利的提案。——译者注

订协议划分势力范围，以避免摩擦；削减对边角利益领域的承诺，以缓解不必要的紧张局势。

但这里的明显障碍是，衰落中的大国可能很难达成稳定的协议，部分是由于双方会担心随着相对权力的转移，潜在交易可能会落空。[32] 正如布兰登·尤德（Brandon Yoder）所指出的，从无关紧要的承诺中退出，等于向朋友和敌人释放出一个信号——衰落中的大国正在努力缓解紧张局势，否则可能将面临失控。同样，其他国家的反应也可以很好地体现其政策设计。[33] 如果潜在的对手咄咄逼人地向衰落中的大国发起挑战，这就使其修正主义的野心路人皆知，反而会促使反对者团结在一起。在极端情况下，可以通过绥靖来消除敌意，而此时的让步是高度不对等的，但除非衰落中的大国受到沉重的压力，否则还可以通过一系列微小的退让来试探潜在对手的意图。

第三，衰落中的大国可以重新分配责任。由于高超的外交技巧，大国拥有与他们存在共同利益的盟友和政治附属国（political dependencies），衰落中的大国可以操纵这些关系，维持对自身有利的权力分配，而不是造成权力真空或将所有权契约交给对手。大国可以授予属地更大的自治权，然后把更多的精力投入到自身的防御上，这样就可以把维护地区稳定的责任转移给凯尔·海恩斯（Kyle Haynes）所说的“继承国”（successor states）。[34] 在政治影响力已经削弱的地区，衰落中的大国可以通过盟友的帮助维持稳定的权力平衡，与批评人士所言相反，减轻外交政策负担并不需要放弃盟友，[35] 因为，只有当大国衰落时，盟国才能发挥帮助降低成本和摆脱脆弱承诺的作用。

即使挣扎于衰落的泥淖中，大国也有很多利益可以提供给盟友和属地。衰落中的大国可以利用收缩获得的资源来招纳新盟友，并回报忠诚的合作伙伴；他们可能会为潜在的继承国提供更高的地区利益份额，或更好的联盟条款；衰落中的大国还可以利用地区的不稳定前景，鼓励现有或潜在的合作伙伴采取更多的行动。由于收缩的国家比以往更需要伙伴，这就加强了其承诺的可信度。衰落中的大国会发现，继承国缺乏对抗侵略者的能力或决心，在区域秩序方面拥有不同的利益，而且可能自身会怀有修正主义意图，[36] 但为了实现公平的责任分担,衰落中的大国可能不得不考虑给予盟国更大的发言权。

第四,衰落中的大国可以重新分配资源,并在特定战略要点加强威慑,这也是最重要的一点。如果收缩只是一个消极的过程,那么衰落中的大国除了撤退什么也不会做。然而,衰落中的大国经常利用政策收缩,在各种承诺之间转移资源,并把捍卫核心利益放在首位,该政策的基本策略是战略要点防御。[37] 大国可以把重点放在保护靠近本国的关键承诺上,而不是分散兵力,维持庞大而脆弱的外围地区,当能力集中起来时,大国就能够对潜在的挑衅作出有力回应。此外,由于大国专注于核心利益,其安全保障会得到提升——对手会了解衰落中的大国重视哪些利益,并认识到大国愿意付出代价来捍卫这些利益。减少承诺的数目可以简化衰落国家面临的战略挑战,他们需要监控的潜在对手变少,可以更容易地将资源从一处局部战争转移到另一处,还可以更迅速地抓住多变的时局和对手的失误。收缩是一种费边战术(Fabian strategy),旨在比崛起的挑战者坚持得更久。

总而言之,作为收缩战略的一部分,衰落中的大国有多种选择来修改其外部政策。他们可以调整自己的全球战略以增强灵活性,减轻责任,通过谈判或减让消除潜在的冲突热点,并将责任重新分配给属地和盟友,通过减少承诺而释放的资源可以被重新分配,用以加强关键据点的防御,并威慑掠夺者。相比之下,死守现有承诺的衰落大国面临着一系列危险。对手可能会开始质疑其保卫脆弱边界的能力和意愿,一些小的争端都可能会升级为对意志力的残酷考验,而面对这种考验,衰落中的大国会拿自己的声誉去捍卫边际利益。盟友可能会怀疑现有承诺的可信度,抱怨缺乏发言权,并考虑退出。在这种情况下,衰落中的大国会进行糟糕的过度扩张,一系列的局部失利最终有可能形成滚雪球式的灾难。当然,收缩策略也有其缺点,但如果实施得当,则可以让衰落中的大国降低成本和风险,并促进最关键领域的稳定。

优先政策

把优先级放在国内政策上还是国际政策上,这是衰落中的大国在选择收缩策略时必须回答的最紧迫问题。一般来说,国家在国际上处于无政府状态时有很强的动机进行自救。例如，当受到外部威胁时，国家更倾向于依靠自身，首先会增强自己的军事实力，然后再向盟友求助。[38]

针对收缩政策也可以作出类似区分。国内收缩政策之所以最有吸引力，不仅是因为可以较少地依赖其他国家的行动，还因为其中任何利益——资源重新分配给回报更高的领域——都可由衰落中的大国独享。国际收缩政策的目的是通过改变外交政策来减轻负担，比如更简约的全球战略，或更坚定地化解潜在的热点冲突。总体而言，这些政策不如国内政策有吸引力，因为国际政策不仅要求其他国家履行承诺，还要求衰落中的国家放弃长期重视的一些事物。

由于衰落中的大国不愿吞下这剂苦口良药，只有受负面趋势压迫时他们才会进行收缩。因此我们推测，衰落程度是影响大国如何搭配使用国内和国际收缩政策的主要因素。例如，轻度衰落的大国将作出微小调整，并主要依靠国内政策。由于危险程度不高，且与外部大国重建关系的机会也很少，所以这种情况下的衰落大国依赖于自助，他们将通过减少国防开支、提高效率和改革机构来减轻财政负担。至于国际收缩政策，轻度衰落的大国通常不会大幅调整其全球战略。除非能够以较低的成本快速处理对外承诺，否则他们将选择维持其中的大部分承诺，而同新的盟友或对手打交道都可能会成为一种不必要的负担。

相较而言，经历重度衰落的大国将作出更积极的调整，并倾向于采用更广泛的国内和国际收缩政策组合。相对实力的显著变化不仅会促使衰落中的国家接受具有更高风险的选择，还为其改善外交关系（特别是与盟友的关系）提供了机会。尽管依然有充分的理由实行削减开支、重新分配资源和改革机构等措施，但仅靠国内政策已不足以应对重度衰落带来的挑战，必须通过大幅调整国际政策来弥补这一缺陷，即调整全球部署方向，不再以前沿部署为重点，向盟友作出让步以争取其援助，并与对手进行谈判，甚至采取绥靖政策，以便在结果恶化之前及时止损。

综上所述，衰落中的大国将根据自身的衰退程度，合理地结合两种收缩政策。轻度衰落的国家将进行温和的政策转变，重点放在削减成本和国内改革上；而重度衰落的国家将开展重大变革，包括将更多的责任转移出去以及放弃对外承诺。衰落中的大国的表现如同医生诊治疾病，如果发现得早，他们就会在大手术之前尝试微创手术。

条件：国家收缩的程度

不存在唯一的收缩模式，而且尝试进行收缩并不意味着一定会见效。大国会以不同的方式和程度降低大战略的雄心，这在很大程度上依赖于结构性激励。然而，国际体系是随着时间的推移而变化的，大国必须相应地调整自己的措施。国际体系有时利于进行迅速而彻底的收缩，有时适宜采取选择性的缓慢收缩乃至完全不收缩。正如先发制人的战争理论家警告的那样，收缩会带来一系列问题，大国必须调整其政策，不仅要适应衰落的程度，还要符合更广泛的结构性条件。那么何时进行收缩才是符合形势的呢？

我们将关注影响大国如何应对衰落的四个条件：[39] 第一个是相对排名。大国会在其位次下降时采取收缩，因为他们面临着非常广泛的潜在危险。第二个是盟友的可利用性。当国家有保护共同利益的盟友时，他们将进一步收缩。第三个是对外承诺的相互依存度。当外围的让步不会损害核心承诺时，大国可以进一步撤退。第四个是对征服的考量。当夺取和占据领土更加困难时，大国更倾向于进行收缩。如果具备这些条件，安全相对而言就有保证，不信任也会是可控的，收缩的风险也会降低。[40] 接下来，我们依次对这几项条件进行详细分析。

相对排名

当衰落中的国家对权力分配作出反应时，国家的相对排名会影响其选择。拥有最多权力的国家——统计中排名前两位的国家——通常面临的竞争对手更少，而且权力储备更雄厚，这些可以降低其犯错误的风险。由于霸主和与其最接近的竞争国家非常强大，因此他们就可以接受更大的风险，更少考虑外交政策，并姑息特殊利益集团。[41] 因此，在其他条件相同的情况下，排名靠前的大国在衰落时，虽然仍有可能采取收缩策略，但积极性较低。当然，权力越大，利益也就越大，霸权国家会捍卫他们构建的国际秩序，并从中获取既得利益。[42] 但当面对真正的挑战者时,排名领先的国家对衰落的警惕性更低,鉴于自身的大国地位,他们可能会认为无须进行重大的战略变革就能减缓或扭转衰退趋势。考虑到所拥有的权力和威望,他们可能会试图掩饰自身的衰落程度,在危机中蒙混过关,在艰难的选择面前敷衍了事。

相比之下,排名靠后的大国会更加警惕。由于竞争对手更多且自身不能懈怠,大国序列中排名较低的国家对权力转移会更加敏感,对这些国家而言,危机更加令人担忧,外交政策失败造成的后果也更加显著。由于国家权力基础薄弱,衰落中的大国除了收缩别无他选,面对潜在的掠食者和觊觎的盟友,掩盖自身的衰落反而欲盖弥彰。由于竞争对手会利用这些失误并从中获利,推迟收缩的风险会更大,因此排名落后的国家只消犯上一些错误就有可能丧失大国特权。因此,政策制定者通常不会纵容国内游说团体,或将党派利益置于国家利益之上。

我们来分析两个衰落的案例:一个涉及霸权挑战者,另一个涉及排名从第三位跌至第四位的国家。挑战者只须面对在其之上的一个国家,从地理上看,这在某种程度上是一种威胁。他有更雄厚的资源来抵御敌人、收买盟友和胁迫他国,而且认为没有必要恐慌,因此总体上不太倾向于收缩,尤其是在调整国际政策方面。相比之下,从第三位降至第四位的大国更有理由担忧,也更有动力积极地执行收缩政策。他面临多个竞争对手,这些竞争对手可能会单独或集体利用其弱点,薄弱的财力也会刺激竞争对手,挫伤盟友,而且无法吸引中立者。因此,对于居于前列的强国来说,收缩只是一种选择;而对于一个实力有限的大国来说,收缩是尤为必要的。

盟友的可利用性

盟友的可利用性是影响收缩的第二个结构性条件。当衰落中的大国撤回军队,并将维持现状的责任移交给有能力的盟友时,就更有可能进行收缩,尤其当盟友与衰落中的大国处于不同的地区、拥有共同的利益并具备威慑侵略者的能力时,收缩的可能性更大。[43] 强大的区域盟友可以帮助促进收缩,因为他们可以利用自己的能力来平衡潜在威胁,而不需要依赖烦琐低效的联盟。[44] 这降低了“搭便车”或推诿责任的行为破坏权力平衡的风险。[45] 强大的区域盟友也不太需要说服,因为他们已经在周边特定地区进行了投资,衰落中的大国不需要向他们提供好处来获取援助。有能力的区域盟友还能够促使大国采取灵活的收缩,如果地区秩序崩溃,他们可以帮助衰落的大国恢复地位。

然而在某些情况下,衰落中的大国在后撤时可能无法依靠区域大国帮助其保护自身利益,在这种情况下,收缩可能面临更加严峻的前景。因为弱小的区域盟友缺乏维护大国平衡的能力,所以他们更有可能追随(bandwagon)正在崛起的大国。[46] 由于担心掠夺者会填补权力真空地带,衰落中的大国或许不愿退缩。较弱的大国很难和贪婪的修正主义者达到平衡,因为他们需要克服集体行动的难题,而且更容易被分而治之(divide and rule tactics)。[47] 为了团结区域联盟,衰落中的大国可能会超出所愿而更加坚定地参与其中,而这会抵销收缩带来的好处。

考虑两种境况:其一,衰落中的大国可以获得区域大国盟友的支持;其二,无法获得盟友的支持。在前一种情形中,平衡行为将占上风,挑战者将受到惩罚,[48] 强大的区域盟友不仅可以威慑侵略者,而且更有能力进行反抗。相比之下,后一种情形更符合吉尔平对衰落的大国和联盟发出的警告。[49] 被收缩大国抛弃的弱国,要么无法遏制,要么是不愿遏制掠夺者,而随大流行为将占上风,弱国将倒向对手,而侵略者面临的只是分裂的区域联盟的微弱抵抗。所有衰落中的大国都面临着巨大压力以缓和他们的外交政策,但他们中的一些更愿意或更能够从他们的盟友那里得到帮助。

对外承诺的相互依存度

影响收缩可能性的第三个条件与大国对外承诺的性质有关。大国有时会作出相对独立的国际承诺,[50] 当承诺是独立的,大国政治就像一艘有多个隔水舱的大船,国家会依据具体情况评估国际承诺的可信性,一个领域的让步往往不会导致其他领域的让步。在这种情况下,衰落中的大国将倾向于收缩,因为他可以把外围不重要的资产剥离,而不必担心会损害相关承诺或牺牲国家强硬的整体声誉。因为在任何一场危机中,地区的权力平衡都是最重要的,所以加强战略要点防御的政策更有可能阻止挑战者。

大国也会作出相互依赖的国际承诺,当承诺相互依存时,国际政治往往容易产生多米诺效应。[51] 大国认为问题是跨时空产生联系的,一个领域当前承诺的可信性与其他领域过去的行为是直接相关的。竞争对手评估争端时,不仅要考虑当地情况,而且要考虑全球权力平衡和类似的承诺,声誉问题开始凸显,国家常常担心当下的让步会引发未来更多更大的要求。在这种情况下,吉尔平和科普兰对掠夺行为的解释更有说服力,衰落中的大国担心收缩会被视为软弱,而让步将会招致贪婪的趁火打劫。

对于何时可以作出更加独立或更加相互依赖的承诺,目前还没有被广泛接受的解释。[52] 关于国家声誉的研究表明,过去的行为和现在的声誉之间存在的联系比较微弱,这意味着承诺通常比想象的更加独立。[53] 同样,定量研究也发现,过去的让步与未来威慑的失败之间的联系十分复杂,这表明本地的权力平衡比强硬的整体声誉更为重要。[54] 虽然承诺的基本性质不同,但我们认为个别大国拥有特殊的承诺组合。有些国家的承诺分散在不同的地区和领域,因此他们在收缩时拥有更大的灵活性;还有一些国家的承诺比较集中,导致他们因为担心一时的让步会引发更多的让步,而不愿进行收缩。

我们将以两个大国为例,来进一步说明。一个是领土横跨多个区域的海外帝国,另一个是在单一区域内拥有连绵领土的陆上帝国。前者类似于英国,后者类似于奥匈帝国。在其他条件相同的情况下,拥有海外帝国的大国更有可能认为自己的承诺是相对独立的。一个区域的商业利益并不等于另一个区域的战略利益,海外帝国或许会担心遭遇接连不断的挫折,但他们可以确信一个地区的挑战不会蔓延到另一个地区。相比之下,陆上帝国则更有可能认为自己的承诺是相互依赖的。从一个地区后撤可能会直接暴露邻近地区的软肋(flanks),在一个地区向主张民族统一和领土收复的挑战者让步,可能会引发其他地区少数族群提出类似的要求。对于有着相互依赖承诺的大国来说,收缩似乎是一个更加危险的过程。简言之,承诺分散的国家(如海外帝国)将比承诺集中的国家(如陆上帝国)更容易进行收缩。

对征服的考量

对征服的考量是影响衰落中的大国采取收缩措施的第四个相关条件。[55] 在某些情况下,衰落中的大国会认为他们容易受到侵略,[56] 他们担心潜在的掠夺者很容易就能攻破自身的防御,并因此获得可观的回报。在这种情形下,衰落中的大国将会对收缩保持警惕,原因正如科普兰所言,他们担心撤退会给潜在的掠夺者提供机会。[57] 当军队能以较低成本取得胜利时,衰落中的大国也会倾向于发起先发制人的战争,而当他们认为崛起的挑战者觊觎自己的霸权时,尤为如此。

有时,衰落中的大国会认为进行军事防御更加容易。[58] 在这种情况下,对手被认为更容易控制,他们采取既成事实战略会变得更为困难,驻防部队可以坚持更久,大国也将有更多的时间对挑衅作出反应,所有这些条件都更有利于衰落中的大国进行收缩。潜在的扩张者冲破防线的难度越大,衰落中的大国就越倾向于削弱前线防御,衰落中的大国应对侵略的时间越长,改变全球战略的措施就越具吸引力,例如采用机动后备军(mobile reserves)和前哨部队。

国家根据对征服的考量的结果决定是进攻还是防守,但哪些因素会影响决定,目前并没有达成共识。一些学者认为,防御战在现代战争中存在固有的优势,如果大国认同这一观点,就会增强收缩的意愿。[59] 另一些人指出,国际政治中越来越少使用领土征服(territorial conquest)方式,这意味着现在更倾向于以防御为主,同时进行收缩。[60] 然而,进攻和防守之间的平衡没有标准的度量,[61] 我们承认征服的方式会有所不同,但我们选择的是验证具体大国面对掠夺的脆弱性。我们对岛屿和陆地上的大国作出了简单而明确的区分。[62] 岛屿国家与敌对大国没有陆地边界,不易受到攻击行动的影响,由于对手不得不投放军力才能对他们进行威胁,他们将有更多的时间和空间来应对侵略;而陆地大国往往更易受到冲击,因为敌人近在咫尺,而且他们经常需要在多条战线上面对多个对手。

我们认为岛屿大国最有可能采取收缩措施来应对衰落,因为他们不易受到攻击的影响,[63] 他们不必担心掠夺者可能会发现收缩所造成的弱点，也不太可能面临多方的威胁，从而更容易实施本土防御。相比之下，衰落中的陆地强国在收缩方面则颇为犹豫，他们担心自己会走下坡路，收缩会让崛起的竞争对手从中获益，进而让对方有攫取更多利益的机会。陆地大国往往面临多个领域的竞争对手，因而无法轻易将资产从一处转移到另一处，同时也束缚了军队，使他们不能保卫本土安全。总之，只有当衰落中的大国预料到军事侵略行动自身具有局限性时，收缩策略才能发挥最佳效果，这意味着收缩更适用于岛屿大国。

衰落中的大国陷入了两难境地：一方面，他们面临着日益增长的威胁；另一方面，相对于竞争对手，他们拥有的资源更少。从根本上讲，衰落中的国家必须在扩大、压缩或维持外交政策总成本之间作出选择。第一章里有关衰落的文献清晰地指出，迅速而相应的收缩是最不可能出现的结果，而在本章中，我们提出的理论案例认为那些文献的观点尚待商榷。

我们认为衰落中的国家往往会进行收缩，因为国际政治无法容忍战略层面的破产。解释一个国家行为的最重要因素是相对实力，一个大国衰落得越快，收缩程度就越大。那些未进行收缩的国家将面临安全威胁、信誉损害和经济困难。我们认同国内机能失调理论者的观点，即国际体系会向衰落中的国家施加压力，要求其收敛雄心，但国内态势(domestic dynamics)能在多大程度上超越国际动因(international incentives)的影响，我们持不同观点。我们与主张先发制人战争理论的支持者的观点存在全面分歧，我们认为维持现状或扩大雄心不是应对衰落的谨慎选择，而与其他选项相比，好战主义更是得不偿失。

我们试图跳出文献的束缚，来详细阐明收缩的形式并区分国内和国际收缩政策。国内政策包括削减开支、改建军队、改革机构和重新分配资源；国际政策包括重新部署部队、化解冲突热点、重新分配责任和加强威慑。衰落速度不同不仅意味着收缩的程度不同，还意味着收缩的种类不同。轻度衰落刺激了专注于国内调整的自助政策；中度衰落在强化国内政策的同时，越来越多地转向国际政策；重度衰落则需要采取全面的国内政策，而且严重依赖于国际政策。

最后，我们确定了四个促进或抑制收缩的结构性条件：相对排名、盟友的可利用性、对外承诺的相互依存度和对征服的考量。相比排名靠前、拥有弱小区域盟友和集中承诺的大陆国家,排名靠后、拥有强大区域盟友和分散承诺的岛屿国家能够更积极地进行收缩。衰落国家的政策制定者首先需要考察衰落的程度,然后再参照当前情况来分析哪种收缩政策最为合适。

我们不是结构决定论者,衰落中的大国仍有规划路径的余地,而且某些国家在这方面比其他国家更加得心应手。但与众所周知的观点不同,我们认为过渡时期国际体系的激励是明确的,它倾向于推动和平与收缩,而大国通常会对这些激励作出理性反应。[64] 从理论上讲,收缩应是面对衰落时最常见的反应,下一章我们将讨论大国在实践中是否会如此行事。

第三章

大国命运

衰落的量化指标复兴研究

每个人都命悬一线，脚下随时会裂开一道深渊。然而我们仍不厌其烦地自寻烦恼，一点点把生活摧毁。

——伊万·屠格涅夫(Ivan Turgenev)

人们倾向于让自己适应目前的环境，并展现当前环境所需要的任何特质，所以我们很难辨别每个人真正的原则，因为真相通常会被掩盖。但人们过去的行为会经受现实的检验，其原则和意图的真正本质就会被揭示。然后我们就能发现哪里可以寻求感恩、善意和帮助，哪里会恰得其反。

——波利比阿(Polybius)

对大国的普遍看法是，大国会经历崛起和过度扩张，然后衰落。衰落的根源在于国内机能失调和战略偿付能力不足(strategic insolvency)。如果国家能够有所节制，就可以延缓这一不可避免的趋势，但这注定是一场必败之战。国内社会异常的影响往往大于国外压力，国家时常身陷下降的旋涡之中，而这很大程度上是其作茧自缚的结果。因为无法克服根深蒂固的利益集团，他们接受了超额的预算和臃肿的军队，由于不愿放弃额外的承诺，他们反复卷入危机，然后危机升级为战争，最后以失败告终。

我们在第一章指出了主流观点中的一些不足，在第二章提出了另一种观点，本章将通过对证据的系统研究来评价这些相互矛盾的观点。

我们制定了明确的衡量衰落的标准，确定了一系列大国衰落的案例，进而思考这些案例与非衰落案例是否有明显区别。我们假定本章只从理论层面研究这些案例，呈现的证据也是间接的，但通过对这些数据进行不同角度的观察，积累的证据足以证实一些观点，并推翻其他观点。在接下来的几章中，我们将深入研究并更彻底地剖析这些观点。

首先，我们的主要发现是，大国会通过迅速而相应的收缩来应对衰落，无论政权类型如何，收缩都是应对衰落的最常见方式。在衰落过程中，先发制人的战争基本上从未发生过，收缩在一定程度上可以帮助大国恢复之前的地位，而未进行收缩的国家永远无法恢复如初。虽然衰落会促使国家收缩，但通过衰落速度只能对收缩程度进行粗略的推测。考虑到潜在的权力趋势，大国的收缩程度可能会低于预期，但大多数误差都在适度范围内。毫无疑问，我们的理论存在例外，但相反的观点本身只是例外的理论。

其次，我们发现衰落速度相近的国家表现相似——非衰落国家、轻度衰落国家、中度衰落国家、重度衰落国家之间存在递进关系。与其他国家相比，衰落大国的国防支出更少，军事人员的增长速度也更慢，他们不太可能结成新的联盟，也不太可能介入争端。我们还发现，国家会根据当前的结构性条件完善收缩政策。虽然这些结构性调节因素单独的解释能力有限，但将它们结合在一起就具有了很强的说服力。处于最有利位置的衰落大国几乎都选择了收缩。

为证实这些观点，本章第一部分概述了研究设计。我们限定了分析范围，提出了衰落的衡量标准，对案例进行了描述，并讨论了关键变量的测度。第二部分介绍了最初的研究发现。我们粗略概述了 16 个案例的战略调整，并基于证据分析了对立理论的优劣。第三部分通过一系列量化指标支持了我们对衰落中的大国和非衰落大国进行的比较分析。总而言之，经验记录表明，衰落会引起大国的担忧，而谨慎往往是普遍的选择。

研究设计

为了检验衰落理论，我们研究了自 1870 年以来的 16 个衰落大国的大战略。我们以大国为分析的主要单位,并通过“战争相关因素”(the Correlates of War,COW)项目数据库,找到了9个在这段时期可以称为大国(Great Powers)的国家,[1] 主要自变量是大国衰落的程度。正如序言中的定义,急剧相对衰落(从此刻开始的衰落)是指一国失去其地位长达5年以上。衰落程度衡量的是在权力转移时期一国相对于其他大国的衰落程度。在采用这种方式定义衰落时,我们假设最重要的不是短期或偶然的权力动荡,而是足够撼动大国地位的持续性趋势。

通过考察国家在大国国内生产总值(GDP)中所占的份额,我们可以衡量相对权力。研究数据来自安格斯·麦迪森(Angus Maddison)的开创性工作,时间可以追溯到1870年,我们所掌握的可靠跨国数据也始于这一年。[2] 如果一国在大国GDP中所占的份额下降了一个等级,而且至少5年内都维持不变,我们便将其视为衰落。我们只把出现在COW列表中的国家算作大国,而且选作大国衰落案例的国家,占大国GDP的份额必须在10%以上。

通过计算一国在地位发生变化后的5年内占大国GDP份额的下降总量,我们可以衡量该国的衰落程度。我们将占大国GDP相对份额下降总量少于2%的衰落称为轻度衰落;将下降总量在2%~4%的衰落称为中度衰落;将下降总量超过4%的衰落称为重度衰落。举一个熟悉的例子,1908年,德国占大国GDP的份额为15.7%,历史上首次超过英国,在接下来的5年中,英国相对德国持续衰退,占大国GDP份额共下降了1.4%。因此,1908年英国的案例体现了轻度衰落。

尽管GDP这项衡量标准已经是所有方案中的最佳选择,但也并非完美。虽然数据匮乏,但是对于跨国GDP这项数据,特别是长期数据,我们仍要持怀疑态度。[3]GDP是一个相对较新的概念,用它来研究过去是一项艰巨的任务。GDP易受国内劳动分工、特定文化行为和监管环境的影响,对于数据集里的一些国家,我们不得不使用不太可靠的特定经济部门产出的衡量标准来估算GDP。[4] 国际力量的构成是复杂且不断演变的,而且在一定程度上是无法捉摸的,我们提出的反驳是,使用GDP是一种简明而且常规的分析权力的方法。许多研究采用经济产量的某种衡量标准来分析权力,如能源消耗、钢产量或GDP,[5] 而

GDP 因其优点成为最常用的方法,它可以说是最全面、简明和可靠的经济衡量标准,其他衡量标准的客观性、科学性和历史影响都不能与其相比。

一种反对观点认为,GDP 可能不是衡量衰落的最佳指标,国家可能更关心政治、军事或文化衰落,或是包含所有这些因素的一个动态组合。[6] 尽管如此,这些指标不具备时间和空间上的普遍性,也会遭到认为其具有随意性或不确定性的反对。使用经济数据来确认衰落不是因为我们相信决策者只受金钱驱动,而是因为衰落时期很可能与危机相对应。任何其他形式的权力都不具备经济权力的替代性,它可以转化为政治、军事或文化权力。纵观历史,权力和富足是紧密相关的,持续性的经济缓慢增长或经济负增长都会对政治产生深远的影响,[7] 其他更加微妙的衰落形式或许也会促进收缩,但如果存在一种可能引发收缩反应的情况,那便是经济衰退。

另一种反对观点认为,决策者可能不知道大国排名是什么,更不知道排名正在发生变化。许多政策制定者在很长时间内所掌握的 GDP 数据都是错误的或不准确的,而其他人则根本没有 GDP 数据,[8] 但我们假设决策者的行为是建立在可以得到 GDP 或其他类似数据的基础之上的。这并非不切实际,政治精英们会监控各种经济指标,包括农业生产、工业产量、商品价格、税收收入和进出口总量,这些经济指标也许不尽完美,但其中许多都与我们现在所说的 GDP 相符。为证实这一点,我们对麦迪森的 GDP 指标和阿瑟·班克斯(Arthur Banks)的国家表现的跨国指标进行了比较。虽然班克斯的数据有局限性,但我们发现 GDP 与一国的收入、支出、进口和出口高度相关,[9] 这些正是政治精英们倾向于追踪的指标类型,因此我们相信决策者对权力的认知与 GDP 相关。[10]

最后一点担忧是 GDP 不是这项研究的最佳衡量指标。GDP 同收入一样,是一种流量指标,衡量的是一个国家在一年内所有制成品和服务的市场价值。如果财富等同于权力(只在某种程度上如此),那么国家财富就是最好的衡量标准,这是一种存量指标。[11] 遗憾的是没有国家可以长期衡量这一指标。但归根结底,大国地位取决于哪个国家一年内的收益最多,任何一年的惨淡收入都可以用前几年的巨额储备来弥补,反之,丰厚收入所带来的好处也会因不当投资、挥霍消费和高额债务而削减。从这个意义上讲,GDP 是一个领先指标,但其影响会被国家资产负债表降低或扩大。由于大国地位变化反映了持续的趋势,关注这些变化会带来一个好处,即减少使用年度流量指标的弊端。从根本上讲,如果竞争对手的经济产出持续增长,国家就无法维持自己的地位。

通过用 GDP 衡量相对权力,我们找到了自 1870 年以来的 16 个衰落国家的案例,针对所有大国的可靠跨国数据也正始于这一年。[12] 在 9 个样本大国中,5 个国家在大国时期经历了某种程度的衰落。意大利和奥匈帝国这两个国家一直稳定处于大国序列的最低处,地位未发生过变化;[13] 美国和中国这两个大国没有出现衰落,尽管美国将在未来 10 年中的某一时期经历衰落;英国是经历衰落次数最多的国家,16 个衰落案例中有 6 个涉及英国。就崛起的大国而言,有 5 个国家成功超越了竞争对手,德国是其中最突出的,16 个崛起案例中有 8 个涉及德国。

就衰落程度而言,我们选取的 16 个衰落国别案例的比例是比较平均的,[14] 其中有 6 个案例是轻度衰落,5 个是中度衰落,5 个是重度衰落。衰落程度最轻的案例是 1879 年的俄国,占大国 GDP 份额在 5 年内累计下降 0.4%;衰落程度最严重的案例是 1987 年的苏联,占大国 GDP 份额在 5 年内下降了 9%。但 1987 年的苏联案例出现了明显异常,因为衰落的中值和模态深度占大国 GDP 份额的 3.2%。

这些案例的一个有趣特征是,距当前时间越近,衰落程度往往越高,例如,所有 6 个轻度衰落的案例都发生在第一次世界大战之前,相比之下,5 个重度衰落案例中有 3 个都出现在第二次世界大战之后。这种分化很大程度上解释了为何衰落程度会随时间的推移而增加。例如,1870 年有 5 个国家占大国 GDP 的份额超过 10%,而 1946 年超过 10%额度的大国只有 3 个。考虑到极少数大国居于高位,这一时期的衰落会带来大范围的权力转移也就不足为奇了。

相比衰落程度,16 个衰落案例在时间上的分布并不均匀,其中 8 个案例发生在第一次世界大战前,5 个案例发生在两次世界大战之间,2 个案例发生在冷战期间,还有 1 个案例发生在冷战后。也就是说,衰落的现象在减少。对此最合理的解释似乎就是国际体系从多极化向日益两极化的权力平衡转变。冷战期间,除美国和苏联外,只有 3 个大国的 GDP 份额曾超过 10%,而且同时达到这一水平的国家不超过两个。由于能够在国际舞台上发起挑战的国家越来越少,衰落也就不再频繁发生。

针对我们选取的案例数量,出现了两种批判。一种批判是案例数量过多。在全部案例中,只有 1872 年的英国这一个案例涉及霸权国家让位于崛起中的挑战者。由于美国自 1872 年后取得了非凡的经济成就,因此没有再发生其他的霸权转移。批评者可能会反对,我们的多数案例与霸权稳定论特别是中美权力转移无关,我们认为这种观点是错误的。首先,大国的动态变化是系统的,所以只关注最顶层的两个国家是危险的。其次,没有任何一个理论像批驳者暗示的那样以霸权为中心。虽然先发制人的战争理论家关注霸权,但他们的案例选择是随机的,并不只关注国际体系中最顶端的两个大国,例如,罗伯特·吉尔平将其理论应用于哥特人(Goths)、威尼斯和奥匈帝国。[15] 最后,我们有充分的理由推测,在衰落期间,霸权国家与较小强国的相似之处要多于不同之处,而若剔除非霸权国家的案例,我们将无法获得研究所有衰落大国案例所能得出的模式。

广泛选取案例的好处是可以揭示大国衰落的系统动态规律。虽然我们偶尔也会考察二元关系以验证对立观点,但我们的理论是系统的,我们的实证方法是观察大国之间的相互影响,几乎所有案例都涉及在大国排名中居于第二位或第三位的国家的地位变化。在 13 个此类案例中,有 11 个涉及欧洲大国作为竞争对手。虽然这些次级的权力转移并不涉及霸权国家和崛起中的挑战者,但两种权力转移联系紧密,所以对参与国而言将尤为显著,也有助于说明未来的权力转移。

另一种批判则认为我们的案例数量过少。没有任何一种选择标准能完美地把人们感兴趣的案例都囊括其中,我们的标准也不例外。那些经历了相对权力持续衰落但地位没有被其他国家取代的大国,没有被选入案例,我们承认这一限制,但我们把重点放在大国地位的变化上,因为这种变化很可能会刺激衰落中的国家作出反应。新的地缘政治大国的出现令人无法忽视,也会迫使衰落中的大国应对相伴而来的安全挑战。决策者也有可能会认为他们的国家正在衰落,尽管我们的数据表明并非如此,这意味着那些因政治洞察力而被挑选出来的领导者,往往不具备对相对权力的最基本理解。我们研究方法的补偿性优点是,它不依赖于我们的主观判断,并给出了一系列合理的案例,而且其中许多都被认为是典型案例。

主要因变量是衰落大国的大战略反应,可分为以下三类:第一,衰落中的大国可以扩大外交政策支出。他们可以加大军费支出,促进军队发展;促成或巩固针对特定目标的攻击型联盟;也可以发起新的外交危机,采取增加战争风险的政策。第二,衰落中的大国可以维持现有的外交政策承诺以图维持现状。他们可以继续维持当前的军费开支和军队规模;履行旧的联盟承诺而不作出新承诺;采用与过去基本相同的方式应对潜在危机。第三,衰落中的大国可以收缩并减少外交负担。他们可以减少军事支出,减慢军队扩张的速度;通过谈判缔结新的防御型联盟,以协助保护脆弱的外交承诺;设法尽可能少地卷入国际危机,并寻找和平方式化解那些确实会爆发的危机。

在实践中,我们很难衡量一个大国外交政策承诺的扩张或收缩程度,大国可能会采取模棱两可的政策,其意图难以明辨,他们还可能会采取相互矛盾的政策,这些政策在一些地区是和平的,而在另一些地区又容易引起斗争。大国政策会随着目标的改变、评价的变化或新选择的出现而波动,即使以看似合理的方式达成了目标的政策,实际上可能并不像表面那样有计划性和连贯性。基于这些原因,我们必须谨慎地评估大国大战略的任何一次转变。

对于这些问题,我们的解决方法是谨慎和反复检验。我们采用定性和定量相结合的方法来追踪一国长期的大战略调整,在时间上,我们锁定国家地位发生变化的前后 5 年,鉴于我们假定决策者是理性、有目的性的实用主义者,这会是一个合理的推断。如果决策者具有远见卓识,那么在其领导下的大国或许能够预见地位变化而提早调整政策;如果领导者目光短浅又固执,那么大国可能只有在灾难发生后,甚至被竞争对手超越后才会改变路线。我们无法知道大国是在衰落初期、衰落过程当中还是衰落末期作出反应,更重要的是决策者是否会在临近衰落开始时调整战略手段。如果战略调整没有进行,或在衰落后 10 年或更久才进行,我们的理论就会受到质疑。

我们用定性的方法对 16 个案例中每一国的外交政策记录进行了考查,以收集该国扩大或缩小大战略目标的明确证据。为了便于处理,我们重点关注大国在军事和外交领域作出的政策选择。军事政策上,我们追踪国家国防支出和军队人力的变化趋势(与前几年相比,国家的国防支出是多少);我们研究国家如何分配军事资源(他们是否会优先考虑投资特定类型的能力);我们记录国家如何部署军事资产(他们会将资产放置于国外还是临近本国的地区);对于外交政策,我们思考国家如何在外交政策的关键地区管控自己的利益(哪些利益和地区是重点);我们还分析大国联盟承诺的特性(是否会达成新的协定? 和谁达成? 目的是什么);我们也会研究大国在危机中如何表现(会选择与竞争对手对抗还是谈判? 在争端中会面临哪些风险,愿意接受哪种解决方案)。

我们为定性分析补充了一系列定量指标。第一个是衰落大国的军事支出和军事人员的年变化。[16] 结合对军备采购、军事训练、军事准则和军事部署的定性分析,我们可以衡量大国面对衰落时的军事反应。第二个是衰落大国签署的新联盟协议的数量。[17] 除了对联盟进行概述之外,我们还定性评估协议的实质以及新协议如何适应国家更大范围的联盟组合,这样我们就能够分析大国面对衰落时的外交反应。第三个是衰落大国在国家间军事争端中的行为。[18] 我们考查衰落大国卷入或发起争端的频率,以及这些争端的升级程度,我们将这一分析与争端中使用的目标和战略以及争端结果的定性评估相结合,由此对军队在国家衰落中发挥的作用形成一般性认知。

因变量不可避免地会引起争议,大国有时会在不同领域同时前进和倒退,这些问题在所有大战略研究中都是固有的。替代指标测定也并不完善,国家出于多种因素削减军事力量并建立联盟,权力转移的因素只占其中一部分，我们尝试通过增加透明度把这些问题最小化。理性的人可能会对如何解读一国的政策反应有不同意见，我们接受这些争论，对一定范围内有争议的案例进行编码，并报告这些参数的调查结果。网上附录包含了有关16个案例详细的解读信息。[19]

需要注意的是，我们的分析是描述性和比较性的，而非标准性的，尽管以往的学术研究通常根据一国面临的威胁来评定外交政策等级——通常将其定为反应过度或反应不足，但我们采取了不同的策略。[20] 虽然评价外交战略效果是一项有用的工作，但为了满足当前的需要，我们更倾向于通过比较案例来评价外交政策。问题不在于政策的好与坏，而是大战略目标的相对扩大或缩小。忠实于描述性分析有益于判断，可以避免“事后诸葛亮”式的偏见（hindsight bias），将相似案例分组，并提供衡量异常值偏离平均值的标准。

初步研究结果

有关衰落的悲观论点几乎没有得到支持。16个衰落案例的全部因变量排序可见第一章表1。与收缩并不常见的观点相反，在16个案例中，我们发现有10~13个案例（比例在63%~81%）中的衰落大国选择了收缩，无论如何计算，大多数衰落大国在其地位变化之前或之后不久就立即开始收缩。我们进而发现在2~5个案例（比例在13%~31%）中，大国维持了当前的政策，这一结果表明国内利益会限制收缩，但这仅限于异常情况。我们还发现衰落大国很少采取扩张政策，我们只在1931年德国的案例中发现了明显的扩张证据，采用攻击的方式应对衰落似乎只是个例而非常态。

衰落与先发制人的战争

首先，我们没有找到太多对先发制人战争理论的证据支持。大国在衰退中只在4.5%的时间内经历了战争，非衰落大国的这项数据是6.1%。在16个案例中，只有6个案例（占38%）中的国家在其地位发生变化后的5年内卷入了国家间战争，然而，其中两个案例涉及一个衰落中的大国与一个非衰落大国之间的冲突（1877 年俄土战争*中的俄国和 1884 年中法战争中的法国）。而另外两个案例涉及一个衰落中的大国与一个竞争大国展开的较量，但后者并未取代前者的大国地位（1950 年朝鲜战争中的英国对中国，以及 1904 年日俄战争中的俄国对日本）。这些案例都不符合先发制人战争的逻辑，即衰落中的大国力求通过武力守住自己的地位。[21]

在剩余两个案例中，一个衰落中的国家与一个已经超过或即将超过其排名的国家展开了战争（1870 年普法战争中的法国和第二次世界大战中英国与德国的对抗），这两个案例也都不符合先发制人战争的逻辑。奥托·冯·俾斯麦（Otto von Bismarck）煽动普法战争，更多地是为了打破在德国政务的僵局，而不是出于对法国实力增长的担忧。就拿破仑三世（Napoleon Ⅲ）而言，他对胜利充满信心，而且他自己有发动战争的理由，[22] 更重要的是，冲突发生的时间表明因果关系可能是倒置的。1873 年，统一的德国战胜了法国，而一年半前，《法兰克福条约》（Treaty of Frankfurt）剥夺了法国对阿尔萨斯–洛林（Alsace–Lorraine）的主权，并要求法国给予巨额赔偿。与其说衰落是战争的起因，不如说是战败导致的后果。[23] 此外，我们也很难将英国参与第二次世界大战称作是先发制人的措施。众所周知，英国的目的是利用绥靖政策避免对抗，而在战争前夕确保波兰的领土完整是为了阻止德国的侵略，并非为了发动侵略。

1908 年英国的案例也值得一提。虽然第一次世界大战不在我们设定的 5 年范围内，但因为它十分接近，而且许多学者将第一次世界大战与权力平衡的转变联系在一起，但先发制人战争的逻辑在此也不适用。英国力求限制协约国，通过从中斡旋达成外交解决方案，当德国拒绝接受这些提议时，英国便力图阻止冲突，并发出了一系列警告，称将进行干预并捍卫其协约国。我们将在第五章详细讨论这一点，但最重要的

---

* 俄土战争（Russo–Turkish War），指 17～19 世纪俄罗斯帝国与奥斯曼帝国之间为争夺高加索、巴尔干、克里米亚、黑海等进行的一系列战争，旨在结束奥斯曼帝国和其藩属克里木汗国对俄国的侵略。1877 年第十次俄土战争以俄军惨胜、交战双方签订《圣斯特法诺条约》结束，俄国扩大了疆土，而土耳其则逐渐衰落。——译者注

是,英国的政策旨在避免武力冲突,而非挑起冲突。

综上所述,我们很难找到支持先发制人战争理论的证据。在 16 个案例中,我们至多可以找到两个(占 13%)涉及衰落大国对崛起的挑战者发动先发制人的战争,但这两个案例的具体细节都不符合先发制人战争理论所给出的具体因果关系。在一个案例中,衰落大国对崛起大国采取积极的绥靖政策;在另一个案例中,战争似乎是衰落的起因,而非衰落的结果。衰落中的大国整体上也并没有比非衰落大国更易发动战争。权力转移依然会引发战争,但方式似乎并不明确。

衰落和国内权力分散

我们也没有找到很多支持国内机能失调理论的证据。虽然大国样本中民主国家和非民主国家分布均匀,但在衰落大国中,民主国家出现得更多,16 个案例中有 9 个(占 56%)。[24] 在这 9 个衰落的民主国家中,有 6 个国家选择了收缩,2 个继续维持当前政策,另外一个存在争议,换句话说,案例中 67%~78%的衰落民主国家都选择了收缩。相比之下,样本中的非民主大国相对较少,16 个案例中只有 4 个(占 25%)。在这 4 个案例中,有 3 个案例中的国家明显选择了收缩,另一个案例不太明确。虽然这些案例数量少,比较起来略为困难,但涉及衰落中非民主国家收缩的案例占 75%~100%。简言之,无论政权类型如何,绝大部分衰落大国都选择了收缩。

样本中剩余的 3 个衰落大国在衰落时期经历了政权变化,其中两个在衰落期间实现了民主化,分别是 1873 年的法国和 1987 年的苏联,只有一个大国在衰落过程中变得更加集权化,即 1931 年的德国。然而,政权变化和特定战略反应之间似乎并没有明显联系,苏联选择收缩,德国选择扩张,而法国的做法模棱两可。简言之,经历急剧衰落和经历政权变化的大国在 33%~66%的时间里进行了收缩。在这两种情况下,国内机能失调理论的加强版——收缩很少发生、维持僵局最为常见——几乎没有证据支持。

收缩和复兴

衰落中的大国之所以回避战争,部分原因是收缩政策的潜在好处。

以下数据表明复兴是可能的,但通往复兴的唯一道路就是收缩。3 个没有收缩的国家,没有一个能恢复大国地位,而在选择收缩的 13 个国家中,有 6 个(占 46%)在 10 年内恢复了地位。但实际上,这一数据并没有那么令人振奋,它还说明两点重要内容:第一,在 6 个案例中,有 2 个案例的大国是在世界大战后重获大国地位的。英国分别在 1908 年和 1935 年从德国手中夺回大国地位,但在这两个时间点之前,英国都发动了颠覆其长期全球地位的战争。收缩可以帮助英国更好地作战,这一说法在第一次世界大战中比较说得通,但在第二次世界大战中很难让人信服。但无论在哪个案例中,胜利都是多种因素作用的结果,而不仅仅是由战前收缩政策决定的。

第二,轻度衰落大国往往容易复兴。在 4 个复兴国家中有 3 个是轻度衰落大国,他们的大国 GDP 份额下降总量少于 1%,这可能意味着,复兴是 GDP 周期性循环的产物,或许也可以解释一些正在发生的事情。但我们认为,一个同样令人信服的解释是,收缩对于轻度衰落的大国更有作用,是因为他们面对的挑战并不大,也有很多可行的政策解决方案。1873 年普法战争后的法国、1879 年俄土战争后的俄国和 1926 年第一次世界大战后的英国,这 3 个案例都涉及在一场代价沉重的国家间战争后的大国衰落。在每一个案例中,通过一系列旨在减少外交承诺、遣散战时军事建制和改革国内落后机构的政策,将收缩和复兴直接联系在一起。

综合来看,这些研究结果表明,收缩的大国很少招致灾难,而且其中至少有一些国家能够重获先前地位。当然,即使我们假定收缩在所有复兴的案例中都扮演着重要角色(这种情况在战时案例中很难成立),但大多数衰落大国都没能恢复自己的大国地位,而且,收缩与复兴的强相关性似乎只适用于衰落程度相对较小的国家。中度衰落国家中只有 1888 年的俄国恢复了地位,从未有经历重度衰落的国家成功恢复地位的案例。然而,即使在收缩未能带来复兴的案例中,我们也未必能证明存在更可取的政策。[25] 在许多衰落案例中,大国基本没有可用的复兴手段,除非出现奇迹,否则即使是“事后诸葛亮”,也很难说明像法国或苏联这样的大国是通过什么措施保住自己地位的。然而,当没有合理的复兴路径时,收缩仍然可以帮助衰落中的大国有效应对日益加剧的危险。我们将在结论中讨论收缩是否优于其他手段。就目前而言,我们只想强调选择收缩的大国有时可以恢复自己的地位,但奉行维持现状或选择扩张政策的国家无法做到这一点。

收缩的形式

虽然衰落中的国家一般都选择收缩,但关于衰落程度和收缩程度之间的关联,很多人看法不一。在 13 个收缩案例中,5 个案例(占 38%)中衰落大国的衰落程度与收缩程度相匹配;另外 5 个案例(占 38%)是模棱两可的,可以说案例中的大国要么收缩得太少,要么收缩得太多;剩余 3 个案例(占 23%)不符合我们的预期,因为它们明显属于过度收缩或收缩不足。因此,根据对 5 个有争议案例的解读,从衰落程度可以准确预测出收缩程度的案例占比在 38%~77%。虽然我们认为真实比例是这一范围的最高值,但对于一个单独的变量而言,即使达到最低值也是很令人满意的结果。

需要注意的是,那些案例处在不符合我们预期的边缘,除特例外,没有大国会在面临重度衰落时拒绝收缩。这一特例就是 1992 年的日本,其做法很容易解释。日本并非典型意义上的大国,由于和平宪法(pacifist constitution),他自 1945 年之后就严重依赖美国的保护。我们还应注意,没有轻度衰落大国会犯过度和过快让步的错误,大国可能不会完全察觉衰落的发生,但他们似乎有能力对衰落程度作出适当判断和相应反应。有趣的是,由绝对经济产出下降导致衰落的大国和由相对经济产出下降导致衰落的大国之间并没有显著区别,而且两者以大致相同的速度进行收缩。[26]

如果在不符合预期的大国中存在一个系统性趋势,那么这一趋势就是他们的收缩程度小于其衰落程度。对于那些对抗结构性趋势的国家,收缩不足要比收缩过度更加常见,例如,5 个模糊案例都包含一定的收缩不足,在明显不符合预测的 3 个收缩案例中,有两个涉及收缩不足。我们的数据库中只有 1935 年的英国这一个案例,其收缩程度大于潜在的权力趋势所反映的必要程度。也难怪这一典型“失衡”案例受到了大量关注。[27] 但总体而言，面对衰落时，大国选择收缩的动机很强烈，但让政策完全匹配衰落程度的动机有限。这可能是内部压力或衡量误差所导致的，我们将在案例研究中讨论这一问题。

系统性压力可能会根据衰落程度的不同而变化，但也不尽如此。在轻度衰落大国中，2 个大国收缩程度明显较低，3 个大国的收缩程度模糊，收缩程度符合衰落程度的案例占比在 40%~100%。在中等衰落大国中，1 个大国很明显作出了适当程度的收缩，2 个大国的反应不明确但可能是收缩程度过小，还有 1 个国家明显收缩过度，收缩程度符合衰落程度的案例占比在 25%~75%。在重度衰落大国中，2 个大国收缩程度显著，2 个大国收缩程度明显低于预期，收缩程度符合衰落程度案例的占比为 50%。由于这些占比区间很大，我们很难总结哪种程度的衰落引起的大国收缩程度与之最相符。

如果一定要在 3 种衰落中选择一个，那么中度衰落大国的衰落和收缩程度是最不相符的。我们只观察到 1888 年俄国这一个明显的案例，属于衰落中的大国进行了与其衰落程度相匹配的调整，在其他所有案例中，大国都因错误理解了自身的结构性动机而进行了过多或过少的收缩。需要注意的是，唯一一个衰落大国采取扩张战略的案例，即 1931 年的德国，这是在中度衰落国家样本中得出的，唯一明显的过度收缩案例，即 1935 年的英国，也是由中度衰落样本得出的。这两个案例可能是异常值，是特殊历史环境和结构性条件下的产物。然而中度衰落大国也有其特别之处，在对衰落进行评定时，中度衰落大国可能无法确定他们正在经历轻微的衰退，还是已经进入了大萧条初期。就解决方案而言，在危险性较小的轻微改变和有望带来丰厚回报的重大改革之间，中度衰落大国可能会犹豫不决。证据表明，大国在根据衰落程度匹配相应程度收缩的能力一般，并不算出色。

条件与收缩

我们发现，单独看四个结构性条件时，难以确定各自对收缩的影响，但综合来看就能较好地证明其影响，没有任何一个条件可以独自起决定性作用，虽然其中有些条件比其他条件的影响更大一些。首先看衰落大国的相对排名。在从第一位或第二位衰落的 8 个大国案例中,63%~75%为收缩案例,而在从第三位或第四位衰落的大国案例中,75%~88%为收缩案例。此外,在 6 个承诺集中的衰落大国中,66%被列为收缩,相比之下,在承诺分散的衰落大国中,70%~90%被列为收缩。正如我们所预期的,排名较低的大国和承诺分散的大国更有可能收缩,但单独一种条件的影响有限,而且取决于对模糊案例的界定。

支持其他两种条件的证据并不明显。在拥有弱小盟友的 6 个衰落大国案例中,50%~83%被界定为收缩,而在拥有强大盟友的衰落大国案例中,收缩案例占比为 80%。此外,收缩比例在脆弱程度较高的衰落大国中为 66%~77%,在脆弱程度较低的衰落大国中为 71%~85%。拥有强大盟友和受攻击程度较低的衰落大国的收缩可能性更大,但差别完全取决于一国如何处理边界问题。在通常情况下,任何一种条件都无法单独对收缩产生显著影响。

当四种条件综合起来时,情况就会有所不同。我们设计了一个复合指标,根据利于收缩的结构性条件数量对大国进行排序。满足 0~2 个条件的大国最不可能收缩,而满足 3~4 个条件的大国最有可能收缩。总体来看,9 个面临不利结构性条件的大国的收缩比例为 44%~67%,相比之下,7 个面临有利结构性条件的大国 100%都选择了收缩。

对此有以下几种可能的解释。最简明直接的原因是,这一指标准确地捕捉到了大国地缘政治地位的跨国变化。在 7 个结构性条件较好的大国衰落案例中,有 5 个涉及英国(1908 年、1926 年、1930 年、1935 年和 1946 年),并且都进行了收缩,这表明英国的孤立立场和分散至各地的帝国承诺蕴含某些内在因素,从而促进了收缩。尽管如此,从国内制度和政治文化角色中将其梳理出来,还是很困难的。

同样合理的解释是,随着时间的推移,结构性条件会发生变化,并促使决策者采取行动。当大国排名降低,需要寻求强大盟友或面临新的结构性条件时,国家选择收缩来应对衰落的意愿就会增强。法国衰落的案例就潜在证明了上述这种变化,在结构性条件不利时,发生的两个案例被界定为低程度——不收缩(1873 年)和不收缩(1883 年),而在结构性条件有利时,发生的两个案例被界定为中——低程度收缩(1893 年)和中等程度收缩(1925 年)。最重要的一点是,大国的相对实力非常重要,但结构性条件的变化也会产生影响。

描述性统计

对数据的粗略概述为我们的预测提供了一般性支持。收缩并不罕见,这是应对衰落的最常见方式,但要确认这一点,我们需要通过战略调整的定量指标对其进行核实,以证实衰落大国与非衰落大国之间是否存在显著差异。

我们用 6 项主要指标比较衰落中的大国和非衰落大国,[28] 分别是军事支出年变化、军事人员规模年变化、新签署防御性协议总数、大国卷入的军事争端总数、大国发起的军事争端总数、大国卷入军事争端的平均敌对等级。对上述各指标情况的完整总结如表 2 所示。

对于非衰落大国,我们考虑到两条基线:一条包含我们所研究的整个时期里所有非衰落大国的数据;另一条则是排除两次世界大战的数据。后者对我们的理论来说,是一项较严格的检验,因为如果将世界大战排除在外,军事人员、联盟协议和军事争端的相关数值会降低很多,但我们认为,这提供了一个更有用的检验理论的方法,毕竟该理论并非用于解释战时行为。

同样,我们考虑了两种比较衰落大国的方式:第一种包含所有 16 个案例的数据;第二种排除 1931 年德国和 1935 年英国这两个会对结果产生影响的异常数据。[29] 包含这两个异常值会增加理论验证的难度,也会增加被与希特勒有关的快速重整军备掩盖的更密切相关趋势的风险。接下来,我们会聚焦排除异常值的衰落中的大国和排除两次世界大战数据的基线的比较结果,因为这是最具政治相关性的对比。同时,我们会对研究发现进行反复检查,通过与 3 年、7 年和 10 年窗口期的比较,来检验我们的研究成果对有序转型的任一方,是否受 5 年窗口期的影响。我们的研究发现在对不同对照组和时间段的研究都是一致的,但我们也在尾注中注明了其中的差异。

表 2　衰落及其主要指标

年份/国家	衰落程度	军事支出（年变化）	军事人员（年变化）	新联盟（年变化）	军事争端发起量（年变化）	军事争端敌对状态（年变化）	（年变化）
轻度衰落							
1879 俄国	0.36	4.7	1.1	0.2	0.5	0.2	1.9
1873 法国	0.90	-5.0	10.3	0.2	0.4	0.3	3
1926 英国	0.96	-8.0	-5.1	0.3	0.9	0.6	2.9
1908 英国	1.41	-2.3	1.5	0.3	1	0.5	2.8
1872 英国	1.46	4.0	-0.3	0.3	0.5	0.4	3
1883 法国	1.99	1.9	0.9	0	1	0.5	2.3
中度衰落							
1930 英国	2.17	3.0	-0.4	0.3	0.7	0.5	2.6
1888 俄国	3.22	2.2	-0.1	0.3	0.4	0.3	3.3
1935 英国	3.22	47.2	16.2	0.7	2.5	1.7	2.8
1893 法国	3.23	0.5	2.2	0.2	1.3	1.2	3.4
1931 德国	3.24	39.5	22.4	0.4	0.5	0.3	1.9

续表

年份/国家	衰落程度	军事支出（年变化）	军事人员（年变化）	新联盟（年变化）	军事争端发起量（年变化）	军事争端敌对状态（年变化）	（年变化）
重度衰落							
1925 法国	4.00	2.9	-11.6	1.0	1.2	0.9	3.1
1903 俄国	4.22	16.2	8.4	0.2	1.1	1.1	3.6
1946 英国	5.54	-4.3	7.8	1.3	2.4	1.2	2.9
1992 日本	6.32	6.8	0.2	0	1.3	0.1	1.8
1987/88 苏联	9.0/10.8	-7.1	-5.6	0.5	2.5	2	3.3
基线大国（发生过世界大战）	—	27.0	10.4	0.3	1.7	0.9	2.9
基线大国（未发生过世界大战）	—	9.1	2.3	0.3	1.5	0.8	2.9

国内政策

首先在军事支出上，相关数据有力证明了衰落中的大国更愿意收缩的观点，衰落中的大国的军事支出平均每年增长 0.8%，而非衰落大国为 9.1%。[30] 在 16 个案例中，只有 3 个案例的军事支出增速快于基线大国，其中 2 个案例是异常值——1931 年的德国和 1935 年的英国。另一个超出我们预期的是 1903 年的俄国，但那很大程度上是由日俄战争中持续一年之久的支出高峰所致。[31] 在军事支出方面，共有 13 个案例（占 81%）符合我们的预期。

军事人员方面也出现了类似的情况，衰落中的大国的军事人员数量平均每年下降 1.1%，而基线大国军事人员数量平均每年增加 2.3%。[32] 只有 5 个国家的军事人员规模扩大速度超过了基线，其中 2 个是 1931 年的德国和 1935 年的英国，其余 3 个案例（1873 年法国、1903 年俄国和 1946 年英国）似乎是受战时动员的推动，军事人员规模在一个异常年份中扩大了 2 倍。[33] 对于 1873 年的法国和 1946 年的英国，其异常年份早于大国地位发生变化两年以上，如果我们排除这些异常年份，那么这 3 个案例的军事人员增速都远低于基线。[34] 在军事人员方面，至少有 11 个案例（占 69%）与我们的预期相符，而且我们有充分的理由认为实际数字会更高。

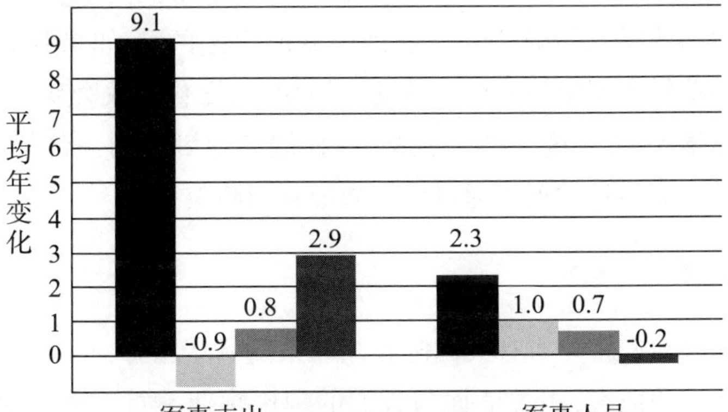

图 3　衰落程度与国内政策

注意：基线不包括两次世界大战的数据，中度衰落大国数据不包含会对结果产生影响的异常值。

同样,衰落程度和国内政策只在一定程度上相关(见图3),而衰落程度和军事人员规模变化之间的关系确实符合我们的预期。轻度衰落大国军事人员平均每年增加1%,中度衰落大国军事人员平均每年增加0.7%,而重度衰落大国军事人员平均每年减少0.2%,[35] 国家的衰落程度越深,缩减军事人员的幅度就会越大。但军事支出与我们的预测相矛盾。虽然轻度衰落大国军事支出平均每年下降0.9%,但中度和重度衰落大国的军事支出平均每年分别增加0.8%和2.9%。

诚然,我们的理论在这里作用不大,但对我们的案例研究却有所帮助。在所有案例中,决策者都意识到缩减开支的必要性,努力减少常备军数量,并购入最新型装备。然而,随着国家日趋衰落,他们日益依赖于预备军,使得用于应对紧急状况的常备军数量减少,为了让常备军成功对紧急状况作出快速反应,并充当掩护部队,大国开始投资军事技术以增强军事力量。[36] 在中度和重度衰落大国的案例研究中,预备军规模与军事现代化同步发展。

总而言之,国内政策有力证明了我们的理论,衰落中的大国会增加军费开支,而且军事人员的增长速度低于大国平均水平。然而,这些比较只具有提示作用,一国的国防支出是由众多其他因素共同决定的,例如,根据本杰明·戈德史密斯(Benjamin Goldsmith)的研究,一国的国防负担是由包括该国经济发展水平、经济增长、政权类型、地域以及是否卷入国内或国家间战争等一系列因素所决定的。[37] 如果我们给戈德史密斯的偏好模型增加一个衰落的虚拟变量,变化系数会变为负值,且具有统计学意义。[38] 这一结果表明,在控制其他因素的条件下,衰落中的大国有十分强烈的动机通过收缩来减轻国防负担。

国际政策

这部分我们将分析有关国际收缩政策的两个指标——结盟和争端行为。就结盟而言,相关证据与我们的理论预期不符。衰落中的大国平均每年签署0.32份新结盟协议,非衰落大国平均每年签署0.27份新协议,但这种数据差不构成显著统计学差异。[39] 在16个案例中,只有5个(占31%)缔结的联盟数量高于基线大国,5个与基线大国持平,6

个低于基线大国。与预期相反，衰落中的大国寻求新盟友以缓解相对实力衰退的可能性并不高于非衰落大国。

然而，与预期相反的结果背后存在一个有趣的模式。虽然中度衰落大国平均每年缔结 0. 22 份新协议，与非衰落大国大体相同，但重度衰落大国平均每年缔结 0. 58 份新协议，比非衰落大国的 2 倍还多。[40] 在 5 个重度衰落大国中，有 3 个国家平均每年缔结的联盟数量高于基线国家，其中，1946 年的英国平均每年缔结 1. 27 份协议，接近基线国家的 4 倍。虽然衰落中的大国缔结防御性联盟的可能性不会更高，但重度衰落大国似乎却尤为热衷于依赖新盟友或新伙伴。可以说，衰落中的大国结盟的相关数据大体符合无政府状态下的国家自助理论——除非一国身处绝境，否则不愿依赖于他国。我们的研究结果或许还可以表明，衰落中的大国可以利用一种工具来应对严重衰落带来的影响。英联邦、独联体等成员间互相牵制的联盟协议，可以被视为重度衰落大国试图通过加强与曾经属地的关系来应对衰落。[41]

另一个不符合预期的研究结果涉及轻度衰落大国的结盟行为，特别是轻度衰落大国平均每年签署 0. 2 份新结盟协议，低于非衰落大国的签署数量。[42] 的确，6 个轻度衰落大国中有 4 个国家签署的联盟协议数量低于大国的基线。尽管我们认为轻度衰落大国会对依赖国际收缩政策犹豫不决，但我们并不认为他们会对潜在盟友持过于谨慎的态度。对于这一反常结果，有许多可能的解释，考虑到资源减少，轻度衰落大国可能会担心陷入新盟友的圈套，他们还可能担心缔结新的联盟会使对手注意到本国日渐衰退的趋势，从而使自己面临被掠夺的危险。不论人们认可哪一种解释，我们的理论都认为轻度衰落大国在结盟问题上不会表现出极端的犹豫。

争端方面的证据很具有说服力，但存在一些引起我们兴趣的小异常。衰落中的大国平均每年卷入 1. 1 起国家间军事争端，而基线大国卷入 1. 5 起。[43] 在 16 个大国衰落案例中，只有 3 个案例中的大国，平均每年卷入军事争端的次数多于非衰落大国。其中，1935 年的英国是因第二次世界大战爆发而产生的一个明显的异常值，[44] 另外两个易发生争端的案例均涉及重度衰落大国，这多少说明了一点问题，1946 年的英国和 1987 年的苏联平均每年参加军事争端的次数分别为 2.4 和 2.5，是基线大国的 1.5 倍。暂且抛开这 3 个异常案例，其余 13 个大国衰落案例（占 81%），在卷入国家间军事争端方面符合我们的预期。

然而发动国家间军事争端方面的情况有些模糊。衰落中的大国和非衰落大国在发起新争端的意愿上似乎并没有明显区别。衰落中的大国平均每年发起的争端数量为 0.73，基线是 0.81，这一差别不构成显著统计学差异。[45] 在我们的 16 个案例中，有 6 个衰落中的大国发起军事争端的年平均数高于基线，其中 3 个是我们上面提到的易发生争端的案例（1935 年和 1946 年的英国及 1987 年的苏联），另外还包括 1 个中度衰落大国（1893 年的法国），以及 2 个重度衰落大国（1925 年的法国和 1903 年的俄国）。虽然我们推测衰落中的大国会避免发起军事争端，而且这一推测在 10 个案例（占 63%）中得到了印证，但仍会根据衰落程度不同而存在显著差异。所有 6 个轻度衰落大国发起争端的平均数量低于基线，而 5 个重度衰落大国中有 4 个国家，发起争端的平均数量高于基线。

一旦卷入争端，衰落中的大国有可能使争端继续升级吗？证据表明并非如此。在军事争端中，衰落中的大国的敌对状态平均值是 2.8，而基线为 2.9，这一差异在统计上并不显著。[46] 在 16 个大国衰落案例中，有 7 个国家军事争端的平均敌对状态高于基线，还有 7 个低于基线。不同于这一结果的一个特例，是轻度衰落大国，其争端敌对状态平均值为 2.6。但总体而言，衰落中的大国的典型表现似乎与非衰落大国并没有差异，他们往往倾向于展示武力或威胁展示武力，而非真正使用武力。

以上三组研究结果提供了反对先发制人战争理论的有力证据。衰落中的大国非但不太可能发动猛烈攻击，而且似乎也不太可能比一般大国更容易引发军事化争端，也不易受到侵略者的攻击。实际上，衰落大国卷入军事争端的次数少于非衰落大国，这也对衰落大国会采用“破釜沉舟”计划的预测提出了质疑。事实上，与一般大国相比，衰落大国不会卷入升级至更高敌对状态的争端。

衰落大国卷入的争端更少，有可能是因为他们在所卷入的争端中表现欠佳。为了检验这一可能性，我们比较了衰落大国和非衰落大国在争端中的不同表现,[47] 令人惊讶的是,我们发现衰落大国仅在 9%的争端中失利,而非衰落大国则输掉了 23%的争端。[48] 我们还发现,衰落大国在由其发起的争端中取得了 43%的胜利,而非衰落大国仅获得了 28%的胜利。[49] 衰落中的大国似乎倾向于卷入更有可能取胜的争端。目前尚不清楚他们是如何做到这一点的,但我们认为收缩起到了一定作用,通过放弃遥远地区的承诺,衰落大国避免卷入到很可能失败的争端中。此外,通过集中力量捍卫重要利益,他们可以居高临下地发起争端。

然而,就衰落程度和争端行为之间的关系而言,目前尚未发现足够的证据支持。虽然我们认为重度衰落大国面对军事争端会格外谨慎,但数据得出的结论却与之相反(见图 4),轻度衰落大国卷入争端的年平均次数为 0.78,中度衰落大国为 0.81,而重度衰落大国则为 1.67。随着衰落严重程度的加深,大国卷入和发动军事争端的倾向也会增强,而且从 3 个指标来看,重度衰落大国好战性实际上要高于基线。他们卷入的军事争端(1.67 对 1.46)和发起的军事争端(1.05 对 0.81)的平均次数都要高于基线大国,但这些数字差异从统计角度来看并不显著。[50] 衰落中的大国在整体上是更加爱好和平的,但重度衰落大国似乎是个明显例外。

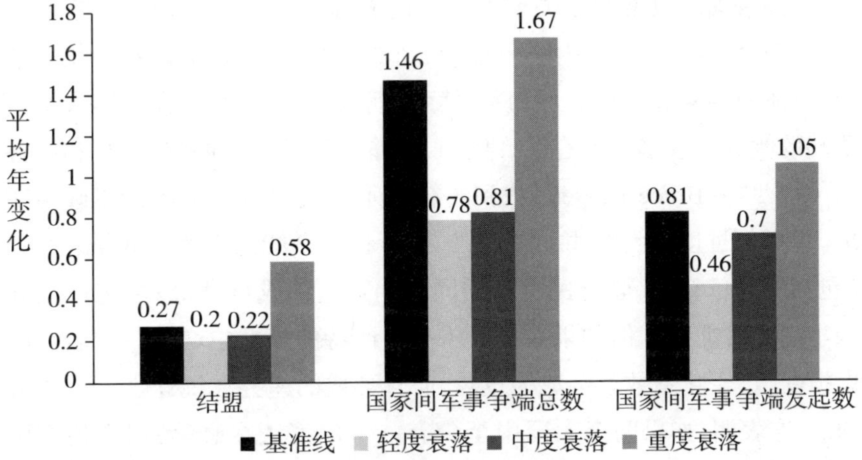

图 4　衰落程度与国际政策

注意:标准线不包括两次世界大战的数据,中度衰落大国数据不包含对结果产生影响的异常值。

这项研究结果是我们理论中的一个异常值,尽管我们认为衰落程度最严重的大国会表现得最为谨慎,但事实似乎恰好相反。我们的理论在这里并没有提供明确的指导,但这些异常的研究结果有一些可能合理的解释。第一种可能性是,重度衰落大国应对信任危机的难度更大,因为他们的“李普曼缺口”更大。无论对于竞争大国还是曾经的附属国,重度衰落大国都是更为明显的易掠夺目标。20 世纪 90 年代初,刚刚独立的俄罗斯同其曾经的卫星国之间的军事化争端激增就是一个例子。第二种可能性是,重度衰落大国更容易事故频发,因而他们不得不采取快速而激烈的行动。他们的资源往往更为匮乏,改革时间更短,需要应对的外部威胁也更加严重,由于缺乏更佳选择,决策者可能会试图通过虚张声势蒙混过关,然后才会进行不可避免的节制。可以将沙皇尼古拉二世(Tsar Nicho las Ⅱ)在备战日俄战争阶段的反复无常以及之后的迅速撤军视为一个相关案例。第三种可能性是,重度衰落使国防成为必要。收缩把重度衰落大国的重点从外部边缘问题转移到更接近本国的现存威胁上,这通常需要强硬的危机外交手段。例如,战后英国虽然致力于减轻帝国防御负担,但其卷入的军事争端却明显增多,这在很大程度上是由于欧洲的冷战对抗。

总之,国际政策的相关证据为我们的理论提供的支持是模棱两可的,虽然衰落中的大国不太可能缔结新的防御性联盟,但就军事化争端而言,他们确实表现得更加和平,然而,就国防开支而言,大国卷入军事争端的倾向与众多因素有关。例如,约翰·奥尼尔(John Oneal)和布鲁斯·拉西特(Bruce Russett)找到的有力证据,证明了一系列地缘政治变量(包括邻近度、距离、共同的盟友身份和军事能力平衡)和自由变量(包括贸易依存度、联合民主和共同的国际组织成员身份)决定一国卷入争端的可能性。但如果在奥尼尔和拉西特的模型中增加一个衰落的虚拟变量,变化系数就会成为负数,而且形成的差异在统计学上是显著的。[51] 这表明,如果两个大国中至少有一个国家正在衰落,那么他们引发争端的可能性就会降低。[52] 目前尚不清楚的是,这一研究结论的成立,是因为衰落大国通过收缩来降低了危险并增强了威慑能力,还是因为其他因果机制。但几乎没有证据支撑先发制人的战争理论,总体而言，衰落似乎与冲突风险的升级无关。与之相对的，即使当我们控制其他因素时，大国的地位变化也会增加和平的可能性。

崛起中的挑战者：伺机而动还是急切扩张？

我们关注的对象一直是衰落中的大国，这便引出了一个明显的问题——崛起中的大国如何应对权力转移？学者们对此产生了分歧。杰克·斯奈德（Jack Snyder）等人认为，崛起中的大国很难限制扩张，[53] 虽然他们从现状中受益，但却对在现有秩序中缺乏威望而感到不满。快速增长也可能引起国内动荡，领导者会试图通过转移注意力的方式来应对这一问题。约翰·伊肯伯里（John Ikenberry）等人则认为，崛起中的大国挑战现存秩序的动机并不强，[54] 因为他们已经从现状中获益，所以会选择伺机而动而非采取攻击性政策。通过融入国际机构，崛起中的大国也可以从现存的全球秩序中获益，让其他大国确信自己会以和平的方式崛起，并防止敌对制衡联盟的出现。

我们在第二章中提出的理论框架，没有为有限选择任何一种解释提供理由，随着权力的积累，大国将扩张其大战略雄心，这是有道理的，但我们的论点有一个前提，即扩张是困难的而且带来的利益有限。争霸的案例很罕见，因为这些尝试几乎从未成功过。[55] 崛起中的大国可能会在有利的情况下进行机会主义扩张，但总体而言，结构性动机会鼓励他们维持温和的政策。当衰落大国愿意容纳崛起大国的合理利益时，后者就没有动机通过武力挑战现存国际秩序。

考虑到研究对象是衰落中的大国，我们就没有深入考察对立的理论，但通过粗略研究描述性统计，我们就会发现一些不符合预期的结果。不同于伊肯伯里的观点，崛起中的大国并没有安心修养、闲散度日，陶醉于富足的现状。他们的军事支出平均每年增加 11.5%，而非崛起大国基线为 7.9%；[56] 军事人员平均每年增加 3.6%，非崛起大国基线为 1.8%。[57] 然而，这些数据都没有达到统计上的显著性，而且当我们把衰落中的大国排除在基线以外，这种差异就更不明显了。但从军事支出和军事人员上看，崛起中的大国似乎对扩张主义政策有一定偏好。

但与斯奈德观点不同的是，崛起中的大国似乎更倾向于采取包容的外交政策。他们平均每年签署 0.38 份新的防御性协议,而基线为 0.27 份;[58] 而且他们平均每年卷入的争端次数是 0.92,而基线是 1.48;[59] 崛起中的大国发起的争端次数也更少,平均每年只有 0.57 次,而基线是 0.82 次。[60] 这些数据不仅低于基线,也低于衰落中的大国。虽然我们预想衰落中的大国会急于缔结联盟和避免争端,但证据表明,崛起中的大国才是最热衷于此的。当然,崛起中的大国缔结协议以同时进行防御与进攻,或崛起中的大国利用结盟防止制衡联盟,抑或是他们倾向于缔结新盟友,而衰落中的大国青睐旧盟友。无论如何,这些数据都使我们对崛起中的大国的认知更加复杂。

整体上看,崛起中的大国做好了应对困难的准备,但通常会尽量避免。由于我们没有对崛起大国的实际政策进行详细考查,以上这些研究结果只是试验性的。尽管如此,这些结果足以让我们进行一些初步的观察。对于权力转移理论来说比较遗憾,因为崛起中的大国最热衷的做法似乎是避免战争,应对国家地位变化更为普遍的方式似乎既不是铤而走险也不是寻求荣耀,而是深思熟虑。虽然衰落中的大国会为自身日益衰落的趋势感到忧心,但他们会力求通过国内外的收缩政策来平稳衰退势头;虽然崛起中的大国会通过军事投资展示实力,但其外交政策似乎旨在通过缔结新联盟以及在军事争端中保持温和态度来使自身的崛起合法化。崛起中的大国和衰落中的大国普遍都展现出了谨慎态度,而权力转移期的危险性实际上低于非转移期。

这样看来,崛起中的大国和衰落中的大国之间的共同点超出预期。衰落中的大国担心在通过改革力挽狂澜之前,事态发展可能会让其一蹶不振;而崛起中的大国则担心在其优势达到顶峰前,就被国内不稳定因素或制衡联盟扼杀。即使他们彼此互不信任,任何一方都不愿看到现状突然被打破或陷入不稳定,都希望能够和平解决利益冲突。权力转移对大国产生的影响,类似于暴风雨对驾驶员的影响,由于能见度下降,事故风险增加,人们就会减速慢行。虽然崛起大国和衰落大国面对的战略挑战大有不同,但他们都试图采用温和政策应对不确定性。

如果这些发现是正确的,那么就意味着带来过度危险的并非权力转移,而是稳定,当大国对自身权力充满信心时,他们可能会挑起冲突，或自信满满地与别国发生冲突。[61] 崛起中的大国达到顶峰后的这段时期，可能恰好是衰落中的大国试图通过修正做法重建国际秩序的时期，即使权力巩固所带来的确定性不像权力转移带来的不确定性和不稳定性那样危险，但至少是同样危险的。

本章通过广泛选取当代案例检验了大国如何应对衰落的不同理论，研究结果是令人惊讶的，衰落中的大国不一定会陷入下降的旋涡或毁灭性的灾难中。他们既没有因国内分歧而陷入瘫痪，也没有冒险挑起先发制人的战争，收缩反而是应对衰落的最常见方式。与其他大国相比，衰落大国更有可能削减国防支出和常备军数量，他们卷入的军事争端更少，也不会将这些争端的敌对状态升级到更高等级，唯一的例外是联盟，但只有重度衰落大国才热衷于寻找新的盟友。

我们基本没有找到先发制人战争理论的证据支撑。绝大多数衰落中的大国没有卷入国家间的战争，即使卷入了战争，对手也倾向于是其他大国或实力较弱的国家，而非排名在其之前的国家。对于极少数与顺位挑战者作战的案例而言，先发制人的战争理论所假设的因果机制似乎并不适用。衰落中的大国没有挑起战争，反而力求避免潜在的冲突，很少有证据表明衰落中的大国会为保护自己的地位而冒险挑衅他国。

支持国内机制失调理论的证据也十分有限。不论其政权类型如何，衰落中的大国往往会选择收缩，无论是民主国家还是专制国家，衰落中的大国都有强烈的动机缓和其外交政策。研究发现中的异常权力转移时期的政权，经历政权变化的衰落大国样本很少，但针对他们的研究结果却各不相同，分别是选择收缩、选择扩张和模棱两可。就战略调整而言，或许影响更大的是国内稳定，而非政权类型。

收缩不仅是应对衰落的最常见方式，也是最有可能成功的方式，大多数衰落大国没有恢复地位，能够恢复的都是实行收缩战略选择的国家。但事实并没有看上去那么乐观，在一些案例中，进行收缩的大国在世界大战后才恢复地位。收缩政策可能有助于推迟冲突的爆发，或帮助衰落大国占据有利位置，但要做到这些通常需要付出惨重的代价。在其他案例中，选择收缩策略的大国通过和平时期的改革恢复了地位,但这些大国经历的衰落几乎都是程度较轻,更易应对的。收缩通常可以帮助衰落大国降低与衰落带来的危险,但无法帮其重获辉煌。

我们的研究和先前研究的不同之处主要体现在以下几个方面:第一是定义。我们将收缩定义为有意识地削减一国外交政策的总成本,而其他研究将收缩视为一种特殊的大战略。[62] 第二是侧重点。如前所述,先前的研究过多地关注霸权国家,并倾向于从二元角度思考权力转移;我们认为霸权转移不具有这种特殊性,而倾向于采用一种更加系统的观点。[63] 第三是标准。之前的研究根据国家是否得到"正确"的结果,从而对大战略调整进行评价,但却忽略了不确定性。[64] 有时结果取决于领导者的运气,有时可能缺少具有吸引力的选择。我们没有对大战略进行事后评判,而是通过衡量与比较案例平均值的差距判断国家的反应。第四是方法。这或许是最重要的区别,先前的研究倾向于根据因变量选择案例,先找到主要冲突,再反过来用权力转移来解释这些冲突,[65] 但我们没有这种偏见。

虽然衰落与收缩关系密切,但衰落程度和收缩程度之间并没有那么强的相关性。我们发现大国基本能认知正在发生的衰落,但作出相应反应的能力有所欠缺。虽然多数国家对权力趋势作出了基本正确的反应,但考虑到外部趋势,会出现收缩程度低于预期这种最常见的错误,而这也为国内机能失调理论提供了一些佐证。轻度衰落大国通常可以勉强维持现状,而重度衰落大国则需要进行小的调整,而中度衰落大国的问题在于要根据自身的困境采取与之相匹配的政策。我们推测部分是由于合理定义中度衰落和缺乏中间政策选择带来的挑战。即使衰落中的大国拒不接受自己的命运,也不愿采取任何必要的措施,但基本没有国家会无视权力转移的趋势。

我们的确在衰落程度不同的大国中发现了一些重要差异。轻度衰落大国往往更愿意缩减军事支出而非军事人员,他们通常更注重避免军事争端而非缔结新的联盟;重度衰落大国则更强调削减军事人员而非军事支出,他们努力寻找新的盟友,但就其争端行为而言却不再是和平的;中度衰落大国正如其名,他们的衰落程度适中,但其行为更接近于轻度衰落大国而非重度衰落大国。

但总体而言，我们的收缩理论得到了最强有力的支撑，它很好地解释了衰落大国的一般行为，也较好地解释了收缩的具体形式。国内机能失调可能会限制收缩的程度，但它并没有系统地阻止衰落大国进行战略调整；先发制人的战争理论也许能解释重度衰落大国为何较易卷入争端，但这与认为衰落是大型战争的主要原因的观点并不一致。这一切表明，国内机能失调和先发制人的战争这两个观点是异常理论，他们假设的机制很有道理，但并不现实。面对衰落，大国最常见的反应是收敛雄心，避免采取挑衅性政策，伴随这些结果，我们发现需要对之前有关崛起大国的观点进行修正。虽然崛起中的大国倾向于进行军事投资，但他们也通过缔结新联盟与缓和的行动以避免制衡联盟的出现。国家在世界政治中争权夺利，但在权力过渡期，他们似乎会对竞争对手更加敬而远之。

复兴研究

这个故事告诉我们失败或者成功绝非源于孤注一掷。成功的基础是持续不断地抓住特定时期的机遇，从而不断积累和叠加优势。

——费尔南·布罗代尔(Fernand Braudel)

请放心，我年轻的朋友，政治家犯太多错误，这才毁灭了一个国家。

——亚当·斯密(Adam Smith)

到目前为止，我们已经梳理出衰落导致收缩背后的逻辑，并且通过诸多案例探讨了哪些国家行为与衰落有关。总体来看，我们发现大国倾向于通过收缩策略而非先发制人的战争或国内机能失调来应对衰落。下一步我们将深入这些案例来观察这些相关性是否合理，看看近距离观察能够得出怎样的结论。在之后的章节中，我们会研究6个具体案例——1872年和1908年的英国、1888年和1903年的俄国以及1893年和1925年的法国，从而更为细致地了解国家如何应对衰落。案例概览和特征描述如表3所示。

使用上述具体案例有很多优势。第一，这些案例体现了衰落的三种不同程度，并表现出各国应对衰落的一系列反应。1872年和1908年的英国经历了两次轻度衰落；1888年的俄国和1894年的法国分别经历了一次中度衰落；1903年的俄国和1925年的法国各自经历了一次重度衰落。这样的对比能够让我们看到不同国家的决策者如何应对不同程度的压力。如果我们的解释正确，那么经历重度衰落的国家比起经历轻度衰落的国家收缩程度更大，前者也愿意采取更为多样化的政策，包括谈判构建新的联盟以及与潜在对手达成协议。

表 3　案例概述

年份/国家	衰落程度	相对排名	盟友的可利用性	对外承诺的相互依存度	对征服的考量	综合四种条件	结果
轻度衰落							
1908 年 英国	1.41	高	是	分散	不太脆弱	有利	中低等程度收缩
1872 年 英国	1.46	高	否	分散	不太脆弱	不利	低等程度收缩——维持现状
中度衰落							
1888 年 俄国	3.22	低	否	集中	脆弱	有利	中等程度收缩
1893 年 法国	3.23	低	是	分散	脆弱	有利	中低等程度收缩
重度衰落							
1925 年 法国	4.00	低	是	分散	脆弱	有利	中等程度收缩
1903 年 俄国	4.22	低	是	集中	脆弱	不利	中低等程度收缩

第二,这些案例是按照衰落的不同程度进行分组的,有助于看出为什么以几乎相同速度衰落的国家,应对衰落的方式却不尽相同。在轻度衰落的案例中,衰落程度分别为 1.41 和 1.46;在中度衰落的案例中,衰落程度分别为 3.22 和 3.23;而在重度衰落的案例中,衰落程度分别为 4.00 和 4.22。如果我们的理论正确,那么我们在第二章中提出的结构性调节因素将在这里起到显著作用,有些正在经历衰落的国家所处的外部条件更有利,比如盟友实力较强或者对外承诺依存程度更小。这些国家比起那些处于不太有利条件下的类似国家而言,采取收缩策略的难度更小。

第三,通过分析成对的案例,我们得以掌握其他可能影响大国应对衰落的因素,例如,两个轻度衰落案例都发生在英国,从中我们能够把握国家的一些特定因素,比如有利的地理条件或分权制议会机构,这些因素可能会影响采取收缩策略的难易程度。相比之下,虽然两个中度衰落案例发生的时期几乎相同,但两国的政治体制大不相同,一个是实行专制统治的俄国,另一个是采用民主共和制的法国。如果二者都以收缩政策来应对衰落,就更加证实了我们的结论,即国家体制类型对大国如何应对衰落没有太大影响。但是我们的研究方法也存在缺陷,由于我们没有深入研究最新的案例,因此并没有考虑核武器、全球化和国际机构可能带来的平息效果。所以把这些案例研究所得出的结论运用到当下需要更为谨慎,同时这也使得验证这些理论变得更难。如果大国在第二次世界大战前发动先发制人的战争和运用国内机能失调的动机更为强烈,那么整体局势应该不太利于国家采取收缩策略,因为第二次世界大战期间,大国战争更为普遍,国家官僚机制仍处于发展阶段。

除了对比案例结构,我们也关注案例的具体细节。如果我们的理论正确,则需要在每一个案例中找到以下证据:

第一,需要证实决策者确实意识到了他们的国家正在经历衰落,并且认为有必要改变大战略。如果决策者没有意识到潜在的权力转移趋势或者认为不需要根据趋势调整政策,那么这将削弱我们的理论。为了对决策者的认知进行充分采样,我们对权力转移节点的前后 5 年进行了研究。

第二,需要寻找证据证明决策者选择了符合收缩策略的政策,并且把减少外交政策负担作为明确目标。在国内政策方面,决策者可能希望削减开支、重整军队结构或者改革机构,从而释放出更多资源以便追求更大的利益。在国际政策方面,决策者可能会选择重新部署军队、化解热点冲突或者重新分配负担,以便在特定据点加强威慑。不同案例的政策组合有所不同,如果决策者没有采取收缩型政策,或者没有将减轻国家外交政策负担作为明确目标,这将与我们的理论相悖。

第三,需要看到决策者在衡量大战略对策时关注到了结构性条件。那些认为对外承诺相对独立、潜在盟友具备实力、在对征服的考量方面偏好防守且相对地位较低的国家,相比其他国家更愿意采取收缩策略,并且愿意更长时间地保持此种策略。如果这些因素没有影响决策者看待衰落的方式,或者收缩的持久性更多地是由国内政治等其他因素所驱动,那么这与我们的理论也不一致。

研究结论概要

总体来说,案例研究提供了强有力的证据,表明了国家衰落会促使决策者采取收缩策略,同时这些案例也表明了决策者会根据衰落程度来制定收缩政策。具体而言,衰落程度越深,将促使决策者进行越具深远影响力的国内改革和越为大胆的外交政策实践。但随着衰落程度加深,我们提出的四种结构性条件所带来的影响却更为模糊。结构性因素在解释两个轻度衰落案例之间的差异时效果较好,但是在中度和重度衰落案例中的效果较难判定,因为在这两种类型中,国内政治因素起到了更为显著的作用。以下为各案例组合的概述。

第四章和第五章:轻度衰落——温和的提醒

英国在 19 世纪主导国际政治。英国的工业经济是当时全球经济增长的引擎,称霸全球的海军实力支撑英国在日益全球化的浪潮中呼风唤雨,英国的自由议会机制也成为当时欧洲其他改革者学习的对象。但是在很多研究者眼中,19 世纪下半叶,英国的外交政策并没有延续这种成功局面,而是开启了悲剧。[1] 英国的实力在维多利亚时代中期达到巅峰,之后其实际主导地位经历了缓慢而持久的衰落,造成了英国外交和帝国关系层面的震荡。英国没有采取继续维持霸主地位的策略,而是选择了孤立政策。受自由意识形态蒙蔽,被僵化体制掣肘的英国不愿再为领导地位付出代价,令人沮丧的衰落的后果,便是英国在第一次世界大战中无力遏制德国。

在第四章和第五章,我们将从各方面对上述观点提出质疑。英国并没有在意志上变得软弱,没有糊里糊涂走向自由的乌托邦,没有鼓励修正主义,没有在行动上恣意妄为,也没有放弃因之而伟大的适应能力。大约在这一时期的 1872 年和 1908 年,英国不得不两次调整其在大国中的地位,两次衰落的程度几乎相同——大国经济产出份额分别下降 1.46%和 1.41%。在两次衰落期间,英国的决策者合理地采取了收缩政策,他们开始减少对外承诺,化解热点冲突,节约资源,以增强威慑能力并为改革换来喘息的空间。但英国的决策者对于收缩程度的把握十分谨慎,对于要放弃的东西三思而行,不轻易向盟友作出承诺,对待崛起的对手态度坚决。正如我们理论预测的那样,英国作出了微小但重要的大战略调整,来应对相对权力被蚕食的情况。值得一提的是,很多与衰落相关的问题本应该出现在这些案例中,但实际上并没有。决策者对权力的衰落十分敏感,对国家的未来持务实的态度,党派分歧有时会影响到政策,但既得利益通常能够被克服。

但两个案例之间存在的差异仍值得一提。19 世纪 70 年代,在国际局势不明朗的情况下,英国对国内采取了收缩策略。在国内层面,决策者开始通过削减军费开支和人员、减少殖民地驻军、逐渐转向预备军、改革国防机制,来恢复不断缩水的国家财富;在国际层面,海外总督和"当值官员"在国内官员勉强接受的情况下,扩大了对周边国家的承诺,这些国内官员正努力解决热点冲突,对友好国家示好。因此,尽管我们认为低等程度收缩的案例更有说服力,但是我们仍将这一案例大体归为"低等程度的收缩——维持现状"。但在 20 世纪的案例中,我们发现了令人信服的证据,表明英国当时对国内和国外都采取了收缩策略。英国决策者在南非战争之后不仅削减了开支,而且实施了一系列改革措施,他们还将海军召回至本国海域,将军事负担转移给新的盟友,并压制了地方总督的雄心。基于以上理由,该案例被划分为“中低等程度收缩”。

人们不禁要问,为什么英国 1908 年的收缩程度大于 1872 年?我们认为能够从结构性条件中找到答案。因为英国是一个对外承诺相对分散的岛国,决策者总体倾向于采取收缩策略,而根据爱德华时期的一些特定条件,英国适合采取更加坚定而温和的外交政策。第一,英国在 20 世纪的地位不如 19 世纪 70 年代,因此英国面临了一个比之前更为复杂的战略环境,限制对外承诺和将自身脆弱性最小化这两方面的动机更为强烈。第二,比起 19 世纪 70 年代,英国在 20 世纪拥有更多可靠的盟友,英国可以携手战略伙伴(无论是远东的日本还是地中海的法国),来帮助其进行收缩。有了这些国家提供的支持,英国就不用担心从外围国家撤军会招致掠夺。第三,比起 19 世纪 70 年代,英国在 20 世纪对外围国家承诺的依存度有所降低。在维多利亚时代中期,人们担忧其他殖民国可能会利用英国的不作为来推动自己的殖民扩张,从而威胁英国到印度的路线。而到了爱德华时期,大英帝国扩张基本成型,并且对其他大国之间的竞争——无论是中国、波斯还是土耳其——也没有多少兴趣,英国没有过度担忧外围国家发生的多米诺效应,从而能够持续地实行收缩政策。

综上所述,英国外交政策较大程度上符合我们的预测,即轻度权力转移促进轻微的政策变化,而结构性条件可以在不同时代影响政策抉择。同样十分重要的是,收缩策略为英国外交政策带来了益处而非损伤。在 19 世纪 70 年代,收缩策略帮助英国处理了与崛起中的美国的紧张关系,并为美洲大陆的重大改革指明了方向,与此同时巩固了帝国扩张所带来的利益。20 世纪初,尽管海上霸权受损,多方潜在劲敌并存,英国通过收缩捍卫了脆弱的帝国,保卫了面临威胁的本土安全,维护了几近崩溃的和平。那些哀叹英国失去霸主地位的人夸大了霸权本身,也小觑了垄断霸权的难度。没有任何政策能够让英国的经济超过美国或者德国,或者逆转俄国和日本的崛起,但是收缩能够在最大限度上尽可能长时间地维护英国的利益。

第六章和第七章：中度衰落，中等程度收缩

1871 年 1 月，奥托·冯·俾斯麦站在凡尔赛宫的镜厅，宣布德意志帝国的成立。德意志帝国地处欧洲心脏地带且人口众多，这一工业化国家的建立打破了当时的势力平衡。随着德国在大国中地位的提升，它的邻国——尤其是法国和俄国——竭力寻找最佳应对之策，在很多研究者眼里，这两个国家都没能较好地应对德国的崛起。[2] 法国在内部分歧的处理上挣扎，在究竟是进行海外扩张，还是对阿尔萨斯和洛林进行报复的问题上犹豫不决；俄国由于国内机制的老化同样遭受着痛苦，无力管理分散在东欧、中亚和远东地区的对外承诺。在自身衰落和国内机能失调的双重影响下，法国和俄国应对德国崛起的策略缺乏连贯性，有时甚至完全失效。

在第六章和第七章，我们对 19 世纪末的法国和俄国的外交政策提供了不同的解读，我们认同两个国家都面临着极大的战略挑战。在德意志统一之后数十年里，两国都经历了多次衰落，法国在 1873 年、1883 年和 1893 年经历了衰落，而俄国则是在 1879 年和 1888 年经历了衰落。两国的衰落程度都在不断加深，法国和俄国在 19 世纪 70 年代大国经济产出中的份额下降不到 1%，而在 19 世纪 80 年代末到 90 年代初下降比例超出 3%，因此按照我们的分类，法国和俄国都经历了“中等程度”的衰落。另外，两国的国内机制都缺乏灵活性和连贯性，俄国处于混乱的国内改革之中，而法国正努力向实用的共和国转型。

尽管面临这些束缚，我们发现法国和俄国在此期间都采取了收缩策略。具体而言，两国都在削减国防开支，改革国内机构，减少对外围国家的承诺，在易受攻击的据点加强军事威慑，更重要的是，我们发现随着时间的推移，衰落程度越深，收缩程度也会随之增加，到 19 世纪 80 年代末，法国和俄国都愿意进行更大幅度的战略调整，这一过程在法俄同盟谈判时发展至顶峰，两个衰落的国家因共同原因联系到了一起。尽管各国都不愿意依靠其他国家来保障自己的安全，但时机和地理因素能够打消彼此之间的猜疑，法国和俄国在几乎同一时期以相同的速度衰落，有利于两国协调相关利益。距离同样是一个有利因素，因为这

让法国和俄国都很难威胁到对方,能够减轻被对方利用的疑虑。正如我们的理论预测的那样,大国衰落程度越严重,就越愿意跟外界接触。

但与此同时,我们也观察到,法国和俄国在转变两国大战略的力度上存在显著差异。让我们感到有些吃惊的是,俄国在收缩策略方面更为积极,也更具连续性。俄国—土耳其战争之后,俄国进行了初次改革,在此基础上,俄国于 19 世纪 80 年代继续实施更为克制的外交政策。在国内,俄国努力把预算开支维持在较低水平,在改善军队方面,强调质胜于量,并且精简军队官僚系统,这些举措目的在于重新分配资源,对基础设施和工业进行投资。在对外关系方面,俄国减少了在巴尔干半岛地区的挑衅,在中亚只限于获取投机性成果,通过防御措施保护波兰飞地,并与众多伙伴建立盟约。基于这些事实,我们将俄国这一案例清晰地归类为"中等程度"的收缩。

法兰西第三共和国的情况显然更为复杂。虽然法国在普法战争之后一直保持低调,但是在 19 世纪 80 年代初期却选择了一条不同的道路。像莱昂·甘必大(Leon Gambetta)和茹费理(Jules Ferry)这样的共和派政治家明确支持海外扩张,由于不断抬头的保护主义导致市场流失,因此殖民地成了抵销这一负面影响的关键。但是法国的强硬却适得其反,在地中海的领土掠夺却把意大利拱手让给了德意志,在西非的扩张也惊动了英国,而民众对印度支那战争的惨重代价更是怨声载道,这使法国决策者不情愿地又回到了收缩的道路上。在国内方面,法国削减了军队开支,重整军队,从而更多地使用预备军,并且提升海军,充分利用新技术。在外交政策方面,法国在欧洲大陆和地中海区域尽量保持克制,在非洲和东南亚缓和与殖民地对手英国之间的关系,并向新的盟国伙伴示好。由于法国持续扩大殖民地,我们将这一时期标记为"中低等程度"的收缩,但是我们认为,法国政策的主要内容符合我们对中等程度衰落国家的预期。

俄国和法国之间这种令人有些惊讶的差异要如何解释呢?在这里要承认我们的理论在解释这一现象时只能提供部分帮助。根据我们对结构性条件的分类,法国在 19 世纪 90 年代有可能采取收缩策略,因为海外承诺相对分散,并且拥有强大的盟国,能够抵挡潜在进攻。相较之下,19 世纪 80 年代的俄国不太可能采取收缩策略,因为对外承诺相对集中,边境很长且易受攻击,同时也缺乏靠得住的盟友。但实际上俄国比法国拥有更高的地缘政治灵活度,部分原因是其独特的帝国属性,大部分大陆国家倾向于更为集中的对外承诺,而俄国领土横跨欧亚,回旋余地也更大。在远东和中亚地区,俄国的对外承诺所在地并没有直接毗邻大国对手,因此这样的承诺可以通过投机性扩张和及时性让步进行管理。俄国外交也受益于亚历山大二世和亚历山大三世相对稳定的政权,这两位沙皇虽然在国内改革上偏好大不相同,但对于需要克制这一点上保持一致。因此,俄国的国内和国际条件一直倾向于采取温和的收缩策略,直到俄国在远东的让步导致了对外承诺与欧洲事务紧密相联。

而法国在遭受了一系列由帝国承诺和国内动荡引发的惊扰之后,至少在短期内采取了与大环境不太相符的政策。19 世纪 80 年代初,一些共和派政治家认为,法国的威望以及安全与其在地中海和西非的海外承诺息息相关。重振旗鼓的英国在这些地区与法国进行殖民竞争,这让人更加觉得法国的对外承诺是相互关联的,软弱的政策可能招致剥削。这种观点又被国内政治所加强,尤其是共和派政治家,他们认为海外扩张能够安抚工人阶级,并重现法国的辉煌。但是让人感到震惊的是,法国决策者在遭遇负面反馈之后,迅速改变了外交政策,哗众取宠的殖民扩张加剧了法国在国外的孤立状况,也无益于修补国内政治篱笆。到 19 世纪 80 年代末,法国的政策开始符合我们的预期,进行了中等程度的收缩。法国的案例给了我们一个警示——帝国之梦和长期动荡会引诱处于衰落中的国家走向扩张的道路。

第八章和第九章:深度衰落和死亡旋涡

19 世纪,大国们建立了横跨世界的帝国,并以占据的领土为傲。到了 20 世纪,帝国时代日渐式微,大国开始放弃曾经似乎不可动摇的帝国承诺。之前长时间享受主导地位的大国,一夜之间面临突如其来的、急速而严重的衰落,无论是出于主动选择还是被动接受,曾经看起来坚不可摧的帝国,面对衰落的结局都是解体。第二次世界大战之后,英国放弃了印度这块“帝国皇冠上的宝石”,并从苏伊士撤军;随着冷战接近尾声,苏联遏制了自身地缘政治的雄心,允许东欧国家遵循辛纳屈主义*,走属于自己的社会主义道路。从英国和苏联的案例,我们可以看到,急速的衰落打破了区域平衡,诞生了新的国家,并建立了新的国际秩序。

有时重度衰落并非显而易见,造成的变革也非一蹴而就,衰落是一个为期数年的过程,为身处其中的大国不断制造困境,更糟糕的情况是长期衰落伴随波谲云诡的局势,这通常会给大国带来措手不及的挑战和阻力。1903 年前后的俄国和 1925 年左右的法国均符合这种情况,在经历了精疲力竭的战争之后,两国面临急速的深度衰落,占大国经济产出的份额分别下降了 4%和 4.2%。两国都是在冲突不断的国际局势和动荡不安的国内政治情形下来处理严重衰落的,但很明显两国都走向了灭亡。沙皇统治下的俄国深陷战争泥潭,之后又爆发了国内革命;而法国处于两次世界大战之间,屈服于纳粹德国闪电式的侵袭。总体来看,这些案例给我们上了有关深度衰落的黑暗的一课。

在第八章和第九章,我们认为处于沙皇统治末期的俄国和处于两次世界大战之间的法国,在外交政策方面的表现超出了预期,两国都意识到了自身力量的局限性,并且减少了外交政策负担来加强国家防御。在俄国的案例中,俄日战争失败所带来的创伤,使俄国决策者开始削减国防开支,处理长期悬而未决的殖民地热点冲突,以及更坚定地将外交负担转移给盟友和伙伴。在法国的案例中,由于鲁尔危机**的处理结果不尽人意,法国决策者开始对法国军队进行全面改革,从多方面向潜在对手示好,并且极力寻求新的盟友。法国和俄国的收缩程度远没有达到我们的预期,法国进行了中等程度的收缩,而俄国进行了中低等程度的收缩。但面对风云变幻和对手崛起的大环境,两国都试图以创造性的方式将国内和国际政策结合起来,以维护自身安全。

---

* 辛纳屈主义(Sinatra Doctrine),指苏联戈尔巴乔夫政府用来戏称其允许周边华沙条约组织成员国自己决定内政的政策。“辛纳屈”取自歌曲《我的路》(My Way)的演唱者法兰克·辛纳屈的名字,此处意为苏联允许这些国家走他们自己的路。——译者注

** 鲁尔危机(Ruhr Crisis),指 1923 年 1 月,法国以德国不履行赔款义务为借口,联合比利时出动 10 万军队占领德国的鲁尔工业区。——译者注

尽管采取了上述措施,俄国和法国都没能运用收缩策略来解决各自的战略困境。在俄国的案例中,收缩策略持续的时间和程度还不足以应对大环境的要求。国内的因素,尤其是沙皇尼古拉二世的干预,导致军队结构的调整发生扭曲,改革无法彻底进行,但是不断变化的情势(包括认为俄国的对外承诺变得相互依赖,对征服的考量更趋于防守)也促使俄国采取挑衅政策。在法国的案例中,收缩策略一开始就被矛盾的形式所干扰,并且当大环境不再适合采用该策略时,仍在使用。在20世纪20年代,法国的收缩策略卓有成效,但由于缺乏具备实力的盟友来分担外交负担,法国在削减国防开支和向对手示好这两方面的能力受到了限制。到了20世纪30年代,大萧条的到来和纳粹的崛起,让法国不得不重新考虑自身政策,但由于面临阻力,法国并没有出台更有效的政策。因此,俄国是过早放弃了成功的策略,而法国则是固守太久。

但总体而言,对俄国和法国来说,采取收缩策略比不采取要好得多。俄日战争和鲁尔危机带来的冲击,促使两国清醒地评估了国力的局限,但是两国都没有能够抓住收缩策略带来的好处。俄国主要是由于机构机能失调和顶层政策制定不当,沙皇的失误所造成的极度困境加剧了国内的动荡,并促使俄国采取危险的外交政策,最终导致了国内革命爆发,在国外也遭遇了挫败。对于法国而言,收缩策略赶上了大萧条、纳粹德国卷土重来以及盟友支持不足等不利因素。两个案例的重点在于揭示了处于重度衰落中的国家能够发挥的空间是有限的,国际局势如何放大国内短板以及海外代理人和国家结构在国家应对衰落时的重要性。重要的是我们的理论是正确的,但是个别细节至关重要,有时还会形成致命的影响。

作为极度粗略的指标,四种结构性条件在6个案例中表现不错,在所有的案例中,决策者都能很好地评估自己是处于大国序列的高处还是低处。对外承诺的相互依存度这一指标也在案例中得到了充分支持。决策者能够适应决策带来的溢出效应,但是担忧程度没有达到我们的简化模式所表明的那样,尤其是俄国对于树立不良先例的担心程度不及预期,而是否拥有盟友这一变量在案例中效果一般。该变量不仅解释能力有限,而且盟国政治的复杂性有时不支持我们的总体结论。

至于对征服的考量这一指标,一国领导人在作决策时有所考虑,但是效果不及预期。因此,四种因素确实如我们预期那样起到了催化作用,但很少单独发挥作用,并且效果也不总是如预期那样。从宏观角度分析了这些案例之后,接下来我们将深入每一个案例中,看看能够从中获知什么。

第四章

霸主的权宜之策

1872 年的大不列颠

> 我们是一个有着悠久历史和丰厚遗产的民族,拥有着全世界绝大多数的财富和贸易。我们在自己的领土上得到了想要的一切。在别人看来,安然地享受这庞大而辉煌的财富并不那么合理,因为这些财富主要由暴力获取并且靠军队守护。
>
> ——温斯顿·丘吉尔(Winston Churchill)

1865 年是英国外交政策的转折点。当年 10 月,帕麦斯顿去世,享年 80 岁,他是英国 19 世纪执政经验最为丰富、最受尊敬的政治家之一。[1]他在世时的外交原则几乎成为了当时英国外交公认的真理,比如英国至上原则、在海外宣扬自由主义、缓和与法国的关系、遏制俄国以及捍卫奥斯曼帝国的完整性,[2] 但在他去世之后,这些原则的合理性遭到了质疑。尽管被认为是自由主义事业的倡导者,但英国却在意大利统一运动*中袖手旁观。英国吞并了尼斯和萨沃伊,并组织了波兰叛乱,导致和法国关系疏远。俄国也开始从克里米亚战争**的失败中恢复元气,在巴尔干半岛地区采取修正主义策略。普鲁士王国大臣奥托·冯·俾斯麦的上台则预示着德国政治前景的不确定性。在美国内

---

* 意大利统一运动(Italian unification),又称意大利复兴运动,指 19 世纪意大利经过三次独立战争,将意大利半岛内各个国家或分裂政权统一为意大利王国的政治及社会过程。——译者注

** 克里米亚战争(Crimean War),指 1853 年至 1856 年因争夺巴尔干半岛的控制权而在欧洲大陆爆发的一场战争。奥斯曼帝国、英国、法国、撒丁王国等先后向俄国宣战,以俄国的失败告终。——译者注

战期间,英国所持的中立态度饱受争议,使其与美国的关系陷入低谷。

传统观点认为,帕麦斯顿的去世和人们对其外交理念的质疑开启了英国对外关系的新阶段。[3] 在欧洲大陆遭受了太多挫败后,英国恢复了传统的不干预政策,正如历史学家伯纳德·波特所言,英国"坚持传统的孤立主义,也不插手欧洲事务,否则后果实在太可怕"。[4] 历史学家雷内·阿尔布雷希特-凯里(René Albrecht-Carrié)认为"英国当前的政策可以说是谨小慎微"。[5]帕麦斯顿的去世开启了英国的"光荣孤立"* 时期,持续至第一次世界大战前夕;同时也开启了给英国外交政策蒙上阴影的一直持续至第二次世界大战前夕的"绥靖传统"。[6]

在本章我们认为,这一时期英国政策的改变不是因为决策者对积极外交政策教条式的质疑,而是对权力平衡慎重考量的结果。面临衰落的现实和动荡的国际环境,英国的决策者选择了收缩策略,他们选择削减开支、着手改革、减少殖民负担以及化解危机,同时捍卫核心利益。值得注意的是,尽管收缩策略在自由党首相威廉·格莱斯顿(William Gladstone)执政期间获得了更多支持,但英国对收缩策略的支持是不分党派的。虽然保守党对英国地位的江河日下痛心疾首,但是他们的政策差异更多是在形式上而非实质上。

尽管英国决策者倾向于采取收缩策略,但结构性条件对大战略的重大转变产生的影响极为有限。由于昔日英国位于世界大国顶端,即使它正在衰落,相对于潜在对手而言,也拥有更为雄厚的权力基础,并且能够利用这些资源来应对预料之外的危机。此外,英国缺乏具备实力的盟友来保障其偏远地区的利益,因此英国不愿撤军。最重要的一点是,英国决策者开始对外围国家产生的多米诺效应感到担忧。由于通往印度的线路面临威胁,原本各自独立的各种对外承诺又变得错综复杂。正如我们的理论所预测的那样,不利的结构性条件限制了英国收缩的程度和持久性,日积月累的帝国危机最终将会让英国放弃收缩策略,并在无意中为其进一步扩张奠定基础。

---

* 光荣孤立政策(Splendid Isolation),指19世纪晚期,英国在保守党首相迪斯雷利(Disraeli)和索尔兹伯里侯爵任内奉行的英国对欧洲事务置身事外的外交政策。——译者注

“其他国家取得了进步”:英国承认衰落

危机是政策的试金石,石勒苏益格-荷尔斯泰因(Schleswig-Holstein)危机极大程度上暴露了帕麦斯顿外交政策的局限性。丹麦和德国都宣称拥有石勒苏益格-荷尔斯泰因地区的主权,1863年年初,丹麦国王宣布石勒苏益格是丹麦不可分割的一部分,事态发展至此,双方矛盾已然尖锐化。[7] 尽管违反了过去的一些协议,帕麦斯顿仍对丹麦国王表示了支持,宣称丹麦君主国的领土完整是“英国外交政策的重要事务”,并警告任何试图干涉该独立主权的势力“面对的将不止丹麦一个国家”。[8] 但当1864年2月普奥联军侵略石勒苏益格时,英国却无力保护其丹麦盟友,丹麦被迫放弃了整个石勒苏益格—荷尔斯泰因地区。

英国的虚张声势被识破,这一击也刺痛了英国。反对党派领袖本杰明·迪斯雷利抱怨道:“英国在欧洲议会中的公正影响力已经降低。”[9]德比勋爵宣称:“目前其他国家不再理会英国发出的威胁,英国的豪言壮语也会遭到嘲笑,无论是欧洲大陆的大国、小国都对英国的抗议回以轻蔑和冷漠。”[10] 帕麦斯顿还面临着自由党和激进派政治家的反对。理查德·科布登认为“目前的外交体系已经崩溃。英国的外交部已经在国外失去了信誉”。[11] 格拉斯通在日记中对此表示认同:“这场争论是英国外交政策上的一个重要事件。我们还有太多东西需要学习。”[12]

石勒苏益格—荷尔斯泰因危机预示了由帕麦斯顿的“干预和搅和”(meddle and muddle)导致的权力平衡的转移。[13] 历史学家约翰·普雷斯特认为,关于帕麦斯顿政策的争论“对19世纪英国的外交政策具有决定性意义”。[14] 历史学家托马斯·奥特认为,尽管“国际格局尚未最终定型,但普遍持有的英国至上的假设已经开始坍塌”。[15] 约翰·罗素勋爵(Lord John Russell)在帕麦斯顿去世之后成为英国的首相,他抱怨道,“德国正在嘲笑我们的虚张声势,认为英国雄狮的吼叫毫无杀伤力”。[16] 英国外交部常务副部长埃德蒙·哈蒙德表示担忧,“英国目前处境孤立,与对抗拿破仑的欧洲大战中的处境相差无几”。[17] 这场危机也让英国意识到军队改革的必要性。罗素首相承认,“我们国内的军事力量严重不足,如果发生战争,英国在爱尔兰或者苏格兰可能将遭受巨大威胁”。[18]由于军队分散，预备军也很薄弱，英国难以捍卫自身利益。

这些担忧在之后几年不断加剧，普鲁士王国在普法战争中的胜利和德意志的统一引起了英国的警惕，迪斯雷利首相警告道，“权力平衡已被完全摧毁，受影响最大、最能感受到这一巨变的国家就是英国”。[19]而大西洋彼岸的美国实力的不断增长也令人不安，迪斯雷利指出，“过去的英国能够跨过大西洋对欧洲施加影响，而如今美国也是，权力的分配发生了巨大的变化”。[20]甚至英国在经济方面的头把交椅也看似难保，1873年的经济恐慌以及世界范围内工业竞争对手的兴起，给英国带来了不少焦虑。德比认为，“英国是个富裕的国家，(但是)恐怕我们得承认美国已经赶上甚至超过了我们……英国并没有退步，而是其他国家取得了进步”。[21]

值得一提的是，面对这种不利局面，英国保守党和自由党政府都采取了收缩策略。德比勋爵作为保守党人，在1866年至1868年担任英国首相，他的外交政策是“尽可能让英国远离欧洲大陆的任何政治纠葛”，同时“也不放弃利用英国的道德影响力……来恢复欧洲地区的和平”。[22]自由党人格莱斯顿在1868年至1874年担任英国首相，在任期间他加速推动了收缩政策，[23]他认为，“英国不能放弃自身在日常事务中的利益以及欧洲的整体利益……但是不能挥霍英国的信誉和实力，而要将这些用在刀刃上”。[24]英国外交大臣格兰维尔勋爵强调，“任何夸大英国意志的言论”都是危险的。[25]1874年保守党人迪斯雷利上台后，也仍然沿用收缩政策，迪斯雷利认为，“英国应该对欧洲采取保守的政策，并引以为荣”。[26]外交大臣德比勋爵[27]对此表示肯定，“在合理限度下，我比任何人都更支持不干预政策……但我们凡事不能走极端”。[28]

“打造有效体系，适应经济状况”：英国国内政策

我们之前假设衰落中的国家会通过削减开支、改建军队和改革机构来减轻国内负担。而19世纪70年代的英国在很大程度上符合上述假设。英国保守党和自由党的政客们都在努力削减财政负担，尤其是陆军和海军的财政预算；同时也在调整军队结构，以便更加充分地运用预备军，以及改革陆军部等过时机构。尽管这些改革措施在很多方面

力度不足,但鉴于英国的衰落程度相对较轻,而且国家的实力基础强大,这些改革仍然体现了英国的远见卓识。

第一,连续几任首相都在努力削减国防开支。[29] 虽然德比首相执政期间英国军事开支略有上升,但战争大臣(war secretary)乔纳森·皮尔向议会保证,预算的制定"合理考虑了英国的经济状况"。[30] 常备军数量保持稳定,每名士兵的预算上限为100英镑,大部分增加的开支用于刚投入使用的后膛步枪。格莱斯顿执政期间,时任战争大臣的爱德华·卡德威尔为削减开支采取了最重要举措。[31]在1869年至1870年度的国防预算中,卡德威尔提议常备军裁军1万名以上,同时从加拿大撤回同等数量的士兵,并减少新西兰和开普殖民地(Cape Colony)的驻军——这些措施节约了100多万英镑的军费。[32]而在1870年至1871年度的国防预算中,卡德威尔提出了再减少1.2万名常备军,殖民地的服役人数也进一步削减了1万人,这又为英国节省了100万英镑的军费预算。通过集中英国国内军队,卡德威尔向同僚们表示,"这是一种既符合效率又能提升效率的节流方式,同时还可以增强国力"。[33]

第二,政策制定者也在努力调整英国的军队结构,以便更加充分地运用预备军。预备军不仅比长时间服役的常备军更便宜,而且也能快速地应对突发危机。在保守党德比首相执政期间,调整军队结构的措施开始实施,当时皮尔提出建立一套双层级预备军体系:第一层级由年轻士兵组成,负责到海外服役;第二层级由退休老兵组成,负责保卫英国本土。[34]在自由党格莱斯顿首相执政时期,卡德威尔的政策在此基础上建立起来。英国1870年的《征兵法》(Army Enlistment Act)引入了更短的服役机制,在常备军中服役6年,在预备军中服役6年,目的在于组建一支更为庞大的预备军,减少退休兵名额,吸引"更优秀的人入伍"。[35]1872年英国《军队本土化法》通过建立66个领区,进一步提升了常备军和民兵的效率,每个领区都有两个前线营和两个民兵营,其中一个营在海外服役,另一个留在国内,训练新兵和民兵部队。[36]这些改革使得军营集中在英国本土,使得它们在紧急情况下能够迅速扩张,并且保证了其与民兵和地区预备军之间的有效协调。如卡德威尔强调的那样,目的在于"联合英国一切志愿军,组成一支防御军队"。[37]

第三，对于招募一支真正的预备军而言，通过行政改革提升效率和多功能性不可或缺。改革之前陆军部由内阁大臣分管，骑兵卫队总部由总指挥官分管，而卡德威尔将这两个部门合并成一个部门。[38]他还整治了军队的腐败，废除了备受争议的“买官”行为，在这之前，军官可以花钱升职为中校及以下的官员。因为这些改革，有人认为卡德威尔是在淡化军队的贵族性质，但其实他的主要目的是提升军队的战斗力和专业度。[39]

卡德威尔的改革“为维多利亚时代后期的军队提供了蓝图”。[40] 但是改革进行得并不彻底，没有达到预期的效果。[41] 服役时间变短使得征兵变得更加容易，但同时也增加了每年所需招募的新兵数量，薪水不足的问题并没有得到解决。[42] 本土化提升了士兵的应战状态，加强了他们的团队归属感，但是殖民地快速的军事行动，打破了本土营地和驻外营地之间的平衡。[43] 更重要的是，英国仍然缺乏总参谋部的机构（general staff），部队也很少开展大规模演习。

在只经历了轻微负面反馈的背景下，衰落中的国家存在这些不足是合理的。英国下议院针对普法战争通过了一项紧急投票，允许陆军部扩大常备军的规模。在随后的 1871 年至 1872 年的年度预算中，精打细算的卡德威尔同意扩大常备军规模，以超过 100 万英镑的花费增加了约 2 万名士兵。[44] 危机过后，卡德威尔继续削减开支，但由于改革所需的相关成本，最终也没有节省太多。改革成本主要包括废除“买官”政策后对军官的补偿、为相关营地修建军旅中转站以及对民兵的升级改良。[45] 在迪斯雷利执政期间，政府仍然优先考虑经济。战争大臣盖索恩・盖索恩-哈迪认可前任大臣的改革，并向同僚表示，“英国的军事预算已经非常庞大了……我的责任是要尽可能地将现有预算维持在原有范围内”。[46] 但面对不断增加的物资成本和薪酬开支，哈迪想要精打细算也同样面临困难。[47] 尽管收缩策略这一理念深入人心，但迫切感的缺失让大幅削减难以推进。

第四，英国试图通过重新分配资源提升竞争力。在符合稳健经济政策的背景下，英国决策者特别强调降低税收、削减关税以及偿还国债。保守党的迪斯雷利首相在执政期间，尤其重视降低国债，但是阿比西尼亚*战争迫使所得税上升了两便士，[48] 而自由党的格莱斯顿首相在执政期间获得了更广泛的成功。在 1869 年至 1873 年，英国政府将所得税降低了一半，取消了玉米税，并将咖啡税和糖税也分别降低了 1/2 和 2/3。此外，英国政府还减少了 3600 万英镑的国家债务，增加了 100 万英镑的基础教育支出。[49]保守党于 1874 年再次执政时，类似措施本应继续执行，但由于英国经济增速放缓和一系列代价高昂的海外战争，使得执行力度大打折扣。[50]

总体来说，这一时期英国的改革取得了惊人的成效。1872 年前后的 5 年里，英国平均每年军费支出为 2400 万英镑（其中陆军为 1400 万英镑，海军为 1000 万英镑）；在 1860 年至 1885 年，英国平均每年军费支出为 2700 万英镑（其中陆军为 1600 万英镑，海军为 1100 万英镑）。[51] 采取收缩财政的同时，英国也在努力重新分配资源，对军队进行改革——加强本土防御、建设预备军队，以及简化行政手续。正如卡德威尔强调的那样，这些改革措施目的在于“打造有效体系，适应经济状况”。[52] 卡德威尔在前任官员的基础上进行改革，打造出的体系被他的继任者所接受，这证明了英国政治家认同采取收缩策略的必要性。

“宁愿不承诺也不要过度承诺”：英国国际政策

就国际政策而言，我们推测，当一个国家面临衰落时，会调整军队布防、化解冲突热点以及重新分配外交责任。这一时期的英国比起其他国家更符合这些预期。决策者试图将军队集中在离本土更近的地方，说服殖民属地为本地的军事防御投入更多预算，并且限制他们干预大陆危机。但这些举措实施起来变数比想象中要大，很大程度上是因为一些突发危机让英国又陷入外围国家的事务中。尽管英国决策者总体上认为收缩策略能够带来诸多好处，但是由于外围国家发生的多米诺效应、自身缺乏可靠盟友以及所拥有的庞大海军，英国在面对远处的威胁时很难置身事外。

第一，决策者试图重塑英国在全球的地位。石勒苏益格—荷尔斯

---

* 阿比西尼亚（Abyssinia），即现在的埃塞俄比亚。——译者注

泰因危机给英国带来的一个教训，是保护殖民地会限制英国可用的军队，因此减少殖民地驻军不仅能够削减成本，也能够释放更多军队向本土集中。保守党的德比勋爵执政期间，战争大臣约翰·帕金顿爵士注意到“减少殖民地驻军能够降低人力和开支”。[53] 卡德威尔在 1873 年的讲话中提到：“收缩策略的本质是集中军队，而分散军队会给英国带来麻烦。这么做不是在逃避对殖民地的义务，也不是试图随意地将这些义务抛给殖民地，而是因为我们想以最低的代价获得足以履行全部职责的实力。”[54]

1868 年，尽管加拿大芬尼亚袭击事件*仍存在威胁，英国德比政府依然决定从加拿大撤回 5 个营的军队。[55] 格莱斯顿政府同样采取了这种方式，在 1871 年之前撤回了所有英军，仅在加拿大哈利法克斯和埃斯奎莫尔特保留了少量海军。[56] 英国对新西兰也采取了同样的策略，于 1865 年和 1866 年分别撤回了 5 个团和 4 个团的军队，[57]1870 年，格兰维尔勋爵从新西兰撤回了英国常备军最后一个团。卡德威尔认为“从他国撤回军队不仅能够节省军费，而且有助于改建本土军队”。[58]

这些战略使殖民地驻军减少了一半以上。1868 年殖民地拥有 49,650 名士兵，而两年后士兵数量下降到了 23,941 名，[59] 同一时期，暂驻英国但需要前往海外服役的常备军和预备军士兵数量从 92,574 名增长到了 106,678 名。[60] 同样值得注意的是，英国还努力将海军集中于本土海域，并建立了名为“飞行中队”的快速反应部队。[61] 历史学家彼得·巴勒斯认为，1865 年至 1875 年“在非欧洲地区服役的英国军舰数量减少了 40%”。[62] 英国如今能够更好地应对各地出现的军事问题。

第二，重新分配外交责任。英国强迫殖民地为当地军事防御投入更多预算，殖民地需要在军事上自给自足，这一理念很早就被提出，[63] 但直到 19 世纪 60 年代末，英国才开始加速推动落实这项理念。1868 年帕金顿对议会宣称，“当前政府的政策与上届一样，即要让殖民地承

* 芬尼亚袭击事件（Fenian Raids），指 1866 年至 1871 年位于美国的爱尔兰共和党组织——芬尼亚兄弟会（Fenian Brotherhood），对英国军队和加拿大的一些目标进行的 5 次突击，试图占领加拿大并以其为交换条件换取爱尔兰的独立，但均以失败告终。——译者注

担一部分合理的成本”。[64] 英国政客也意识到,加拿大要进行有效自卫,需要建立一个包括加拿大沿海诸省在内的联盟,英国殖民地部(Colonial Office)针对联盟向殖民地本土官员施压。1867年新不伦瑞克省和诺瓦斯科舍省与加拿大省一同合并为联邦,*[65] 这一政策在1869年红河起义**中初见成效——加拿大承担了远征3/4的成本,而英国如期撤回了军队。[66] 英国在开普殖民地运用了同样的政策,于1872年在当地建立了责任政府。英国采取这些政策并不是要让殖民地走向独立,尽管格兰维尔勋爵认为,可能会造成这样的结果。[67] 相反,格莱斯顿认为这些政策能够证明英国“没有与殖民地强行建立联系,而是将殖民地的自我意志作为建立这种联系的必要条件”。[68]

但是英国只有与殖民属地谈判时才会考虑转移外交责任,英国决策者不会对其他地方的潜在盟友作出坚定的承诺。1871年奥地利外交部长在英国驻维也纳大使的支持下提出双方结盟,共同解决东方问题,格兰维尔伯爵拒绝了该提议,表示“英国历任政府的政策……一直是避免为应对未来不常发生的意外事件而签订远期的协定(prospective understandings)”。[69]1879年,萨里斯布里勋爵拒绝了德国的结盟意向,仅作出一般性的承诺——如果俄国发动袭击,英国愿意提供支援。[70] 鉴于英国仍属于欧洲最强大的国家,决策者认为没有必要为欧洲大陆的争端牺牲自主权。

第三,英国决策者努力降低风险,避免与竞争大国发生不必要而且代价沉重的冲突。在某些情形下,英国通过坚定执行不干预政策来实现这一目的。在普奥战争***前夕,英国同法国和俄国一道,呼吁召开会议解决石勒苏益格—荷尔斯泰因地区的管辖问题。[71] 会议召开失败

---

* 1867年,英国将加拿大省、新不伦瑞克省(New Brunswick)和诺瓦斯科舍省(Nova Scotia)合并为联邦,成为英国最早的自治领。加拿大获得内务自主权,但外交和军事仍由英国控制。——译者注

** 红河起义(Red River Rebellion),指加拿大联邦政府向西扩张领土过程中,以路易斯·瑞尔为首领的梅蒂斯人(法国人与印第安人混血后裔)同部分印第安人一起举行的两次起义。——译者注

*** 普奥战争(Austro-Prussian War),又名德意志战争,指1866年普鲁士和奥地利之间的一场著名战争。最终奥地利帝国战败,被迫放弃在德意志的领导权,由普鲁士王国主导的北德意志邦联成立,加速了德意志统一的进程。——译者注

后，罗素首相表现慎重："如果不关乎自身利益或荣誉，仅仅是为了维护欧洲的权力平衡，我们就要考虑加入战争是否会导致更多罪恶，而非发挥预期的补救作用。"[72] 外交大臣克拉伦登表示认同："鉴于爱尔兰当前的局势，以及英美关系中的潜在威胁，必须最大限度地节约使用英国的军事和经济资源。英国不会直接介入任何不关乎自身利益的争端。"[73] 保守党德比勋爵临危上任，也基本延续了这一政策，他表示"要让英国尽可能远离任何欧洲大陆的政治纠葛"。[74] 外交大臣斯坦利伯爵表示认同："我们要采取和平策略——多观察，少行动。"[75]

普法战争期间英国采取了同样的政策。战争前夕，英国试图采纳法国提出的解除部分武装的建议，以化解法国和普鲁士王国之间的紧张局势，并在双方采取挑衅行动时给予警告。[76] 双方开战后，英国严格保持中立态度，尽管格莱斯顿首相想要进行调解，反对普鲁士吞并阿尔萨斯-洛林地区，但英国其他政客劝说他不要采取行动，避免让英国陷入冲突和纠葛。[77]"我们想要置身事外"，英国外交部常务副部长说道，"这样做我们更有可能笑到最后"。[78] 格兰维尔也表达了类似观点："帕麦斯顿的吹嘘耗费了英国的实力。我担心会因为制定的原则没人理会和遵守而浪费目前英国道义上的优势。我们为自己保留了行动上的完全自由。"[79]

在另一个案例中，英国也通过谈判和让步积极化解了潜在冲突热点。1870 年 10 月，俄国单方面宣布废除《黑海条款》(Black Sea Clauses)，而英国决策者努力将事态降级，奥斯曼帝国表达了开战意愿，但常驻君士坦丁堡的英国大使抱怨道，"黑海的非中立化意味着放弃克里米亚战争所取得的一切"。[80] 然而，由于法国不关心，而且英美关系紧张，英国几乎没有选择，在俾斯麦的支持下，英国提出了一个最佳提议——召开国际会议。会议各方同意放弃遵守《黑海条款》，但是英国需要承诺，不经苏丹*同意，俄国军舰不得进入土耳其海峡。[81] 正如历史学家阿加莎·拉姆所言，英国作出默许，但也"从默许中获得了一些好处"。[82]

---

* 苏丹(Sultan)，指奥斯曼帝国的最高世俗统治者和最高宗教领袖，拥有"哈里发"(Khalifa)称号，集政治、经济、军事、宗教大权于一身，对臣民拥有无限的权力。——译者注

英国决策者积极缓和外交摩擦,这在与美国的关系上体现得淋漓尽致,除了两国长期存在的边境和渔业问题外,英美在阿拉巴马号(Alabama)索赔案上也产生了分歧。阿拉巴马号是英国制造的一艘巡洋舰,在美国内战中损毁了联邦商船。[83]1869 年克拉伦登首相参与商议一份有利于仲裁的协议草案,但美国参议院未给予批准,[84] 尽管英国遭遇了挫败,但仍在外交上保持耐心。1871 年,克拉伦登的继任者格兰维尔与美国签署了《华盛顿条约》(Treaty of Washington),该条约支持仲裁并解决了其他造成困扰的问题。[85] 阿拉巴马号索赔案的解决影响重大,仲裁委员会判定英国赔偿 300 万英镑,但这一金额是美国所要求的 1/3,这一协议让英国免遭美国鹰派狮子大开口的索赔,而英美关系也得到了大幅改善。格兰维尔认为仲裁的成功使得"两国之间建立了牢固的和平关系,而双方本身有太多理由保持友好"。[86] 更为长远的是,这项和解"成为英美结束近百年来的紧张关系并进入下个世纪的转折点"。[87]

第四,英国利用收缩策略来加强在某些据点的威慑力量。英国向来重视保卫比利时,将其作为法国和德国之间的一个独立缓冲国。1867 年卢森堡危机*中,英国反对法国获得卢森堡的统治权,法国这一举动差点导致普鲁士与其开战,因为普鲁士在卢森堡拥有驻军,此举也对比利时领土的完整造成了威胁。[88] 迪斯雷利首相认为"法国没有准备好",并且"俾斯麦欺骗了所有人",因此"我们可以开始稍微介入欧洲"。[89] 于是 1867 年 5 月召开伦敦会议,与会各方保证了卢森堡领土的完整。英国在 1869 年法国和比利时的铁路争端**中,也扮演了类似角色。起先英国试图让双方克制,但是法国并未照做,[90] 克拉伦登表示他"对法国政府那套温和说辞和保证从不放心",但同时对法国"如此迅速和彻底地暴露意图"感到惊讶。[91] 他警告法国大使"英法两国的友好关系有中断的风险",[92] 法国最终作出了让步,同意取消具有争议的铁路

---

* 卢森堡危机(Luxembourg Crisis),指 1867 年法兰西帝国与普鲁士之间围绕卢森堡的政治地位问题的外交纠纷及对立。此次危机最后由《伦敦条约》和平解决。——译者注

** 法国和比利时的铁路争端发生于 1869 年 2 月至 7 月,起因是比利时议会通过了一项法令,规定铁路租让权只有经过政府批准才能转让,矛头直指企图把比利时的铁路置于掌控之中的法国的经济扩张。——译者注

合同,以争取未来可能的让步。普法战争期间,英国展现了同样的决心,格兰维尔试图让法国和普鲁士作出承诺,尊重比利时的中立地位。尽管英国国内有反对的声音,格兰维尔坚持认为"联盟将能有力遏制双方,阻止任何一方做出我们不愿看到的事情",[93] 普鲁士和法国签署并遵守了相关条约,尊重了比利时领土的完整性。

总而言之,英国外交决策者作出了一系列细微调整,以减轻大英帝国的负担,这包括将军队向本土集中、把防御责任转移给殖民属地、避免陷入欧洲大陆的纠葛,以及缓解与潜在对手的紧张关系。由于经济和军事存在新的变数,英国过高的雄心水平会损害自身核心利益,但英国很好地把握了这个度,既不完全斩断自身与殖民地的纽带,也不牺牲插手欧洲事务时的自主性。奥特总结道,英国政策"不仅仅是孤立主义……而是基于谨慎的战略分析"。[94]

"慵懒地随波逐流":英国收缩策略的局限性

英国在19世纪70年代的大战略,符合人们对经历轻度衰落国家的预期,决策者把收缩策略重点应用于国内,同时对外交政策只进行细微调整。值得注意的是,阻碍收缩策略的潜在因素,比如国内政治反对,没有在该案例中发挥显著作用。大部分英国决策者认为帕麦斯顿时期代价高昂、态度强硬的外交政策无法持续,而各党派均支持英国采取收缩政策。例如,当克拉伦登伯爵在斯坦利伯爵之后接手外交部时,他说:"我发现我们在观点上没有什么分歧。"[95] 而在普奥战争期间,罗素政府的倒台也没有对政策方向造成任何重大影响。同样,格莱斯顿政府的上台也没有对阿拉巴马号索赔案的谈判造成实质性的影响。格莱斯顿的确接受了迪斯雷利的建议,任命保守党人士斯塔夫德·诺斯科特为英国专员之一,而党派形成的统一战线帮助英国在谈判中获得了有利条款。[96]

任何政策都会有人反对,收缩策略也不例外。保守党人士就批评过格兰维尔减少殖民地驻军的政策,比如卡纳冯勋爵曾在英国上议院宣称,"国外传言有人想要肢解大英帝国"。[97] 但历史学家大卫·麦金泰尔指出,格兰维尔的政策"在那之前几年就已开始实行了,并且也得到了保守党的支持"。[98] 卡德威尔在推动一些改革时，比如废除"买官"制度，也遭到了一些阻力，但卡德威尔的一些关键改革举措在保守党执政期间得到了启用，并且他所做的主要调整在继任首相托里执政期间没有被取消。[99]

尽管保守党和自由党就节约成本和降低风险达成了一致，但英国能够继续实施收缩策略的程度有限，外围国家发生了不少出人意料的危机，不断迫使英国放弃收缩策略，转向更具扩张性的大战略。无论是在非洲还是亚洲，英国总督常常可以果断行事，而英国本土的决策者却无法对其进行约束，比如，1868 年英国对阿比西尼亚的远征就出现了事态扩大的情况。斯坦利倾向于采取安抚策略，以求释放部分英国俘虏，但是英国外交部和地方执政官劝说他授权进行了一场耗费 800 万英镑的大规模远征。[100] 同年，英国驻南非的高级指挥官劝说英国殖民部吞并巴苏陀兰，目的在于阻止阿飞利卡人统治下的奥兰治自由邦进行扩张。[101]

尽管自由党对海外扩张缺乏热情，但成为执政党后也发现很难控制地方总督。1873 年阿散蒂王国入侵了受到英军保护的黄金海岸地区，殖民地大臣金伯利伯爵认为："如果我们想要削弱自己的力量，那么就花数百万英镑征服阿散蒂吧，没有比这更好的办法了。"[102] 但同时，他也承认，"我们不能袖手旁观阿散蒂对保护国的侵略……侵略势力破坏了殖民驻地的一切贸易"。[103] 英国内阁这才勉强派出了军队。[104] 英国对马来亚出手也是迫于类似压力，马来亚遭遇了一系列继承危机，当地华人家族之间也爆发了冲突，这威胁到了锡金属贸易，[105] 金伯利认为"要是欧洲其他国家涉足该半岛，事情就会变得非常棘手"。但同时他也提醒要保持谨慎，[106] 而新任总督不顾告诫，强迫多个马来统治者接受英国居民。[107]1871 年南非也发生了几起类似事件，当地高级指挥官不顾指示，在盛产钻石的西格利夸兰地区建立英国的直辖殖民地。[108] 在这两起事件中，英国政府都未对这些地方官员的行为给予否认。

为什么英国官员不采取更大的力度限制外围国家的地方总督呢？第一个原因在于英国的地位。由于英国具备无与伦比的海军力量以及强大的经济实力，决策者无意放弃海外代理人。英国采取了一些措施来限制对外吞并行为并降低行政成本,但作为欧洲最强大的国家,让其完全放弃进行帝国扩张的潜在机会是不可能的。第二个原因在于当地盟友。英国决策者在东南亚以及西非都没有具备实力的盟友,无论是黄金海岸地区的范特人还是马来亚半岛的苏丹人,都缺乏军事实力,而类似于法国的竞争大国更倾向于排除英国的影响,而非与之合作。英国决策者在缺乏有实力的中间人或盟友的情况下,要么放弃自身利益,要么只能不情愿地出手保护这些地方总督。

如果个别危机的发生相对孤立,那么英国顶多放缓实施收缩策略的步伐,而不是完全放弃该策略,但是巴尔干地区更为严重的危机爆发后,英国决策者开始逐渐质疑收缩政策。这场危机源于 1875 年波斯尼亚-黑塞哥维那省爆发的一场武装叛乱。英国决策者就如何应对产生了分歧:以迪斯雷利为代表的一派打算支持奥斯曼帝国应对外界压力;包括德比勋爵在内的另一派倾向于就叛乱事宜达成外交妥协。[109] 由于内阁发生了分歧,英国政策也在二者之间摇摆不定。[110] 索尔兹伯里抱怨道:"英国政策是慵懒地随波逐流,偶尔使用'外交撑篙'以避免'撞船'。"[111]1877 年 4 月,俄国对奥斯曼帝国宣战,奥斯曼帝国危在旦夕,英国此时除了给予土耳其人敷衍式的鼓励之外,并没有能力保卫他们。[112] 但俄国的过分举动反而给英国解了围,奥斯曼帝国需要接受俄方《圣斯特法诺条约》(Treaty of San Stefano)里的苛刻条件,其他国家得知后迅速召开柏林会议,以让俄方作出让步。[113]

近东危机*对英国外交政策影响深远,虽然迪斯雷利首相看似取得了胜利,但英国获得的成果只是暂时的。[114] 近东危机也体现了收缩策略的局限性,拥有世界上最强海军力量的英国竟然要在欧洲外交事务中边缘化,这让英国的很多决策者难以置信,国内呼声愈发强烈,要求英国决策者采取更为强硬的措施维护英国的威望。[115] 这次危机也从侧面折射出英国缺乏具备实力的盟友,巴尔干半岛地区的奥匈帝国不再可靠,而奥斯曼帝国也近乎崩溃,也许最重要的一点是,近东危机将英国

---

* 近东危机(Near Eastern Crisis),指 1875 年至 1878 年发生在地中海东部、欧洲东南部巴尔干半岛一带的斯拉夫民族反对奥斯曼帝国的奴役,争取民族自治和独立的解放运动。但由于大国插手,近东巴尔干问题演变为一场愈演愈烈的国际斗争。——译者注

在欧洲的利益与在亚洲的对外承诺联系了起来。衰落的奥斯曼帝国、正在复兴的俄国以及强硬的法国,使英国开始担心通往印度的航线是否仍然安全。为了加强英国海军的地位,索尔兹伯里侯爵劝说土耳其放弃塞浦路斯;为了获得法国的默许,允许法国在北非自由行动。在帝国竞争逐渐升温的背景下,英国决策者对周边国家发生的多米诺效应日益感到忧心。英国昔日的“机会主义的优柔寡断”(opportunistic indecision)策略此时已不再具备吸引力。[116]

正如预测的那样,一旦结构性条件比较不利于收缩,英国决策者的外交策略就会变得更为坚定,比如,由于俄国在中亚的扩张引发了新的担忧,英国在印度边境上不再采取“巧妙性不作为”的策略,转而采取更为主动的方式。[117] 1879年印度总督利顿勋爵越权,试图强迫阿富汗接受一名英国居民,这一举动引发了一场灾难性的战争。与此同时,出于对印度路线安全的担忧,加上殖民地执政官员的压力,殖民地大臣卡纳冯伯爵考虑在非洲南部建立更为紧密的国家联盟,[118] 但高级专员巴托·弗雷利爵士在积极实现这一目标时遭遇了挫败,1879年他对祖鲁人的胁迫最终以一场代价高昂的战争收场。而即便是一直明确支持收缩政策的自由党人士也开始倾向于对外扩张。1882年6月,埃及爆发了民族主义骚乱和暴动*,格莱斯顿首相授权派出海军舰队,开始了军事远征。[119] 正如首位海军大臣诺斯布鲁克勋爵所说,“我们现在被迫成为埃及的保护者”。[120] “瓜分非洲”运动已拉开序幕,而一个新的、更具扩张性的英国外交政策时期也已到来。

总而言之,维多利亚时代中期,收缩策略的局限性不是由国内党派纷争所造成的,而是源于不断变化的结构性条件。一方面,英国是一个岛国,对外承诺相对分散,收敛帝国扩张的雄心不会导致周围国家乘虚而入,危及本土安全。另一方面,考虑到英国海军广阔的势力范围和令人生羡的经济影响,要让英国决策者放弃插手外围危机实属不易。英国缺乏能够助其管理外围国家危机的盟友,加上近东危机之后,越发担

---

* 此处指1882年埃及亚历山大港爆发的反对欧洲统治的暴力事件,埃及民族主义者支持伊斯兰和阿拉伯的革命行动,法国和英国以保护欧洲人生命和财产安全为名,派遣军舰前往亚历山大港,并对该市进行轰炸。——译者注

忧多米诺效应，使英国进一步遏制了收缩政策。到了 19 世纪 80 年代，英国采取的政策与 70 年代截然不同，之前保守党和自由党均秉持不干预政策，如今两党都倾向于对外扩张。最令人惊讶的转变是格莱斯顿首相，他一向认同收缩政策，之前被指试图分裂帝国、解散军队，而如今却也愿意率军进入埃及、撒哈拉以南非洲和其他地区。

英国在这一时期的外交政策符合我们的预测。为了应对权力平衡的负面转变，加上德意志统一和美国的崛起，英国决策者决定采用温和的大战略。在国内，英国削减国防开支，改建军队以重用预备军，并通过改革机构以提高效率；在国外，英国进行海外撤军，将防御责任转移给殖民政府，并通过强硬的外交手段化解潜在的冲突热点。为了应对轻度衰落，英国略微调整了外交政策，既没有放弃殖民帝国，也没有将自主权让给大陆盟国。而且收缩策略使英国能够释放资源来偿还债务和减税，同时也能够捍卫如比利时这样至关重要的据点。

维多利亚时代中期的英国这一案例也表明，结构性条件在决定收缩的程度和持久度方面的重要性。英国仍然拥有一流大国的地位，因而不会大幅度调整其外交政策，由于缺乏具备实力的盟友，英国决策者也不太愿意从某些地区撤军。收缩策略虽然能够为改革换来喘息的空间，却无法打消英国对通往印度航线问题的担忧，也无法抑制英国干预边境事务的冲动。收缩政策仍然占据主导地位，但是这一政策逐渐被不断发生的外围危机所削弱，直至最终偃旗息鼓。

也许最为重要的一点是，这一案例证明了先发制人战争理论的局限性。虽然英美确实在边境、渔业和阿拉巴马号索赔案中存在分歧，但两国之间并未爆发冲突，部分原因可能是两国之间存在贸易纽带和共同的自由价值观，但还有一部分原因是英国决策者采取了收缩策略，而非挑起不必要且无益处的冲突。

第五章

霸权觉醒

1908年的大不列颠

有时我想,外国人如果看了我们的新闻报道,肯定会觉得大英帝国就像一个四肢摊在地球上的巨人,把患了痛风的手指和脚趾伸向四面八方,一旦有人靠近,他就会哇哇大叫。

——托马斯·桑德森(Thomas Sanderson)

在19世纪最后的20年里,英国的对外政策充满着"活力和能量",英国主导了对非洲的瓜分,拓宽了在非洲和亚洲的殖民领域,并在地中海领域积极寻求海上霸权。然而,到了20世纪之交,英国在国外的地位似乎岌岌可危。在非洲地区,英国在南非战争中出师不利,遭遇了毁灭性的军事挫败;在远东地区,英国似乎无法遏制俄国向满洲进军的步伐,也无法阻止即将发生在中国领土上的混战;而地中海地区的局势似乎同样不容乐观,法国和俄国的海军势力日益增强,对土耳其海峡的完整和英国在埃及的地位都构成了威胁;俄国向波斯和阿富汗进军,让人们重新担忧起印度能否捍卫其国土边界;甚至与被认为是潜在盟国的德国之间的关系,也因为海军问题和德国君主的左右不定而变得紧张起来。在远离大陆的这些事上,英国"光荣孤立"的荣光不再。[1]

传统观点认为,由于英国国力的衰弱和德国扩张主义的崛起,英国虽不情愿,但又不得不放弃孤立。从《英日条约》开始,到与法、俄两国达成谅解协约为止,英国决策者逐渐接受了英国介入到越来越多的外交纠葛中。乔治·蒙格总结道,"放弃孤立主义"代表着英国需要"面对日益激烈的竞争,承认自身存在弱点"。[2] 保罗·肯尼迪补充道,"大不列颠的相对衰落……也许是制订该国对外政策的最关键的影响因素”。[3] 英国开始卷入欧洲大陆的结盟运动之中，开始承诺使用军事干预来支持其协约伙伴，这一过程虽然缓慢，却是切实发生的，这个过程在 1914 年达到高潮——为了防止德国称霸欧洲，犹豫不决的英国最终还是卷入了那场世界大战。

在本章中，我们认为衰落迫使英国决策者采取收缩政策，但这一转变的内容和后果却被误解了。将英国政策看作遏制德国政权的宏伟之计不过是后见之明，这种观点忽略了英国外交的复杂性，以及在把焦点转向德国之前英国一贯采取的收缩政策。在南非战争之后，各个党派的英国决策者一致支持收缩政策。在国内方面，虽然海军军备竞赛的需求会阻碍经济发展，但英国仍努力减少国防开支，重整陆军和海军，提高其灵活度，改革国防机构，加强协调。在对外关系中，英国试图将远方部队向近处转移，并通过适时的让步来化解外围争端，在不牺牲一贯自治权的情况下，培养新的朋友和盟友。

在此期间，决策者对收缩的热情，是基于英国的结构地位而自然产生的。由于地位下降，英国面临的潜在竞争对手更加复杂，这些对手实力更为强大，众多潜在的危险，给英国带来了巨大的压力，迫使其改变外交政策。然而，幸运的是，英国有足够的自由来制定新的路线，英国拥有强大的潜在盟友，可以帮助其维持有利于英国利益的权力分配，也可以减轻其对外围国家接连倒下的担忧。由于最重要的帝国战利品已经到手，英国有能力减少或放弃对剩余残片的主权，最终，因为既能够将负担转移到远方的盟友身上，又能够缓和与周边国家之间的竞争，英国才有机会将军力集中在离本土更近的地方。随着德国的威胁日益显著，收缩成为保护英国海军霸权和维护大陆和平的众多举措中重要的组成部分。

“其他国家正在悄然崛起”：英国意识到衰落

南非战争极大程度上暴露了英国在世纪之交时的危险地位。“黑色星期”期间，英国军队在斯托母贝赫、马赫斯方丹以及科伦索等地的表现极为糟糕，凸显了维多利亚时期英国军队在参谋、情报、补给等问题上的不足。[4] 英国一位战争部官员就这场战争向皇家专门调查委员会表示，“我们的军队体系腐朽不堪……面对欧洲大国将毫无招架之力”。[5]

在外交领域，许多大陆强国都欣然接受了英国军事受挫的消息，这凸显了英国的孤立地位。英国驻法国大使报告称，他“担心法国和俄国有意在这关键时刻，乘英格兰之危，达到自己的目的”。[6] 英国驻奥地利大使抱怨外国媒体“夸大我们的挫折，对我们未来的灾难喋喋不休”，目的是让“我们感到不安，担心英国国力衰弱”。[7] 此外，主要用于安置流离失所的南非白人的“集中营”条件骇人，加剧了人们对英国战时暴行的指责，此时，英国的孤立情形进一步加深。

也许最重要的是，这场战争揭示了英国军事能力的明显不足。英国在距离本土 5000 多英里的地方供养着 25 万支军队，这浪费了巨大财力，每周开销高达 125 万英镑，[8] 英国国内已“被剥得只剩一支常规军队，不禁让人再度担心起被侵略的危险来”。[9]印度总督乔治·汉密尔顿勋爵警告说：“将我们的部队锁定在南非，大大束缚了我们的行动力量，未来几个月我们必须低调。”[10] 战争大臣圣约翰·布罗德里克坦言：“陆军混乱不堪、精疲力竭、无可救药、人困马乏。”[11] 亚瑟·贝尔福直言不讳地总结道：“目前我们其实不过是一支三流军队。”[12]

在一系列的不同问题上，决策者开始接受英国正在失势的这一判断。就海军事务而言，第一海务大臣警告说：“我们对世界的广泛兴趣对我们的海军资源造成了很大压力，再加上其他国家的飞速发展，这种压力已经是我们所不能承受的。”[13] 在军事方面，战争大臣提醒说，军队人数比国防所需的少了近 5 万人。[14] 印度事务部则强调，由于铁路建设，“俄国的军事地位在日益提升”，[15] 而首相索尔兹伯里勋爵宣称，“当俄国进军时，我们将不得不在印度边境上与其作战”，并且这种“作战将带来巨大压力”。[16] 经济上的衰落同样明显。乔治·汉密尔顿勋爵表示“世界物质繁荣的巨大发展和生产的增加使得世界各国能够更有效地与我们竞争”。[17] 爱德华·格雷爵士担心“外国竞争日益成为现实：放在过去，这不过是无端的担忧，但他国现已悄然赶上我们。我们如果继续浪费实力，将难以保持领先地位”。[18]

所有的变化都有迹可循，从表面上看，南非战争似乎否定了这些担忧，正名了光荣孤立的政策，毕竟，英国一手摆平了顽强的对手和来自全球的谴责。然而，英国政客们却很重视衰落引发的负面效应。这场战争耗资 2.17 亿英镑，是克里米亚战争开销的 3 倍多；[19] 更糟糕的是，由于征税只能够提供 28%的战争经费，战争带来的借款导致了国债暴涨到约 7.98 亿英镑。[20] 一位财政部官员承认，“无论我们多么不愿面对现实，我们必须承认英国的财力不足以支持国防所需的一切”。[21] 历史学家杰弗里・塞尔总结道，“不断上升的经费给大臣们带来了巨大压力，逼迫他们削减预算”。[22]

虽然衰落的原因及程度仍然是悬而未决的问题，但历届政府都采取了收缩政策。索尔兹伯里强调，“布尔战争*耗尽了我们的先令所得税”，但“法国战争的开支……将是布尔战争的几倍”，因此，“我们必须要非常谨慎”。[23] 其外交大臣兰斯多恩勋爵对此表示同意：“由于南非的牵绊，任何有可能将我们卷入战争的政策，我们都无法采纳。”[24] 贝尔福于 1902 年 7 月接替索尔兹伯里成为联合政府首脑，他强调，必须寻找“使纳税人负担相对较轻的政策”，主要原因是“帝国防务的总成本有可能高到难以负担的地步”。[25]

自 1905 年 12 月亨利・坎贝尔-班纳文和 1908 年 4 月赫伯特・亨利・阿斯奎斯领导的自由党上台后，推动收缩政策的势头进一步增强，其中的关键人物是爱德华・格雷爵士，他曾为两位首相担任过外交大臣。[26] 格雷在 1906 年向下议院解释说：“我们的整体政策是这样的，由于过去几年国家支出的大幅增长，现在已经达到转折点，我们有可能在不牺牲国家安全的情况下大幅度减少开支。”[27] 他补充道：“我们的工作是要明智、有选择性地开发我们所有的资源。”[28] 英国的问题不在于是否收缩，而是如何收缩。

---

* 布尔战争（Boer War），此处为第二次布尔战争，又称南非战争。指 1899 年至 1902 年英国同布尔人建立的德兰士瓦共和国和奥兰治自由邦为争夺南非领土和资源而进行的一场战争。英国在作战中伤亡较大，而德兰士瓦获准在英国女王宗主权下建立完全自治的政府。——译者注

“量入为出”：英国国内政策

在19世纪70年代，英国决策者采用一系列的国内政策实现了收缩，但到了20世纪，进行成功的收缩变得更加艰难。虽然相对于南非战争时期的峰值而言，英国国防开支已经有所回落，但重整军备和海军军备竞赛阻碍了开支的进一步削减，部队结构和体制改革取得了更大进展。南非战争极大地暴露了英国在总体战略规划上的局限性，尤其是在陆军这一具体问题上的局限性，这促使着英国进行更彻底的改革。

第一，历届政府都在努力削减国防开支。索尔兹伯里担心“议会将吵得不可开交”，并鼓励战争部长“削减开支”[29]。贝尔福同样承认，“预算的增长是一个非常严重的问题”，[30] 像增加所得税、增征酒精和烟草税等为战争提供经费的措施，尤其具有争议性。索尔兹伯里表示，他希望，“支付令人不满的所得税”也许会使“同胞们意识到，无论是在帝国还是其他一切方面，我们不得不量入为出”。[31]

然而，节省大规模经费的最初努力受到了阻碍。首先是因为需要重建、重整陆军，其次是因为战争大臣圣约翰·布罗德里克提出的雄心勃勃的改革。另外，因为这些要求，1903~1904年度陆军预算总数达到了3400万英镑，低于战时峰值，但仍然过高，大多数人认为难以为继。[32] 布罗德里克的继任者休·阿诺德-福斯特废止了成本更高的改革，并设法将1904~1905年度的预算减少到2900万英镑，[33] 但是，阿诺德-福斯特不愿意大幅削减常规部队，也不愿意放弃购买昂贵的速射炮，因此被迫于第二年增加了100万英镑的预算。[34] 贝尔福警告说，这一开销“会使公众大失所望，并且……在目前的公共财政状况下，我国是难以承受的”。[35]

虽然削减陆军预算的工作停滞不前，但统一党试图削减掉海军的支出，因为海军预算于1904~1905年度已经增加到了3700万英镑，[36] 这项重任就落到了刚刚上任、干劲十足的第一海务大臣约翰·杰基·费舍尔的肩上。早在成为第一海务大臣之前，费舍尔就提出：“海军预算不能像这样一样继续增长下去……我决定大幅减少费用并提高效率。”[37] 费舍尔通过一系列措施成功将海军预算削减了 350 万英镑，比如淘汰 150 多艘过时的船舰，减少造船数量，关闭北美、南大西洋、太平洋和中国的海外基地等。[38] 格雷代表反对派讽刺地指出，统一党领导下的政府“原本承诺的是减少陆军开支，最后成功减少的却是海军开支”。[39]

统一党下台后，坎贝尔-班纳文的自由党政府继续推进收缩政策，战争大臣理查德·霍尔丹宣布，他打算将陆军预算控制在 2800 万英镑以下，强调想要“看到新组织全效运行，不能浪费多余的精力”。[40] 他的承诺在 1906~1907 年度并未实现，但在其后的每年里都兑现了，这样的状态一直持续到第一次世界大战前夕。在海军方面，费舍尔的节约预算和减少造船的政策在这一时期得到了延续，因此，海军预算“平均比 1904~1905 年的峰值低 15%左右”。[41]

第二，统一党和自由党等都在探索如何改变英国武装部队的结构，以便提高其能力和灵活度。圣约翰·布罗德里克支持将英国陆军重组为 6 支部队，其中 3 支为国防部队，另外 3 支为全球“打击部队”。[42] 但是后来，由于实行这项计划需要增加 11,500 名常规军，同时还要上涨薪水和提高服役奖金，这项计划就被放弃了。其继任者阿诺德-福斯特支持将英国军队改组为两级，一级为长期服役的殖民士兵，另一级为短期服役的国防士兵。然而，因为这个提议极大地依赖昂贵的常规军，所以它也被放弃了。[43] 在海军方面，海军部第一大臣塞尔伯恩勋爵为规范和加强军官教育，实行了多项宏伟的改革计划，[44] 费舍尔也采取了诸多重要措施，通过使用“核心船员系统”，并将更多主力舰集中在国内水域，极大地改善了舰队预备队的战备状态。[45]

至于陆军改革，霍尔丹领导下的自由党更为成功。在一份早期的备忘录中，霍尔丹强调需要一支“组织严密、装备精良的打击部队，这支部队可以以最快的方式被输送到世界上的任何地方”。[46] 他监督创建了由 6 个重组师组成的远征军，也监督了民兵向预备军的转变，预备军可以提供兵力和各种其他形式的支持。由于这些部队身处海外，为了保证国内防御，霍尔丹将义勇骑兵队、志愿骑兵队和部分民兵改组为 14 个师的新陆军。[47] 霍尔丹提出，他的改革将成功地“以经营思维来管理削减后的陆军,不仅大幅减少了国防预算,还打造了一个可以根据政策……缩小或扩大的组织”。[48] 他的改革基本上是成功的,但是英国陆军确实也遇到了征兵短缺的问题,有些人也会质疑远征军是否充足。[49] 尽管如此,霍尔丹的改革比之前卡德威尔改革的成就更大,改革提高了常规军和预备军的素质和协调能力,增强了远征军的力量,同时还控制了成本。[50]

第三,英国决策者试图通过改革英国的官僚机构,以加强外交政策的规划和协调。贝尔福认为,在帝国防务的问题上,“负责海、陆、国防的人之间既没有协调也没有合作”,[51] 为了促进陆军部和海军部之间的合作,他成立了帝国防务委员会。[52]1904 年,通过增设常任秘书和全职员工,帝国防务委员会的实力得到了增强,成为英国战略规划的名义中心。贝尔福政府还开展了一系列对军队管理机构的改革,废除了总司令的职位,成立了陆军委员会。霍尔丹再接再厉,发布正式命令,建立了陆军总参谋部。[53]

这些改革对英国国防机构产生了有利的影响。帝国防务委员会针对英国应对入侵的弱点和印度边境的安全等问题进行了一系列重要的研究。[54] 尽管如此,帝国防务委员会“作为实现战略统一的工具”,依然“辜负了创始人对它的期望”。[55] 文职部门的部长(civilian ministers)民事大臣们并未持续使用帝国防务委员会的职能,陆军部和海军部也随意无视其命令,直到战争前夕,这两个部门才被迫统一了战略计划。[56]

欧洲重整军备的步伐也同样限制了国内收缩的政策,涉及海军预算方面则尤其如此。由于担心法国和俄国的海军建设,统一党执政期间的预算有所增加,直到俄国舰队兵败对马岛(Tsushima)并引入“无畏号”全重型火炮战列舰之后,英国的海军霸权似乎才稳固下来。然而,在 1908 年年末,德国的海军扩充计划被披露后,激起了对英国造船能力新的担忧,[57] 为了应对这一挑战,海军预算从 1908~1909 年的 3200 万英镑增加到 1913~1914 年的 4900 万英镑,增幅超过了 50%。[58] 格雷虽然决心收缩,却还是承认他“始终都把海军排除在(其)承诺之外,无论如何,承诺也必须服从于国家安全”。[59]

第四,为了改善经济状况,英国重新分配了资源。南非战争之后,统一党政府将所得税减少了27%,取消了对玉米和茶叶的战时关税,并偿还了约2800万英镑的债务。[60] 随后的自由党政府也采取了一些补救措施,如废除了煤炭税,减少了对茶叶和糖的关税,截至1910年,英国偿还了约5100万英镑的债务。[61] 然而,自由党决策者考虑的不仅仅是供给方面的解决方案,自由党政府还增加了教育经费,建立了就业中心,设立了失业保险,并启动了养老金制度,而这些经费都由烟草和烈酒税以及新的累进所得税和遗产税提供。[62] 侧重点的转移非常显著。在1888年至1913年,用于社会服务的资金从不到500万英镑增加到超过3500万英镑,从支出总额的5.5%增加到了18.9%。[63]

总体而言,这一系列国内政策是存在矛盾的。在1908年前后的5年时间里,英国陆军平均花费了3200万英镑,海军平均花费了3600万英镑。[64] 相比之下,在1895年至1914年,所有剩余年份的陆军、海军开支总额分别为3900万英镑和2700万英镑,决策者大大节省了陆军经费,但难以削减海军的支出。鉴于快速的技术变革、船舶设计的革命性发展以及竞争对手所带来的挑战,增加海军支出是不可避免的,但在这些数字背后,我们可以看出,削减预算是与机构升级齐头并进的——霍尔丹改革了军队,费舍尔实现了海军现代化,贝尔福调整了防务。由于这些变化,用于对抗德国的军队比在南非艰难作战的军队要强大得多。

“维持交往的同时减少责任”:英国的国际政策

19世纪70年代,英国试图通过将负担转移到殖民地和远离大陆危机的方式,来减少来自国外的影响。到了20世纪,英国的外交方向更加明显,英国撤回的海外卫戍部队日益增多,对外围争端的解决更加果断,而更大的负担则转移到了远方的盟友和欧洲大陆伙伴的身上。然而,虽然方法各异,但其目的都是相同的,英国决策者是为了守护重点利益,而不断地通过各种方式寻找喘息的空间。起初的重点是保护印度不受法国和俄国的影响;后来的重点则转向对抗德国崛起所带来的挑战,以捍卫英国海军的霸权。在这两种情况下,收缩都成了有用的缓和剂,它能让英国在不超出预算的情况下,捍卫自己的帝国,并守护其对欧洲大陆的承诺。

首先，决策者重新部署了英国军队。早在1904年春天，帝国防务委员会就已宣布，“帝国防御的基本原则”之一是“减少海外的驻防部队”。[65] 印度事务部的乔治·汉密尔顿勋爵对此表示赞同：“我逐渐开始接受我们必须改变外交政策这一观点……我们的利益如此之分散，难以在任一方向充分集中帝国的压力和力量，难以阻止外国对我国利益的侵蚀。”[66]3年后，帝国防务委员会承认，英国无法保卫加拿大，并授权从哈利法克斯和西印度群岛撤出所有英国军队，[67] 霍尔丹强调“将军队保留在不必要的驻领殖民地，产生的代价是极大的”。[68] 他将南非、马耳他、直布罗陀和锡兰的殖民驻军减少了7个营，节省了约260万英镑。

虽然减少了帝国的卫戍部队，但英国政策的主要重点是重新部署海军资产。正如费舍尔所说，“我们无法无所不有，也无法处处强大。如果在关键战场没有最强大的力量，在次要战场再强大也是徒劳”。[69]1904年，费舍尔削减了地中海分舰队的兵力，建立了一支能够立即在北海作战的海峡舰队，还组建了一支驻扎直布罗陀的大西洋舰队，它可以根据情况“增援海峡或地中海舰队”。[70] 两年后，他主张“撤回地中海、大西洋和海峡舰队的船只，将海军集中在国内水域”。[71]1909年，他更进一步将国内舰队升级为“16艘完全投入使用的战舰，附带8只备用舰”，并将大西洋舰队从直布罗陀迁至多佛。[72] 为了应对海军资产的收缩，费舍尔支持开发装甲战斗巡洋舰，其速度和机动性使其能够保护远方的海上通道。

英国海军军力的集中最终是在海军部第一大臣温斯顿·丘吉尔主持的改革下完成的。1912年，丘吉尔提出了一项有争议的提议，即从地中海撤走最后6艘战舰，在直布罗陀组建一个新的战斗分遣队，该分遣队能够迅速增援北海和大西洋分遣队。[73] 丘吉尔向霍尔丹解释说：“既然你打算将整个英国陆军送到海外，那你应该帮助我把整个英国海军留在国内。”[74] 除个别调整外，他总体上实现了这一目标。[75] 这种变化的结果非常显著。1897年，英国在国内水域中有11艘主力舰，在国外有20艘；截至1912年，英国在国内水域的主力舰达33艘，而在国外仅剩两艘。[76]

其次,英国试图将其外交政策的负担转移给其他国家。英国的决策者虽然继续向殖民地施压,要求它们为帝国防务多作贡献,但也向其他大国寻求援助。这项政策最早的案例处于最外围——英国与日本在远东地区达成了协议。[77] 尽管日本曾与英国寻求过联盟,但索尔兹伯里和兰斯多恩更愿意与俄国及后来的德国合作,以维持英国在亚洲的地位。[78] 然而,这些外交努力都没有取得多少成果,同时,维持中国野战部队和远东舰队的成本耗尽了英国本就不多的资源。[79] 塞尔伯恩警告说,为了匹及法国和俄国,在远东维持足够的战舰会“给我国的海军系统带来很大负担,还会增加海军人员配备方面的开支”。[80]

但是日本能力的提升可以减轻英国海军资源的压力,并为“英国在中国的利益”提供一把“战略保护伞”。[81] 而另一个主要选择——与德国结盟,不仅会让法国和俄国为敌,还会将英国跟三国同盟的命运绑在一起。[82] 所以,虽然内阁略有异议,但最终还是于 1902 年缔结了英日同盟。[83] 双方承诺,如与一国发生战争,另一方应严守中立的立场;如与英日两国作战,两国应互相援助。虽然有些学者认为,该协约严重背离了英国光荣孤立政策,但是人们更倾向于将其视为一次小小的尝试,即通过当地伙伴的协助,来减轻保护远方利益所带来的负担。[84]

最后,英国决策者努力化解与大国对手之间的潜在摩擦,特别是在外围地区。这就是英国与法国达成著名的英法协约背后的逻辑。[85] 随着远东地区的殖民对抗日益升温,英国决策者开始担心,他们可能会因与日本的结盟而卷入与法国的战争。[86] 摩洛哥骚乱的日益加剧,再加上对直布罗陀安全的担忧,让人担心英国与法国在那里也会发生冲突,[87] 最后的一系列协约于 1904 年签署,与其说是对结盟的一种承诺,不如说是为了解决非洲、暹罗、马达加斯加、纽芬兰和新赫布里底群岛的小型纷争。最重要的是,法国同意接受英国在埃及的统治地位,以换取英国在摩洛哥对法国的支持。

历史学家强调,英法协约的作用是有限的,且只针对殖民地事务,[88] 但是在当时,人们却认为该协约可能会产生深远的影响。兰斯多恩强调,这些协约应该“不仅被视为一系列的单独交易”,还应该被视为“改善两个大国国际关系整体计划中的一部分”。[89] 同样,圣彼得堡的代办表示,“下一步应该是……将法国协约作为改善……与俄国关系的垫脚石”。[90] 该协约并不是为了表现英国对特定的大国群体的亲近,而是作为英国的一种整体举措,来解决目前争端,消除未来冲突以及减轻英国在地中海所遭遇的地位威胁。

同样,由于想要抑制边境的战争,英国于1907年达成了《英俄协定》。[91] 英国的决策者们一直担心,随着英国国家实力的日益衰弱,俄国可能会对印度出兵,届时英国将难以防卫。索尔兹伯里抱怨说,印度总督“总想让我和俄国谈判,就好像我背后有五十万大军,但是我并没有”。[92] 早在1902年,帝国防务委员会就曾警告过,英国可能无法遏制俄国蚕食波斯和阿富汗的行为,也无法阻止其对达达尼尔海峡的占领。而军官的结论是,只有国内增援至少10万军队且扩建印度的铁路网,才能遏制俄国的进军。[93] 到了1907年年初,就连这些措施似乎也并不足以遏制俄国了,总参谋部警告说,如果俄国铁路继续扩张,“印度和英帝国的军事负担会因此而大大增加……印度是否还值得保留将会成为一个现实的政治问题”。[94]

面对这一现实,英国的决策者努力改善与俄国的双边关系,[95] 外交部常任次长托马斯·桑德森表示,与俄国合作是“唯一合理的(政策)”。[96] 兰斯多恩批评了荣赫鹏(Younghusband)远征西藏这一颇具争议的行为,并力求在多格滩事件后,缓和两国关系,[97] 在多格滩事件中,俄国船只误袭了英国的渔船。在自由党上台后,格雷总结道,除了与俄国重新交好外,唯一的办法就是“极大增加帝国和印度的军事责任”。[98] 桑德森的继任者查尔斯·哈丁爵士恳求英国必须想方设法“在保持交往的同时……限制我们的责任”。[99] 最终的公约似乎解决了这个难题,公约各方共同承认了中国对西藏的宗主权,让阿富汗中立化,并将波斯分为了几个势力圈。[100]

但是,英国决策者不仅想化解外围的摩擦,还力求缓解欧洲的紧张局势。虽然有些人认为英法协约是为了包围德国,但格雷从不认为与法国或俄国的重新交好,跟与德国的关系改善有任何冲突。[101] 英国的决策者保留了遏制侵略的权利,但他们也坚持表示,英法协约并未向任何一个大陆集团作出坚定承诺。相反,历任外交大臣都希望使用英法协约来同时遏制侵略和限制伙伴,这一微妙的平衡,早在第一次摩洛哥危机*中就可见一斑。最初,兰斯多恩承诺向法国提供外交方面的支持,但也谨慎地强调,英国只会在特定情况下动用武力。[102] 自由党的上台也没有使这样的情况产生多大变化,格雷向德国警告说,英国的舆论不会容忍在打击法国的同时,鼓动法国作出合理妥协。[103] 格雷领导双方参与了阿尔赫西拉斯会议,并在幕后斡旋,最终,在摩洛哥港口的警察国际化问题上,双方达成了妥协。[104]

在 1908 年波斯尼亚危机期间,英国也发挥了类似的作用。尽管有人向格雷建议,让他利用德奥同盟在巴尔干问题上的分歧,但他拒绝采取这一强硬政策。他向俄国大使解释说:“试图在德国和奥匈帝国之间挑拨离间是非常荒谬的。”[105] 为了调停危机,他还获得了德国方面的支持,同时,英国也努力支持奥斯曼的要求,并维护与俄国的友谊。[106] 最终,英国为土耳其争取到了奥匈帝国和新近独立的保加利亚两国的赔偿,而俄国代表塞尔维亚提出的割地赔偿要求则未实现。[107] 哈丁承认,英国对这一问题的放弃“也许是一种屈服”,但能够“向全世界展示,(英国)愿意为了保卫欧洲和平作出诸多牺牲”。[108]

1911 年第二次摩洛哥危机期间,英国政策也显示出了相似的灵活性。格雷警告法国,如果他们不能对德国进行合理赔偿,法国就不能参与瓜分摩洛哥,[109] 英国不会“为了搁置《阿尔赫西拉斯法案》以及让法国实际拥有摩洛哥而开战”。[110] 但是,当德国试图占领整个法属刚果时,格雷则警告德国大使,表示英国不会允许其协约伙伴遭受欺压。[111] 劳合·乔治(Lloyd George)在他著名的伦敦市长官邸演讲中也表达了相似观点:“对我们这样的大国而言,以如此的代价来实现和平是不可忍受的耻辱。”[112]

第一次巴尔干战争是英国通过大国协调建立和平的范例,格雷在外交中的主要目标是将冲突控制在局部范围。在伦敦会议上,他与德国密切合作,反对俄国代表塞尔维亚和黑山主张获得大量割地,并限制

* 摩洛哥危机,指 20 世纪初期法德两国争夺摩洛哥所引起的两次战争危机。第一次摩洛哥危机发生于 1905 年,法国控制了摩洛哥的海关及警察。第二次摩洛哥危机发生于 1911 年,摩洛哥最终沦为法国的附属国。——译者注

奥匈帝国武力驱逐斯库台的黑山人。[113] 这一外交上的胜利不过是昙花一现,一年之后,保加利亚和他的盟友之间就爆发了第二次巴尔干战争,然而,格雷再次表明,英国愿意在协约义务和协调外交之间保持平衡。[114]

但是,英国的和解并非是一种绥靖政策,英国在捍卫自己的核心利益(尤其是海上霸权)时一贯使用收缩政策,并且英国的让步是对等又短暂的。无论是20世纪上半叶的法国和俄国,还是20世纪下半叶的德国,英国从不允许本国的建设被他国超越。[115] 1908年,格雷直接给出警示,“如果德国海军超过了我们,德国陆军就能征服我国。但对于德国而言,却没有这样的风险:因为无论我们英国的舰队有多么强大,任何海上战争的胜利都不能让我们靠近德国”。[116] 外交部职员艾尔·克劳(Eyre Crowe)在其著名的备忘录中也强调了同样的风险。[117]

然而,终止海军军备竞赛并没有产生什么效果。[118] 德国决策者只愿意放缓造船的速度,以换取英国的大幅让步,但是格雷拒绝接受任何“会让我们与德法两国分离、孤立,进而让欧洲的其他国家不得不转向德国”的政策。[119] 虽然为了让德国减缓造船速度,英国愿意承诺“不进行也不参与任何主动袭击”,但是德国的决策者仍然坚持要英国正式宣布中立。[120] 格雷为了改善与德国的关系竭尽全力,针对未来葡萄牙帝国的战利品、巴格达铁路的规模,以及君士坦丁堡顾问身份等问题提出了诸多让步条件,[121] 但是,对于保护帝国的英法协约和守护国土的海军霸权两个方面,英国拒绝让步。

总体来说,作为收缩战略的一部分,英国决策者在对外政策上作出了诸多改变。决策者继续撤离远方殖民地驻军,将人力和海军装备集中在离本国更近的地区;加快向殖民地伙伴转移外交负担,同时也与日本等新盟友达成了和解;他们也力求通过与法国、俄国一系列互相关联的协议,化解外围危险的摩擦热点问题。通过采取更为克制的外交政策,英国试图消除帝国所受到的威胁,保护国土不受侵略以及保持其在管理大陆危机上的行动自由。正如尼科尔森所说,“在现在的情况下,要想孤军奋战,我们明显还不够强大”。[122] 这需要微妙地进行平衡,与对手和解的同时又不牺牲关键利益,支持伙伴的同时又予以限制,捍卫祖国的同时又不削弱帝国。

“抑制骄傲自大的帝国”:英国收缩政策的优点

总体而言,20 世纪英国的大战略符合我们的预测。英国经历了轻度衰落后,对国内和国际政策都作了适当的改动,旨在将目的和手段统一起来。但是,该时期的一个显著特征是,英国作出的努力具有紧迫性和连贯性。具体而言,相比之前,英国国内对收缩政策的反对声音更小,外围的动作也更为收敛。

在国内,针对克制的外交政策具有比较强烈的共识。在上任之前,格雷发表了一篇著名的演讲,承诺会在外交政策上保持连续性,[123] 自由党也邀请包括贝尔福本人在内的反对派成员参加了帝国防务委员会的活动。[124] 历史学家凯斯·罗宾斯总结道,“两大党派之间关于主要外交政策上的和解,让那些想要看到显著自由派特点外交政策的人感到不满”。[125] 张伯伦总结道,“在第一次世界大战前的几十年间,两党在外交政策上的合作强度比上一代要高”。[126]

对英法协约的作用和目的的阐释,兰斯多恩和格雷二人有着细微的差别,[127] 然而,在大多数情况下,格雷“像兰斯多恩一样”“敏锐地意识到了英国外交的脆弱性和孤立性”。[128] 一直反对英国外交政策的声音并非来自反对党,而是来自自由党的激进派,[129] 该派成员批评政府过高的海军预算,批评政府在波斯对自由党原则的放弃,批评政府与德国谈判的失败等各个方面。激进派的压力的确获得了些许让步,比如霍尔丹可以带领使团访问德国等,但“并没有从根本上影响其内容”。[130]

在官僚机构内部,对抗所产生的对政策结果的影响也同样很小。外交部的官员明显比内阁成员更加反德;而对于英国在大陆战争中的最佳战略,海军部和陆军部的高级官员常常意见相左。但最终,格雷制定的外交政策反映的是他自己的偏好,而不是他的强硬顾问们的意见。1911 年,丘吉尔被任命为第一海务大臣后,海军虽然并不情愿,但还是在内阁的逼迫下,接受了派遣大陆远征军的计划。[131]

提到帝国在限制外围地区总督上,该时期的决策者往往更加老练,比如,统一党和自由党的大臣都拒绝支持印度边境的扩张政策。兰斯多恩拒绝为荣赫鹏进军西藏这一富有争议的行为承担责任，贝尔福也表示："（我）强烈反对英国陷入西藏的长期纠葛，部分原因是我认为英国对现有领土都已快要自顾不暇。"[132] 甚至在与俄国1907年的公约敲定之前，格雷就批准了从春丕河谷撤军。印度大臣莫利子爵对自由党内阁有能力抑制"骄傲自大的帝国"表示满意。[133]

英国官员尽量避免过度介入到波斯的事务中，尽管波斯遭遇了俄国的侵犯，英国议会也有激进派人士对此举表示抗议。1907年至1911年，波斯发生了不下四次政变和反政变活动，这牵涉俄国支持的波斯沙阿和民族主义势力，面对不断发生的危机，格雷拒绝进行海军演习，并坚持与莫斯科进行沟通。"如果有一件事情最需要得到我的保证"，格雷表示："那就是我们不应该承担更多的帝国责任。"[134]

那么为什么在这期间英国却进一步实现了收缩？答案是20世纪英国的结构性地位发生了重大变化。首先，英国的大国地位正在下降，从第二位下降到了第三位，面临潜在对手不断增多的情况，英国决策者可以运作的空间更加狭小。在海军方面，第一海务大臣质疑大型军舰的"两强标准"是否"仍然有效，考虑到在过去五年时间里，世界涌现出了三支新兴海军力量——美国、德国和日本"。[135] 其次，能够取代英国的其他大国（如德意志帝国）位于欧洲，将对区域势力平衡产生更大的威胁，这又为英国增添了一层潜在的危机。"德国如果真的被孤立起来，这将意味着战争的爆发"，格雷叹息道，但是"如果让德国主导欧洲，战争同样会发生"。[136] 这样的困境并不意味英德之间的对抗是不可避免的，但是，一旦海军军备竞赛升级，英国就更需要向本土输送资源。

与此同时，结构性条件使得英国有更大的余地来调整外交政策。日本作为英国的潜在盟友，能够帮助英国在亚洲实现收缩，日本拥有实力，又拥有和英国共同的利益，也不太可能使英国陷入战争的危险之中或是在短期内利用英国。对于兰斯多恩而言，这一点是英国与日本而非与德国结盟的关键："陷入纠葛的概率要小得多。"[137] 而且英国对外围国家的承诺本身也有利于英国进行收缩，除了波斯、中国和部分中亚地区，其他外围地区没有太多大国对手。即便是这些地区，不少人也认为与大英帝国的国防关系不大，比如，印度大臣认为英国在西藏所打的不过是一场“影子战争”（battle over a shadow）。[138] 此外，地缘因素也使英国有充分的理由让外围承诺和核心承诺各自保持独立。如果英国和俄国争夺对德黑兰的影响力，格雷总结道，“那么对于我们和波斯而言，一切都会变得更糟”。[139]

总而言之，英国在 20 世纪的衰落程度与 19 世纪 70 年代如出一辙，结构性条件促使英国采取更为有力的收缩策略。靠近本土的地方存在更需要应对的紧迫威胁，在外围则拥有更具实力、更加可靠的盟友，以及不再担忧外围国家的多米诺效应等，这些都为英国采取收缩策略铺平了道路。尽管收缩策略最初是用于应对英国的财政危机、全球势力平衡的不确定性等问题，但德国海军的异军突起对英国造成了威胁，使得英国需要更迫切地采取这些收缩措施。尽管英国决策者仍然希望通过灵活的外交来维护脆弱的和平，但适度的调整已经成为英国外交政策的一个主要思路。

“灯要熄灭了”：英国的收缩与第一次世界大战

对于批评英国外交政策的人来说，第一次世界大战的爆发是收缩策略破产的明证。有人认为，英国不愿意对协约伙伴作出坚定、正式的承诺，这降低了英国防御担保的可信度，削弱了威慑力度，并且使德国有机可乘。[140] 也有人认为，英国愿意付出任何代价来维护与法国和俄国的和平，这一点孤立并惹恼了德国，疏远了奥匈帝国这一潜在伙伴，并且让英国无法从大陆危机中抽身。[141]

我们认为这两种观点都缺乏说服力，毋庸置疑的是，引发第一次世界大战的原因很多，但收缩策略并不在其中。首先，英国应对七月危机的方式没有变，与之前和平解决外交危机的方式极其相似。比如在巴尔干战争期间，最初格雷试图与德国沟通，让双方各自庇护的法国和奥匈帝国保持克制，[142] 但是，柏林根本就没有想要化解危机，反而怂恿维也纳采取强硬态度，这一点是格雷没有预料到的，也是德国外交官试图混淆视听的。[143] 因此，最初英国对待七月危机的谨慎态度，并不是出于天真或犹豫，而是认为，打消德国的疑虑能够减少德国对围堵的恐惧，同时也能够给予外交手段发挥作用的时间。[144]

在奥匈帝国下达富有挑衅意味的最后通牒之后，英国把外交重点放在了对危机局势的控制上。一方面，他不鼓励法国和俄国升级事态。1914 年 7 月 29 日，格雷告诉法国大使，英国“不参战”，并且法方“在做决策时应该考虑英方的利益”。[145] 另一方面，他警告德国，表示英国会支持协约国。同一天，格雷向德国大使说明，“如果德国和法国卷入其中，那么整个局势会立刻发生变化……此时，想让英国袖手旁观是不现实的”。[146] 此外，德国总理特奥巴登・冯・贝特曼-霍尔维格想要收买英国，让其保持中立，但英国坚持通过召开会议来处理这场危机。

英国的意图非常明显，德国对此也很清楚。1914 年 7 月 30 日，贝特曼-霍尔维格承认，“目前英国是指望不上了”，[147] 但是德国仍然拒绝接受集体调停，拒绝让盟友采取“在贝尔格莱德中止”的策略，也拒绝推迟军事动员来应对俄国的军事准备。德国军队一直认为，英国将出手干预，并且修改了“施里芬计划”来应对这一情况。[148] 张伯伦总结道，德国“心意已决，无论如何都要推进计划”，[149] 已经没有更好的选择了，德国不受威慑的遏制，俄国也拒绝保持克制。“全欧洲的灯都熄灭了”，格雷说道，但始作俑者是德国和俄国。[150]

更重要的是，收缩意味着与 10 年前相比，英国能够以更加强大的军事姿态参战。霍尔丹估计，倘若第一次摩洛哥危机是以战争的方式解决的，英军仅向大陆派遣 8 万名士兵就将花费两个月的时间，[151] 这支部队会没有明确的目标，在战场上也很难自给自足，并且事先也不会约定好如何与盟友对接。另外，也无法确定当时的帝国海军是否能够完成跨海峡运输。

将这种情况与 1914 年 8 月那次进行对比。霍尔丹改革之后，英国拥有由 6 个师组成的远征军（约 15 万名士兵），其中的 5 个师最终将被派往大陆。英法两国从 1906 年开始进行正式沟通，并且从 1911 年起均表现出了诚意，计划共同管理远征军的着陆、调遣、集中以及战略部署；[152] 英法两国的海军也进行了类似的讨论，双方将在信号共享、巡逻区划分和联合军事行动方面进行协调；[153] 同时，帝国防务委员会敦促海军调整计划，与委员会倾向于采取的大陆战略进行协同。当然，不是所有的这些改变都是由收缩策略直接导致的，但是收缩策略让决策者获得了喘息的空间,从而提升了自己的应战状态。

简言之,收缩既没有让战争加速到来,也没有抑制英国的作战能力,英国如果采取其他政策,很难说就能获得更好的效果。英德之间如果结盟,大英帝国就会遭受法国和俄国的侵略,而英法结盟则会加剧德国对被围攻的恐惧,并且会在英国没有准备好的情况下,让武装冲突提前到来。尽管英国已经作出了最大的努力,但仍然缺乏实力去威慑充满斗志的德国,也无法控制具有同等动机的俄国。[154] 考虑到德国和俄国都拥有强大的陆军军队,但彼此却并未被对方吓退,所以,这一系列事件的发生都不是英国能够决定的。

值得注意的是,先发制人的战争理论并不适用于第一次世界大战。英国没有意愿发动一场先发制人的战争来阻止德国,英国的外交策略是要降低战争发生的可能性;德国发动战争也不是为了颠覆英国的霸权,德国的重点在欧洲大陆,而且德国认为,英国有可能保持中立,并且这样的期待一直持续到最后一刻(尽管事实可能并未如它所愿)。历史学家约阿希姆·雷马克认为,第一次世界大战"是一场出了差错的现代外交危机,是一场失败的赌博,一次没有起到作用的威慑行为"。[155]

第一次世界大战前的 50 年里,英国经历了两次国力的轻度衰落,如理论预测的那样,英国决策者两次都采用了收缩策略。19 世纪 70 年代,英国在国内和国际上都作出了一系列适度的调整,来增强自身实力,应对意料之外的势力平衡转移;而到了 20 世纪,英国对国内和国际的政策进行了影响更为深远的调整,来保卫过度扩张的帝国,应对周边对其海军霸权的挑战。在两个案例中,英国都不希望放弃自己的帝国,也不愿意向盟友让渡自主权,或者安抚敌对势力,无论面临何种挑战,英国都是一个令人生畏的大国,而决策者成功地运用了这一点。

尽管英国在两次情况下都选择了收缩,但是英国也根据当时的结构性条件对自身政策进行了调整。我们以相对地位为例,19 世纪 70 年代,英国对自身地位绝口不提,但是到了 20 世纪,如贝尔福这样的英国首相认为,英国"事实上……仅仅是一个三流国家"。[156] 在盟友方面,英国在世纪之交与日本和美国的友好关系,在 19 世纪 70 年代初看来却像天方夜谭。另外,德国的崛起也使俄国和法国更愿意与英国结盟。

在对外承诺的依存程度方面,虽然第一海务大臣对海军资源受限表示不满,但是英国仍然有能力将海军召回本土,而不用担心在外围遭遇的失败会给本土带来灾难。同时对征服的考量也在不断改变,从 19 世纪末的局部战争到 20 世纪初的全面战争,第一次世界大战的军备竞赛一直影响着英国。但是,英国在两个案例中都利用了岛国这一地理因素来控制成本,并在欧洲大国之中维持了最小的军力。[157]

针对前两章的内容,这里最后强调几点。第一,国内政治没有像我们预测的那样起到核心作用。尽管从逻辑上我们认为,经历轻度衰落的国家更易受到来自利益集团和官僚的压力,但我们并没有发现什么有力的证据。决策者虽然在衰落程度和原因上有所分歧,但对潜在趋势都表示认同,尽管在风格上略有不同,但决策者都认同采取收缩策略的必要性。格莱斯顿"节约使用"国力的策略和迪斯雷利"骄傲的克制"策略只是言辞上的不同,实质上是一致的,英国决策者们相似的背景可能是分歧较少的原因,另外也有可能是英国议会制度的灵活性促成了共识,规避了否决者。此外,轻度衰落的国家也许具备更好的条件,由于衰落程度不大,决策者不需要大刀阔斧地进行改革,因此不会引起国内的强烈反对。

第二,在两个案例中,英国对外围危机的处理,在很大程度上影响了收缩策略。19 世纪 70 年代,外围危机使得英国采取收缩策略的实施节奏放缓,并且最终让英国放弃了收缩策略;而到了 20 世纪,决策者开始担心外围争端可能会削弱英国的核心国防,这表明,平衡在各个区域的承诺是收缩策略的核心。对外承诺独立性这样的结构性条件起到了显著作用,但是精明的决策者也能将各区域的承诺隔离开来,比如,1907 年英国与俄国签订公约,一方面体现了英国在波斯等地对外承诺的重要性,另一方面也通过划分势力范围,预先阻止了潜在危机的发生。英国的案例表明,决策者若是能够分清轻重缓急,设计出的协议既能化解当前热点问题,也能预防未来危机的发生,那么所采取的收缩策略是最具可持续性的。

第三,这些案例体现出了霸权的局限性和崛起势力能够带来的潜在好处。尽管英国的实力在国际上接近巅峰,但英国的决策者痛苦地发现，在每一个案例中都有他们力所不逮的时候。19 世纪 70 年代，英国无法就阿拉巴马号索赔案获得对自身有利的条款，也不能阻止俾斯麦对欧洲势力的重新划分；而到了 20 世纪，英国无论是在对中国的瓜分热潮中，还是在奥斯曼帝国解体对巴尔干地区的影响上，都更多地扮演了一个旁观者的角色。尽管拥有着丰富多样的资源，英国单靠自身来发挥影响的能力没有达到预期，更具讽刺意味的是，英国的衰落实际上改善了这种情况。19 世纪 70 年代，由于缺乏盟友，英国在撤军力度上非常有限，但是 1900 年日本实力的增强反而使得英国进退有度，更具效率。这一点在 20 世纪中叶美国对英国的支持上体现得更为淋漓尽致。高处虽然不胜寒，但也未必一直如此，崛起的势力是把“双刃剑”，既能够带来威胁，也能够带来好处。

第六章

不断减速的旋转木马

1888 年的俄国

俄国不是在袖手旁观,而是在休养生息。

——亚历山大·戈尔恰科夫(Alexander Gorchakov)

从彼得大帝时代开始,俄罗斯帝国的领土平均每天扩张 55 平方英里,[1] 俄国扩张版图的方式在历史上独一无二,而且素来喜欢吞并邻国和友邦。一位俄国观察家曾指出:"没人知道为什么或是出于什么目的……我们帝国边界上发生的一切都有一种恣意妄为之感。"[2] 而且,这种普遍模式掩盖了俄国外交政策上的巨大变化。在拿破仑战争*中取得胜利后,俄国与英国都成为了欧洲列强,在克里米亚战争大败之后,俄国努力维持在列强中的地位。[3] 俄国试图在对国内实施改革的迫切需求和对帝国扩张的持续诱惑中保持平衡,并力图在打破《巴黎条约》(The Treaty of Paris)约束的同时,确保不会刺激敌对联盟或激发代价高昂的冲突。其结果就是扩张和收缩、挑衅和撤退奇怪地混合在了一起,这是 19 世纪最后几十年俄国外交政策的特点。

对很多人来说,俄罗斯帝国演绎了一个无法如愿以偿的悲惨故事,人口众多,自然资源丰富,却无法迅速适应不断变化的世界。[4] 这里不禁要将俄国外交的不平衡特征与国内因素(无论是官僚主义还是反复无常的沙皇)相提并论。然而在本章中,我们认为俄国的外交政策虽

---

* 拿破仑战争(Napoleonic Wars),指 1803 年至 1815 年拿破仑为了在欧洲建立法国的政治和经济霸权,同英国争夺贸易和殖民地的领先地位以及兼并新的领土而进行的战争。法国借机迅速崛起,一度雄霸欧洲,但是在侵俄战役中惨败。——译者注

然远非完美,但确实遵循了一种可识别的模式。早在 19 世纪 60 年代,俄国决策者就主张实施收缩政策,减少冲突,腾出空间实施国内改革,并在 19 世纪七八十年代外交政策受挫之后,加快了收缩的速度。决策者认识到,俄国没有跟上竞争的步伐,因而开始寻找替代方案。在国内,政策的核心是减少支出以恢复财政健康,实现军队现代化以应对新的威胁,并改革僵化机构以提高绩效。在国际上,俄国的政策旨在将负担转移给新的盟友并解决外围争端,同时捍卫在欧洲的重要利益。这些措施之间存在差距,俄国决策者们常常错过在必要时推动改革的机会,但俄国外交政策的主旨是沉静型——在国外相对平静,促进国内复苏。[5]

然而,俄国的收缩方法并不一致。19 世纪六七十年代发生的改革浪潮,主要侧重于国内政策,决策者希望依靠社会改革和军事改革重振俄国。俄国在近东危机和保加利亚危机*中失败之后,决策者则愿意采取更为激进的措施,国际政策发挥了更重要的作用,特别是对盟友的依赖程度加深,最终形成了变革性的法俄联盟。考虑到俄国的结构性地位,这种收缩尤其令人惊讶。作为一个部署较为集中的大陆强国,俄国有充分的理由担心收缩可能会损害本国的声誉或加剧本国的弱点,这些担忧有时会对收缩产生制约作用,外围地区尤其如此,当地总督会以此为由扩张帝国的边界。但直到世纪之交,当亚洲竞争大国的出现将外围和欧洲的担忧联系起来时,这些因素才被证明足以最终破坏围绕收缩达成的共识。

“我们需要和平与安宁”:俄国认识到衰落

19 世纪中叶,俄国在克里米亚战争中的表现对俄国外交政策造成了重创,[6] 不仅俄国的军队表现不佳,冲突也让政府深陷债务之中,[7] 俄国不得不在不影响国防安全的情况下大幅削减开支。这项工作落到了战争部长迪米特里·米利乌汀(Dmitry Miliutin)身上,他是俄国改革派

---

* 保加利亚危机,指 19 世纪后期因保加利亚的统一问题和欧洲列强争夺在保加利亚的势力范围,而引起的一场巴尔干政局的危机。俄国在这场国际冲突中遭到失败,丧失了 1877 年至 1878 年俄土战争后在保加利亚取得的政治优势。——译者注

的巨人,于1881年离任。历史学家布鲁斯·梅宁(Bruce Menning)观察认为,“最重要的是,他关注的是在减少国家支出的同时,缩小俄国军事潜力与实际国际地位之间的差距”。[8] 俄国困境的大致轮廓一清二楚,农业经济加上大量文盲人口,构成了国家力量的羸弱基础,而新兴工业强国则拥有充满活力的中产阶级和技术先进的军队。面临迫在眉睫的安全威胁和不断增加的帝国债务,挑战变成了腾出时间、资源和精力,而且需要把重点放在国内改革上。[9]

在接下来的几十年中,俄国将遭遇到阶段性外交政策危机,这表明俄国外交上的弱势一直存在。在1863年的波兰起义*中,战争部长的兄弟尼古拉·米利乌汀(Nikolai Miliutin)在给他的信中写道:“我没法告诉你,我们(在华沙)面对由牧师、儿童和一群暴徒组成的半武装乌合之众而遭受的挫折,这是多么令人沮丧。”[10] 军事战略家们对德国统一战争非常担心,开始呼吁实施彻底变革以应对西方迫在眉睫的危险。[11] 最具有戏剧性的是,在世纪之交前的30年里,俄国经历了两次重度衰落。第一次发生在1879年,虽然程度较小,但因俄国在俄土战争中战败而备受瞩目;第二次发生在1888年,程度中等,最明显的是俄国没能在保加利亚危机期间取得优势。这两段时期促使了俄国决策者重新思考国内优先事项和国外部署。

在1875年到1878年的大东方危机**中,俄国领导人清楚地意识到,国外的冒险可能会导致国内革命的爆发。[12] 米利乌汀警告说,“俄国的国内改革和经济转型已达到了一个阶段,每一次外部破坏都可能导致国家机构长期紊乱”。[13] 外交部长亚历山大·戈尔恰科夫感叹说,“我们是一个无能的大国……一个人可以总是打扮得光鲜亮丽,但是你要知道自己是在打扮”。[14] 然而,谈判已经崩裂,俄土战争在1877年爆发并拖到了第二年,耗尽了俄国的金库,仅在1876年和1877年,俄国的战争开支总额就达到了“令人震惊的8.88亿卢布”。[15] 尼古拉·奥勃鲁

---

* 波兰起义(Polish Uprising),指1863年1月爆发于波兰王国的反对沙皇统治和争取国家独立的一场声势浩大的民族起义。这次起义沉重地打击了沙皇俄国在波兰王国的殖民统治,鼓舞了欧洲各国人民反对沙皇俄国侵略的斗争。——译者注

** 大东方危机(Great Eastern Crisis),始于1875年巴尔干半岛的奥斯曼帝国领土,随着几次起义和大国之间战争的爆发,最后于1878年7月以柏林条约的签订而结束。——译者注

契夫(Nikolai Obruchev)将军承认,“我们没有资源来支撑第二次(战役),而且到时候我们不仅要与土耳其战斗,还要与所有等着我们筋疲力尽的国家战斗”。[16] 柏林会议的俄国全权代表彼得·舒瓦洛夫(Peter Shuvalov)表示:“我们不能再打仗了,无论是从财政还是从军事上考虑都不允许……捍卫你认为可以捍卫的位置,然后屈服,最好是对一切屈服。”[17] 在军事上成功,但在经济上妥协,俄国因此被迫削减了言过其实的目标,在柏林会议上,俄国外交官放弃了战场收益,但也意识到了他们没有更好的选择。[18] 戈尔恰科夫称俄国的外交失败是“我生命中最黑暗的一页”。[19]

1885 年到 1888 年保加利亚危机之后,类似的衰落感笼罩着俄国的决策者们。俄国的目标主要是做好防御,防止在扩大后的保加利亚建立反俄政权,然而,俄国遭到了英国的阻挠,并且只得到了三皇同盟(Three Emperor's League)不冷不热的支持。干预保加利亚意味着与土耳其和欧洲大国发生战争,而且沙皇和所有部长都同意俄国的财政和经济状况是“灾难性的”。[20] 决策者们认为俄国“甚至不足以抵抗奥地利在脱离其德国盟友的情况下独立实施的入侵”。[21] 由于军事实力不足,又缺乏强硬的外交后盾,俄国只能干坐一旁,惊恐地看着东鲁米利亚和保加利亚联合起来,而且一位亲奥地利亲王登上了王位。[22] 外交部长尼古拉斯·德·吉尔斯(Nicholas de Giers)承认,“我们遭受过并且正在遭受最深刻的羞辱”。[23] 历史学家乔治·凯南(George Kennan)总结说,“在整个俄国外交史上,人们徒劳地搜寻任何比俄国荣耀感更壮观、更灼动人心的失败”。[24]

简言之,在 19 世纪 70 年代后期和 80 年代后期,俄国经历了深刻的外交政策危机,这可能与其财务困境和毫无准备的军务有关。这些挫折的后果是戏剧性的,在两种情况下,俄国决策者都主张实行收缩政策。戈尔恰科夫曾向沙皇解释,俄国“必须始终关注实现(俄国)国内发展,整个外交政策必须为这个主要任务服务”。[25] 戈尔恰科夫的首席顾问亚历山大·乔米尼(Alexander Jomini)同样认为,“(俄国)的国内民生、生产资源、繁荣、文化、商业、工业发展——这些都需要和平。因此,俄国的外交政策应该具有纯粹的预防性和防御性”。[26]

俄国在保加利亚危机中失败之后,类似的观点非常普遍。吉尔斯承诺遵循一条简单原则:“最重要的是,避免不必要的、不合时宜的复杂化。”[27]1888 年,乔米尼重申了他以前的立场:“你无法用武力让别人喜欢你。现在是结束这套手段的时候了。”[28] 资深外交官弗拉基米尔·拉姆斯多夫(Vladimir Lamsdorf)在 1890 年的文字中强调,“饥荒的苦难、财政困境、军备计划未完成、交通运输系统危在旦夕,再加上虚无主义党再度冒头,这一切都使我们需要和平与安宁”。[29] 决策者之间主要争论的不是俄国是否会收缩,而是如何实施收缩。

“观察最严格的经济”:俄国国内政策

谨慎地说,对于国内政策,中度衰落国家将在四个方面取得适度进展,他们将减少开支、重组武装力量、改革机构,并将资源重新分配到更有利可图的事业上。俄国采取了其中的部分政策而并非全部,预算方面取得的进展最大,俄国大幅削减军费开支,并将资源重新分配给国内发展,改革方面的成绩则较为平庸。决策者希望更好地利用储备,并采用新的军事技术,但是根深蒂固的利益牵扯阻碍了军事教育等关键领域的发展。总体而言,收缩政策促进了俄国财政和经济的健康发展,却错失了让俄国军队更上一层楼的机会。

第一,俄国决策者控制了军费开支。为解决俄土战争后总共约 49 亿卢布的国家债务,俄国决策者将军费从 1881 年的 2.55 亿卢布减少到 1884 年的不足 2 亿卢布。[30] 战争部长彼得·万诺夫斯基(Peter Vannovski)上报了“最严格的经济中所有与军事观察有关的措施的必要性”,[31] 在 1891 年之前,军费开支没有达到过 1881 年的水平。[32] 这些节省是通过削减基层军事力量来实现的,1881 年到 1884 年,常备军从 863,000 人减少到 756,000 人,[33] 虽然在 1885 年和 1887 年出现了两次战争恐慌,但军费收缩政策仍然不可动摇。19 世纪后期,军队占有的预算份额稳步下降,从 1855 年到 1859 年的 41%下降到 1895 年到 1899 年的 24%。[34] 军费预算份额下降了近一半,从 1881 年的 30%降至 1902 年的 18%。[35] 万诺夫斯基抱怨说,“我们不得不自己去准备武器、军粮和食物,而他们对我们一毛不拔”。[36] 然而,正如财政部长亚历山大·阿巴扎

(Alexander Abaza)在1881年向沙皇解释的那样,"虽然我们的对外政策已恢复了和平方向……但仍亟需采取措施减少国家对武装部队的投入"。[37]

第二,俄国决策者采取适度措施改革军队结构,更好地利用储备和新技术。这些措施由来已久,米利乌汀于1861年出任战争部长时,发现俄国在账面上有很大的储备,但实际上这些是基于过时的数据和一厢情愿的想法的"虚构之物"。[38] 他规定了正规军的上限,并开始耐心地增加储备,1862年,他接管了一支拥有793,000人的军队;到1881年退任时,这支军队已经扩充到844,000人。这段时期预备役部队的军费有所不同,1862年有效储备约为10万人,而到了1881年有效储备总数约为160万人。[39] 为了帮助填补军衔,米利乌汀在1874年监督通过了全民兵役政策,增加了可用的征兵人数,同时缩短了服役年限。[40] 在实施这些新的人员政策的同时,米利乌汀还采取了适度措施实施军事现代化,引入了新款后膛步枪以及后膛炮兵。[41] 米利乌汀的改革让俄国拥有了一支"规模更小、训练更加有素、配有大量储备并士气大增的常备军"。[42]

俄国在俄土战争中的表现证明了米利乌汀的一些措施是成功的,但也暴露了其他欠缺之处,[43] 尽管米利乌汀作出了最大的努力,但是俄国军队仍然依靠大批劣质武器和过时的战术作战,而且后勤和医疗服务都较差。[44] 改革迫在眉睫,但是,之后更为保守的亚历山大三世即位,再加上精力充沛的米利乌汀被革职,这些都导致了改革进展的缓慢。19世纪80年代的新法规,将步兵储备重组为更大的编队,改善了训练方法,并加强了预备骑兵部队。[45] 军队继续更新武器储备,在19世纪80年代引进了钢制野战炮和迫击炮,在19世纪90年代引进了一款新型的连发枪,并在20世纪初引进了快速射击炮。[46] 然而,铁路线路匮乏加上无序规划,造成俄国在迅速部署预备部队的能力上落后于对手。[47] 奥勃鲁契夫曾在1883年哀叹道,俄国的对手"在前线动员和集结军队的速度方面可能比我们快很多,因为我们的边境是完全敞开的"。[48] 同样,俄国在技术上的投入往往迟缓且不完整,俄国军队获得连发枪的时间比其他大国整整晚了6年,并且直到世纪之交都没有配备现代重型野战炮兵。[49]

第三，俄国决策者批准了部分制度改革，但是成果不显著。最重要的军事改革还要追溯到19世纪60年代米利乌汀任职时期。在行政方面，米利乌汀缩减了战争部，设置了事务长一职，使信息流动合理化，改进了军事统计的使用，并将帝国重新划分为13个军区。[50]在军官队伍方面，他将军事教育规定为强制要求，让更多精英有渠道加入委员会，并改善了尼古拉斯学院的课程和声望。[51]对于普通士兵，他改善了军粮和制服，制订了定期打靶练习计划，放宽了军事司法限制，并提高了医疗标准。米利乌汀不仅完成了这一切，还使预算相较于俄国最相近的国家普鲁士低1/3。[52]

这些改革的主要内容延续到了19世纪七八十年代，但进展速度放缓，并且受阻于根深蒂固的利益牵扯。[53]事务长继续发挥重要的规划作用，更多地利用军事演习、参谋旅行练习和战略研究，但有关扩大军队规模和权限的建议被压制了。[54]俄国颁布了新的条例，改进了前线部队和支援单位之间的战时协调，但令人惊讶的是，各军区之间仍然缺乏协调。[55]或许最重要的是，亚历山大三世"推翻了米利乌汀教育改革中的多项重点工作"，限制了没有上流社会背景的候选人加入委员会的途径，降低了军官教育的质量，[56]由此，军官的品格和专业素养降低，纸上谈兵和实际备战之间的差距增大。[57]

第四，俄国决策者撤回了军事方面的资源，并将其重新分配用于国内发展。他们特别重视改善俄国的基础设施和促进工业增长，[58]例如，1885年，交通部获得了2.5%的预算，10年后，该部门获得了11%的预算，而这一数字在之后10年几乎又翻了一番。[59]几任财政部长均采取了各种发展计划：尼古拉·邦吉（Nikolai Bunge）（1881~1886）改革了税制；伊凡·维舍勒格拉德斯基（Ivan Vyshnegradski）（1887~1892）增加了铁路、粮食出口和保护性关税；谢尔盖·维特（Sergei Witte）（1892~1902）大力投资铁路，促使俄国实施金本位制，并积极寻求外国投资。这些措施为经济发展提供了巨大的资源支持。[60]

维特特别采用了美国和英国的"和平渗透"方法，并利用经济手段施加政治影响。[61]俄国的铁路网在1870年拥有约11,200公里的建成轨道，到了1890年已经延长至32,000多公里，[62]虽然事务长极力敦促，但俄国的大多数铁路均是沿着经济线路而非战略线路进行建设的。[63] 从19世纪90年代中期开始，俄国经历了一段非凡的经济增长期，1890年到1900年，“钢铁、原油和煤炭的产量增至三倍，铁路轨道延长了50%，总工业产值增长了一倍”，[64] 虽然经济扩张的原因仍然存在争议，但维特的政策的确促使俄国的收入增长了43%。[65]

总之，这一时期俄国国内收缩政策的成果并不一致。一方面，俄国大幅削减了国防开支。在1888年的前5年和后5年，俄国的平均国防开支为2.74亿卢布；而在1870年到1900年的所有其他年份，平均国防开支为2.98亿卢布。[66] 这些削减为投资释放了资源，并有助于实现俄国令人惊讶的经济成就。另一方面，决策者在军事改革领域只取得了有限的进展。历史学家威廉·富勒(William Fuller)称这一时期为“被浪费的机会”之一。[67] 不过在19世纪80年代，俄国事务长也完善了首个现代战争计划，正如历史学家大卫·艾伦·里奇(David Alan Rich)所总结的那样，“在任何情况下，中央政权都无法集结一支具有充分优势的队伍来自信地实施战略进攻”。[68] 资源匮乏加上缺乏政治支持，导致俄国军方改革者未能充分利用收缩政策，但收缩政策并未使俄国陷入四面楚歌的境地，反而有助于加强其国家权力在重要领域的国内基础。

“假装大权在握，并咬牙坚持”：俄国国际政策

在国际政策方面，我们预计中度衰落国家会积极将军队重新部署到离本国更近的地方，提供更大的余地以化解潜在的爆发点，并更加持久地与潜在盟友分摊负担，这一切都是为了保持核心优势。我们看到了关于这一时期俄国外交政策中各种方法的确凿证据。虽然帝国的部署较为广泛，但俄国军队仍增强了西侧的部队，以防守波兰的重要位置；同时俄国外交官还努力缓和与巴尔干半岛的奥匈帝国、中亚的英国和远东的中国的对抗，并取得了不同程度的成功；面对《再保险条约》(The Reinsurance Treaty)失效后可能产生的孤立情况，俄国决策者还竭力培养法国作为一个意料之外的联盟伙伴。尽管遥远的殖民地总督和外围危机共同破坏了这些努力，但直到19世纪90年代后期，俄国决策

者仍一致并广泛地支持更加克制的外交政策。

第一,决策者改变了俄国的全球部署,将军事力量集中在核心战场。早在1873年,俄国军方官员就认识到波兰要地容易受到德国或奥匈帝国的攻击,[69] 鉴于俄国动员速度缓慢、缺乏战略铁路,规划者担心前线部队在预备队抵达前将不堪重负。在一份颇具影响力的1885年备忘录中,奥勃鲁契夫将俄国比喻为一颗拥有不发达的欧洲核心和“一条从第比利斯延伸到符拉迪沃斯托克的可怕的亚洲尾巴”的彗星,这消耗了俄国的力量。[70] 长期解决方案在于建造新的防御工事和更多的铁路线,但在短期内,决策者支持重新部署俄国的军队。华沙、基辅和维尔纽斯等地区的军队人数从1883年的22.7万人增加到了1893年的61万人,到了1894年,几乎一半的正规军都集中在西部军区。[71] 由于资源有限及改革不充分,军方被迫改变了全球部署,以适应限制性更大的现实情况。

第二,俄国决策者试图避免与潜在的敌国发生危机并努力以非暴力方式解决争端。例如,在巴尔干半岛,吉尔斯与德国和奥匈帝国合作,以缓解紧张局势,1881年再续三皇同盟的协定要求签署国批准巴尔干地区的任何领土变更,另有一份议定书鼓励各方限制其当地的巴尔干代理人,以避免可能发生的利益冲突。

然而保加利亚危机暴露了这些纸上承诺的弱点,但是沙皇从未认真对待过战争,亚历山大三世称,“希望俄国(因为保加利亚)与土耳其开战并在可能时与欧洲开战,是不可原谅的,甚至是犯罪”。[72] 危机解除后,俄国恢复了“在巴尔干半岛相对不活跃”的政策。[73]1897年,克里特岛的动乱促使俄国部分决策者主张占领土耳其海峡,[74] 但是拉姆斯多夫抨击了这一想法,认为“这种不成功的、不切实际的企图将不可避免地为我们带来战争和无尽的苦难”。[75] 同年,鉴于马其顿的麻烦升级,俄国和奥匈帝国签署了一份承诺在10年内维护现状的契约。[76]

虽然时间晚了一点,但俄国也作出了类似的努力,缓和了在中亚地区与英国的紧张关系。在19世纪60年代和70年代,俄国的扩张遵循了一套熟悉的模式:俄国军队朝边境推进,英国大力抗议,俄国外交部再出面否认任何侵略意图但拒绝放弃新的吞并。[77] 而在俄土战争之后，俄国的扩张呈现出了不同的动态，1878 年，当英国入侵阿富汗时，虽然俄国已经与阿富汗统治者埃米尔·谢尔·阿里汗（Emir Sher Ali Khan）建立了友谊并鼓励他进行抵抗，但俄国仍然选择让埃米尔自生自灭。[78]1881 年，俄国军队占领了吉奥克丘地（Goek Tepe），但为了缓和与伦敦的关系，莫斯科撤销了著名扩张主义者米哈伊尔·切尔尼亚耶夫（Mikhail Cherniaev）将军的土耳其斯坦总督一职。

缓解紧张局势最引人注目的案例发生在 1885 年的潘杰德危机（Panjdeh Crisis）中。当时一支俄国部队在有争议的边界附近击败了一支阿富汗部队，战争一触即发并且可能波及到英国，然而，一名委员向沙皇提议，“此时不适合展开一场大战。俄国军队正在进行重组，海军和海岸防御措施毫无准备，国库空无一物”，[79] 俄国转而选择通过商谈达成一项新条约，划定了有争议的阿富汗边界，并承认了明确的势力范围。[80] 在沙皇的允许下，占领赫拉特和威吓英属印度的远大计划被提上日程，“我们不需要殖民主义”。[81] 因此，当一支俄国军队在 1892 年占领帕米尔山脉时，俄政府否认了这一举动，并下令迅速撤离。[82] 按照拉姆斯多夫的解释，“我们在中亚地区的军事力量毫无节制地发展着，这将导致俄国难以维持所需的平静与和平”。[83]

俄国也支持在远东的和解政策。例如，1878 年，在当地穆斯林叛乱危及中国统治的稳定性之后，俄国占领了伊犁河谷的部分地区，但是，当中国派遣部队镇压叛乱时，俄国几乎没有选择。历史学家萨拉·潘恩（Sarah Paine）强调说，“与土耳其的战争已经对俄国举步维艰的经济和债台高筑的政府造成了沉重的经济负担，所有这些都加剧了社会动荡。沙皇政府没有能力再在远东挑起战争”。[84]1881 年，俄国签署了条约，同意放弃伊犁河谷并向中国赔偿 900 万卢布。[85] 英国驻俄大使表示：“中国迫使俄国史无前例地交出已经吞并的领土。”[86] 俄国在从朝鲜撤军方面也表现出了类似的意愿，1884 年，在英国、德国与朝鲜签署条约后，俄国占领了拉扎列夫港，而英国出于报复占据了汉密尔顿港，在惊慌之下，中国和日本成功迫使两国放弃了新占领的港口，恢复了原状。[87]

第三，俄国决策者为俄国建立了同盟关系，减轻了俄国的国防负担。这个过程分为两个不同的阶段。一种情况是，俄国寻求通过外交协定来牵制德国，希望与柏林的友谊可以降低莫斯科的国防要求。新建的三皇同盟有许多潜在利益：可以防止俄国被孤立，减少对德国和奥匈帝国可能共谋威胁俄国在波兰和巴尔干地区利益的担忧，并且可以提供机会防备英国在近东的行动。[88] 虽然俄国对德国的保护主义关税及其对俄国市场的渗透大为恼怒，但沙皇还是在 1881 年同意恢复同盟关系。[89] 另一种情况是，俄国被排除在德国和奥匈帝国的敌对联盟之外或要单独面对敌对联盟，这种情况更糟糕。[90] 吉尔斯在 1883 年解释说，“这就是政府加入德国和奥地利之间协定的原因。我们的坚持使协定具有了消极和防御性质，这削弱了最终针对我们的观点”。[91] 拉姆斯多夫提出了类似的观点，“为了平息纷争，至少在一段时间内，我们需要尽量修复与德国的关系”。[92]

但是，越来越多的迹象表明，三皇同盟的关系并不稳定。到 19 世纪 80 年代中期，俄国已经变得与世隔绝，以至于沙皇只能向“俄国在欧洲的唯一盟友——黑山王子”举杯祝酒。[93] 在保加利亚危机中的失败只是俄国被孤立的一个迹象；[94] 在 1887 年的地中海协定中，英国、奥地利和意大利致力于管理整个地区，而将俄国排除在外；[95] 亨利 · 德拉蒙德-沃尔夫（Henry Drummond-Wolff）爵士的使团失败后，英国占领埃及的时间似乎变得遥遥无期，这使俄国进一步受挫。[96]

最令人不安的发展是与德国的隔阂日益加深。虽然德国、奥地利和意大利的三国同盟在 1887 年得到了恢复，但奥地利和俄国之间的关系过于紧张，导致无法继续维持三皇同盟。虽然德国只愿意以 3 年《再保险条约》的形式秘密承诺做到有限中立，但俄国过于焦虑，因此只能接受这些条件。之后在 1887 年，俾斯麦的《伦巴第禁止协定》（Lombardverbot）使俄国的处境雪上加霜，该协定规定，德意志帝国银行不再接收俄国证券作为贷款抵押品，[97] 也就是说，甚至连俄国的朋友也不再友善。

在与多个大国疏远而急需盟友的情况下，俄国转向了法国。法国多年来一直有兴趣与俄国结盟，但沙皇一直因自己所认为的法国无神论和共和主义原则而推迟结盟。[98] 随着俄国的地位受到削弱，沙皇的立场软化了，俄国需要信贷，而法国很乐意提供，法国在 1888 年拨出了第一笔重要贷款，随后两年又提供了五笔贷款。[99] 当各方势力竞相为巴格达铁路提供资金时，德英利益集团则站在了俄法利益的对立面，[100] 当俄国人要求获得最先进的勒贝尔步枪时，法国人很快就提供了枪。[101]19 世纪 90 年代初，俄国不情愿地离开了德国，外交部部长吉尔斯真诚地希望能够继续与德国人保持联系，沙皇也支持他的观点，[102] 然而德国人仍然持冷淡态度，随着德国新皇帝的崛起和俾斯麦的垮台，《再保险条约》被允许到期失效，而德国一直表示更有兴趣支持俄国以外的其他国家。[103] 这一时期的外交可能比平时更加活跃，部分原因是大国序列在发生重大变化。

法国和俄国开始谈判秘密军事公约，以便在遭遇德国袭击时相互防卫。法国人不想卷入与德国的海峡战争，俄国人也没有兴趣支持阿尔萨斯-洛林的土地争夺。[104]1892 年，两国同意签订一份军事公约，规定如果德国袭击法国或俄国，两国将调用“现有全部军队”对抗德国，德国一旦动员，法国和俄国也会开始动员。[105]1894 年，两国正式结盟。可以肯定的是，俄国人仍小心地处理对法国的忠诚度；不久之后，俄国与德国签署了一份商业条约，但直到当年年底亚历山大三世去世后才使用了“联盟”一词，[106] 这毫无疑问是对共同防御德国侵略的承诺。[107] 协定的圆满完成，加上在世时没有爆发重大战争，亚历山大三世在保守派中获得了“和平缔造者”的称号。[108]

第四，俄国决策者试图通过强点防御加强威慑，其中最重要的是俄国的西部战线，特别是波兰要塞。我们注意到军队有沿西部防线前移的情况。在 1886 年到 1887 年的测试中，发现俄国的堡垒过时而且没有防御能力后，决策者还适度改善了防御工事，俄国工程师加强了这些堡垒，但战略家拒绝依靠静态阵地，而是设计了“围绕隐藏和移动枪支建造并需要精细通信”的灵活防御措施。[109] 俄国还根据法国联盟情况修改了动员计划，“通过提供可行的据点，拯救俄国战争的整个计划过程”。[110] 通过这些举动，俄国决策者试图保护一个地点，即奥勃鲁契夫所说的俄国可能受到“致命打击”的地方。[111]

简言之，俄国决策者在此期间实施了收缩政策。他们改变了全球军队部署,将军队集中在易受攻击的西部军区,并努力缓和与殖民地对手的争斗,解决没有硝烟的争端。最具戏剧性的可能是,俄国与潜在盟友接触以帮助自己减轻负担,最初是与德国结盟,后来是与法国整合军事能力。根据富勒的观察,19 世纪 80 年代的俄国外交政策“试图避免与其他大国发生公开冲突,同时试图寻求利用外交手段解决军事上的弱点”。[112] 历史学家迪特里希·盖耶(Dietrich Geyer)总结认为,“经济危机消除了选择攻击性对外战略的可能性”,因此俄国“唯一的办法就是假装大权在握并咬牙坚持”。[113]

“利益牵扯日益激烈”:俄国收缩政策崩塌

在此期间,俄国的外交政策大致符合我们的预期,面对明显的衰落迹象,俄国决策者采取了收缩政策。这种政策之所以引人注目,有两个原因。首先,俄国国家并不是功能性、现代性或官僚理性的典范,根深蒂固的利益牵扯势必会限制所需改革的深度和范围。例如,亚历山大三世于 1881 年即位沙皇时,曾委托一个政敌审查米利乌汀的改革,审查结果是该政敌倾向于废除改革。但是,经济和战略上的现实情况占了上风,使米利乌汀的大部分改革都得以存留下来,[114] 沙皇虽然心有怨言,但并没有废除这场伟大的改革。万诺夫斯基虽然不是狂热的改革家,但他让米利乌汀的得力助手奥勃鲁契夫和主要战略家利尔(Genrykh A. Leer)拥有了较高的权威。一场反动潮流啃噬了上一代改革的边缘,但无法消除改革——改革对政权的存活至关重要。在此期间,俄国经济现代化取得了实质性进展,这是值得称道的成就。

其次,俄国收缩政策令人惊讶的一点是,国内的结构条件似乎并不支持收缩政策。作为一个利益交织广泛、立场明显且难以维护以及结盟关系薄弱不可靠的大陆强国,俄国决策者本可以以深刻怀疑的态度看待束缚,对他们而言,泛斯拉夫主义理论家和外围地区的殖民地总督经常让人想起多米诺骨牌倒塌的景象。土耳其斯坦总督认为,“亚洲知道土耳其和英格兰正在看着我们。即使是最轻微的让步,我们都会……失去所获得的一切”。[115] 事务长警告说,征服的矛头正在对准俄国。奥勃鲁契夫称:“当强大的邻国武装自己,配备更好的武器,建设战略铁路线，并能够部署数百万人的军队时，俄国可能会从地球的历史中消失。”[116] 但是，俄国负债累累加上易受攻击的特性，意味着这些束缚只能减缓而不能逆转收缩。俄国在欧洲的核心属地与中亚前哨之间距离遥远，因此减少了对多米诺骨牌倒塌的担忧。具备战略铁路的现代化军队是俄国西部战线的一大特征，但巴尔干半岛和中亚并不具备此优势。实际上，拥有遥远而可防御的外围和紧凑而脆弱的内核，对收缩起到了加强而非破坏的作用。

然而，到了 19 世纪 90 年代中期，俄国的收缩政策开始瓦解。具体来说，尽管国内持续疲软，但俄国在远东地区开始了一系列的挑衅、破坏并最终酿成了灾难性的举动。1895 年，在德国和法国的支持下，俄国迫使日本放弃了在对华战争中获得的利益，维特在“实际接管了俄国在远东的外交政策”后，迫使中国接受了一笔法国贷款并授予了满洲秘密铁路特许权。[117] 两年后，德国占领了青岛，这让俄国感受到了背叛和伤害，[118] 作为回应，俄国占领了旅顺口并要求租用整个辽东半岛 25 年，这使得日本陷入困境，同时也违反了俄国以前的政策，即只占领接壤的、可防御的领土。[119]

自此，俄国的远东政策变得越来越矛盾。一方面，俄国采取措施，在 1898 年的《西-罗森协定》(Nishi-Rosen Agreement)中消除日本的焦虑，该协定承诺不阻止日本的商业渗透，不干涉朝鲜内政，在派遣军事顾问之前与日本协商，并承认朝鲜属于日本的势力范围，以换取将满洲纳入俄国势力范围。[120] 在 1899 年的《斯科特-穆拉维夫笔记》(Scott-Muraviev Notes)中，俄国还与英国达成了协议，将中国划分为不同的铁路范围。[121] 俄国还与其他列强一起镇压义和团运动，并对美国提出的“门户开放政策”许下了口头承诺。[122]

另一方面，1903 年，沙皇开始走“新路线”，目的是“不让外国势力渗透到满洲……无论是以什么形式”。[123] 前一年，一位名叫亚历山大·别佐布拉佐夫(Alexander Bezobrazov)的朝臣向沙皇提交了报告《谦卑的备忘录》(A Humble Memorandum)，报告认为，俄国与日本的战争是不可避免的，必须做好准备。他阐述了俄国的利益牵扯如何“在非常广泛的领土中变得更加激烈”，俄国如何利用辽阔的土地作为在欧洲和亚洲之间的杠杆,以及如何统治世界政治。[124]沙皇对别佐布拉佐夫党派慷慨解囊,[125] 将维特贬谪到一个虚位上,同时扩编远东军队,并取消了原来的满洲撤军计划。[126] 战争部长阿列克谢·库罗帕特金(Alexei Kuropatkin)抱怨说,"皇帝在没有咨询各位部长的情况下,已经采取了'新路线'",拉姆斯多夫威胁要辞职。[127] 即使是"新路线"的支持者也对此感到困惑,内政部长维亚切斯拉夫·普莱希夫(Vyacheslav Plehve)承认自己不知道俄国领导人的政策方向。[128] 1904 年爆发的灾难性日俄战争就是上述一系列政策的高潮。

什么可以解释俄国收缩政策的崩盘?从一定程度上说,这是俄国复兴的产物。由于受到法国军队和财政支持的缓冲,并在西方受到一定程度的保护,俄国越来越关注东部的情形,[129] 许多高级顾问也认识到远东的边缘重要性。参谋长维克多·萨哈罗夫(Viktor Sakharov)曾说过,"必须优先考虑主要威胁……三国同盟的力量。他们可能会对俄国造成最大损失,并有能力……对我们的核心力量造成打击"。[130] 从一定程度上说,这是判断失误的后果,经验不足、反复无常的尼古拉二世即位后,加剧了俄国专制制度中的许多固有缺陷。例如,俄国自 1815 年以来有过三任外交部长,"在 1894 年到帝国崩溃的这段时间,至少有九人担任过这一职位"。[131] 由于没有沙皇的一贯指示,对俄国远东政策的控制权就从财政部的维特掌控下流转至了战争部的库罗帕特金手中,最终由阴暗的别佐布拉佐夫党派掌控。在旅顺口授权鹰派领导人物海军上将叶夫根尼·阿列克谢耶夫(Yevgeni Alekseev)主导谈判,加剧了俄国政策中的分裂趋势。

总体来说,结构条件的变化也减少了人们对收缩政策的支持,并让拥护扩张主义政策的人掌握了权力,远东竞争大国的出现,加上中华帝国的持续衰落,强化了人们对俄国的部署变得相互依赖的看法。例如,在一份有影响力的备忘录中,沃尔孔斯基(Volkonskii)王子警告说,如果俄国在亚洲的被动局面"再持续多年,那么符拉迪沃斯托克(将)受到塞瓦斯托波尔命运的威胁"。[132] 德国占领青岛之后,拉姆斯多夫担心"过不了几天英国就将出现在旅顺口",而且俄国将永远无法得到不冻港。[133]1903 年年初,沙皇尼古拉二世重申撤出满洲的意向,但同时又宣布,“我们将尽快升级远东的军队,而不考虑预算的约束……以此向世界证明我们坚定捍卫对满洲施加影响的独有权力的决心”,[134] 俄国军队轻而易举镇压义和团的事实进一步加强了这些主张。鉴于武力的效力,俄国可以抵抗任何武装反对派;反之,如果俄国撤军,其他列强可以迅速补上空位。普列维(Plehve)曾直言不讳地指出,“俄国是用刺刀制成的,而不是外交……同中国和日本解决问题,必须用刺刀而不是用外交手段”。[135]

俄国在19世纪80年代和90年代初,如此坚定地实施收缩政策,实在令人惊讶,一般来说,一个拥有大量易受攻击的属地的大陆强国,往往是不愿意冒收缩的风险的,然而,所有决策者对俄国相对地位的评估都是消极的。俄罗斯帝国的庞大,加上其特定部署的相对狭隘性,使俄国决策者能够自由地试验收缩政策,这个自由程度超出了我们的预期。

然而,一旦帝国在远东的竞争开始升温,对收缩的支持就会动摇。对于多米诺骨牌倒塌的担忧,再加上既成事实的自认能力,导致了一位没有经验的沙皇接受了这个最终酿成灾难的矛盾政策。历史学家大卫·马肯兹(David MacKenzie)总结说,俄国在远东的行动“构成了后克里米亚时代普遍谨慎的对外政策中的一个例外”。[136] 最终,事实证明这种冒险主义的代价是“惊人的”。[137] 梅宁总结说,“无论是军队还是财政都跟不上步伐”,并且“在国家政策和军事能力之间再次形成了危险的差距”。[138] 失败之后,俄国再次陷入了衰落和国内动荡,并被迫采取了新一轮收缩。

第七章

“已成定局”

1893 年的法国

我们梦想着建立一个复仇联盟，得到的却是一个和平联盟，还要我们亲手把希望埋葬。

——法国谚语

和俄国一样，19 世纪晚期，法国的外交政策深受其军事挫败经历的影响，然而，普法战争的溃败造成的影响远远超过了克里米亚战争。色当战役*中法国军队的意外溃败、巴黎围城的惨痛记忆和巴黎公社的血腥清洗运动，在法国政治和社会中引发了一种深切的危机感。[1] 在这些事件发生后，法国政客面临着许多挑战。对内，羽翼未丰的第三共和国机构需要巩固，以抵御右翼的反弹力量和左翼的革命；对外，法国需要打破其被孤立的局面，重回世界强国之列，同时避免过早卷入一场对德国的复仇之战。

与俄国不同，法国的决策者们实施了一系列政策来应对衰落，起初，法国决策者们倾向于实施收缩政策，19 世纪 70 年代，法国为了避免与欧洲敌对势力的争端进一步升级，限制了殖民扩张，并重建重塑了法国军队。然而在其他时期，法国政客也同样动过施行扩张政策的念头，19 世纪 80 年代早期，法国积极扩张新殖民地，推进了具有竞争力的

---

* 色当战役（Battle of Sedan），发生于 1870 年 9 月普法战争时期，结局是普军胜利并俘虏了法皇拿破仑三世及其麾下的军队。这次战役标志着法兰西第二帝国的灭亡和德意志帝国的建立，更标志着日耳曼民族成为一个整体，以独立的姿态屹立于世界民族之林。——译者注

商业政策,并在外围地区进行了一系列代价高昂的战争。从法国在这一阶段摇摆不定的外交政策中,似乎可以看出其不稳定的内政——频繁变更的政府、混乱的关键部门、争论不休的议会、饱受争议的选举和一连串的国内危机都导致了法国外交政策的质量和连贯性的下降。

在这一章里,我们认为法国对外部限制比普遍认为的要敏感得多,从根本上说,法国外交政策的特质是务实和防御,而不是被国内动荡或对声望的虚荣驱动。法国将军事支出保持在一个可控的水平,对武装力量进行了改革,使之更为现代化,并为推动工业发展和海外贸易作出了努力。法国决策者还试图与更强大的竞争对手一同化解危机,通过谈判来解决殖民对抗,并建立了新的联盟。有时,殖民地的越轨会引起决策者的注意,但肆无忌惮的扩张对法国来说弊大于利,海外冒险不仅榨干了法国的血液和财富,疏远了其他强国,而且还无法在国内取得广泛的支持。法国虽仍继续涉足殖民地领域,但其在 19 世纪 90 年代的外交政策基调却更为一致——收缩。

虽然第三共和国在政治上陷入了困境,但有利的体制结构条件等因素使法国坚持执行了收缩政策。面临国际地位相对较低且下降颓势越来越大的形势,法国有强烈的动机重新考虑对外政策,作为一个被强国包围的大陆国家,法国可能担心收缩政策会使其处于沦为他人俎下鱼肉的危险中。然而除了少数例外,德国和法国并没有直接在殖民地领域竞争,即使两国直接竞争,胜利者也无法利用战利品来压制另一方。克制在地中海或东南亚的扩张也并没有削弱法国的地位或提升德国的地位,反而腾出了资源来保护重要的利益。最终破坏法国收缩政策的不是外部环境的变化,而是内部的混乱。法绍达危机*证实了殖民地争端的无关紧要,德雷福斯事件**则将国内政治的毒液注入了军事改革的辩论中。虽然法国克制的对外政策被坚持了下来,但军队现代化

---

* 法绍达危机(Fashoda Incident),是 1898 年英法两国为争夺非洲殖民地在苏丹的法绍达村发生的一场战争危机。最后双方达成妥协,以尼罗河和刚果河为界,英国占领苏丹东部和尼罗河流域,法国占领苏丹西部。——译者注

** 德雷福斯事件(Dreyfus Affair),1894 年法国陆军参谋部犹太籍的上尉军官德雷福斯被诬陷犯有叛国罪,被革职并处终身流放,法国右翼势力乘机掀起反犹浪潮。此后不久即真相大白,但法国政府却坚持不愿承认错误,直至 1906 年德雷福斯才被判无罪。——译者注

停滞不前,甚至在某些情况下倒退了。

“当停滞变成切实的衰落”:法国直面衰落

法国19世纪后期外交政策的转折点是普法战争的惨败,德国压倒性的胜利和昭告天下的崛起已成为无法逃避的事实。一篇社论称:“让我们痛苦哀叹的不是法国被削弱的地位,而是舆论自发且心甘情愿的接受……但我们必须承认……我们的羞辱,并同意它完全符合众议院和国家的精神。”[2] 众议院议员约瑟夫·查利-伯特(Joseph Chailley-Bert)回忆说:“我们在1870年被打败。我们从欧洲统治大国地位和几乎位列世界第二梯队强国之首的位置……走了下来。”[3]

这场战争还揭示了法国政治和军事体制的根本缺陷,[4] 第二帝国领导人的无能、军队的训练不足和领导不力都被揭露了出来。英国驻法国大使里昂斯伯爵(Lord Lyons)报告称:“人们仍然担心德国会在法国准备不足的情况下发动攻击。”[5] 共和党政治家莱昂·甘必大同样观察到:“在观看了(德国)军队每一个分支的演习后,我从来没有这么恳切地请求我的国家不要卷入欧洲的争端。因为不幸的是,我们没有任何可以与我刚刚看到的部队相抗衡的力量。”[6] 更概括地说,观察家将这场失败解读为“政治和社会萎靡不振的标志”。[7]

战后几十年间,这种弱势感无孔不入地蔓延。当总理茹费理因扩张主义殖民政策饱受批判而下台时,资深外交官保罗·康邦(Paul Cambon)称:“总体感觉就是共和国已经走到了尽头。”[8]1886年,一位显赫的退休将军观察到:“现在是时候把国家的注意力引向我们军队所处的不断恶化的无组织状态上了。”[9] 在接下来的10年里,资深政客泰奥菲勒·德尔卡塞(Théophile Delcassé)在一次众议院演讲中说:“无论哪个方面,都存在急需我们进行深刻反思的问题。对外贸易扩张脚步停止,工业生产处于停滞状态,人口不再增长……这种停滞状态本身就已经令人不安,而我们最强大邻国的狂妄、充满自信的发展和持续的上升更是让这种停滞状态变成真正的衰落。”[10]

虽然人们普遍认识到衰落的现实,但法国决策者施行了不同的政策来应对这些趋势。在普法战争的疮痍上,法国政客倾向于采取更克制的外交政策,共和国总统阿道夫·梯也尔(Adolphe Thiers)主张维持“世界的朋友”这一立场,认为“在一段时间内(这将是)服务于法国的利益的举措”。[11] 而且,甘必大也称:“最高的艺术在于保持法国行动的自由,在大范围的躁动中独善其身,且在保护自己的领土的同时,不受盟友怀疑或引起无根据的猜疑。”[12] 为使法国重新回到与德国同等量级竞争的位置,政治家们承认“必须克制”野心。[13] 甘必大有一句名言:“让我们不谈复仇、不说轻率之语,让我们保持沉默。当我们走过这一段必要的恢复期,我们周围的世界将会发生变化。”[14]

然而,在19世纪80年代早期茹费理政府的领导下,法国外交政策却是朝着相反的方向发展的。茹费理将其外交政策描述为“平和的政策”,但补充说,“平和的政策不一定是一个不作为的政策……在所有涉及我们的利益或荣誉的问题中,我们将捍卫属于法国的地位”。[15] 茹费理将重点放在殖民地领域,因此,1881年,他授权在突尼斯进行军事干预,名义上是为了保护阿尔及利亚边境,但实际上,此次军事干预却是在法国和意大利的竞争日益加剧的背景下进行的,[16] 当遭到当地人抵抗时,法国镇压了他们并宣布其为受保护国。[17]1883年,茹费理肯定了探险家皮埃尔·萨沃尼昂·德·布拉柴(Pierre Savorgnan de Brazza)将法国影响力扩展到刚果河流域的努力,同年,他授权对马达加斯加进行了一次惩罚性的远征,以捍卫法国在该岛的权利。最重要的是,在印度支那,茹费理敦促当地官员将法国的影响力扩展到安南和东京,这些行动引发了1884年与中国的战争。[18]

茹费理在当时和事后都为他的政策提供了许多理由,[19] 他强调在保护主义抬头时期殖民地市场的经济优势,他的一个著名的论调为“殖民政策是工业政策的产物”。[20] 他将殖民主义定性为所有文明国家都应履行的职责,但最重要的是,他着重强调了可以通过殖民征服获得威望。茹费理总结称:“要想在不采取行动的情况下获得影响力,就要降位。只要从第一梯队下降到第三梯队或第四梯队,影响力就能在比你想象的更短的时间里得到。”[21] 然而实际上,茹费理的政策在国内外都鲜有支持。吞并突尼斯使法国与意大利的关系恶化,引起了众议院议员的反抗,并导致了第一届茹费理政府的垮台;刚果河流域的争夺使法国与英国、比利时和葡萄牙的关系紧张,并刺激了德国加入殖民地竞争;东京与中国的战争拖了半年,当一个被人为夸大的军事受挫报告抵达巴黎时,茹费理再次被罢免,这一次他再也没有回来。[22]

茹费理的最后下台是法国外交政策的转折点。正如外交官弗雷德里克·奎因(Frederick Quinn)所说的那样,茹费理对殖民地威望的热切追求碰上了"为数不多的追随者、充满敌意的新闻界和冷漠的民众"。[23]法国既不能放弃现有的殖民地,也不能退出帝国的竞争,但也不能忽视德国在欧洲崛起所造成的威胁,[24] 因此,最主要的应对措施是恢复收缩政策。当时即将出任内阁总理的亨利·布里松(Henri Brisson)定下了基调:"共和国只想要和平,伴随着我们这样的国家所要求的尊严的和平,由坚固的国防军队保证的和平。"[25] 战争部长让-巴普蒂·康珀农(Jean-Baptiste Campenon)补充道:"在欧洲而非世界的遥远地区,我们只有一条路可走——等待和挣扎,而你们都知道是在与谁对抗。"[26] 在1887年的一篇报纸文章中,德尔卡塞同样称:"让我们……以最快速度解决我们的内部问题,以便我们将全部精力放在敌人身上。让我们时刻准备好。"[27] 茹费理的继任者将如何平衡国内外的竞争压力,还有待观察。

"装点的门面背后是混乱和浪费":法国国内政策

对于俄国来说,国内的反响不甚明显,预算负担被减轻,资源也重新分配,但军事改革却被丢在了一旁。就法国而言,国内反应也不一,但与俄国的方式不同。法国虽然已限制支出的增加,但若要跟上德国的步伐,则势必要在防御上花费巨额的资金,相反,在部队结构和体制改革方面,法国取得了最大的进步。法国逐渐从一支小型职业军队转变为一支现代化的大型征兵制军队,拥有先进的武器装备,并由受过良好教育的核心军官指挥。鉴于平民至上的承诺,法国不能简单地复制德国总参谋部制度,而是对其机构进行了改革以加强战略规划和协调。虽然学术界对于这些变化是否足以让法国在真正的战争中击败德国存在争议,但至少法国军队已经重整为一支更有能力和更可靠的军队。

第一,法国大力减少了外交政策对财政造成的负担。从财政角度来看,普法战争使法国损失了约160亿法郎,这个数字是“法国1870年预算的十倍,法国总资本的1/10”。[28] 当时的决策者们深知极度节俭的重要性,只有通过控制军事支出,法国才能还清其战争赔款并减少国债。甘必大将第三共和国的政策与其前身的政策进行了对比,当时法国拥有“奢华的军事门面,但如赤裸裸地展现在我们眼前的事实一样,这种门面的背后是混乱和浪费”。[29] 尽管非常规的预算请求阻碍了节省的步伐,但普通陆军预算仍从1882年的6亿法郎减少到了1888年的5.5亿法郎,[30] 同时,法国也在限制预算的浪费和滥用方面作出了努力,在一定程度上,这些努力也有助于将供养一个法国步兵的成本从1878年的447法郎降至1890年的394法郎。[31] 可以想象,海军的压力最大,1872年,海军部长路易斯·皮埃尔·亚历克西斯·波托(Louis Pierre Alexis Pothuau)上将同意将预算削减25%,并表示海军“要牺牲在国家的祭坛上”。[32] 一些议员对造船的增加表示抗议,但也承认“整个问题的关键在于不可抗力——资源的缺乏用增加开支来弥补”。[33]

尽管如此,19世纪90年代不断升级的争端还是推动了法国军费的增加,国家预算中国防的份额从1872年的23%缓慢上升到了1880年的26%,再到1890年的30%,之后到1900年的38%,[34]1900年后,法国的军费开支增加到了超过10亿法郎。决策者面临着要将法国与德国保持同步的巨大压力。正如激进的副官卡米尔·佩尔坦(Camille Pelletan)在1891年所宣称的那样,“战争部的预算是国家神圣的宝藏”。[35] 尽管1890年至1914年法国在军费上进行了大笔的投资,但德国的特殊军事拨款却是法国的2倍。[36]

第二,法国通过寻求重组其军事力量以降低成本和提高效率。特别是,决策者把军队从由长期服役的士兵组成的专业武装力量,变成了一支由短期服役的正规军和预备役混合组成的大规模军队。1872年众议院通过了一项法律,建立了法国全民征兵制,但梯也尔坚持将服役期设为5年,并保留了一些可免除兵役的条件。法国将这一套体制坚持实施到了19世纪80年代,当时的决策者因受到德国军事能力发展的刺激,开始重新考虑服役期的年限。时任法国战争部长查理·德·弗雷西内(Charles de Freycinet)总结说:“我们不能眼睁睁看着这种规模的军事力量增长而不采取类似的行动。”[37]1889 年,众议院通过了一项新的法律,将服役期缩短为 3 年,并取消了大部分免除兵役的条件。这几个法案的累积影响扩大了受过军事训练人员的数量和预备役的规模。[38]1870 年,法国军队在和平时期有 404,000 人,战时有 758,000 人,到了 1885 年,军队人数暴涨为正规军 525,000 人,包括预备役一共 250 万人。[39]

其背后的逻辑与俄国的战略是一样的,法国无力承担一支大规模的常规军队,因此它保留了一支足够大的现役部队来进行全民皆兵的训练,并提供了一支掩护部队(couverture)来为全面动员争取时间。[40]一开始预备役中很少使用军用黄铜,但这种情况在 19 世纪 80 年代后期开始发生变化。[41] 值得一提的是,总参谋长约瑟夫·德·米里贝尔将军(Joseph de Miribel)在面对迅速发展的德国时,领导并推动了军队的地位提升和对预备役的依赖。[42] 意识到自己永远不会在数量级上超过英国皇家海军,法国海军也将预备役和动员作为了保障安全的关键,虽然一些和海军上将泰奥菲尔·奥布(Théophile Aube)一样的海军部长试图尽可能多地保留现服役船只,但这种趋势到了 19 世纪 90 年代后期已是明确无误。海军规划人员越来越依赖于更快的船只和更快的动员速度来弥补人数和财政状况上的劣势。[43] 失败也是采用新技术的福音,当年拿破仑三世不得不敦促将军们使用夏塞波步枪或膛线炮,但现在技术变革遇到的阻力很小,[44]1888 年后不久,一系列军事改进和改革上线——内置弹仓的勒贝尔步枪的广泛使用、高性能炸药和无烟火药的使用、先进的防御工事以及为士兵提供的更好的条件。[45]

第三,决策者实施了一系列旨在提高法国军队表现的体制改革。在陆军方面,普法战争暴露了组织、后勤、军官素质和指挥相关的各种问题,一个著名战后委员会曾总结说:“没有人能凭空造出将军和军队。”[46] 在两次轰轰烈烈的改革中,法国决策者试图纠正这些缺陷。[47] 第一次改革浪潮发生在 19 世纪 70 年代早期,虽然主基调是保守,但仍然对组织架构进行了重要的改变。[48] 和平时期所有兵团及以下部队的指挥结构得以确立,以保证顺利动员;法国编队的规模和架构根据德国进行了重组，以增加陆军的打击能力；此外，还要求参谋部官员必须入学新近成立的高级战争学院，之后在不同职能岗位上服役，以提高他们的素质，增加经验；[49] 军队的供需服务由现场官员直接指挥，以确保更好的协调。

这些改革措施虽提高了陆军的质量，但战争部官员的快速更替造成了持续的领导层真空。[50] 因此，19 世纪 80 年代后期进行的第二次体制改革的重点是加强规划和指挥。弗雷西内提升了总参谋长的职级和威望，希望这一举措能够将总参谋长一职与机构人员的不稳定隔离开来。[51] 弗雷西内还恢复了高级战争委员会（CSG），该委员会是一个由杰出军官组成的顾问委员会，成立于 19 世纪 70 年代早期，但因废弃不用而奄奄一息。[52] 通过设立委员会常规职位、精简规模并要求召开月度会议，弗雷西内推动高级战争委员会从一个顾问机构发展成为历史学家道格拉斯·波尔奇（Douglas Porch）所说的“事实上的高级指挥官”。[53] 此外，弗雷西内还升级了陆军仓库，提高了士兵工资，并消除了陆军分支之间的薪资差异，[54] 法国陆军甚至参考德国模式开展了年度军事演习，尽管跟德国比还有差距。[55] 相比之下，法国海军的改革步伐比陆军走得更为缓慢和坎坷。[56] 但法国海军总参谋部于 1881 年成立，1887 年就开始进行了持续的海军演习，并于 1881 年提出了建立海军高等学校的计划，尽管该计划直到 1895 年才实施。[57]

第四，法国重新分配资源以减缓其衰退趋势。节约成本的措施带来了巨大的回报，这部分归功于在 1870 年至 1875 年，军费开支一直保持在 6.5 亿法郎以下，法国得以迅速支付了其 50 亿法郎的战争赔款。[58] 政府支出中用于支付债务利息的占比从 1872 年的 38%下降到 1900 年的 28%。[59] 与此同时，政府用于教育和科学的支出比例从 1872 年的 2.3%增长到了 1900 年的 7.4%。[60] 法国的增长速度并不像德国那么快，但一部分原因要归因于出生率，在世纪之交，法国人均 GDP 与德国人均 GDP 保持一致。

总体来说，这一时期法国国内收缩政策实施成果斐然，但仍未全面贯彻。从积极的方面来看，法国的决策者们在军事改革领域取得了巨大的进展。正如波尔奇强调：“在普法战争之后的二十年里，法国经历了军事复兴。”[61] 历史学家艾伦·米切尔(Allan Mitchell)观察到:“在弗雷西内之前,法国的组织、军事设施和战略规划都极其荒废。”[62] 在这些改革之后,法国军队在数量和质量上均有所提高,驻巴黎的德国军事随员甚至在1891年汇报称:“目前法国军队优于我们的军队。”[63] 但与此同时,法国也在艰难地控制其国防开支。1893年前后5年间,法国平均每年军费开支为8.88亿法郎;在1875年到1905年的所有其他年份(除1893年前后5年),平均开支为8.68亿法郎,几乎与1893年前后5年间相同,甚至更少一些,[64] 与德国军费支出相匹配的压力,加上购买最新武器的需求,使节约的空间不大。然而,法国支出最低的时期,即19世纪70年代早期和80年代后期,大致与最显著的衰落阶段一致。

“我们必须谨慎行事”:法国国际政策

俄国在对外政策中明显倾向于收缩政策,相比之下法国的态度则更为暧昧。茹费理下台后,法国决策者确实倾向于在一些关键领域实施收缩政策,他们放慢了帝国扩张的步伐,并用谈判的方式消除了潜在的殖民地冲突热点,他们培植了可以帮助一同关注德国在欧洲野心的盟友,还在可提高法国保卫国土免受外部侵略能力的手段上进行了投资。然而与此同时,殖民扩张的塞壬之歌虽然逐渐柔和,但却从未消失,监管的缺失让主张扩张主义的地方总督抓住了殖民地当地的机会,把殖民边界扩张到了外围地区。在宗主国,也有一派体量虽小但活动积极的殖民地党派为这些扩张行为辩护。因此,法国在国际社会上的定位仍然充满了想象和矛盾的空间——当海外武装力量扩大规模和地位的时候,法国却将执行帝国承诺的船只召回。设计合理的法国外交政策旨在缓和紧张局势,但其殖民政策却在无意中挑起了凶险的危机。

第一,法国试图通过将军事力量集结在距离国土更近的地方来改变其在国际社会上的定位,其中最为成功的就是军舰。第三共和国逐渐减少了其在公海上的活动,并逐步关闭了军港,尽管这两项举措并不是先后发生的,[65] 这一时期的趋势是,把最好的船只召回国,减少储煤站的数量。19世纪90年代,历史学家迪奥多尔·罗普(Theodore

Ropp）观察到，“没有人关心殖民地是否得到了保护”，并且“即使法国在海外有一些储煤站，也没有船只去使用它们……众议院极力反对任何让优等船只在战争爆发时远离国土的政策”。[66] 海外没有现代化的船只，储煤站的数量也在减少，1890 年，海军提出建立 10 个海外储煤站，但到 1900 年，仅存的只有 5 个。[67] 绿水学派 * 并没有在战舰上做文章，而是主张使用由速度快的伪装巡洋舰、鱼雷艇和撞角组成的海军系统，利用电报和信号量通信来实现快速集结、分散和重新集结。尽管防御应是后续进攻的跳板，但是法国人很清楚，他们在英国海军面前处于下风。自 19 世纪 80 年代中期到世纪之交，绿水学派思想的影响力经历了起落。[68]

值得一提的是，在将海军力量集结在国内的同时，法国也在海外扩张其地面部队。分别负责驻扎北非和殖民帝国的法国非洲军团和海军陆战队的兵力均有所增强，例如，非洲军团增加了两个营的步兵团和两个轻型骑兵团，并将其散兵的规模从 1875 年的 12 个营增加到了 1898 年的 24 个，[69] 结果是，北非的法国军队从 1879 年的约 52,000 人增加到了 1900 年的 65,000 余人。[70] 与非洲军团类似，法国的海军陆战队也扩大了规模，从 1870 年的 4 个团发展到 1900 年的 18 个团，并且增加了 3 个团的散兵，[71] 因此，负责守卫帝国其余领土的法国军队翻了两番，从 1880 年的约 16,000 名士兵发展到了 1900 年的 68,000 多人。[72] 总体来说，19 世纪 80 年代初期，约 14%的法国地面部队致力于为帝国服务；到了 19 世纪 90 年代后期，该百分比变成了约 20%。然而，有几点需要注意，阿尔及利亚在当时被视为法国的一个地区，因此法国在阿尔及利亚的驻军可能被认为是驻扎在国内而不是国外。此外，海军陆战队的大部分白人军团都驻扎在法国，帝国维护秩序的职责大多落在当地的土著部队身上。但也许最重要的是，殖民地部队可能会在危机发生时被送到宗主国，第一次世界大战爆发时，就有 32 个（共 40 个）阿尔及利亚步枪营和突尼斯神枪营被送到了宗主国。[73]

---

* 绿水学派（法语 Jeune École），又译作年轻学派，指一种在 19 世纪末至 20 世纪初在法国相当流行的海军思想，主张以建造成本较低的海军武器对抗由多艘海军战舰组成的大舰队。——译者注

第二,法国决策者旨在消除与敌对强国的潜在冲突热点。鉴于法国的孤立和持续的军事弱势局面,法国在欧洲的主要目标是防止小型危机升级为大战。这种政策的早期示例可以从 1875 年的德法战争危机*中看到,当时一系列小规模事件的发生,让人们以为德国正在考虑发动一场先发制人的战争,[74] 但法国并没有抓住这个机会寻仇,而是寻求缓和紧张局势。法国决策者避免采取任何可能造成事态升级的行动,并督促其他大国,特别是英国和俄国,在对德问题上实施克制政策。尽管光复的渴望在许多地方依然存在,但法国决策者拒绝支持阿尔萨斯—洛林地区的反德运动,梯也尔强调:"我们想要的真正的光复是法国的重建。"[75]

事实上,德法战争危机之后的时期以法德关系和解为标志,[76] 危机还是继续定期爆发,但法国决策者顽强的坚持化解了紧张局势。例如,在 1887 年的施纳布莱事件**中,德国警察在有争议的情况下逮捕了一位名不见经传的法国官员,时任法国战争部长乔治·埃内斯特·布朗热(Georges Ernest Boulanger)发表的不畏德国的挑衅性言辞,引起了广泛的关注,然而,奉行布朗热主义的法国军方表示:"无论发生什么,我们都不会宣战。"[77] 最终,布朗热被驱逐流放,法德关系得到修复。

在殖民地方面,法国避免与敌对大国发生不必要的冲突,同时寻求扩大其殖民地。[78] 在下台前,茹费理就同意在柏林召开一次国际会议来处理刚果河和尼日尔河流域的相关分歧;[79] 茹费理离开后,法国选择了避免进一步的挑衅,并将最近的布拉柴探险队召回。[80] 茹费理的离开也促使法国决策者们重新考虑起在马达加斯加进行军事干预是否明智。之后,法国军队撤离,并于 1885 年 12 月签署了一项新条约,新条约进

---

* 德法战争危机("War in Sight" Crisis),此次危机爆发于 1875 年。普法战争之后,法国经济和军事实力的迅速恢复和国内的复仇主义情绪引起了德国的疑虑,德国企图先发制人,孤立法国并以战争为威胁。法国巧妙地利用德国同英国、俄国之间的固有矛盾,阻止了德国的"侵略行动",成功结束了战争危机。——译者注

** 施纳布莱事件(Schnaebelé Incident),指法兰西第三共和国时期导致法国与德国之间外交危机的事件。1887 年 4 月 21 日,法国边境检查站特别警官施纳布莱应邀前往德国执行公务,但被德方以间谍罪逮捕。德国俾斯麦政府通过制造战争危机达到了其军事预算一定获得通过的政治目的,便于 4 月 30 日释放了施纳布莱,危机得以和平解决。——译者注

一步限制了法国领土特权,且并未对受保护国作出明确定义。[81] 在印度支那,即便是主张扩张主义的殖民地副国务卿欧仁·埃蒂内也(Eugène Etienne)也表示“(我们必须)谨慎行事”。[82] 法国避免采取可能挑衅中国的行动,驻扎柬埔寨的法国军队也撤回到了更容易防守的边界。

法国殖民活动在19世纪90年代开始增加,但到了1893年扩张就结束了。时任殖民地副国务卿的德尔卡塞宣称:“必须认识到征服和领土扩张的时期绝对已经结束。”[83] 当授权派兵征服达荷美部分领土时,德尔卡塞向指挥官强调:“我们严令禁止……为国家带来任何非绝对必要的牺牲。”[84] 为了缓解与敌对殖民大国之间的紧张局势,法国也作出了类似的努力,1890年,法国和英国签署了一项公约,其中确认了东非的殖民地,并划定了西非到乍得湖的边界。[85] 威廉·兰格(William Langer)说:“1890年间,倡导法德和解的文学作品如雨后春笋般涌现。”[86]1895年,在法国和英国携手解决暹罗问题时,法国决策者克制住了出兵征服的冲动,而是使用高压政策,并对曼谷进行了海上封锁,[87] 之后,法国与英国通过谈判达成了一项条约,英国将暹罗部分地区让给法国,同时在湄公河上建立了一个缓冲国。[88]

第三,法国坚持不懈地致力于吸引盟友,并与盟友一同分担重担,最终促成了法俄同盟。1875年的德法战争危机为这一同盟种下了种子,[89] 这场危机让法国看到了自己的孤立,也让俾斯麦看到了俄国同情法国的潜在可能,但事态发展缓慢,对德的安抚政策也让法国得到了暂时的安全保障。10年后,施纳布莱和布朗热事件标志着法国外交孤立的危险越来越大,因此,法国高级官员们加紧了寻求与俄国的结盟,为了与沙皇结盟,同年法国递交了至少5个提案。[90] 虽然法国一直在试图利用其经济筹码来获得俄国的青睐,但直到当德国限制俄国进入其资本市场时,法国的这些提案才开始起到了预期的效果,[91] 而这时的法国也才得以更加接近俾斯麦所谓的“Bündnisfähig”(值得联盟)的对象——军事上更为强大、外交上更为活跃、经济上慷慨,并且是理想的武器来源的俄国。[92] 法国也竭尽所能的让自己的意识形态显得更容易被接受,让沙皇对法国政府体系感到安心,并承诺打击法国的俄国革命者。[93] 法国和俄国还携手保证了埃及问题的继续存在,并增加了他们在阿比西尼亚的活动。[94]

当时，俄国不是法国唯一追求结盟的国家，法国外交试图通过向意大利提出商业条约和向英国递交提案来打破三国同盟。[95] 然而，虽然法国和俄国都有向其他国家递交提案，但这两个国家的最终结盟才是合情合理的。此前历史上从来没有哪两个国家在外交上如此的孤立。[96]1891 年，三国同盟再次续签。法国与俄国正式合作之初，英国与德国也在“眉来眼去”。[97] 这两个国家都处在过同样的境遇，都遭受过同样几个国家类似的威胁，正如德尔卡塞所称：“对于法国和俄国来说，存在一个共同的危险，要求两国必须进行最密切的合作……它们是欧洲范围内制衡……日耳曼巨人的砝码，就像两国在亚洲扮演的堡垒角色一样……抵御中国和英国的侵犯。”[98] 两国都释放出了无意推行挑衅政策的信号，法国大大减弱了在阿尔萨斯—洛林地区的图谋，吉尔斯强调俄国在近东推行维持现状政策。[99] 随着颓势愈加明显，法国对结盟的兴趣也与日俱增，俄国则刚好可以弥补法国的弱点。

第四，法国人将稀缺的资源用于国土防御，以阻止德国的进攻。在 19 世纪 70 年代，这一策略最明显的表现是法国堡垒的进化，当雷蒙德·阿道夫·斯雷–德里维耶尔（Raymond Adolph Séré de Rivières）将军于 1873 年出任国防委员会秘书长时，他开始搭建一个全面且昂贵的防御系统——近 200 个堡垒。[100] 从一开始，他的堡垒就被定位为增强机动性和反击力度。[101] 尽管斯雷–德里维耶尔的目标是保卫法国的所有边界，但他把重点放在了英吉利海峡到地中海的前线，主要沿着德军的潜在攻击路线进行搭建，以保护巴黎并阻止入侵军队。然而，到了 19 世纪 80 年代后期，爆破产品的进步，特别是麦宁炸药的发明，使许多陈旧的堡垒面临威胁。法国高级指挥部很快就发现，把金钱浪费在太多设计粗劣的堡垒上是很危险的，这些堡垒可能会被攻破，他们的解决方案是尽最大努力升级少数堡垒，增加战略深度，并提高军队的机动性。

法国在战略铁路领域的投资是这些方案中必要的举措。1870 年，德国有 9 条线路通往法国边境，而法国只有 4 条线路，到了 1886 年，德国仍然只有 9 条，而法国有 12 条，到了 1913 年，法国的铁路线路仍以 16∶13 的比例优于德国。法国还不断提高自己线路的质量——

平滑坡道、增加枢纽和补水点、升级信号，以及在交通繁忙处增加轨道。事实上，在 1870 年至 1914 年的交通运输革命期间，德国将铁路线运送人马的能力提高了 4 倍，而法国却提高了 6~7 倍。[102]

总体来说，除去一些例外情况，法国这一段时间的外交政策与收缩政策保持了一致，处于强权政治的中心，当时法国外交政策的主流倾向是收缩政策，但在外围，却有暗流涌向相反的方向。在欧洲，法国决策者回避了与敌对强国的冲突，把海军资源集中到了本土附近，改善了国土防御，并寻求可以增强法国力量的同盟。历史学家罗伯特·安德森（Robert Anderson）总结称：“法国在大陆事务中仍处于被动角色。”[103] 然而在殖民地领域，事实证明了法国决策者愿意推行更为强势的政策，虽然他们试图最大限度地减少殖民地冲突热点，但还是对远方殖民地总督们的扩张主义行动采取了默认的态度，随着殖民地边界的扩大，法国海外驻军的规模也在扩大，俾斯麦的说法或许是正确的，“法国有殖民地，但没有殖民者”。[104] 在官方的不作为和行政系统的混乱的共同作用下，促成了一项有时与收缩政策核心导向相反的殖民政策。

“更像是一场闹剧”：法国收缩政策的不堪一击

与俄国相比，法国对衰落的反应在这一段时间变得更加多变和不可预测，考虑到法国深层的体制结构条件，这样的反应有些出乎意料。法国在短时间内经历了从较低位次开始的连续衰退，法国还毗邻一个比自己位次高的大国，所以更有强烈的动机将其资本和注意力集中在本土周围。此外，由于法国坐拥一个分散的全球帝国，因此在不损害核心安全的前提下，法国对其外围行为更愿意采取克制政策，然而，尽管有上述种种因素，法国仍然很少持续实施收缩政策。像茹费理这样的决策者在 19 世纪 80 年代早期拒绝收缩政策，他们希望能够通过帝国的扩张获得经济回报并恢复法国的威望。这类政策失败后，决策者奉行的政策与收缩政策大致相符，但国防开支却继续增加，殖民扩张也从未完全停止。

法国政策实施的不连贯性应归咎于内政的变幻莫测。1871 年至 1914 年，第三共和国经历了至少 60 届政府，平均任期为 8 个月，[105] 这一行政领导层面的危机，导致了在 1890 年前就至少更换了 13 任外交部长，随之而来的是“对一个连贯和稳定的外交政策的明显破坏”。[106] 第三共和国战争部官员的更迭比其他任何一个政府部门都要频繁。巴拉伊（du Barail）将军愤怒地抱怨说：“3/4 的（战争部长）没有时间实施他们必须要准备的改革，也没有处理他们所要求的资金。”[107] 然而，国内因素影响法国政策的方式有其独特之处，根基深厚的利益集团并没有强迫决策者放弃收缩政策，众议院的政党也并没有向决策者施压，要求采取扩张主义政策。相反，正是许多国内政客和利益相关方对海外活动的冷漠和疏忽，使得外交政策中的矛盾乘虚而入。

这种矛盾在法国殖民政策中表现得最为明显。像殖民党（*parti colonial*）一样有组织的压力集团，企图促进海外扩张，但也不应过分夸大这些压力集团的影响力。1893 年，殖民地游说团体或许能在众议院的 576 票中争取到 91 票支持。[108] 第一次提及殖民党是在 1894 年，直到 1897 年才开始广为人知，但那时大部分殖民地占领已经结束了。[109] 历史学家亨利·布伦施维格（Henri Brunschwig）称：“这场运动没有执行委员会，没有组织的部门，没有明确的计划，没有选举平台，也没有纪律。”[110] 参与人数“从未达到 10,000 人，在 1914 年可能低于 5000 人”。[111] 简而言之，殖民党更像是法国殖民主义的产物，而不是它的驱动力。[112]

相反，法国殖民扩张是由行政系统的混乱、官方的不作为和殖民地官员的积极主动三者共同努力推动的，殖民地问题归属于次官级别官员管辖，被外交部、商务部和海事部各部门互相踢皮球，非洲军团归属于战争部，海军陆战队归属于海事部，但两个部门都不怎么关心殖民事务。直到 1894 年，才创建了一个管辖殖民地的内阁级别职位；直到 1900 年，不同殖民部队才统一归属到战争部下。[113]

在行政层面尚未明确的时候，殖民地总督和当地军事指挥官拥有很高程度的自由，他们经常无视下达给他们的指令，派出军事探险队，推进殖民前线。对法国决策者来说，只要行动成功且成本得到控制，他们就很少对这些行动提出抗议，鉴于法国内阁的相对弱势和漠不关心，主张殖民主义的部长们几乎没有遇到任何阻挠。[114] 当主张帝国主义的部长出任关键职位时，如 1894 年德尔卡塞和加百利·阿诺托

(Gabriel Hanotaux)分别被任命为殖民地部长和外交部部长,法国的外交政策就变得不那么克制,矛盾也变得更多。[115]

失败的法绍达远征将政策的左右摇摆体现得淋漓尽致。1893 年初,德尔卡塞批准了从法属刚果到尼罗河上游的远征,但后勤遇到的诸多挑战,再加上来自比利时的反对,远征不得不中止,在英法尼罗河上游的谈判破裂之后,德尔卡塞重启了法国人远征尼罗河上游的计划。1895 年,法国内阁批准了派遣两支远征队沿着不同的路线前进,但“令人难以置信的是,在决定将(少校让-巴蒂斯特)马尔尚(Jean-Baptiste Marchand)派遣到尼罗河后,法国政府直到远征军踏上法绍达土地才再次开始讨论这次远征的目的”。[116] 法绍达事件最终成为“法国第三共和国历史上的又一次奇耻大辱”,[117] 时任外交部长德尔卡塞向马尔尚下达了无条件撤军的命令,并承认:“必须避免海战,即使在俄国的帮助下,我们也绝对无力打海战。”[118] 当时英国方面的代表赫伯特·基奇纳(General Herbert Kitchener)将军猛烈抨击马尔尚的远征,称其“不是由一个伟大的政府深思熟虑后制订的计划的结果,更像是一场闹剧”。[119]

虽然法绍达事件看似是对收缩政策的否定,但讽刺的是,它为一种更为连贯和克制的法国外交政策奠定了基础。1899 年 3 月,众议院殖民主义领头人欧仁·埃蒂内也宣称:“特别是在不幸的法绍达事件后,我们需要明确说明的是,法国……渴望和解与和平。”[120] 通过主办美西战争*后的和平会议并寻求与两国达成双边协议,法国不仅赢得了与西班牙的合作,还安抚了美国。[121] 在意大利方面,德尔卡塞初上任后的多项举措之一,就是 1899 年与意大利达成了贸易协议,结束了两国多年的关税战,并修补了两国之间的关系。随后他跟进签订了一份 1901 年的殖民协议,其中用黎波里交换了摩洛哥,并于 1902 年签署了一份中立协议。[122] 以在非洲的让步为诱饵,法国拆散了三国同盟。[123]

但法绍达事件最具戏剧性和最深远的影响是法国对英政策的转变。德尔卡塞提出了他的愿景:“这次(我们的殖民问题的)清算应该引

---

* 美西战争,指 1898 年美国为夺取西班牙属地而发动的战争,是列强重新瓜分殖民地的第一次帝国主义战争。最终美获胜,古巴、菲律宾脱离西班牙统治,美国占领关岛、波多黎各等地。——译者注

领我们……与英格兰建立政治联盟……如果我们可以依靠俄国和英格兰，那么我们与德国相比会强大得多。”[124] 经过两年的谈判，法国和英国在 1904 年签署了英法协约（*entente cordiale*）。历史学家菲利普・贝尔（Phillip Bell）称英法协约是“关于亚非地区领土和纽芬兰捕鱼条款的打包协议”。[125] 至此，法国走完了一整个轮回，茹费理的殖民冒险主义使法国与其他强国疏远，德尔卡塞的克制殖民政策则打破了敌对同盟，并修复了破裂的关系。

国内政治因素造成了法国外交政策周期性的自相矛盾，却并没有扭转收缩政策，但法国国内军事事务就是另一个故事了。一场以德雷福斯事件为中心的政治风暴造成了军民关系危机，最终瓦解了之前的改革努力。[126] 在某种程度上，这场危机的发生出乎意料，在 19 世纪 80 年代和 90 年代的大多数时候，众议院处理军事问题的效率低下，各路部长经常绕过众议院，众议院则睁一只眼闭一只眼。[127] 然而德雷福斯事件发生后，政客们伺机插手将军队改造成了一支看起来孤立且没有代表性的军队，虽然这些改革者的出发点值得称赞，但他们的手段粗放，并且代价高昂。军队服役将进一步被缩短和民主化，[128] 晋升变成了一个政治程序，只有被视为适合共和党的候选人才能得到晋升。[129] 因此，1900 年路易・安德烈（Louis André）将军被任命为陆军领袖，以肃清陆军。他的大力改革削弱了军队的表现，造成了申请军校的人数减少，并且大幅降低了军事教育标准，让“择优晋升”成了笑柄；他还缩短了训练时间，取消了部队巡检，并削减了原本与德国相比已经微不足道的军饷和养老金。[130]

1905 年第一次摩洛哥危机爆发时，法国军方领导人发现陆军并没有做好战争准备，[131] 法国将军纷纷抱怨训练营和射击场太少，政治阴谋破坏了东部防御，[132] 陆军越来越多地被用来镇压劳工骚乱，导致士气大跌，反军国主义上升。这一时期也孕育了法国向“过度进攻”方向的灾难性转变。震惊于德国在物资上的优势，再加上担心征兵对战争准备的不足，法国当政者开始相信迅速的进攻和法国的士气是决定胜负的关键，[133] 虽然大多数是战术性的，但这些理念在战争爆发时会造成不利的后果。[134]

总体来说,法国采取的是收缩措施,但与其他衰落速度处于中等水平的国家相比,法国的政策连贯性较低。随着法国的衰落变得更加明显,它才确实表现出了强化政策转变力度的意愿,其中包括更多地依赖盟友。但鉴于其在大国序列中的地位相对较低,本土附近又存在迫在眉睫的威胁,因此法国在这段期间仍不断扩大其殖民帝国的举动令人非常惊讶。法绍达事件之后,法国决策者才终于认识到了实施克制政策、与殖民敌对国家解决纠纷可能带来的好处。国内政治对法国对外政策发挥了重要作用,但发挥作用的方式与常人所猜想的不同,不是来自国内利益集团的压力,而是官方的漠不关心和官僚主义的混乱,将法国政策的推动交到了一小部分主张殖民主义的部长和殖民地官员的手中。这些利益相关人员减缓了法国收缩政策的脚步,但也无法扭转局面,法国的殖民扩张仍然践行机会主义,公众的热情度有限,高风险高投入的活动要么避免进行,要么完全否认。德雷福斯事件发生之后,在第三共和国期间一直放手不管的国内部门才出手干预,抵销了收缩政策所带来的好处。

19 世纪末期,俄国和法国面临惊人相似的困境。两国都在经历反复衰落,也都面临着更加严重的颓势;两国都分别被位于其脆弱边界的大陆强国所超越和威胁;在这个弱肉强食、竞争愈加激烈的世界,两国都感到非常孤立;但对本书所述最重要的是,俄国和法国都选择了更为接近收缩的政策。概括地说,这意味着早期在国内施行收缩政策,随后便越来越依赖于国际收缩政策。具体来说,这意味着要持续努力削减军费开支,在国内进行大力改革,外交政策克制,并且更愿意与盟友一同分担负担。最终,这些不断衰落的大国将联合起来,抛开意识形态的差异,一起应对共同的地缘政治挑战。

尽管有相似之处,但关键性差异仍然存在。俄国的国际政策取得了更大的成功:俄国重新调整了自己的国际定位,转向防御欧洲前线;签署了重要的殖民协议,以此解决潜在的冲突热点,还建立了一个有助于缓解军事紧张局势的联盟。相比之下,俄国在国内政策上的成果有些黯然:国防负担仍然很小,同时在基础设施和工业方面进行了宝贵的投资,但在维持迫切需要的军事改革方面有些力不从心。法国则几乎与俄国完全相反。在国内,改革恢复了法国军队的战斗力和威望;但在国外,政策的不稳定导致了法国在欧洲偏谨慎,在非洲和亚洲偏鲁莽。

有证据表明,体制条件对收缩政策有所影响。正如我们所知,决策者看似非常清楚他们的国际地位相对较低,之所以改变政策是因为害怕国际地位进一步下滑。19 世纪 80 年代后期,俄国知道自己虽然还能勉强与奥匈帝国相比,但面对德国却是毫无机会;然而,法国政客则对法国岌岌可危的强国地位非常敏感。[135] 虽然与俄国相比,法国的盟友更多也更好,但两国最终还是找到了彼此。在相互依赖的承诺方面,抛弃埃米尔·谢尔·阿里汗、退出平狄危机、撤离帕米尔山脉,以及从伊犁谷和韩国撤军而不担心会造成滚雪球效应,对于这些先例俄国本应有所担心,却并没有表现出来;法国对待自己承诺的态度则更为散漫,并也在行动上体现了出来,如召回布拉柴探险队、撤出马达加斯加以及在东南亚的 180 度大转弯。对两国来说,远征的成果都阻碍了收缩政策的实施,[136] 但究其根源,体制的调整在这些情况下几乎没有影响。俄国面临的地缘政治条件比法国更为严苛,但仍未因此放松对收缩的坚持。

最后,两国情况不同主要是因为国内政治因素不同,而不是国内机能失调理论家给出的原因。在这两种情况下,都不是官僚机构和利益集团在利用国家领导者,而是领导者在利用官僚机构和利益集团,没有什么固有的制度性原因,也没有什么是不可避免的,国家元首将利益集团玩弄于股掌之间,并利用官僚漏洞推进他们自己倾向的政策。很难说为什么两国政策带来的结果不同,但从表面看,俄国根深蒂固的专制特权文化对政策结果有很大影响,而法国,领袖的个人特质则是主因。在两国的案例中,最惊人的并不是国内政治有多重要,而是国内因素的累积影响如此微弱。

退一步讲,从这对南辕北辙的同盟身上,我们可以总结出一些关于收缩的经验教训。首先,两国的情况表明,军事改革是在国内实施收缩政策最具挑战性的方面之一。对于俄国来说,在直面沙皇反对派之前,军方挣扎着在资源有限的条件下进行必要的改革措施;对于法国来说,激进派、温和派和保守派之间意识形态的差异,推迟了初步改革的步伐,最后整个计划在德雷福斯事件爆发后惨遭腰斩。军事体制的改革就像是在刀尖上走钢丝，走得太快可能会破坏原来行之有效的策略，但走得太慢则会影响国家安全；将资源大量投入过时的体制是在奖励无能，而不给需要资源的机构提供资源则会影响其表现；挑战保守的文化可以激发新的想法，但顶层机构的干预可能会以危险的方式将军队政治化。决策者在权衡这些利弊时所体现的手腕会对结果产生关键性的影响。

其次，两国的案例表明了收缩政策的贯彻实施需要来自官僚机构的坚定支持，特别是在外围地区。19 世纪 80 年代，法国在普法战争爆发之初的克制，最终因为在非洲和东南亚的帝国扩张而功亏一篑。19 世纪 90 年代，东亚扩张的诱惑同样削弱了俄国的收缩政策，最终，俄国放弃收缩政策后的行为造成了更为灾难性的后果，与当时强势崛起的日本产生了冲突。然而，两国行政系统的混乱、官方的不作为和贪婪的殖民地总督将强国诱惑到外围地区，而这一行为往往会带来负面后果。这说明，仅是关键决策者接受收缩政策的原则是不够的，必须在官僚机构层面上进行调整，才能在实践中分清重点。

最后，这些案例凸显出了盟友的限制。如果同盟在减轻负担方面过于高效，同盟之间可能出现占便宜、浪费边缘地区资源和冒无谓的风险等情况。即使同盟对自己愿意提供的援助设有明确限制，例如，俄国对阿尔萨斯—洛林地区的信号传递以及法国在巴尔干地区的信号传递都有所限制，上述情况也可能发生。对俄国而言，与法国结成的同盟让一些决策者在欧洲感到更加安全，进而鼓励在亚洲进行扩张行动；就法国而言，在确定俄国会向印度施加同样的压力的前提下，法国似乎更愿意在与英国的非洲殖民争端中冒险。然而，这些事例也证明了防御性联盟很难被转变为进攻的手段，法俄同盟无法挽救法国在法绍达或俄国在对马岛耻辱的失败。在第一次世界大战中，同盟证明了它的价值，但在第一次世界大战之外，它的价值则很难被证明。

第八章

沙皇统治

1903 年的俄国

> 让步总会招致新的让步。
>
> ——沙皇尼古拉二世(Tsar Nicholas Ⅱ)

一种普遍的观点认为,在这段时期,俄国的外交政策接二连三地犯了大错,俄国在远东陷入了灾难性的战争,在巴尔干半岛引发了尴尬的局面,在第一次世界大战的开幕战中举步维艰并最终屈服于国内革命。这种观点是有事实根据的,沙皇导致了俄国外交政策在许多方面的失败,同时,沙皇统治下的俄国却无法迅速适应变化中的环境。然而,与人们普遍以为的情况相反,这一时期的俄国并不缺乏大战略。在外交方面,俄国官员扑灭了整个帝国的战火,同时巩固了与强大盟友间的伙伴关系;在经济方面,俄国也逐渐从日俄战争和国内革命的重击中恢复过来;在军事方面,俄国在第一次世界大战中的表现和许多大国[1]一样厉害,在某些方面甚至更胜一筹。虽然沙皇俄国最终土崩瓦解,但这一期间,其所取得的种种成就不应就此被埋没。

在很大程度上,从俄国对于收缩的不懈追求之中,我们能窥见其成功的根本原因。在日俄战争爆发后的一段时间里,俄国外交政策严格遵循收缩原则。对内,他限制国防开支,实现武装部队现代化,并将资源重新配置到经济投资上;对外,他抑制了在外围国家的扩张,努力消除了与潜在敌对势力的冲突点,并加深了与盟友及伙伴的合作。这些努力并非总能够被一以贯之或达到本该有的程度,国内改革尤甚;这些政策也并没有得到长期的谨慎维持。俄国大规模的收缩主要发生在

1905 年至 1908 年，在此期间，日俄战争所带来的灾难，使人们开始关注国内改革和外交审慎的必要性。然而，到了 1908 年，俄国开始采取与收缩相反的政策，特别是在巴尔干半岛地区，1912 年后，这种趋势进一步加剧，尽管出现了重度衰落，俄国仍选择不收缩，这使得紧张局势开始蔓延，并最终压垮了俄国的大战略。

为什么俄国的决策者会选择放弃收缩呢？体制结构条件是其中一个原因。在此期间，征服方向的计划逐渐向进攻方向倾斜，这使得具有侵略性的战争计划愈发诱人，并使俄国担心，若自己一味防守，则可能会遭到掠夺。俄国的行动也被视为更与其他国家相互依存，随着德国和奥地利加强了盟友关系，波兰阵线的稳定性与发生在巴尔干半岛和奥斯曼帝国的种种事件交织在一起，特别是在 1908 年波斯尼亚危机中遭到羞辱后，俄国决策者担心，在一个地区暴露弱点，就可能会在另一个地区遭到掠夺。此外，一个同样重要的影响因素是俄国的国内政治。负责指导俄国外交政策的机构被分歧所笼罩——各机构之间、内部派系之间以及首都和各省当局之间都充斥着分歧，沙皇的介入使得局面变得更加混乱。虽然是出于善意或好的想法，但他所青睐的政策却是国内不稳定和外交政策不连贯的根源所在。尼古拉二世的抵抗阻碍了必要的改革，他的决定引发了政府机能失调，在他的大臣将俄国不断引向未来的路上，他坚持活在过去的做法成为这条路上的绊脚石。

“一些政治上的虚无”：俄国意识到衰落

即使在日俄的战争灾难爆发之前，俄国的处境也同样岌岌可危。在新世纪的头几年，俄国的经济形势不断恶化，其对海外市场和信贷的依赖令人不安，[2] 此外，其社会稳定性也逐渐降低，从 1901 年到 1905 年，共有 4 名高级官员遭到暗杀。[3] 在 1900 年的一份异常直白的政策文件中，战争大臣阿列克谢·库罗帕特金给出了惨淡的战略评估，强调俄国必须避免战争和扩张。[4] 虽然财政大臣谢尔盖·维特为扩大俄国在远东地区的影响力作出了贡献，但他严厉警告称，俄国的孱弱意味着它不能走强硬的路线，且要避免陷入麻烦之中。[5]

尽管大臣们再三谏言，俄国仍选择与日本开战，并为此付出了沉重的代价。仅在对马海峡战役中,俄国便损失了 12 艘大型军舰,共有 4380 名海员遇难,6000 人被俘。俄国累积的损失更为惨重,军费耗资 22 亿卢布,外加 40 亿卢布外债,共有 27 万人死亡,且 18 个月内未胜一役。[6] 在去谈判和平条约的途中,维特感到十分懊恼:“在法国首都,每走一步,我深爱着祖国的感情都在受到伤害。身为俄国独裁者的首席全权公使(原文如此),公众对待我,就像对待某个政坛无名小辈的代表一样。”[7]维特的继任者弗拉基米尔·科科夫佐夫(Vladimir Kokovtsov)毫不含糊地断言“经济搞不上去,俄国将无法成为大国”。[8]

战争的影响是非常深远的,俄国的财政实力和军事能力都遭受了重创。1907 年,战争大臣亚历山大·罗迪格(Alexander Rödiger)警告说,“鉴于当下战争刚刚结束,动荡还未停止,加上我们武装部队的自身状况,在未来一段时间内避免与外国纠缠是非常明智的”。[9] 1908 年,陆军和海军司令在会晤后得出结论,若圣彼得堡遭到袭击,首都可能会沦陷。[10] 同年,战争副大臣阿列克谢·波里瓦诺威(Alexei Polivanov)承认,“我们的军队没有战斗能力”。[11] 一份 1909 年的报告悲伤地指出,“即使是大国,也必须通过对现有手段和对现状的理解来实现政治目标”。[12] 在 1911 年同法国工作人员的会谈中,外交大臣亚历山大·伊兹沃尔斯基(Alexander Izvolsky)表示,“我们现在的状态无法参与欧洲的战争。我们仍然需要至少两年的时间来重组武装力量”。[13]

为了应对这种明显的衰落,俄国决策者敦促实施收缩。大臣委员会新任主席指出,“我们国内的情况不允许我们采取激进的外交政策”。[14] 伊兹沃尔斯基认为,俄国必须放弃帝国扩张的“幻想”。[15] 经验丰富的政治家谢尔盖·萨宗诺夫(Sergei Sazonov)强调,“很长一段时间里,俄国政府都必须在经济领域作出一切可能的让步,以安抚德国对俄的敌意”。[16]

简言之,俄国领导人已经注意到,俄国在此期间的表现令人沮丧,所有高级大臣都知道现在国家如履薄冰,所以他们仗义执言,一次次地敦促收缩——俄国必须撤回军队,必须专注于核心利益,必须进行改革以避免遭受更严厉的责难。不幸的是,对相关人士而言,对这一做法最抵触的人恰恰是手中拥有权力的人。

"军队殿后"：俄国国内政策

我们猜想，与上一章法国的收缩政策相比，俄国的大型收缩政策规模仅算中等，但力度更大。衰落的大国一般会大幅削减人员和军费开支，重整部队以应对紧急情况，开展大规模改革以从错误中吸取教训，并将资源重新配置以助力经济复苏。俄国在这些方面均进行了改革，但在许多方面做得还不够。开支的削减和资源的重新配置使俄国在未来10年内的财政基础更加稳固，但是顽固的官僚主义和沙皇的保守主义使军队重组和体制改革困难重重。令人有些惊讶的是，经济似乎是更容易被改革的那一个。

第一，限制军费开支是几位大臣的主要目标，并且这个目标也基本达成。维特和科科夫佐夫严格限制军费开支，"收缩"成了一种标语。[17] 日俄战争和随后的骚乱使国防开支连续3年上涨，但自1907年到1911年，在真正需要替换战争中损耗严重的军备时，俄国的军费开支却基本平稳——平均比德国军费开支要低15%。[18] 随着经济的复苏[19] 以及德国和土耳其日益增长的威胁，[20]军费开支从1911年的6.69亿卢布猛增至1912年的8.15亿卢布，并在1913年达到了9.62亿卢布。[21] 当然，这些数字只是粗略的指标，模糊了陆军和海军支出的划分以及各种项目的投资回报。我们之后会探讨这些定性因素，但现在足以得出结论——俄国在有序过渡之后，军事收缩真实存在并且具有持续性。

第二，俄国想要重组其军事力量，以扩充其后备力量，并更加有效地利用现有的后备力量。1900年，陆军和平时期的人数为89.6万人，战时为350万人，而海军人数则稳定在4.5万人。[22] 到了1905年，虽然数据有些波动，但和平时期的陆军人数为110万人，战时达到460万人，海军则为6万人。[23]1906年出台的一项法律将兵役时长从6年缩短到3年，这是自1874年以来的首次缩短，再加上征兵漏洞的收紧，使得预备役人数增加了25%。[24]在受到1908年巴尔干危机失败的刺激后，俄国加强了军事改革，并着手将"预备役转变为一支有用的军事力量，而非一种负担"。[25] 正如历史学家诺曼·斯通（Norman Stone）所言："在第一次世界大战中，充足的后备力量是重中之重。"[26]

与此同时，俄国还采取了一些重大举措来提高效率、优化装备。1906 年的兵役法提高了工资，并简化了预备役的调动程序。[27] 在波斯尼亚吞并危机之后，战争部强调现代化，采购了大量高质量的武器，如机关枪、榴弹炮、火炮和机动炮，还利用外国技术建立了国内军火工业。[28] 同时不必要的特权和军官的警卫员人数都被削减，这使得更多士兵能够执行正常的任务，[29] 陆军在没有产生额外成本的情况下壮大了 13%，“几乎白手起家”创造了中央补给服务，[30] 调动的时间明显缩短。[31]

然而，这些改进还不够，战争部有时不得不砍掉一些不重要的花销，而且这通常是无缘无故的。[32] 部队需要用所提供的原材料自己制作军服，通常连靴子也要自己做，士兵们不得不自带或自己设法获取肥皂、勺子、靴子刷、鞋油、擦枪用的油和抹布、床单、衬衫，甚至毯子和床。此外，由于士兵的报酬很低，而且部队资金吃紧，他们不得不在田里工作以维持生计，这让将军们非常苦恼；[33] 面对内忧外患，军队训练不足、人员配备不足，这让战争大臣十分头痛。[34] 更糟糕的是，战争大臣罗迪格和弗拉基米尔·苏霍姆林诺夫（Vladimir A. Sukhomlinov）希望放弃已经暴露的边境堡垒，以便撤退到有更多机动部队的防御线上来，但沙皇并没有重视他们的计划，并且要求对其中一个堡垒进行部署升级。[35] 而这样做的机会成本最终是俄国所需的重型火炮。[36]

更加严重的问题是，沙皇对于海军的痴狂，使得多年来陆军的宝贵资源被转移，并且这些资源都没有得到很好的利用。不顾国防部、战争大臣、法国军方，以及杜马主席兼帝国防务委员会主席亚历山大·伊万诺维奇·古契科夫（Alexander I. Guchkov）的反对，沙皇仍毫无保留地支持海军。[37] 相比能力超群的海员，沙皇对看起来功能强大的船只更感兴趣，这使得海员并未接受良好的训练，沙皇阻挠了对日俄战争中海军表现的任何严肃调查，因为他担心，这些调查会起底一些关于他的家族和他自身所作的一些决定的尴尬细节信息，所以海军的整改必须从基层做起。[38] 第一次世界大战期间，海军拥有 4 艘大型军舰，吨位仅高于奥匈帝国海军军舰，并没有什么战略优势。[39] 最终结果是，虽然陆军预备役和装备的情况有所改善，但并没有得到足够的支持，且审慎的部队结构也被升级不必要的堡垒、火炮投资不足和过度造船破坏了。

第三,在日俄战争中遭到打击后,俄国面临着重重压力,包括彻底改革其军事体制、解雇无能的军官、改善后勤、改良规划、训练和指挥等各个方面。事实上,俄国也就是这样做的。在1905年以后,俄国军队先后在治理风格迥然不同的战争大臣罗迪格和苏霍姆林诺夫的领导下进行了大规模的改革。[40]但两者都在同一方向上进行了深入的改革。历史学家布鲁斯·梅宁和约翰·斯坦伯格(John Steinberg)认为"1905年到1912年的深刻变化可以和半个世纪前迪米特里·米利乌汀的改革相媲美,甚至影响更为深远"。[41]

体制方面,权力在1909年进一步向战争大臣集中。[42]战争部对军服购买进行了改革,提高了薪酬,增加了养老金,加强了绩效考核,提拔了平民并让无用的人离休,[43]最后这一点是非常关键的,观察人士认为,俄国失败的最大原因是缺乏人才的军官队伍。[44]超过2000名表现不佳的军官被开除,陆军成了有才华的俄国人大展拳脚的地方,在此之前,军官长期处于人手短缺的状态。直到1907年,陆军人数仍比实际所需人数低20%,但到了1910年,则出现了军官人数比实际所需多出一名的情况。[45]1908年之后,战争部得到了相应的资金,将军事演习的投入增加了一倍,之后到1913年,投入又增加了一倍。[46]战争部同样还推进了火炮和射击学的发展,优化了工兵队伍,采用了无线通信,统一了作战单位组织,并建立了世界第二大空军队伍。[47]情报改革同样也取得了成功,1908年,德国将军赫尔穆特·冯·毛奇[又称小毛奇(The German general Helmuth von Moltke, the Younger)]向外交部发送了一份备忘录,警告称:"俄国情报机构拥有一个秩序井然、分布广泛的系统,该系统坐拥着可观的财政资源。"[48]总体而言,俄国的官僚机构,特别是军队,正在不断壮大,正在变得更包容、更专业。[49]

不幸的是,基层进行了改革,高层却在腐烂。实际上,这两者是有因果关联的,历史学家布鲁斯·梅宁表示,"高层的持续失败促使俄国人制定出了合理有效的军事管理方针,这或许是自米卢延时代以来效率最高的军事管理方针"。[50]然而,两位战争大臣均警告称,改革还远远不够,来自沙皇家族的干扰太多、堡垒过多,而训练过少,速度和集中性也不尽如人意,所有的这一切都会在第一次世界大战中造成可怕的后果。[51] 但是沙皇是出了名的自己不享受，也不会让别人享受的人，因此，他无法使用中央集权，也不让别人使用，他从中作梗，不让他人从日俄战争中汲取教训，干扰了国家在现代化军事教育上的努力，却在提拔平庸之辈、打压有志之士上花了不少力气。[52]

1905 年以后，俄国改革者试图通过建立国防委员会（GSO）和独立的俄国总参谋部（GUGSh）来架空沙皇，[53] 但沙皇极力避免这种蚕食他权威的行为发生。1908 年，他废除了国防委员会，并宣布"我打算将军务更多地掌握在自己手中"。[54] 根据富勒的观察，这意味着"所有从实际角度出发的……国防问题根本无法协调"。[55] 总参谋部得以继续存在，但由于沙皇挫败了限制他特权的制度，它未能发挥改革者期待的作用。[56] 军民关系"严重失调"。[57] 所有人都说，在日俄战争之后，俄国军队在士气、供应、调度、储备、武器、后勤、演习和教育方面都取得了巨大的飞跃，但高层制度机能失调的情况却仍然存在。[58]

第四，俄国重新配置资源以促进增长和提高效率。维特评论说，"在那些阻碍增长的因素中，军国主义占据首位"，以及"我的座右铭是——贸易和工业总是打先锋，而军队总是殿后"！[59] 科科夫佐夫一直推行着类似的政策，直到他在 1912 年被边缘化为止。俄国的重点越来越多地向非军事项目转移。1891 年，有 30% 的中央政府的支出用于国防；但到了 1903 年，这个比例已经下降到了 21%，并持续保持该水平；直到 1913 年，在大计划的帮助下，用于国防的中央政府支出才回弹至 29%。[60] 同时，在 1891 年，俄国支出的 10% 花在了铁路等政府事业上；到了 1903 年，这个数字翻了 3 倍，达到 39%；之后在 1910 年下降至 35%。即使官僚机构渐增，行政成本却从 1891 年的 25% 下降到了 1903 年的 19%，之后在 1913 年降至 17%；此外，债务成本也从 1891 年的 26% 减少到 1903 年的 14%，之后在 1913 年降至 13%。[61]

总体来说，资源的再配置起了作用。虽然估算各有不同，但从 1885 年到 1914 年的增长率大致为 3%，并且在第一次世界大战之前保持了持续增长。[62] 俄国政府增强其战略竞争力的明确目标就是实现工业增长，俄国的工业从 1890 年到 1899 年增长了 8%，从 1907 年到 1913 年增长了 6.3%，[63] 到了 1913 年，俄国工业占劳动力的 5%，但占国民总收入的 20%。[64] 铁路运输里程在 1890 年到 1904 年之间翻了一番,此后其管理得到了改善,铁路也开始盈利。[65] 此外,俄国是世界人口增长最快的国家之一,而少数几个更加发达的国家也在吸纳大量的俄国移民。[66] 在第一次世界大战中,尼尔·弗格森(Niall Ferguson)对于俄国"拥有最成功的战争经济"感到惊奇不已。[67]

可以肯定的是,在腐败贪污、无用的堡垒船只,以及拙劣的经济和社会政策等方面,俄国曾经错误地配置了大量资源。此外,多年以来,许多大臣制定的各种政策使得俄国经济增长来源多样,俄国在 1900 年之后,放弃了直接促进工业发展这样的做法。[68] 但经济学家们一致认为,俄国政府严格的财政政策、较高的关税、较低的税收、稳定的卢布、国内的基础设施投资,以及对外国资金流向俄国资本家的鼓励等,为提高增长率作出了重要贡献。[69] 经济学家奥尔加·克里斯普(Olga Crisp)评论说,"政府政策进入俄国市场的新资本总额已高达到 30 多亿卢布,这一数额甚至超过了德国人在 1870 年从法国收到的战争赔款"。[70] 如果没有这些政策,俄国会变得更糟。

总而言之,俄国的国内收缩只取得了部分成功。随着时间的推移,不同问题领域的进展也是不同的,但俄国试图在欧洲军备竞赛期间控制开支。在 1903 年的前后 5 年中,除了日俄战争的花销外,俄国在国防上平均支出了 4.98 亿卢布;在 1895 年至 1913 年,俄国则花费了 6.02 亿卢布。[71] 俄国在武装力量重组和体制改革方面的做法却更加矛盾。对于军队体制结构而言,决策者增加了后备力量,并提高了装备水平,却将其需要的资源抽走,用于建造不必要的堡垒和战舰;对于体制改革而言,俄国采取了一系列措施来解决日俄战争中所暴露的明显问题,但沙皇却不断弱化这些措施。结果,虽然改革比反改革要多得多,但收缩的力度却没有像我们理论预期的那样大。

"与每个人保持良好关系":俄国国际政策

我们预计,衰落的大国将无比依赖国际政策,如召回大部分军队,即使采用绥靖政策也要拼命避免冲突热点,急切地将负担甩到他国头上,并将重心集中在国防上。截至 1912 年,俄国政策的大趋势就是这样的,仅有零星的例外。军队回国了,但他们也并没有退守到战争大臣所希望的那种程度;外交官们忙着避免事态升级,但面对一些不尽如人意的结果,他们也愿意试着奋力一搏;俄国在未承担新责任的情况下获得了盟友和援助;在收缩之后,国防也比以前做的更好。与国内局势相比,俄国在国际政策这方面所取得的成绩反而与收缩更加相得益彰。

第一,俄国重新部署了军队,使其远离外围国家。1905 年后,俄国外交政策的重心快速向核心地区转移,然后在 1912 年左右开始渗透回外围国家。[72] 战争结束后,远东军队被迫撤回以协助镇压俄国核心地区的内乱,随着这些余烬的降温,1909 年至 1910 年的《第 19 项计划》(Plan 19),确定了要在体制层面上将国防重点放在本土。尽管认为进攻是最好的战争形式,但是俄国将军还是放弃了波兰要塞的大部分区域,以避免遭受夹击,并同意在后方地区使用更少的掩护部队进行调度。[73] 为此,在华沙和维尔纳军区的部队分别被削减了 91 个营和 37 个营,而在莫斯科和喀山分别增加了 28 个营和 51 个营。[74]《第 19 项计划》还将俄国的军力集中于应对东普鲁士地区的德国威胁上,同时对奥匈帝国采取行动。[75] 历史学家约翰·戴维·沃尔兹(John David Walz)总结说:“在作出调整之前,(百分之)七十的俄国步兵被部署在圣彼得堡——莫斯科——哈尔科夫线以西,但调整后这个数值降到了(百分之)五十九。”[76] 政治学家杰克·斯奈德认为,这个计划“比俄国在 1880 年至 1914 年间所制定的其他计划更具防御性,且更加针对德国”。[77] 与此同时,海军部队坚守在沿海地带,进行防御。[78] 整体而言,在 1905 年至 1912 年间,俄国将部队召回核心地区,其程度是几十年来都未曾见过的。

第二,俄国决策者试图化解冲突热点,有时甚至不惜采用绥靖政策。在日俄战争结束后,新任外交大臣伊兹沃尔斯基认为,他的任务是“与所有人保持良好关系”。[79] 他公开排除了使用武力的可能性:“我们不应该,也不能够作出任何可能导致与他国发生武装冲突的事情,俄国最需要的是和平,需要从过去几年的内外冲突中恢复元气。”[80] 俄国化解冲突热点的努力主要集中在外围国家,其标志性事件是 1907 年签署的《英俄协定》。[81] 经历过与英国在中东地区达成可接受条约的困难，在1905年这个多事之秋之后，俄国达成这样的条约就显得不是什么难事了。[82] 在1907年的特别会议上，伊兹沃尔斯基说："在亚洲，我们必须摆正俄国利益的位置，否则我们自己会变为一个亚洲国家，这将是俄国最大的灾难。"[83] 沙皇强调"必须达成协议"。[84] 当英国反对拟议的利益范围时，俄国便适时地将它们收回，因此多年来紧张的局势逐渐缓和，[85]在和土耳其的交锋中，俄国也没有引起什么波澜。[86]

俄国在远东采取了类似的政策，试图以此来安抚日本。尽管朴茨茅斯和平会议没有取得太大进展，[87] 俄国也没有排除与日本重新开战的可能性，但决策者仍然快速地将重心转移到了改善关系的需求上面。[88]在1907年，俄国和日本在渔业、铁路、商业、门户开放、中国领土完整和势力范围等方面达成了一致。[89] 正如一位学者所言，"《俄日条约》是俄国提出的，因为其外交政策的重心从亚洲转移到了欧洲。然而，其最终所达成的条约本身更加贴近日本所希望达成的条件，而非俄国所希望的"。[90] 由于俄国处于弱势，它不得不作出这些有利于日本的让步。

俄国不仅试图减少与外围国家的争端，还想要缓解与核心地区敌对势力的紧张关系。虽然法俄同盟是俄国政策的基础，但决策者仍试图在可能的情况下缓和与德国的紧张关系。在第一次摩洛哥危机中，尽管俄国口头上支持法国，但实际上却回避了冲突，并同意了法国所要求的放弃《法俄军事协定》中考虑对英开战的条款。[91] 尽管俄国在1907年与英国是站在同一战线上的，但伊兹沃尔斯基仍然将事态通报给了柏林政府并征询了德国的意见。[92] 德国和俄国皇帝在斯维诺乌伊希切的会晤也是出于同样的目的，并且几个月后两国也就波罗的海的领土现状达成了谅解。尽管有些不情愿，但俄国同样同意了德国修建巴格达铁路的计划。历史学家菲鲁兹·卡泽姆扎德（Firuz Kazemzadeh）这样说道："非常清楚的是，如果能够自由选择的话，俄国政府宁愿让波斯没有铁路。然而，由于担心与德国的关系进一步恶化，俄国不得不这样做，来安抚这个强大的西方邻国。"[93]

俄国也并非一直这样被动，但是，主动出击最终只让其感受到虚张声势是徒劳的。伊兹沃尔斯基想要通过补救式的外交胜利来洗去日俄战争的污点,但俄国缺乏打一场胜仗的能力,在奥兰群岛上,他欺压瑞典的笨拙企图轻易地被其他国家挫败。[94] 在1908年,伊兹沃尔斯基和奥匈帝国外交部长阿洛伊斯·艾伦塔尔(Alois Aehrenthal)暗中讨论了奥地利吞并波黑的交换条件,[95] 但奥地利人,更重要的是德国人认为,俄国太过孱弱以至于无力抗衡,所以吞并是在没有任何补偿的情况下完成的。罗迪格评论道:"俄国不可能为了塞尔维亚人开战。"[96] 根据历史学家大卫赫尔曼(David Herrmann)的说法,俄国军方领导人"请求文职部门不要让俄国卷入战争"。[97] 于是,没有与他们的盟友协商,俄国人就羞辱地让步了,第二年,伊兹沃尔斯基被降职,俄国也就此休养了一段时间。[98] 新任外交大臣萨宗诺夫希望在《波茨坦协议》中安抚德国,来避免同样的事情再次发生。德国承诺不支持奥地利在巴尔干地区的侵略行为,以换取俄国承诺不支持英国对德国的敌对政策。[99]

当1911年爆发第二次摩洛哥危机时,俄国不仅没有为其盟友提供坚定的支持,还建议法国撤退并将阿加迪尔港让给德国,[100] 1912年,法国对有关俄国及德国皇帝在芬兰湾会晤的报道感到震惊。政治学家格伦·斯奈德(Glenn Snyder)表示,法国总理雷蒙德·普恩加莱(Raymond Poincaré)"要求萨宗诺夫给出正式担保,保证不会讨论政治话题,并且要求其公开表明俄国对协约国的忠诚。萨宗诺夫拒绝了这两项要求"。[101] 综观整个俄国政府,其避战的情绪依然强烈。历史学家迪特里希·盖尔(Dietrich Geyer)总结称:"毫无疑问……在这个时期……这两任外交大臣都倾向于避免战争。他们采取了一种防御性战略来保护俄国的利益,因此要尽力考虑到其有限的军事行动空间。"[102]

第三,随着武装力量的减弱,俄国希望将防御负担分配给其他国家。于是,法国同盟就承担了俄国所甩出的很大一部分负担。[103] 法国外交电报显示,法国人意识到他们成了不对称关系中劣势的那一方。[104] 在经济方面,虽然俄国人摆出一副关心法国利益的姿态,但他们经常将法国的借款花在俄国最为关心的事项上,[105] 俄国拿着法国的借款沿着经济走廊修建铁路,而并没有选择能到达德国前线的战略路线,尽管随着战争的临近,这样的情况产生了变化。[106] 在海洋方面,1901年的法俄海军会议试图通过分工和划分战区来协调海军,并且俄国称其正在打造海军部队来帮助法国，[107] 但是法国却对俄国在海军方面的支出不太满意，因为它分走了对俄国陆军的投入，而且不管怎样，俄国对海军的投入已经太晚，因此俄国的海军并没有在第一次世界大战中发挥什么作用。[108] 在陆地方面，法国要求俄国尽早进攻，但直到 1912 年为止，每当俄国表示要采取行动的时候，大多都在虚张声势。[109] 俄法两国的军事人员之间开展了一系列的会议来协调计划，并强调，如果德国对两国中的任何一国动兵，迅速且整体的调兵是非常必要的，但是，预计法国调兵的人数将比俄国更多。在 1913 年的军事协议中，法国同意调兵 130 万人，而俄国同意调兵 70 万～80 万人，大约占俄国士兵总数的 20%。[110] 俄国的战争计划变得越来越激进，并不是因为法国的要求，而是因为俄国决策者越来越悲观，认为法国将很快被淘汰出局，若真如此，俄国需要立即获得帮助才能有机会活下去。[111]

如上所述，1907 年后，法俄联盟通过与英国和日本达成的协议而得到了巩固，从而减轻了俄国的防御负担，使其能够将更多的精力集中在欧洲。《英俄协约》解决了关于西藏、波斯和阿富汗的争端，使“大博弈”中数十年的争斗落下了帷幕。[112] 至于日俄关系，两国分别于 1907 年、1910 年、1912 年和 1916 年签署了一系列协议，使俄国得到了东侧的和平，而日本得到了随心所欲对付中国的自由。1910 年协议是 1907 年协议的一个升级版，但没有提及开放门户或中国的领土完整问题，还将协议转变为一份更类似于防御性联盟的文件；[113] 1912 年《萨宗诺夫-本野一郎协议》（Sazonov-Motono Agreement）将其势力范围扩大至蒙古，并将蒙古变成了一个缓冲国；[114] 1916 年的条约是一项为期 5 年的防御性协议，旨在不允许第三方介入中国事务。总体来说，俄国外交官找到了多个有能力的盟友来帮助承担俄国的重担，而在战争爆发时，这些盟友也确实履行了承诺。

第四，俄国决策者想要加强本土防御。我们已经了解到，苏霍姆林诺夫的改革是如何将军队集中在核心地带的，也同样了解到，虽然战争大臣被迫升级了波兰突出区的一座堡垒，但俄国的战略是如何日益向防御转型的。值得赞扬的是，沙皇还调整了俄国铁路建设的重点。1908 年以前，铁路主要沿经济走廊修建，但之后他们却改道战略走廊;[115]1912 年以前,由于害怕德国的入侵,波兰一直忽视铁路建设,但 1912 年以后,人们对铁路的信心增加了,信心的增加使得波兰的铁路状况得到了大幅改善。[116]

总而言之,俄国能够从日俄战争造成的破坏中恢复过来,恰好证明了俄国的国际政策取得了巨大进展。军队被重新部署到国内,以支持本土防御,外交大臣们努力减少摩擦,以避免俄国卷入无法获胜的战争。或许成果最显著的一点是,通过与英国和日本的合作,俄国的外交政策安抚了外围地区,并巧妙地利用了与法国的联盟,在不作出任何超出自身利益的事情的同时,尽可能地榨取一切可以榨取的东西。当战争重返欧洲大陆时,俄国就是一个强大联盟中令人望而生畏的一员。

"胜利与灾难":俄国收缩的极端

日俄战争结束后,俄国的外交政策紧紧围绕收缩展开。俄国缩减了国防开支,这种做法至少维持到了俄国在欧洲重整军备的压力下被迫加入欧洲大陆的军备竞赛之前;俄国改革了其军事力量结构及军队体制,但是对堡垒和战列舰上的投资没什么意义,改革也没有人们想象的那么彻底;俄国试图化解冲突热点,尽管巴尔干泛斯拉夫(Balkan PanSlavs)的请求偶尔会使俄国陷入想要避免和无法取胜的危机之中;最后,俄国在关键领域实行收缩,但在这些领域中,其对收缩的追求既不一致,也不完整。出于这个原因,我们认为俄国的收缩程度是适度的,鉴于俄国的衰落程度,这个结果较为令人惊讶。

就某种程度而言,俄国能实施收缩本就十分令人惊奇,晚期的沙皇俄国在职能、理性或现代主义方面可并不是什么好榜样。然而,在此期间,内部斗争与俄国的外交政策几乎没有关联,最大的分歧主要集中在国内政策上,而对于一项不那么野心勃勃的外交政策,各方反而达成了广泛共识。[117] 公众舆论和商业利益在沙皇俄国没有影响力,在海外主张中也没有获得多少支持。[118] 杜马通常是温和的,会满足军方的资金要求,而且只有在大规模海军重建这样无比可疑的提议上,他才会稍微强硬一些。[119] 即使是保守的尼古拉二世,也屈服于收缩的大势,尼古拉二世引入了像罗迪格那样保守的改革人士,当发现罗迪格不够保守时,他又对苏霍姆林诺夫委以重任来弥补所造成的损失，结果却发现苏霍姆林诺夫依旧沿袭了他前任的政策。[120]

然而，在1912年之后，俄国的收缩政策开始瓦解。在1913年，俄国启动了所谓的“大计划”，该计划旨在将和平时期的军事力量扩大40%，并将火炮的炮台数量增加一倍。[121] 到了1914年，常规陆军的人数已经激增至140万人左右，其中现役后备军和各种民兵组织人数分别为260万人和600万人。[122] 俄国的战争计划也更具攻击性，1912年，军事规划者通过了第20号计划，其中包括进攻奥匈帝国（A计划）和进攻德国（G计划）。[123] 这样野心勃勃的政策并非是应法国人的要求所制定的，而是俄国的将军们本身就想要这么做，实际上，单独的A计划是默认计划，而这个计划会使法国陷入困境。[124] 战争爆发于1914年，俄国在没有沙皇或战争大臣真正监督的情况下，同时实施了A计划和G计划，这使结果变得非常糟糕。[125]

俄国的外交也变得更具对抗性。俄国在远东、中亚和波斯的主张变得更加坚定，即使这种举动会引起其潜在合作伙伴英国的敌对；[126] 俄国也开始在巴尔干地区执行修正主义计划，尽管这种举动可能会在俄国重整军备尚未完成之时引发战争。[127] 俄国似乎更愿意挑衅对方，而不是化解冲突热点。战争之路上的关键导火索是1912年至1913年的巴尔干战争，这场战争使4个巴尔干国家几乎夺取了土耳其在欧洲的所有财富。这些战争似乎证明了，俄国人对于进攻非常重要的判断、对塞尔维亚等盟友的支持以及德国和奥地利战线之间的关联的看法都是正确的。泛斯拉夫主义已经成为一股不可忽视的力量，而它的迅速上扬离不开俄国的煽风点火，[128] 巴尔干地区的盟友已从防御工具转变为进攻工具。

如何解释俄国外交政策作出的这种危险转变呢？在某种程度上，俄国变得更加野心勃勃，是因为他承担得起这样做的后果：战争储备恢复到了之前的水平，局势逐渐恢复稳定，经济不断复苏，其让步也确保了外交的灵活性。[129] 体制结构似乎为激进的外交政策创造了更有利的条件。德国和奥地利—匈牙利之间的联盟更加紧密，由此导致俄国在欧洲的行动比过去更加依赖于他国。历史学家亚历克斯·马歇尔

(Alex Marshall)观察发现,“在沙皇俄国末期……在许多沙皇军官的眼中,(南部边境)被视为一条长长的‘因果链’上的一部分。在这条链上,一个战区发生的事件将不可避免地对沿线其他战区产生政治影响”。[130] 技术的变革似乎也将征服的考量推向了进攻的方向,军方官员担心,处于守势的战斗可能会让俄国暴露在风险之下,而进攻所能达到的效果,增加了入侵巴尔干半岛的吸引力。富勒发现,“没有一个防务策划者设想过任何介于胜利和大灾难之间的中间结果……(失败意味着俄国)将被彻底摧毁,或将严重瘫痪,以至于最终的彻底崩盘并不遥远”。[131] 尽管改革尚不完善,但俄国的政策制定者越来越希望将军队从“纯粹的防御性武器”转变为“一流的进攻”工具。[132]

然而,结构性条件只是问题的一部分,俄国国内政治的机能失调也是一个原因,特别是,虽然这会面临诸多指责,但不得不说,没有人比这位好心办坏事的沙皇更能打乱健全的政策。[133] 一定程度上,这是他的文化教育背景造成的,[134] 但是,许多与他有着相似背景的俄国精英在游说,要求实施力度更大的改革,而尼古拉二世却固执地对这些呼声充耳不闻。[135] 沙皇不仅无法吸引大众,连彼得堡和莫斯科的传统精英阶层和新精英阶层都不喜欢他,与英国和德国的领导者相比,他生活在一个非常狭隘的环境里。[136] 他用人不善,启用了造成灾难性后果的拉斯普京(Rasputin)和苏霍姆林诺夫等人,为破坏国家的统一推波助澜。[137] 相互矛盾的机构越来越多,沙皇既不提供统一的政策,也不允许任何人发挥引领作用,而是将外交和国防政策牢牢攥在自己手中。[138] 沙皇有足够的空间让宫廷派系互相争斗,但他很少提及大臣们之间的毁灭性的争斗,而愚蠢的传统主义对实质保守主义的胜利就是他的杰作。[139] 与大多数国家元首不同,他通常没有私人秘书或办公室工作人员,这让他深陷琐事之中。[140] 沙皇的种种决策使沙皇俄国更加岌岌可危。[141]

矛盾的是,沙皇制度既过于集中,又过于分散。当沙皇受到激励时,他经常会以一种反复无常和无知的方式进行干预;然而,当沙皇心烦意乱或不知所措时,他就把主动权拱手让给一个机能失调的官僚机构。在这个机构中,权力界线模糊且重叠,充斥着人事斗争,而且中央与地方权力机构之间的关系也十分紧张。但是,归根结底,俄国外交政策的成功与沙皇如何参与外交政策之间的关联性是惊人的，在他执政初期，国家取得了令人印象深刻的进步，因为他的大臣们都在为国家这艘大船掌舵。从1903至1905年，沙皇突然抛弃了维特，让别佐布拉佐夫派执行他的命令，然后将党派的傀儡首脑边缘化，并把国家推向了一场不光彩的战争。1906年到1911年，尼古拉二世更加被动，而国家恢复了元气。[142] 1912年以后，他变得越来越自信，当战争来临时，俄国监管非常松散，指令无法统一，指挥和控制无力，且缺乏灵活性，在关键时刻，俄国的命运却被交在了一位能力饱受质疑的领导人手上。

尽管存在缺陷，但我们不应该对晚期沙皇俄国的成就视而不见。在1912年之前，俄国决策者通过审慎的财政、明智的改革和政治外交的结合，试图在衰落中力挽狂澜，虽然这个目标并未完成，但晚期沙皇俄国在防御方面的努力催生了一支可靠的、能够保家卫国的军队。[143] 尽管许多政策相互矛盾，但晚期沙皇俄国的外交倡议将俄国带入了一个外交体系，在这个体系中，其利益受到欧洲和亚洲盟国的保护。即使有许多局限性，但晚期沙皇俄国的经济改革也为空前的经济增长作出了卓越的贡献。收缩是富有成效的，但新形势和旧领导层的结合意味着改革既不够深入，也无法持久，最终，俄国还是被军备竞赛、危机、战争和革命拖入了深渊。

第九章

乌托邦背景

1925 年的法国

> 实不相瞒,制定外交政策的时候,我总会问自己,从财政和军事的角度来看,法国有什么资源,切勿妄自尊大。一个国家的外交政策必须要与其财力和军力相符。一旦外交政策超出了财力与军力所能承受的范围,就会导致战争。
>
> ——阿里斯蒂德·白里安(Aristide Briand)

人们对第二次世界大战爆发前的法国有两个截然相反的普遍印象。一种是,法国通过报复性和挑衅性政策固守着自己的霸权,拒绝接受德国的崛起;[1] 另一种是,法国呈现出了分裂、妄想和衰落的特征。兰德尔·施韦勒(Randall Schweller)认为,“短短二十二年内,法国从风光无限的霸主走向了蒙羞受辱的溃败。法国衰落的主要原因是,在德国重新发展军备时,法国却完全被国内问题分散了注意力”。[2]

在本章中,我们认为法国的外交政策并非是自取灭亡的,或者说,并非人们印象中的样子。[3] 法国的决策者对当时法国实力趋于衰落的现状非常清楚,在外交政策目标上达成了广泛共识,并且接受了最合理的补救措施。决策者一度采取了更为独立的政策,但这种政策尝试随着鲁尔危机的爆发而失败,然后他们转而采取了更加协作和克制的外交政策——遏制支出、抑制冲突热点、拉拢盟友、加强威慑。而且总地来说,20 世纪 20 年代法国的收缩政策有效巩固了军队,平息了外交风暴,拉拢了盟友,刺激了经济复苏。在第一次世界大战后到第二次世界大战前这段期间的早期阶段,法国的政策具有一贯性、务实性和创造性。

然而随着情况的改变，法国也努力作出相应变化。那些在20世纪20年代非常有效的政策，到了20世纪30年代不仅无效，而且还有反作用。大萧条蔓延到法国的速度很缓慢，但波及法国后，对法国经济造成了巨大冲击，而且法国在面临翻天覆地般的变化时维持紧缩政策是一个错误的决定。在德国实力较弱时，缺少实力强大的地区盟友对法国来说并不是什么大问题，但随着德国的复兴，缺少盟友使法国陷入了不利境地。在两次世界大战间隔初期并未显现的国内分裂问题，到了20世纪30年代却突然爆发，导致改革陷入瘫痪，也造成了与潜在合作伙伴的谈判失败。结果，法国的外交政策变得越来越相互冲突、前后矛盾，直至最后战败，沦落到被占领的境地。

"如果可能的话，我们只想要一点喘息的时间"：法国承认衰落

尽管在第一次世界大战中取得了胜利，但法国决策者却痛苦地意识到，法国的处境很危险，第一次世界大战期间，没有哪个强国比法国的损失更为惨重。法国每1000名国民中就有168人被动员参战，其中34人阵亡；18~27岁的男子中有27%死亡，并且法国的工业中心地带遭到了破坏，[4]盟国花了很大力气才把德国士兵赶出法国。当时德国人口为6300万，并且还在增长，而法国人口为3900万，而且还在减少。[5]法国总理阿里斯蒂德·白里安宣称："我奉行的政策是由我们的人口出生率决定的。"[6]他补充说："德国在几周内就可以招募六百万到七百万人的军队……危险就在于此，就在我们头顶徘徊。"[7]反对派政治家亨利·富兰克林－布永（Henry Franklin－Bouillon）对这一观点表示附和，他表示："别忘了，我们低迷的人口出生率是决定性因素，它对我们总体政策的决定性作用一天比一天大。"[8]

即使德国是战败国，法国政府官员也明白法国的安全只是暂时的，在1920年向法国参议院提交的一份报告中，有这样的阐述："《凡尔赛和约》（Treaty of Versailles）下的德国无疑是一个被征服的战败国，但这同时也保留甚至强化了德国的团结程度。今天的德国或许没有任何实力，但明天就能强大到令人恐惧。"[9]法国的一位德国问题专家得出结

论称,“法国完了”。[10]政治家朱尔斯·康邦(Jules Cambon)评论称,“不久的将来,我们面临的难题就是如何让法国平稳顺利地进入二流强国行列”。[11]解决方案就是收缩政策。诺埃尔·爱德华·德·卡斯泰尔诺(Noël Édouard de Castelnau)将军承认,“我不应该为了预防五十年后肯定会发生的事,就承担三十年的重担;如果可能的话,我只想要一点‘喘息的时间’”。[12] 1922 年,时任军事情报局局长查尔斯·富尼耶(Charles Fournier)中校,给了法国 10 年的时间来拼凑出一个阻止德国的联盟。[13]

20 世纪 20 年代初法国外交政策的转折点是鲁尔危机,[14]这场危机爆发的起因是德国未按期支付赔款。当时提出的一个解决方案是法国占领鲁尔河谷工业区,并强行要求德国以原材料的形式支付赔款。法国政治家雅克·赛杜(Jacques Seydoux)大肆宣扬这一举措的优势:“虽然这是暴力解决方案,但可以解决所有问题。通过这种方式,我们可以变成德国的主人,摆脱英国的束缚,变成一流的工业强国。”[15]法国总理雷蒙德·普恩加莱及其内阁部长们都不急于为了获得赔款而占领鲁尔工业区,[16] 但鉴于没有其他选择,因此所有政党都支持这项方案,[17]法国和比利时军队于 1923 年开进了鲁尔区。

占领鲁尔区这一行动标志着法国外交战略发生了根本转变。法国占领鲁尔工业区后在财政方面获得了名义上的好处,[18] 但这次行动严重破坏了法国与德国、英国和捷克斯洛伐克的关系,而这是令人无法容忍的,[19] 法郎大幅贬值,惹恼了潜在的盟友,还触发了德国民众对法国的敌对情绪。[20] 到了 1924 年,用历史学家乔恩·雅各布森(Jon Jacobson)的话说,“法国已经破产了”,如果没有其他大国的帮助,法国无法实现其军事或财政目标。历史学家史蒂芬·舒克尔(Stephen Schuker)补充说,法国实力的疲弱“导致法国不可能采取真正独立的外交政策”。[21]这些挫折最终导致 1924 年左翼联盟在选举中取得了惊人的胜利。历史学家理查德·查尔纳(Richard Challener)记录了这一事件如何成为法国政治命运“戏剧性”的转折点,该事件明确反映了法国民众对占领鲁尔区导致的经济紊乱以及普恩加莱的“单打独斗”政策的不满。[22]

鲁尔危机爆发后的现实打破了第一次世界大战后法国的盲目乐观

情绪，让法国人认识到了国家实力的衰落，之后，法国官员意识到必须更大幅度地缩减开支。当时法国外交部正在进行人事洗牌，出现了150次人事变动，几位高官的政治生涯也因此终结。[23] 1925年，法国国防部的国防委员会，对于为什么必须安抚盟友，解释得非常坦诚，"由于我们无法立即填补国防准备工作的空白，所以为了保证国家安全，我们能做的另外一件事就显得势在必行，即缔结一份安全保障协定，保证当侵略者决定采取行动时，我们能够立即采取或者至少很快采取反制措施。"[24]国防委员会得出结论，由于法国没有军事能力来实现其外交目标，所以法国需要进一步收缩。[25] 如果对抗不是解决方案，那么解决方案是什么？

"为了国防，削减预算"：法国国内政策

国力衰落的大国应该果断采取大幅收缩政策，如大幅削减开支、大规模重组军队、进行重大军事改革，这些举措都会带来大规模的资源再分配。证据表明，除了机构改革之外，法国政策沿着这些改革路径都取得了显著进展，支出被削减，军队彻底改革，体制改革意义重大，但法国军队的革新并不够快。20世纪20年代末，法国的经济状况有所改善，军事力量也大大提升，但这些优势被更深层次的体制问题严重削弱了。

第一，法国大幅削减开支。战争使法国负债累累，法郎也变得非常脆弱，战争结束后，税收没有立即增加，但为了稳住法郎的波动幅度，法国从1922年开始裁减了数万名公职人员，提高税收，举借贷款，直到1925年预算才重回盈余状态。[26]政府支出在GDP中所占的比重从1922年的29%减少到了1926年的14%，[27] 法国政府的最高层对待紧缩政策非常认真。

军队也不例外，并且法国非常希望尽量减少国防负担。时任战争部长路易斯·巴尔都（Louis Barthou）对财政委员会说，他认为"削减战争部的预算……本身就是一种国防举措"。[28]按名义货币来看，法国的国防开支从1920年的61亿法郎下降到了1924年的41亿法郎；[29]按实际货币来看，法国的军事开支在1921年到1926年出现了略微下降，是除

德国以外的所有大国中军事开支最少的国家。[30] 1924 年左右,军事开支占法国 GDP 中的比重急剧下降,从 1922 年的 10.4%下降到了 1926 年的 3.4%。[31]整体上看,法国在转型时期大幅削减了军事开支。

第二,法国重组了军队结构,与海军相比,法国开始更重视陆军,而且与成本高昂的常规军相比,法国开始更加注重低成本的后备军。大部分资源都投入到陆军上,而非海军,而空军在大部分时间里都像是后妈生的一样,始终得不到重视。[32] 在 1921 ~ 1922 年华盛顿海军会议上,白里安宣称:"如果不是法国辛辛苦苦四十年建立了一支强大的军队,那 1914 年世界上会发生什么?"[33]法国不情愿地接受了最严格的吨位限制,低于日本,与意大利的吨位限制持平,而意大利当时只是一个边缘大国而已。[34]

在陆军方面,法国继续坚持"全民皆兵"的理念,不再专注于专业现役军队的建设。[35] 这些计划都是在占领鲁尔区后制定的。用历史学家欧文·吉布森(Irving Gibson)的话来说,左翼联盟掌权后旨在"重组法国的整个军事体系,把全民皆兵的原则贯彻到极致"。[36]法国战争部长查尔斯·诺莱特(Charles Nollet)将军在 1924 年提出了加快军事动员和强化军事培训的新计划,但由于这些计划起草得过于仓促,结果都遭到了否决。[37]第二年,法国总理保罗·潘勒韦(Paul Painlevé)沿用了诺莱特建议的主要内容,并在接下来的几年中付诸于实践。从法律层面来看,潘勒韦的计划既实现了裁军的目的,又保留了一支足以充当表面功夫的专业军队,而且在必要时可以迅速招兵买马,扩充军队。此外,潘勒韦还建立了军事动员中心,准备建立前线防御系统(后世所称的马其诺防线),减少了现役军队的编制,同时在现役部队和后备部队之间建立了快速动员部队,称之为预备军。[38]

1920 年,法国战争最高委员会一致通过了一个军事部署模式,在法国本土部署了 41 个现役军队编制,在殖民地部署了 8 个现役军队编制,但军人服役期从 1921 年的 24 个月减至 1924 年的 18 个月,后又于 1928 年降至 12 个月,到了 20 世纪 20 年代末,法国本土部署的现役军队编制降至 20 个。[39]吉布森指出,"用老话来说,法国军队今后只能作为后备军存在。实际上,这是一个新概念,全民皆兵的政策符合地理条件的限制因素以及法国无法掌控的其他情况”。[40]法国还试图增加在法国军队服役的土著士兵的数量，以便可以将常规军调回法国，此外还试图把之前由军人担任的非军事岗位交给平民担任，[41]这些就是法国战前防御的蓝图。正如查尔纳所说，“后来的立法都没有对20世纪20年代建立的基本军事模式做过大改动”。[42]法国把主要军队从更擅长进攻的专业常规军，变成了更适合防御的后备军。[43]

第三，法国认真改革了其军事机构，变得尤为注重组织和指挥。在行政上，法国国防最高委员会于1921年进行了重组，任命了更多部长，规定召开了更多会议，也得到了更多权力。[44]休斯描述了“财政金融、殖民地、士气和征兵方面的连环危机如何让军队意识到建立一个有效军队组织的重要性，并且迫使他们在财政状况严峻的情况下打造一支新军队。虽然真正的军队重组立法直到1927年和1928年才颁布，但军队新架构的轮廓在1925年就已经成形了”。[45] 1928年，法国空军部成立，并在1933年发展成了法国空军。[46]

法国的军事训练和教育取得了显著成绩，从1920年到1927年，法国在机动机械化战争方面取得了巨大进步。[47]正如该时期的两位军事历史学家所说，“20世纪20年代，战争学院的会议室里和科埃基当营地、马伊和穆尔默隆的训练场上，关于机动作战实验理论和实践的讨论不绝于耳”。[48]法国1930年的大型军事演习给一位英国参赞留下了很深刻的印象，“此前坦克的行进和隐蔽方法一直很不成熟，但现在有了很大改进”。法国在现代机动作战问题上“真正觉醒了”。[49]

尽管如此，法国改革者显然犯了严重的错误。政治学家巴里·波森（Barry Posen）认为，体制结构环境是主要因素，像戴高乐（Charles de Gaulle）这样的创新者提出进行更彻底的改革时，这些提议都被忽视了，因为这些提议“会削弱法国宏大战略的远大目标”。[50]如果法国拥有一支训练有素、极具创造力的军队，就相当于拥有了一个锋利、有力的武器，这会导致我们急需的盟友疏远法国。[51]然而，除此之外，法国军民关系并不和谐，常规军对后备军几乎毫无信任可言，军事官僚机构把需要退休的高级军官仍然留在岗位上，军事指挥架构在制定和执行决策时非常低效。[52]对法国这样一个面临严峻威胁的国家来说，这些弱点本不应存在,结果就是,法国改革者为改善其军事机构作了巨大努力,但被吸引盟友的愿望和不和谐的军民关系束手束脚。

第四,为振兴经济,法国对资源进行了重新分配。战争揭露了银行业的严重问题,法国逐渐变成了一家大型银行来弥补这些不足。[53]国防支出在政府支出中的比重出现了下降,虽然1920年到1925年的总支出大致持平,但国防支出比重从42%下降到了28%,并且直至1937年之前,只有两次超过了这一比重。收缩政策产生的部分红利被用于偿还债务,在1920年偿还债务的支出占政府支出的23%,到了1926年,这一比重上升到了44%,1930年又下降到了23%。与此同时,教育和科学逐渐得到了更多的资金支持,其在政府支出中的比重从1920年的3.7%增长到了1930年的8.1%。[54]

这些财政优先支持的事项对法国经济的贡献有多大,值得商榷,但决策者在20世纪20年代后期成功使法国的财政状况好转。1929年,法国经济蓬勃发展,此等盛况直到20世纪50年代才再次被重现。[55]法国的税收总额从1920年的225亿法郎增加到了1930年的508亿法郎,其中1922年至1926年之间的增长幅度最大,[56]法国经济多年来一直保持高增长率,这不仅仅是因为战后复苏这么简单。进入20世纪30年代之前,法国的人均GDP高于德国人均GDP,而且法国在20世纪20年代的年均增长率为5.2%,是所有大国中最高的。[57] 到了1927年,法郎稳定下来,并维持了10年,法郎也成为世界上稳定性最高的货币之一。[58]在流动资产方面,历史学家大卫·兰德斯(David Landes)指出,"法国是欧洲最富有的国家……1925年年底,法国银行的黄金和外汇储备约为200亿法郎,到了1929年年底,这一数字增加到了675亿法郎"。[59]

总体来说,法国的国内政策有效解决了几乎各个领域的衰落问题,国防预算的紧缩是20世纪20年代法国政策的标志。在1924年的前后5年中,法国在军队上的平均支出为80亿法郎;而在1938年之前,年均军事支出为160亿法郎。[60]决策者通过减少士兵数量、缩短服役时间、提升后备军规模和加快动员速度来降低预算,他们根据更注重防御的理念对军队进行了调整,以此吸引盟友,但保卫国家和吸引盟友这两个目标本身就相互矛盾。面对自身实力的衰落,法国在全面推进改革的同时面临潜在盟友的疏远是在所难免的,而不和谐的军民关系也破坏了法国的"神经中枢",但我们必须正确看待这一点。当时,其他国家的军队都没法做到比法国更训练有素,而且法国奉行的政策并不比其他国家差,法国政府设法对资源进行了重新分配,这似乎推动了其经济增长,并且有利于获取盟国援助。20 世纪 20 年代,法国的国内收缩政策取得了成功,但这也为 20 世纪 30 年代法国的失败埋下了伏笔。

"牺牲盟友":法国的国际政策

法国实力下降得太快,以至于仅靠国内政策无法解决衰落的问题,因此相较衰落速度中等的国家,我们期望决策者能采取更大的力度,对军事力量进行重新部署,消除冲突热点,重新进行责任划分,加强威慑力。这可以说是对实际情况的准确描述,但这些政策之间的冲突非常明显,法国专注于国土防御,实行绥靖政策,并且坚决将负担转移到盟友身上,但法国当时的处境是,如果想化解冲突热点,就会失去盟友,而这些盟友正是法国迫切希望转移负担的对象。此外,法国缺乏有实力的盟友,法国决策者费尽心机想去解决这些问题,而这些问题很可能根本解决不了。

第一,法国最成功的做法是重新部署了军队,以便集中精力进行国土防御。法国减少了在殖民地的驻军,修建了防御工事,还敲定了反击防御计划。在海上,法国海军把重点放在了法国领海,并力图确保可以经海上到达其各个殖民地,但这些目标远远排在了领土防御之后。[61] 在陆地上,由于无法清楚地统计(例如,法国的一些殖民地部队驻扎在法国本土)以及无法清楚地界定概念(例如,历来规模庞大的法国莱茵军驻扎在国外,却被视为直接负责法国国土防御),很难对法国的举措进行清楚的界定。然而,进入 20 世纪 20 年代后,驻扎在法国本土外的法国军队越来越少,法国于 1925 年撤出了德国鲁尔区,并于 1926 年撤离了第一莱茵兰地区(Rhine land),随后又在 1928 年到 1930 年撤离了多个地区。法国急于缩减殖民地的驻军,尽管爆发于 1925 年的叙利亚和摩洛哥的两次叛乱暂时扭转了这一趋势。1921 年,法国在殖民地的驻军是251,000人，但到了1929年，驻军已经减少到了151,000人。[62]法国总理爱德华·赫里欧（Édouard Herriot）宣称，“有一把刀正对着我的祖国母亲的胸口，离心脏只有一厘米”。[63]在这样的环境中，核心防御自然优于外围问题。

第二，法国决策者致力于消除潜在的冲突热点。然而，这一点在空间和时间上的体现有所不同，法国在殖民地的收缩速度比在欧洲更快，而且鲁尔危机后的收缩力度比之前更大。法国越发努力去避开可能爆发大国冲突的殖民地区域，然而，以前并非如此。[64]根据历史学家扎拉·施泰纳（Zara Steiner）的说法，“乔治·克列孟梭（Georges Clemenceau）不太在乎殖民地问题”，但如果殖民地得来得毫不费力，那他也来者不拒。[65] 1920年的《色佛尔条约》*结束了协约国与土耳其的第一次世界大战战事，法国对奥斯曼帝国的大片领土宣示所有权，这惹恼了英国，英国觉得法国“在这个问题上胡搅蛮缠”。[66]在英国支持希腊提出的领土要求后，法国站在了土耳其这边，因为“议会和公众舆论都不会接受在叙利亚边界上不顾成本和伤亡继续开战”，[67]英国人感觉自己受到了背叛。[68]法国军官在叙利亚、摩洛哥和印度支那越权煽动了冲突，这使人力短缺的现象越发严重，并且使法国政府官员深感不安。[69]

对于在国外的冒险之举，法国很快就后悔了。1921年，法国放弃了对西里西亚的占领，[70]此外，法国还在叙利亚实行了收缩政策。一位英国观察家兴高采烈地说，“法国人没有意识到，他们得看自己有多少布料才能做多大的衣服，现在的问题是他们根本没什么布料了”。[71]这个解读非常苛刻无情，甚至连殖民地团体成员乔治·诺贝尔梅耶（Georges Noblemaire）也表示，“大规模远征活动代价高昂，其前景或多或少地引起了公众舆论的警觉。人们已经开始谈论无节制的经费支出所带来的灾难性后果了……”[72]历史学家丹尼斯·威廉·布罗根（Dennis William Brogan）注意到，“在风云多变的1916年至1923年，法国只得到了叙利亚，这并不令人惊讶；令人惊讶的是，法国竟然得到了这么多，因为法国

---

* 《色佛尔条约》（法语 Traité de Sèvres），指协约国与奥斯曼帝国在1920年8月签订的一项条约，属于1919年巴黎和会系列条约的一部分，内容主要为削弱奥斯曼帝国的领土及国力，防止其再次发动对外扩张的战争。——译者注

从来没有为了获得更多的东西而去准备所需的人力或物力”。[73]鲁尔危机后，法兰西帝国的扩张时代也随之结束了。[74]

在欧洲，法国作出让步时的基调和节奏随着时间的推移发生了变化。在占领鲁尔区之前，法国作出让步时都是不情不愿，并且很少作出重大妥协，但 1924 年之后，法国开始大力奉行绥靖政策，例如，法国早期甚至会作出可能会遭到英德反对的决策。1921 年，德国和波兰对西里西亚有争议，此时英国支持德国，而法国支持波兰，西里西亚的一次公民投票表明，60%的人希望继续留在德国，但法国却建议将这个问题提交给国际联盟裁定，最终，国际联盟站在了法国和波兰一边，缓和了局势。[75]

另外，法国最初在赔偿问题的谈判上态度表现得十分强硬，但后来却越来越愿意让步。[76]在 1920 年 4 月举行的圣雷莫会议*上，法国向英国作出让步，承诺未来如果没有得到协约国其他成员支持，法国不会单独采取行动。[77]历史学家沃尔特·麦克杜格尔（Walter McDougall）描述了后来几个月在海斯、博洛尼亚和斯帕举行的会议上，法国人是如何“以恳求者的面目参会的”。[78]在 1921 年的伦敦会议上，协约国公布了赔款时间表，施泰纳指出，会议中所作出的决定“对法国并不有利”。[79]在 1922 年的戛纳会议上，法国的软弱与迁就并没有带来好的结果，同年举办的热那亚会议更是一场灾难。法国坚持要求苏联承担俄国战前对法国的债务，并且坚持德国应向苏联支付赔款，德国人和苏联人去附近的拉帕洛镇签署了他们自己的协议。[80]

在占领鲁尔区失败后，法国的绥靖政策愈演愈烈。为了赢得英美支持，法国接受了美国外交官查尔斯·道威斯（Charles Dawes）对赔款的“独立调查”。[81]赫里欧惋惜地表示，他的外交政策工具“很少，而且无力”，但法国决策者利用手腕离间了苏联和德国，允许了德国修正主义，并且把盟友纳入了多边协议。[82]赫里欧承认了苏联的外交地位，与苏联的关系趋于正常化。在法国国防最高委员会的一次会议上，赫里欧、

* 圣雷莫会议（Conference of San Remo），指 1920 年 4 月在意大利圣雷莫举行的国际会议，主要议题为土耳其和约问题，即如何处理第一次世界大战战败国奥斯曼土耳其帝国前领地的问题。——译者注

白里安和约瑟夫·保罗-邦库尔(Joseph Paul-Boncour)否决了法国一些最著名的军人对法国新外交政策提出的反对意见,[83]防御将在法国的战略中占主导地位,而外交则会让法国领土免于下一场战争。[84]

1925年的《洛迦诺公约》*代表了第一次世界大战后和第二次世界大战前这段时期法国外交的顶峰,但这同时也是法国的新低谷。[85] 为了保护西欧边境,法国接受了修改东欧地区边境的可能性,[86]用赫里欧和白里安的话来说,"我们没有别的选择",[87]大多数立法者也没有其他选择,议会以413票对71票通过了这些举措。[88]历史学家彼得·万德茨(Piotr Wandycz)记录了《洛迦诺公约》预示的转变:"巴黎最初认为对波兰边界的威胁等同于对莱茵河的威胁。然后就出现了'法国会接受经过自由谈判确定的德国-波兰边境'的声音。最后,法国政府给德国人传达的信息是——其实法国对这件事持欢迎态度。"[89]

《洛迦诺公约》签订后,1926年法国与德国签订了一份钢铁协定,[90]1927年签订了一份商业协议,1928年与比利时达成了一份类似协议。[91] 1926年《梅隆—贝朗热协定》(Mellon-Bérenger agreement)解决了法国向美国偿还战争债务的问题。[92]由15个国家签署的《凯洛格—白里安公约》(Kellogg-Briand Pact)谴责"为解决国际分歧而诉诸战争"的做法,禁止将战争作为"国家政策的工具",并且规定"只能通过和平方式解决争端"。[93] 1929年,关于德国赔款问题的"道威斯计划"(The Dawes Plan)在海牙会议上被替换成了更加宽松仁慈的"杨格计划"(Young Plan),万德茨认为,"海牙会议是施特雷泽曼(Stresemann)的胜利和白里安的失败。德国实现了自己的目标,用提前撤离莱茵兰换来了'杨格计划',而且'杨格计划'很快就成了一纸空文"。[94] 随着20世纪20年代的到来,法国从愤恨不满的让步转换成了广泛的绥靖政策,以此来消除冲突热点,而且此做法一直持续到了20世纪30年代。[95]

第三,在第一次世界大战后到第二次世界大战前这段时间里,法国

---

* 《洛迦诺公约》(Locarno Treaties),指1925年10月英国、法国、德国、意大利、比利时、捷克斯洛伐克、波兰七国代表在瑞士洛迦诺举行的会议上通过的8个文件的总称。公约保证德国与西部邻国的边界现状,对改善第一次世界大战后法、德关系和稳定欧洲局势有积极意义。——译者注

一直忙于向盟友转移军事负担,其中主要是英国和美国,其次是东欧国家。然而法国陷入了困境,英国和美国没有意愿承担法国的国防费用,而东欧国家没有能力在国防上帮助法国,更糟糕的是,这两组潜在盟友的偏好相互矛盾。英国和美国希望对德国采取更为温和的手段,而东欧国家则希望对德国更为强硬。此外,每一组潜在盟友都存在不可调和的利益冲突和统一行动问题,例如,法国为了限制德国发展,专门设计了"斯拉夫紧身外套",却被那些想平衡德国的国家之间的内讧和领土争端所羁绊。

法国从一开始就知道自己既不能保护自己,也不能靠其他国家来保卫自己。第一次世界大战结束后,法国总理乔治·克列孟梭向其内阁部长们解释了他们面临的选择:"究竟是独自站在莱茵河边对抗一个意欲复仇的德国,还是依靠远方的盟友。外交部长史蒂芬·皮琼(Stéphen Pichon)对联盟持怀疑态度……然而他并不知道如何拒绝这一提议。"[96]但法国眼中的最低安全要求遭到了英国和美国的反对,[97] 克列孟梭向普恩加莱承认,"我们也许得不到你和我想要的和平。法国会不得不作出牺牲,但不是向德国,而是向盟国"。[98]法国决策者一致认为,英国的支持是保障法国安全的不可或缺的因素。[99]

因为法国当时是欧洲大陆最强大的国家,所以法国很难赢得英国或美国的信任。英国资深政治家乔治·寇松(George Curzon)在凡尔赛会议前发现,"我担心未来我们最害怕的大国会是法国"。[100]正如历史学家罗伯特·博伊斯(Robert Boyce)所说,英国首相劳合·乔治"在巴黎和会后向克列孟梭坦言,法国和英国永远都会是敌人"。[101]法国人感受到了英国对法国的反感,并且采取了相关措施希望能够打消英国的疑虑,尽管提出可以按照得到的国际援助进行相应比例的军备削减,但完全无济于事。[102]在鲁尔危机期间,寇松公开指责法国普恩加莱政府在"争取欧洲统治权"。[103]在英国外交部门,艾尔·克劳(Eyre Crowe)发现英国政府的最高层倾向于"与德国建立同盟而不是法国"。[104]法国在美国眼里也好不到哪儿去。根据美国国务卿亨利·史汀生(Henry Stimson)的记录,美国总统赫伯特·胡佛(Herbert Hoover)曾向他透露,"法国一直在经历这个循环过程。跌到谷底随后缓慢恢复……富强之后就变得穷兵黩武、傲慢自大；没有任何国家能和它友好相处，直到它再次被打击到谷底。在这件事上，他（胡佛）认为将来德国、英国和我们美国肯定会一起对抗法国”。[105]

面对英国和美国的猜疑，法国只得同以前一样转而寻求与非大国结盟，1920 年，法国与比利时缔结军事协定，并且希望将卢森堡拉入自己的阵营。[106]法国决策者多次尝试通过倡导莱茵自治运动来减轻法国国防负担，但都以惨败告终，[107]决策者只要一考虑到在该地区建立法国的永久影响力，这种想法都会由于可以预见的原因而流产。[108]一名工作人员在方案的空白处写道，“如果英国不存在的话，这个计划还是非常好的”。[109]这就使东欧成了寻找盟友的绝佳土壤。

由于法国国力的衰落，法国在东欧寻找盟国时的态度已经从 20 世纪 20 年代初的“谨慎挑选”变成了 20 世纪 20 年代中期的“迫不及待”。法国的盟友在俄国内战*中的失败，让 1921 年的法国——波兰联盟变成了可能。[110]外交部高级官员菲利普·贝特洛（Philippe Berthelot）在 1920 年就表示希望波兰成为法国盟友，但即便是他自己，也认为这是一个战略上的累赘，[111]波兰和苏联在 1920 年交战期间，由于英国的反对，法国只向波兰提供了极其有限的援助。[112]另一种可能是与奥匈帝国的继承国结盟。这种可能性最初的表现形式是，尽量建立历史学家彼得·万德茨所说的“以法国为主导的多瑙河联盟，其中包括匈牙利，并以其为基础”。[113]然而，这个计划不可能实现，因为法国无法在不疏远其它盟友的情况下支持匈牙利更改边界的愿望。[114]外交事务委员会 1921 年的一份报告，对法国无力制衡德国这一事实表示了遗憾，并且认为，如果法国有实力制衡德国，法国肯定“实力强大，能够抑制德国的野心”。[115]法国认为，与东欧盟友站在一边会带来很多风险，比如会疏远英国，致使东欧盟友采取鲁莽的行动，并且让法国本就已经开始衰落的实力遭到进一步削弱。[116]

法国占领鲁尔区之后遭到了负面舆论攻击，由此导致了法国开始再次寻找盟友。1924 年至 1927 年，法国与捷克斯洛伐克、罗马尼亚和

---

* 俄国内战，指 1918 年至 1922 年新建立的第一个社会主义国家政权——俄罗斯苏维埃联邦社会主义共和国，与国内反革命势力白俄和外国武装干涉者之间的战争。——译者注

南斯拉夫签署了磋商性、防御性或互不侵犯协定。历史学家彼得·杰克逊(Peter Jackson)认为,"东欧安全政策的各个方面几乎都是由实力均衡这一理念决定的"。[117]白里安向质疑人士强调,"无论代价有多痛苦,都有必要下定决心交一些朋友",[118]这在外交上是一次对外延伸,但也是一次溃退。法国没有任何兴趣去捍卫盟友,但希望自己的盟友能够遏制德国,同时自己又不用承担多少义务,[119]正是出于这个原因,法国外交部才强调现有的这些法国—波兰协定都不能保证目前的领土是安全的。[120]

第四,法国不仅试图将德国的注意力转移到法国无意保卫的东欧盟友身上,而且还对战略计划进行了修改,通过防御工事、内部沟通机制和灵活防御来强化国土防御。[121] 占领鲁尔区之后的时期是形势最多变的时期,根据休斯对这一时期的记录,"法国军事动员计划每修订一次,莱茵兰基地的进攻行动范围就缩小一次"。[122] 1921 年到 1923 年,P 计划的目标是朝鲁尔和美因河山谷前进;1924 年,A 计划吸取了鲁尔危机的教训,试图采取不那么激进的方式,但仍然是多头并进,挺进德国,然而,这个计划在当年就被废弃了;1926 年,再度出现的 A 计划叫停了早期攻势,并在同一年由更具防御性的 B 计划取代,而 B 计划的核心就是保护法国领土,其他都是次要的。[123]有一点毫无争议——即使是右翼也普遍支持裁减兵役和采取防御性战略。[124]

为了增强国土防御,国防规划人员希望改善防御工事、强化内部通讯线路和采取灵活的防御措施,几乎在推出 B 计划的同时,法国总参谋部就开始规划防御工事了,也就是后来的马其诺防线。[125]在战术上,修建防御工事的本意在于提高军队的机动性,但在战略上,防御工事在战斗初期阶段主要是用于防守。[126]按照计划,马其诺防线开始发挥作用的时候,恰恰是法军撤出德国后,这并非巧合,[127]修建防御工事是为了保护战时通讯线路,并且提高机动性。当时所有人都一致认为,防线的战略据点会是梅斯、劳特尔和贝尔福地区,因为当时法国希望德国通过比利时发动进攻,并且保证英国能够及时提供援助。[128]

总而言之,法国很早就开始试图奉行收缩的外交政策,而且这种政策制定得非常频繁,但到了 20 世纪 20 年代中期,法国在外交上进一步加大了收缩力度，法国把军队集中在了国内，并且调整了作战计划，主要侧重于法国本土防御，由此对法国在全球的布局进行了重组。在第一次世界大战后至第二次世界大战前这段时期，法国在战略上最痛苦的问题之一就是，在培养盟友和消除冲突热点之间进行权衡。由于《凡尔赛条约》限制了德国实力的增长，因此英美两国都认为自己更应该担心不受任何制约的法国军队。法国很乐于在东欧促成一个反德同盟，但如果这样做会疏远英国或者导致法国不能全力保卫自己的本土，那就另当别论了。过度绥靖会失去宝贵的朋友，但绥靖力度过小也会失去朋友，问题在于，可选的朋友不仅太少，而且这些潜在的盟友似乎都没有能力或者意愿去帮助法国分担国防压力。法国在 20 世纪 20 年代尽其所能地解决了这些矛盾，但随着 20 世纪 30 年代形势的变化，这些矛盾变成了不可承受之重。

“直击要害”：法国收缩的局限

尽管法国实力严重衰落，但我们认为，法国收缩政策的效果非常有限。法国在 20 世纪 20 年代的收缩和在 19 世纪 90 年代的收缩有很多相通之处：国内对于外交政策的分歧缩小，殖民地冲突得到了控制，恢复了东部的防御工事，投入了更多精力去寻找盟友，征兵范围更广。但问题在于，法国在第一次世界大战后到第二次世界大战前这段时期经历了更深层次的衰落，而且法国的盟友比以前更不愿意帮法国分担国防负担。因此，虽然适度的收缩政策帮法国在两次世界大战间隙的早期赢得了重要的喘息机会，但随着局势的变化，法国的外交政策变得更加混乱。[129]

然而，后来的这些变化并没有弱化法国政策的重要成就。历史学家安东尼·亚当斯韦特(Anthony Adamthwaite)对第一次世界大战后到第二次世界大战前期间的法国政治并不欣赏，他写道“如果法兰西第三共和国在 1931 年灭亡了，它现在肯定会被当成成功国家来歌颂”。[130] 刚刚经历过一场毁灭性战争的法国，经过国内改革，使财政状况步入了正轨；军事改革给军队带来了一个全民皆兵的持久性愿景，并制定了合理的应战策略，即以掩护部队抵御入侵，与此同时动员军民进行长期全面战争;外交举措让法国与大多数国家保持了良好关系,而德国在扶持下正在慢慢回归到世界舞台。

20 世纪 20 年代的法国外交政策不仅有效,而且还没有国内乱象的羁绊,左翼和右翼之间确实存在分歧,但这些分歧大多是在国内政策方面,而不在外交政策上。军民关系不和的种子在第二次世界大战前就已经播下,但这个问题在 20 世纪 20 年代还没有显出任何迹象。用查尔纳的话来说,除了对于军人服役期限有争论以外,在 20 世纪 20 年代的大部分时间里,“法国议会对于军事政策没发生过什么争论”,而且即使有争论,也没什么分歧,争论的焦点在于,服役期应该是 12 个月还是 18 个月,而且没人对兵役的绝对平等表示过质疑。认为服役期应为 18 个月的一方最后认输,这项举措以创纪录的速度被议会通过,仅用时两天。[131]

白里安和普恩加莱是这一共识的象征。虽然白里安被视为鸽派,而普恩加莱被视作鹰派,但他们一起工作,一起为国服务,相互补充,二人确实存在差异,但出于对国际大局的考虑让他们采取了相同的做法。20 世纪 20 年代初,法国更为独立,白里安不仅同意采取更强硬的手段,而且将其付诸于实践,他于 1921 年下令占领鲁尔区的部分城镇,因为德国活该被“直击要害”。[132]同样,普恩加莱在《洛迦诺公约》签订前,就参与了与德国的和解和合作过程,不仅遵循了法国的外交政策,而且还参与执行了这些政策。[133]法国民众认为,白里安在戛纳会议上没有捍卫法国的利益,所以让普恩加莱取代他担任了总理,[134]普恩加莱留用了白里安内阁的大部分部长,但后来他以更强硬的态度参加了会谈。[135]普恩加莱的一位盟友在法国日报《费加罗报》上大声疾呼,“只要我们在要求自己的权利时声音不再颤抖、手足不再无措,法国精神上孤立无援的状态就会结束”。[136] 然而外国领导人对此不为所动,[137]普恩加莱被迫重新采取了他的前任白里安的政策。[138]选民和政客都可以看到政府的负面成绩,而这就限制了政策上的选择。

显然,外交政策的连续性不是利益集团政治或国内政治稳定的结果。在极为出色的研究中,万德茨发现,法国在两次世界大战间隙时期的结盟政治和外交政策,是基于自上而下的决策,而不是游说的结果。[139]而且,法国每届政府在任的时间都不长,在第一次世界大战后到第二次世界大战前这段时期,西班牙是唯一一个平均每年政府内阁的变化比法国还大的欧洲大国。[140] 1920 年到 1930 年,法国有 15 个不同的部委、10 位不同的总理,但其中只有 6 人担任过法国外交部部长。查尔纳认识到,“其实尽管法国部长级职位历来不稳定,但从 1921 年 1 月到 1932 年 3 月……除了两个短暂的小插曲之外……法国的外交政策只掌握在两个人的手里”。[141]同样,从 1920 年到 1940 年,法国战争最高委员会始终很稳定,只有过 3 位领导。[142]很多著名学者都发现,总体来说,至少在 20 世纪 30 年代初期,法国外交政策是具有连续性的。[143]

两次世界大战间隙的法国案例也凸显了结构性变化所发挥的重要作用。在大多数方面,结构性条件多半是对法国收缩政策的实施有利的,但存在唯一的例外,这显得至关重要。有利于法国收缩的因素包括法国实力衰退、防御显然占据了主导地位,以及法国对殖民地和法国本土侧重程度不同。法国国力的进一步衰落似乎刺激了法国政策的调整幅度,我们发现,有证据表明,决策者当时意识到,如果不对政策作一些明智性的改变,就会危及法国的大国地位。第一次世界大战后,几乎每个人都认为防御是未来战争的主要形式。人们并不觉得法国对殖民地的投入程度反映了法国解决欧洲危机的决心,外围的收缩不会影响到对核心地带的保护。

然而在这种情况下,有没有既有能力又可靠的盟友似乎是导致法国收缩复杂化的核心结构特征。查尔纳抓住了两次世界大战间隙期间法国安全的主线:“法国不可能将英国视为东部盟友;另一方面,也不能没有英国。但如果法国追随英国,就意味着法国与中欧的关系越来越没有价值,而仅仅依靠欧洲大陆上的盟友也不会获得真正的实力。在整个 20 世纪 20 年代,法国的外交政策……一直处于两难境地。”[144]

法国在 20 世纪 20 年代竭其所能解决了这些矛盾,但在接下来的 10 年里,法国外交政策已经不适用于不断变化的局势了。一个难题是,除了保证有充足的军队进行国土防御以及将来有能力对盟国进行援助之外,法国可以削减的军事开支只有这么多而已。但是,人们普遍认为,如果法国在防御工事上超支,预算赤字会削弱法国开展持久战的能力。另一个难题还是老问题,即如果为了帮助东欧盟国而建立军事力量,就会导致英国疏远法国,但如果与英国亲近,则会导致东欧盟国疏远法国。法国外交官觉得这两种战略都不能采用,因此开始游说苏联和意大利,希望能够与它们建立同盟。最后一个难题是,随着德国实力的增长,法国希望拉拢到更多盟国,但其提供的利益却不足以留住这些盟国。法国外交部长路易斯·巴尔都试图通过帮助苏联加入国际联盟以及在 1935 年签订《法苏互助条约》* 以讨好苏联,[145]但和以前一样,法国与苏联签订的任何条约都没什么用,因为波兰和罗马尼亚明确表示不希望苏联人踏入自己的领土。[146]当战争逼近时,法国再次向苏联提出建议——不过这次是和英国一起——但英法两国提供的所有条件都比不上德国向苏联许诺的大片东欧土地。

1935 年,法国与意大利达成协议,意大利将放弃对法属突尼斯的主权要求,作为交换,法国则毫不干预意大利在埃塞俄比亚的行动。[147]英国于 4 月加入了法国和意大利短暂的斯特雷萨阵线,同意“以一切适当方式反对任何可能危及欧洲和平、单方面撕毁条约的行为”,并且承认奥地利作为独立国家的地位。[148]这促成了 6 月的会谈,其中谈到了利用意大利领土向法国的东欧盟友提供军事援助的可能性。[149]这一切都让法国在 10 月意大利入侵阿比西尼亚时陷入了尴尬境地,法国最终试图对意大利让步,但意大利的这次入侵破坏了法国国内的共识。历史学家雅克·尼尔(Jacques Néré)发现,1936 年之前,法国领导人“对国家利益的重视超过了意识形态上的偏好,因此在公共政策上顺利达成了一致,并且让全国上下都很满意。埃塞俄比亚战争**是法国第一次分为两派,而且在外交政策上针锋相对,毫不退让地互相攻击”。[150]意大利永远都算不上什么盟友,况且法国提供的条件也不足以吸引意大利与其开展重要合作。

简言之,就在法国身处大国行列而实力却不断下降的那段时间,法

* 《法苏互助条约》,指 1935 年法国和苏联为防御纳粹德国法西斯侵略而缔结的条约。主要内容是当法苏任何一方成为欧洲国家的侵略对象时,两国保证立即相互进行支援和协助。实际上,该条约在预防和抵制德国法西斯侵略方面未能发挥应有作用。——译者注

** 埃塞俄比亚战争,指 1935 年至 1941 年埃塞俄比亚抗击意大利侵略的局部反法西斯斗争,最后在盟军的帮助下获得解放。——译者注

国决策者匆忙重拾此前的收缩政策——全民皆兵、在东部修建防御工事以及建立同盟。[151]法国人对自身的衰落给予了十分的重视,迅速作出了强烈反应。[152]然而法国的收缩程度还是不够,因为法国单凭自身实力不足以震慑德国,而且没有盟友愿意尝试帮助法国,直到后来一切都太晚了。结果,强硬谈判与绥靖相结合只能说是火上浇油。

从整体来看,我们的理论在大量案例中得到了许多因素的印证。俄国和法国清楚看到了自己实力的衰落,积极迫切地采取措施来解决自己的问题,结果提升了自己的实力。然而,从细节来看,我们的理论在一些案例的重要方面体现地并不全面。俄国和法国的收缩程度都低于预期。就俄国来说,这与领导人的愚笨和国内体系运转不畅有很大关系,这两个因素导致俄国走上了一条自己根本没做好准备的冲突道路;就法国来说,这主要是由于法国的结构性困境在掣肘,它单凭自身根本无力抵御德国,但它又没有可靠有力的盟友。无论这两个国家犯错的原因是什么,它们都因为自己的不足受到了残酷的惩罚。

有充分证据表明,结构性条件在这两个案例中都发挥了重要作用。本国的相对实力较弱,两个国家的决策者都很清楚这一点。维特、库罗帕特金、拉姆斯多夫和他们的继任者都曾直言不讳地说过俄国的处境多么不稳定,法国决策者也说过类似的话。在华盛顿海军会议上,他们都接受了与意大利相同的限制条件,而意大利只是一个实力有限的大国,这两个国家都有可用的盟友,只不过俄国可作的让步并不像法国的让步那么令人生厌。对两国来说,在承担防卫责任方面的相互依赖,对于双方都是一个令人头疼的问题,而且也招致了战争。关于征服的考量,这两个国家都感到非常脆弱,都以存在主义的语言阐述了自己的政策选择。[153]与俄国相比,局势对法国的收缩政策更有利,这似乎也符合两国的相对表现。

关于两个大型案例研究,还有最后几点要说。首先,它们展现了国际收缩政策之间是如何彼此冲突的,比如,培养盟友和消除冲突热点有时候可能会产生南辕北辙的效果。俄国解决了与英国以及日本的纠纷,却无意中引发了俄国与德国以及奥地利的问题;法国原本想在东欧对德国作出让步,结果却导致了法国对潜在盟友的诚意受到了强烈质疑。国内与国际收缩政策既需要相互协调融合,也需要各自调和统一,如果做不到这一点,那么领导人就要面对现实——只要结果不是太坏,那就是好结果。

其次,这些案例强调了深度衰落所带来的困难和危险。一方面,俄国过早结束了自己的收缩政策,而收缩政策原本可以成为俄国的救星。沙皇统治的日子可能已经屈指可数,但不难想象,如果领导层不是那么固执地反对改革并且沉迷于领土扩张的诱惑,那么沙皇统治的时间可能会更长一些。另一方面,在世界局势急剧变化的20世纪30年代中期,法国奉行的仍然是相同的政策。大地被乌云笼罩后,法国没有以其一直吹嘘的柔和、机警的适应能力作出反应,[154]法国没能从有实力的盟友那里得到坚定的共同防卫承诺,这种状态一直持续到了战争爆发前夕。在这种情况下,法国没有制定政策来帮助其能力较弱的盟友对德国继续施压,也没有政策支持军事部门能迅速有效地应对德国的进攻。当然,最好能避免实力的严重衰落,但如果不可避免,最好要意识到一个国家可承受的衰落程度非常有限,需要迅速、有效地作出应对。国家的收缩和我们的日常生活一样,时机就是一切。

结　论

收缩以重装上阵

行动和战术上的错误是可以纠正的，但政治和战略上的错误是永远无法补救的。

——艾伦·米莱特和威廉森·穆雷
(Allan Millett and Williamson Murray)

一切都会消逝，宝贝，这是事实。但也许有一天消逝的一切都会回来。

——布鲁斯·斯普林斯汀(Bruce Springsteen)

大国应当如何应对衰落？国际关系学者的看法普遍是悲观的，衰落会引发先发制人的战争和国内机能失调。由于不愿放弃主导地位，衰落中的大国将会使用武力维持现状，以抵御潜在的掠夺者；而充满新获得的力量、向往帝国神话的新兴大国将热衷于扩张政策。与此同时，国内的政治动态将破坏和平前景。狭隘的利益集团和墨守成规的官僚机构将会唆使衰落中的大国在困境中固守无法兑现的承诺。民族主义政党和以攻击为导向的军队仍将向崛起中的大国施加压力，导致后者即便成本上升、收益下降，也不得不进行扩张的冒险。大国陷入了格雷厄姆·艾利森(Graham Allison)所称的“修昔底德陷阱”(Thucydides Trap)——在一国赶超另一国的过程中极有可能引发战争。[1] 先发制人的战争和国内机能失调并不是衰落的唯一潜在后果。所有国家都会寻找权力薄弱或真空地带，进而引发一系列地区的不稳定的问题，当国际权力分配处于变动之中时，世界将会陷入一场争夺之战。

对许多人来说，这听起来就像现实世界发生的事情，随着美国退出全球事务，崛起中的大国和修正主义国家正从中获益。沃尔特·罗素·米德（Walter Russell Mead）称，单极时代已经让位于“地缘政治的回归”“美国总统在努力深化自由体制的过程中不能再为所欲为”。[2] 罗伯特·卡普兰补充说：“自柏林墙倒塌以来，美国第一次陷入到了大国竞争之中。”[3] 如果在如何应对上存在共识，这些挑战或许是可以克服的，但正如迈克尔·科恩（Michael Cohen）所言，“就应对严峻的国家挑战而言，在近期历史节点上，美国政治从未像现在这样两极分化，而且严重缺乏准备”。[4] 悲观主义是政治表达（political discourse）的主调，但关于美国的全球角色，过去很少有如此多的悲观主义论调。

我们认为，关于衰落是危险的普遍观点有误导性。相对衰落是常见的，但战争和死亡螺旋（death spirals）则不见得，仅凭这些事实就应该打消恐慌或停止过度反应。即使抛开战争不谈，衰落的影响也与学者们作出的一系列其他假设相反。衰落不应成为刺激国家卷入引发战争的冲突，而应成为推动国家走向和平的强大力量。案例研究表明，衰落会给国家带来严重破坏，但切实的改革通常可以克服挫折和机能失调，事实上，复苏是完全有可能的。国家本来就拥有正常的竞争本能，而衰落又可以为制度改革创造空间，衰落中的大国并不受限于结构性条件，他们有空间可以制定出更为可行而且不那么暴力的政策。

简言之，我们有充分的理由对衰落保持乐观态度。衰落中的国家不会轻易诉诸暴力，也不会受相互竞争的官僚机构、利益集团或政党的束缚，面对衰落作出的最多的反应不是交战，而是收缩。大国将自身的目标和手段统一起来，以更好地捍卫核心利益，同时改革完善制度，并重新分配资源以达成更富成效的投资。收缩并不一定能带来复苏，但在各种情况下都优于扩张、攻击对手或固守现状等其他选择。如果这种观点是正确的，那么在应对新兴大国对手崛起方面，对美国的能力持长期悲观态度就是不恰当的。而专家们的观点恰好相反——卷土重来的强权政治才更有可能维护和平，而不是阻碍和平。

本章对上述分析进行了评论和拓展。在第一部分，我们评估了主要的理论和发现;在第二部分,我们用我们的框架来检验理论对即将到来的中美转型的影响;最后,我们表达了针对世界政治的和平转型的看法。

论点和论据:对衰落理论争议的评估

国际政治是一个复杂的场景,结构性压力和个体的选择会以意想不到的方式结合在一起,并产生一系列的后果。因此,本书没有一个理论能够完全解释大国是如何应对衰落的也就不足为奇了。但总体来说,我们找到了支持收缩逻辑的最有力且一致的证据,简言之,对衰退最常见的反应不是采取冒险发动战争的扩张主义政策,而是促进和平的收缩政策。但这并不意味着收缩政策会被欣然接受,也不意味着它一定会奏效,因为收缩要求衰落中的大国放弃他们所珍视的东西,重新分配风险,并在战略要点保持警惕。但如果领导者希望保护国家利益,那么收缩通常是最佳选择。

次优理论是国内机能失调论。内部因素可以说明衰落中的国家是如何选择收缩的,但只有在特殊情况下,内部因素才会压倒结构性压力。最糟糕的理论是先发制人的战争论。衰落中的国家几乎从不奉行先发制人的战争逻辑,即使是最羸弱的解释也可以表明,通过战争应对衰落的做法是愚蠢的。下面我们来看这些理论能解释什么,不能解释什么。

结构决定论陷阱:再论先发制人的战争

修昔底德的理论向来以难以被证实而闻名,但他的确鲜明地提出了自己的观点,“我认为(伯罗奔尼撒战争)的真正原因,最不易为人所察。雅典日益壮大,由此引起了斯巴达的警觉,二者使战争不可避免”。[5] 从那时起,支持先发制人的战争逻辑的人就一直认为,衰落中的大国会像飞蛾扑火一样发起大规模战争。[6] 从根本上说,衰落中的大国面临着承诺问题,他们不能确定,崛起中的大国变得强大后是否还会信守承诺,因此,战争很有可能在不久的将来爆发。如果真是这样,衰落大国将不会进行收缩,也比其他国家更有可能卷入武装冲突。

先发制人的战争在古希腊或许是有意义的,但在今天却不是。大多数衰落中的国家不参与国家间的战争,而少数几个涉入其中的国家也并没有直接与取代他们的崛起大国作战。若想通过先发制人的战争扭转局势,必须要有比较大的胜算,即战争所获利益必须超过成本,而且前提是其他选择(如外交、改革或不作为)都不及战争,但是没有什么选择比战争更昂贵且具有不确定性。或许正是由于这些原因,战争才更有可能导致衰退,而不是扭转局势。以理性地寻求安全的国家并不完美,但他们往往比先发制人的战争理论所鼓吹的要谨慎得多。

我们几乎找不到支持先发制人战争逻辑的案例。在 16 个案例中,只有两个衰落中的国家与挑战者发生了对抗,而这两个国家都说明了先发制人的战争是不利的。而在 1873 年法国的案例中,更大程度上是战争导致了衰落,而非衰落引发了战争;在 1935 年英国的案例中,战争一直是双方竭尽全力避免的。描述性统计也没有对先发制人的战争理论提供太多的支持,衰落中的国家不太可能发起、介入争端并成为众矢之的。衰落中的大国用武力来维持地位或衰落中的大国是有吸引力的猎物,这类说法是没有证据支撑的。

只有一个领域可能为先发制人的战争提供支持,即重度衰落大国参与或发动争端的概率有所上升,而且高于非衰落大国或中低程度衰落国家,这可能是由于衰落在绝境中会增加攻击性。但这一结果是由两个特殊案例导致的,即 1946 年的英国和 1987 年的苏联,因为这两个国家卷入争端的概率几乎是其他大国的两倍,而大部分衰落大国参与争端的比例低于非衰落国家。同等重要的是,尽管这两个易引发争端的重度衰落国家有充足的机会,但他们都没有发起大规模战争。在上述两个案例中,争端升级都不是否定收缩的有力证据。当英国撤回帝国主义承诺后,依然介入了许多早期的冷战危机;苏联也在从东欧撤军的同时,多次卷入了周边危机。

支持先发制人的战争理论的人可能会反驳说,通过军事化争端或国家间战争进行衡量是不公平的。权力转移理论旨在解释大规模的"体系变迁"战争,而非争端或小冲突。在 1908 年第一次世界大战前夜,英国相对于德国出现了衰落;然后在 1935 年第二次世界大战前夕，又出现了这样的境况。仅凭这些就可以说明，衰落是大规模战争的一个主导诱因，但在这两个案例中，先发制人的战争逻辑提供的机制都没有发挥作用。在两次世界大战之前，英国竭力避免战争，第二次世界大战前，甚至对希特勒纳粹德国作出了绥靖。如果英国打算用武力保持自己的地位，他就会与欧洲大陆强国结成进攻性联盟，并提前发起战争，要么是在第一次世界大战前夺取摩洛哥，要么是在第二次世界大战前争夺莱茵兰地区。

或许将德国重新定义为衰落中的大国能得出可行的解释。如果不是战争的干预，德意志帝国会在20世纪10年代后期，以牺牲俄国为代价走向衰落，而却在20世纪30年代初，两次世界大战之间，德国相对苏联走向了衰落。但即使如此，这些案例都不能作为先发制人的战争的例证。就第一次世界大战而言，德国肯定有人提出"现在开战好过以后"的论点，但几乎没有证据表明，德国政策制定者有唆使奥匈帝国与俄国开战的意图。[7] 我们也更难将第二次世界大战描述为先发制人的战争。根据大国排名，两次世界大战之间的德国在1931年被苏联超越，但又过了10年，希特勒才进攻斯大林，而第二次世界大战开始时，两个大国结成了盟友。

此外，这些案例中的政策制定过程并不符合先发制人的战争理论。先发制人的战争论学者认为，政策制定者之所以选择战争，是因为别无他选——结构性权力的趋势使冲突成为最理性的选择。[8] 但在争取欧洲霸权的过程中，魏玛德国（Wilhelmine Germany）和纳粹德国并不是理性考量或成功的案例，[9] 政策制定者内部存在严重分歧。许多人摇摆不定，关于自身和对手的看法矛盾重重，德国开始表现出一定的脆弱，但也能保证在战争中取得胜利，他的敌人虽然团结起来并逐渐壮大，但也很容易被分化和征服。有趣的是，在世界大战之前（也仅在世界大战之前），德国相对于一个对手是崛起的，而相对于另一个对手却是衰落的。因此，导致冲突的可能并不是传统的先发制人的战争逻辑，而是结构性交叉压力的扭曲作用。现存结构性趋势的紧张对立，可能造成了决策者矛盾形象的崩塌，以及他们所执行的相互冲突政策的可怕失败。

我们并不是说，政策制定者在政治考量中从来没有考虑过先发制人的战争逻辑，对那些愿意接受风险或已经决定发起战争的领导者来说，现在发起战争比以后更容易，这一观点尤具有吸引力。但决策者被先发制人的战争逻辑吸引的原因有很多，其中只有一些与权力平衡的趋势有关。现在而不是以后就采取行动，可能是由国内政治因素导致的。军事组织可能会利用暂时的、战术上的脆弱性，也可能存在文化或意识形态上的偏见。然而，这些动机与衰退几乎没有关系。

总体而言，先发制人的战争理论是最糟糕的，衰落是国际政治的一个常见现象，但先发制人的战争几乎从未发生过。支持先发制人的战争逻辑的人，没有对该理论进行详细说明，但却高估了其效果。虽然衰退和战争有一定的相关性，但是很难找到先发制人的战争机制，所以这些战争案例的原因并不是为了先发制人，最重要的是，没有任何现代案例可以表明，先发制人的战争能够扭转衰退的趋势。而实际上，每一次暴力争夺统治地位的行动都以失败告终，任何理性的行动者都会清楚，先发制人的战争并不是最好的选择。

存在但并非终结性的：再论国内机能失调

国内机能失调理论认为，国内政治会干扰对衰落作出及时而连贯的反应，这可能是国内派系或目光短浅的官僚机构导致的，但无论如何，问题都在于把自身利益置于国家利益之上的亚国家组织（subnational groups）。如果这些理论是正确的，衰落中的国家将会系统性地收缩不足，但很少能恢复元气，而且权力越分散就越不可能进行收缩。

本书中的证据表明，国内机能失调理论得到了一些支持，但现有的典型案例并没有支撑这一理论。[10] 从政策认可到执行，尽管国内政治因素确实掩盖了收缩在某些案例中是如何展开的，但这些因素很少严重到阻碍战略调整。我们的数据呈现了一个明显的趋势，即衰落中的国家会进行收缩。在 13 个案例中，只有 5 个案例显示衰落大国的政策明确与其衰退程度相匹配，所有案例都表明政策制定者由于国内原因而忽视了系统性压力。例如，茹费理对海外殖民地的追求，在一定程度上是为了保护新市场和恢复第三共和国的声誉。沙皇亚历山大三世削弱了亟须的军事改革，是由于受到由贵族军官组成的保守军团的影响。

然而，不应过分夸大国内政治的作用。衰落中的大国对系统性压力迅速作出反应，而收缩不足的趋势并不强劲。如果可以包容地看待模棱两可的案例，那么在这 13 个国家中，有 10 个国家的财政收缩程度与衰退程度相当。尽管我们认为国内政治会在轻度衰落中发挥重要作用，但在 19 世纪 70 年代和 20 世纪初，英国的情况表明，两党达成共识往往伴随着收缩。在出现误差的案例中，很难将国内动态与结构性变化分开，无论是 20 世纪初的俄国，还是 20 世纪 20 年代的法国，收缩程度都小于其衰退程度，但这两个大国都处于不利的结构性地位。俄国担心在漫长而艰难的边境保卫过程中，其对外承诺的相互依存度会日益加深；而法国则难以找到可靠而有能力的盟友。

在存在国内壁垒的情况下，国内政治的影响往往是短暂而有限的。由于致力于攫取特殊利益的政策制定者往往没有太好的下场，也不会掌权太久，因此利益集团很少会把控外交政策。由于茹费理的殖民政策极不受认可，后来他被赶下台，甚至差点被扔进塞纳河。[11] 官僚因素并非总是降低收缩，官僚机构负责人的立场在某种程度上只与其职位有关。财政部长们反对在财政拮据时增加支出，但当国防需要时，他们也会动用国库；军队领导者也并不总是反对削减预算，他们很清楚经济是“国防的一种形式”。[12] 也没有多少证据可以表明，军队领导者故意忽视衰落以推动战争进程。在日俄战争之前，俄国战争部长阿列克谢·库罗帕特金对国家的前景和战争的结果给出了悲观的预测，而继任部长在战争之后也保持同样的观点。[13] 一心想扩张的群体很少占到上风，也很少取得成功。

国内机能失调理论的支持者可能会回应说，内部因素仍可能产生深远的政治影响。维多利亚时代中期，伦敦的政策制定者或许已经意识到了保存实力的必要性，但提倡扩张的外围地方总督们不断削弱并最终推翻了收缩政策；沙皇统治下的大多数大臣可能想要消弥与日本的冲突，但是一小部分人阻止了让步，最终导致了俄国陷入灾难性的战争。因此，这个观点似乎很有道理，然而，即使在这种情况下，亚国家组织也是由于他们可以指向不利于收缩的结构性条件，从而达到了目的。

英国总督通过强调通往印度的线路上承诺间的相互依赖,辩护帝国扩张的重要性;而俄国可能会插手远东事务,正是因为收缩提供了资源和盟友,从而可以保卫其欧洲军队侧翼。国内政治并不是独立于国际条件的,而是与国际条件密切相关的。

权力分散和政权的类型都不能很好地解释国内机能失调。19 世纪末,英国国内政治比法国更加分散,但与欧洲大陆其他国家相比,英国的收缩速度相对更快也更稳定;沙皇俄国在理论上拥有高度集权的体系,但在某些情况下,其对衰落的反应要好于其他国家。尽管各种政权都面临着顺位变化,但也存在少数特殊情况,证据表明,无论是民主国家、非民主国家还是过渡时期的政权,都会以类似的方式对衰落作出反应。在解释国家是否会对衰落作出持续反应方面,政权类型这项因素显得无关紧要。

国内机能失调在某种程度上阻碍了收缩,与其说是利益集团的干预或官僚机构的笨拙导致的,不如说是由于制度设计过于糟糕和政策执行太过草率导致的。世纪之交的俄国就是一个显著的案例,同样的制度在两个沙皇手中,产生了截然不同的影响。因此,如果可以得到上层的支持,官僚机构就可以实现现代化并得以显著改进,如亚历山大二世时期;但如果上层的支持摇摆不定或态度冷淡,那么官僚机构就会停滞不前、摇摇欲坠,如尼古拉二世时期。后者认为自己凌驾于官僚机构和国内政治之上,但其糟糕的判断力既损害了官僚机构,又损害了国内政治。

所有这些都表明,与政权的集中度、政权类型、官僚内斗或利益集团政治相比,监管和执政能力与国内机能失调的相关性更强。所有的领导者和政府都会犯错,都会得到系统反馈,但很少有领导者或政府可以长期不受外界影响。当然,很少不意味着从来没有,低效的领导可能会产生严重的影响。因此,国内机能失调是真实存在的,但很少是毁灭性的或持续性的。

国家如何应对衰落:再论收缩政策

我们的理论认为,衰落中的国家之所以采取收缩策略,是因为收缩是最有利的反应。那些入不敷出的衰落大国面临战略破产时，也丧失了调整政策所能带来的更好机遇。不切实际地高估国家自身的力量，不仅会导致体制僵化、防御措施固化，还会引起盟友的猜疑，无法吸引中立者，以及激发敌人的贪婪。如果该假设是成立的，收缩将是对衰落最普遍的反应。

在各种状况和条件下，收缩的逻辑都被证明是正确的。绝大多数处于衰落阶段的国家都进行了收缩，其中许多国家恢复了地位，而没有收缩的国家都没能恢复其地位。收缩是已知的唯一复兴的道路。但收缩并不都能获得奇效，大多数衰落中的国家没有恢复其初始地位，收缩需要放弃或至少暂时放弃有价值的承诺和资产。大多数衰落中的国家仍在继续衰落，这说明外交政策能换来喘息的空间，但往往无法起死回生。

简言之，通过判断大国是否处于地位变化之中，可以很好地推测其是否会进行收缩。一个国家衰落的程度是衡量这个国家收缩程度及其将采取何种政策的唯一最佳标准。对于中低程度的衰落国家来说，国内收缩政策是最佳选择，而国际收缩政策则是重度衰落国家的主要选择。有充分的证据表明，政策制定者对国家的相对实力有着准确的认识，他们知道，如果他们作出超出自己能力范围的主张，将会产生不良的后果。此外，我们的四个结构性调节因素也阐明了促进和抑制收缩的条件，相对排名和对外承诺的相互依存度优于盟友的可利用性和对征服的考量，但将四个条件作为一个综合指标使用最为理想。

虽然我们关于收缩的论点在大方向上是正确的，但却忽略了一些关键的细节。尽管衰退的速度可以很好地预测国家的行为，但是国家通常会收缩不足，这一行为模式有几种合理的解释，最明显的解释是，收缩不足代表着理性风险。权力是由数量不定的多种因素组成的，这些因素的重要性随着时间而变化；领导者可能认定权力的模糊性会导致滋生惰性；存在测量误差也是有可能的。另一种解释来自前景理论，相比于想要的，人们更看重所拥有的。这将使领导者尤其不愿意放弃其长期拥有的权力，一些案例也提供了相关证据。但这些并非都是因为心理倾向，国际形势和外交策略也可能会造成一定影响。20 世纪20年代,法国一直反对收缩,或许不是因为找不到盟友,也不是因为过分重视自己的承诺,而是因为不相信盟友会提供及时的支持。

我们的推理基本上涵盖了所有收缩的形式,但反常现象也有很多,而且比较有趣。轻度、中度和重度衰落国家之间的表现存在客观差异,这些差异往往呈逐级函数(stepwise function)变化,但这些差异并非一成不变的,有时会朝着与预期相反的方向发展。总体来说,衰落中的国家比其他大国更有可能削减军费开支和军事人员,但轻度衰落的国家更有可能削减军费开支,而重度衰落的国家更有可能削减军事人员。在国际政策方面,只有重度衰落的国家才更有可能缔结联盟,这表明,大力推进结盟,主要是处于极端状态下的国家所采取的手段。关于争端的数据显示,衰落往往与紧张的军事局势无关,与其他大国相比,衰落中的国家不太可能涉入争端,也不太可能发起或升级争端。但重度衰落的国家不同,而且他们往往更容易引发争端,可能是由于他们要捍卫那些真正不可妥协的至关重要的利益。

案例研究为定量研究的结果提供了支持。1872年和1908年的英国案例说明,轻度衰落的国家善于及时地进行收缩并取得成功,他们通常聚焦于国内政策;1888年的俄国和1893年的法国案例表明,中度衰落的国家同样关注国内政策,但他们的处境更为艰难,因此也越来越依赖国际政策;1903年的俄国和1925年的法国案例显示,重度衰落的国家采取了国内和国际政策,但都以失败告终(俄国缺乏好的领导,而法国缺乏好的抉择)。案例研究还强调了决策者在制定收缩政策时所面临的挑战。他们必须协调国内政策,这样削减国防开支就不会挤占改革所必需的资源;同时他们还必须平衡国际政策,以免因全球战略的转变而疏远盟友。但衰落中的国家却在意想不到的地方找到了慰藉,在某些案例中,崛起中的大国会出人意料地成为合作伙伴,就像日本与英国一样。而在另一些案例中,各种错综复杂的利益会给衰落中的大国提供不可预见的灵活性,沙皇俄国在应对其广袤边境沿线的挑战时,就发现了这一点。几乎在所有案例中,政客们都会发现向国内民众推销收缩政策相对容易,利益集团可能会抱怨,官僚机构可能会大为恼怒,但公众倾向于优先把宝贵的资源用在国内,而不是浪费在国外。

批评者或许会反驳，说我们的观点过于狭隘。在关注国家如何应对衰退的过程中，我们忽略了整个体系的进展——权力真空、领土争夺和军备竞赛这些结果是如何造成的？但案例研究表明，这些因素较为少见。当英国在19世纪70年代降低殖民地野心时，其竞争对手多数接受了现状；当俄国在19世纪80年代放缓在中亚的扩张时，与英国等竞争对手的关系有所缓和。证据表明，放弃收缩往往是造成区域不稳定的原因。例如，在19世纪80年代，英国在海外重新活跃起来，刺激了竞争对手争相进入非洲以寻求权力补偿；19世纪90年代，俄国在远东地区进行扩张，也引发了类似的收缩热潮。

另一种批评认为我们的案例太过时。在19世纪，当大国可以牺牲地缘政治棋盘上的棋子时，收缩或许是有意义的，但当代国际秩序联系过于紧密，国家更依赖于共同的规则和制度，国家声誉也更容易从一个地区传到另一个地区。但总体而言，我们的结构性调节因素似乎正朝着有利而非抑制收缩的方向发展。核威慑和经济上的相互依赖，提高了征服成本，崛起中的大国不再热衷于掠夺性措施。由于常设联盟（standing alliances）的正式决策程序，衰落中的大国更容易与其他国家分担责任，能够促进合作和推动建立共享规则的机构，降低了由单一霸权国家管制世界的需要。大国的声望不再与领土范围或显赫的地位紧密联系在一起。如今，衰落中的国家可以缓和其大战略，减轻对权力真空、多米诺效应、灾难性冲突和盘旋在周围的掠夺者的恐惧。

总而言之，证据表明，衰落中的国家更倾向于收缩。这并不意味着政策制定者热衷于收缩，他们只是希望逆转衰落的趋势，这样其他国家就不会意识到其困境程度。他们宁愿避免新的责任而非放弃当前的责任，宁愿依靠自己而非依赖他国。衰落中的大国在很多方面都很谨慎，他们对不平衡的目的和手段的警惕，丝毫不亚于对收缩带来的危险的警觉。尽管如此，当结构性压力促使政策转向时，政策制定者通常会实行收缩，而非孤注一掷或一味逢迎。

和平衰落？对中美权力转移的启示

衰落危险论对中美权力转移的潜在趋势具有重要意义。对于一些学者来说,中国可能超越美国这一事实,增加了发生冲突的可能性。“坦率地讲”,约翰·米尔斯海默(John Mearsheimer)总结道,“中国不可能实现和平崛起”。[14] 而另一些人则认为,即将到来的权力转移并不一定导致战争。约翰·伊肯伯里认为:“中国的崛起不一定会引发惨痛的霸权转移过程,因为中国面临的国际秩序与过去崛起国家所面临的秩序有着根本不同。”[15] 学者们不仅对和平前景的评估不同,对美国的政策建议也不同。罗伯特·布莱克威尔(Robert Blackwill)和阿什利·特利斯(Ashley Tellis)等人对中国的雄心持较为悲观的看法,他们提出了“一项针对中国的新型的大战略,核心是平衡中国实力的上升”。[16] 相比之下,部分学者如史文(Michael Swaine)持更为乐观的态度,他们鼓励一种“从美国主导向西太平洋地区稳定和更加公平的权力平衡”的转变。[17]

在这一部分里我们将阐明我们的论点对这些争论的启示,共总结为三点。第一,我们认为在未来 10 年内的某一时刻,美国可能会经历一段衰落期,而中国将扮演挑战者的角色,但衰落的程度可能是温和并可控的。第二,我们认为美国在预见到权力转移时就已经采取了收缩的相关措施,这一点在国内领域最为明显,奥巴马政府最初曾努力控制防卫开支并推动国防改革。第三,我们认为有充分的理由对中美之间的权力转移保持乐观,而收缩政策可以降低敌对的风险。

“危与机并存”:美国正在衰落吗?

学者们对美国权力的发展轨迹给出了相互矛盾的评估。一些人认为,中国的崛起是不可阻挡的,而美国已经在衰落。“有大量证据表明美国的全球霸权正在逐步削弱”,马丁·雅克(Martin Jacques)表示,“中国的崛起将以最深远的方式改变世界”。[18] 阿文德·萨勃拉曼尼亚(Arvind Subramanian)的结论是,“中国的经济主导地位对美国而言”已是“迫在眉睫”,而且将是“具有广泛基础的”。[19] 另外一些学者则认为,中国的崛起是脆弱的,而美国的卓越的特性将使其免予衰落。“中国正在崛起,但还没有赶上美国”,迈克尔·贝克利(Michael Beckley)认为,这在很大程度上是因为“目前的趋势仍有利于美国继续占据主导地位”。[20] 约瑟夫·奈同样认为，“中国和美国的差距还很大”，他警告说，“我们面临的最大危险是对中国的高估”。[21] 政界人士持相同的质疑观点。原美国总统巴拉克·奥巴马在2014年西点军校的一次演讲中宣称，“相比于世界其他地区，美国从未像现在这样强大过。那些持反对意见的人——认为美国正在衰落或美国的全球领导地位正在下降的人——要么是误读历史，要么是在沉溺政党政治”。[22]

这场争论涉及许多复杂的问题，在使用何种度量标准、怎样的考量时间段以及进行哪些比较这些问题上，学者之间存在分歧。我们遵循能筛选出最符合常识的案例的方法——涉及大国GDP相对份额的持续性地位变化。用这种方法可以推测出，美国在下一个10年内的某一时点将步入严重的相对衰落，[23] 很显然，这种预测会受许多难以预料的因素影响。众所周知，从当下的趋势进行推断往往不可靠，而且很大程度上取决于所选的起始基准年份（baseline year），突变和意外也有可能发生，而且发生的频率、规模和走向也是未知的。因此我们推断美国很可能只会面临一场轻度或中度衰落，这对美国和中国来说都是好消息，因为它为两个大国提供了时间和空间，以应对即将来临的地位变化。需要强调的是，中国尚未举世无敌，美国也并非不堪一击，况且美国的衰落可能是温和的。

这在很大程度上，一如既往地取决于所使用的度量方法。实力是一个复杂的概念，并且对环境比较敏感，每一种衡量实力的方法都有其缺陷，我们已经在第三章详细介绍了使用GDP的许多缺陷，我们一致认为GDP的走势掩盖了许多细微差别，跨国GDP数据并不精准，中国的数据比大多数国家的数据更令人怀疑。但GDP是具有决定性的，而且与许多有说服力的指标相关联，其中许多指标表明中国无疑正在赶超美国。在过去10年里，美国在高科技出口、商标申请、上市公司市值和可再生能源生产等方面的全球份额都在下降；与此同时，中国在专利申请、高新技术出口、信息通信技术服务出口等方面相对于美国取得了长足进步。[24] 即便使用人均GDP这一被许多人声称其为“对国家实力更具说明力的指标”，中国的表现也有显著上升，[25] 中国的人均GDP在过去10年中增长到了原来的3倍，因此美国的优势已然下降。

当然不仅只有这些供参考的指标,经济衡量方法可能会忽视中国崛起的政治结果。这方面的专家们得出了类似的结论,托马斯·克里斯坦森(Thomas Christensen)发现,尽管美国在许多指标上保持着绝对领先,但中国的崛起是非常真实的;而乔纳森·科什纳(Jonathan Kirshner)则认为,美国的经济优势正在消退。[26] 即使是拒绝使用“衰落”一词的美国政策制定者也承认,国际上的权力分配正在发生变化。原美国总统奥巴马在西点军校的演讲中指出:“世界正在加速变化。这带来了新的机遇,但也带来了新的危险。”[27] 前国务卿希拉里·克林顿承认:“亚太地区已经成为全球政治的关键驱动(key driver)……充分利用亚洲的增长和活力,对美国的经济和战略利益极为重要。”[28] 不管人们更喜欢用“崛起中的大国”还是“新兴的大国”,这两个词的含义都是一样的,地缘政治格局正在发生变化,美国的政策制定者必须未雨绸缪。

“权力通过谨慎使用才能增长”:美国将如何应对?

如果我们的理论是正确的,那么美国将通过收缩来应对即将到来的衰落。美国将会远离保持霸主地位或自由霸权的大战略,而转向更少负担的和更具选择性的大战略,由于其衰落是适度的,因此美国会谨慎降低外交政策成本,而不是奉行孤立主义。我们推测美国政策制定者将会把重点放在国内而非国际收缩政策上,以争取时间推动国内改革,但收缩将是温和的,战争也不太可能发生。

这一预测是建立在对历史案例的审慎分析上,我们有 16 个类似的案例,其中有 3 个案例发生在第二次世界大战之后,只有一个案例发生在冷战之后,我们需要谨慎地将这些案例的结果应用于当下。就大多数案例而言,民主、国际机构、全球化和核武器这些促进和平的主要力量,在当时要么不存在,要么不是特别强大。上述看法给我们的观点带来了双重启示。好的一面是,这些因素可能会使收缩政策成为衰落国家更容易接受的选项,如果核武器使扩张更难并需要付出代价,并由此改变了对征服的考量,那么国家将更容易进行收缩,而不必担心收缩会危及其生存。在某种程度上,国际机构可以在没有霸主领导的情况下促进持久合作,同时可以向各国保证收缩不会导致全球秩序崩溃和引发国家间的角力。坏的一面是,由于暴力得到负面反馈的可能性变小,因此外交政策失误的代价降低,收缩的压力也随之减弱,衰落中的大国或许希望能利用核武器和更广泛的威慑来维系其联盟,即使其常规能力在萎缩且这些保障也变得不那么可信。从这个意义上说,目前的体系有点像拥有许多安全系统的核电站,这些系统有助于预防事故,但过量的安全系统也会使操作者产生自满情绪或愿意接受风险的心理,进而可能造成事故。总体而言,尽管收缩不是迫切之选,但当前的结构性条件可以使收缩更加容易,并降低收缩的危险性。

根据上述理论,目前有迹象表明收缩已然开始。在奥巴马政府执政期间,政策制定者就强调有必要减轻美国的外交政策负担,奥巴马在2009年的就职演说中明确指出:"(美国)权力通过谨慎使用才能增长。"[29] 在介绍2010年国家安全战略时,他宣称:"新世纪的重担不能只落在美国人的肩上……我们的对手们希望看到美国因力量过度扩张而导致削弱。"[30] 正如科林·戴克(Colin Dueck)所言,"巴拉克·奥巴马领导下的美国大战略强调的是国际收缩与和解"。[31]

奥巴马政府并没有只放出空话,他们的许多政策都是根据收缩制定的。在预算方面,奥巴马政府努力减少国防负担。正如美国前国防部长罗伯特·盖茨(Robert Gates)所说,"美国不能指望通过提高国防预算来消除国家安全风险,不能盲目行动和盲目采购"。[32] 在2011年,盖茨提议在未来5年削减780亿美元国防开支。同年通过的《预算控制法案》(Budget Control Act)对与安全相关的支出设置了新上限,又将基础国防预算削减了240亿美元。在2013年3月事情发展地更具戏剧性,因一项削减赤字的法案未能通过从而引发了自动减支(sequestration),这意味着在未来9年,国防开支可能会大幅削减约6000亿美元。由于这些变化,国防开支速度已经减缓,2011年至2015年,虽然五角大楼的平均基础预算计划为5820亿美元,但实际平均值仅达到了5090亿美元。[33]

同时,奥巴马政府还授权军队结构的改革,以适应收缩,最明显的是,五角大楼大幅削减了基层军事力量(end-strength)。2011年至2016

年,陆军和海军分别从现役部队裁军 9.1 万人和 1.7 万人,[34] 这使五角大楼能够在缩减预算的同时,保留用于采购和进行现代化的资金。奥巴马政府还增加了对海军和空军的支出,从 2011 年至 2016 年,海军在可自由支配国防预算中的份额从 26%上升到 29%,而空军则从 24%上升到 29%。[35]

对海军和空军的投资并不是军队提高灵活性和节约资金的仅有途径,政府还将后备军队与现役部队的比例从 2010 年的 49%左右提高到 2017 年的 54%。[36] 特种作战部队的比例也日益上升。从 2004 年至 2014 年,特种部队从大约 4.5 万人增加到了 6.3 万人,与此同时,经费从 60 亿美元增加到了 100 亿美元。[37] 鉴于这些变化,前美国国防部部长莱昂·帕内塔(Leon Panetta)说:"军队将更精简、规模更小,但具有灵活性、可迅速部署并拥有先进技术。"[38]

美国其他国内改革历经波折后也取得了成功。积极的一面是,在改善军事采办系统方面迈出了一小步。2009 年,时任总统奥巴马签署了《武器系统采办改革法案》(Weapon Systems Acquisition Reform Act),为武器采购提供了更加严格的监管;2010 年,当时负责军需采办的国防部副部长阿什顿·卡特(Ashton Carter)启动了一系列提高购买力的举措以增进效率。不太积极的一面是,国会的反对阻碍了彻底的改革。尽管进行了多番努力,奥巴马政府仍未能说服立法者批准另一轮军事基地重组和关闭计划(base realignment and closure round),这项计划每年将节省 20 亿美元。[39] 然而军队补偿方面取得了一定进展,新的退休制度计划于 2018 年推出,但国会否决了针对军队工资、住房津贴、军资供应处和医疗卫生进行更广泛的改革。国会的反对也阻碍了"未来军队"(force of the future)计划的进展,这是卡特担任国防部部长时提出的一项雄心勃勃的计划,旨在改善军队人事政策。[40]

在国际政策方面,奥巴马政府的一部分措施看上去像收缩政策,但事态往往朝着其他方向发展。在军队部署(force posture)方面,奥巴马政府主张从欧洲和中东转向美国本土和亚太地区。奥巴马在伊拉克和阿富汗分别减少了 14.2 万和 9 万作战部队,但随着伊斯兰国的兴起和塔利班的卷土重来,少量美军又重回战场。[41] 在欧洲,尽管俄罗斯吞并克里米亚的举动引发了重新考虑,但国防部仍于2012年宣布取消驻扎在前线的两个军旅。[42] 但是美国全球部署的标志性变化体现在所谓的"战略转向"(pivot)或"再平衡"(rebalance),即把美国的外交和军事注意力转向了亚太地区。在澳大利亚增加了一支新的海军轮换部队,同时国防部官员承诺到2020年将把60%的空军和海军部署到亚太地区。[43]

在分担责任方面,奥巴马政府越来越重视重新振兴的北约、更加自信的日本自卫队以及与澳大利亚、新加坡和泰国的区域伙伴关系,然而,很少有盟友热衷于承担这些责任。截至2010年,北约28个成员国中,只有4个实现了国防开支至少占GDP 2%的总体目标,而且几乎所有欧洲主要国家的国防开支都呈下降趋势。[44] 在美国的双边伙伴关系中,情况也不太理想,冷战后,巴基斯坦、韩国和澳大利亚的国防开支GDP占比分别削减了54%、39%和14%。[45]"幕后领导"(leading from behind,一名官员用这个词来描述奥巴马政府对利比亚的政策)的做法假设盟友和合作伙伴会扩大参与,但在某些案例中,盟友和伙伴的贡献要么不够及时,要么就是不够充分。[46]

也许最具争议的是奥巴马政府不愿卷入新的争端。美国拒绝对叙利亚进行深度军事干预,并有限介入乌克兰的政治,同时还试图化解与潜在对手之间的冲突,尤其体现在针对伊朗核计划的多边协议上。奥巴马总统在为这些决定辩护时,对"华盛顿战术手册"(Washington playbook)提出了警告,该战术手册倾向的"军事化反应"可能是"导致糟糕决定的陷阱"。[47] 尽管不愿卷入新的冲突,奥巴马政府还是在2014年授权军队"削弱并最终摧毁"伊斯兰国。[48]2015年年底,美国政府还恢复了在中国南海的航海巡逻自由,部分原因是对中国在该地区有争议的岛屿上进行填海造地和军事活动表示反对。[49]

总之,在奥巴马总统的领导下,美国的外交政策开始倾向于收缩。中东地区代价高昂的战争、严重的金融危机以及中国的崛起促使政策制定者减轻了美国的外交政策负担。奥巴马在很大程度上是通过削减国防和军队开支等国内政策实现这一目标的,部分开支的节省来自改变全球军事部署和避免军事化争端。尽管如此,第一轮收缩还是受限的，国会的反对阻碍了在改革军队补偿、人事政策或基础设施建设方面雄心勃勃的尝试，盟友对承担更大的领导角色或分担防务责任也并不总是配合，应对修正主义挑战和区域不稳定的需要也减缓了在中东等地区撤军的努力。

怀疑论者可能会认为，奥巴马总统支持收缩政策反映了他个人的偏好，而非结构性约束。国会的共和党人强烈反对收缩，例如伊朗核协议，这凸显了党派竞争在制定外交政策上的重要影响。但本书中的案例表明，混乱而争执不下的国内政治并不一定会阻止收缩，而当前收缩政策中的某些基本内容都得到了两党的支持。自乔治·W. 布什总统（George W. Bush）的第二任期以来，美国就开始从中东地区后撤，负责监督奥巴马最初国防改革计划的是国防部长盖茨，他是由布什任命的共和党人，著名的共和党国会议员，如参议员约翰·麦凯恩（John McCain），一直坚定地支持军需采办改革（acquisition reform）。尽管两党都不希望强制实施自动减支，但《预算控制法案》还是得到了两党的支持，自那以后，共和党和民主党两次提高了国防预算上限，虽然都低于军方的要求，但这仍可以证明两党中都存在赤字鹰派。尽管外交政策上存在龃龉，但在高预算、单边主义和国家建设任务方面，两党似乎达成了广泛的共识，并表明了布什总统的政策不再可行。

在新一届美国政府的领导下，美国是否会继续实行收缩政策？竞选期间，唐纳德·特朗普（Donald Trump）发表的声明似乎支持一种不太积极的外交政策。[50] 他对诸如伊拉克战争等国外干预的观点表示了怀疑，对美国军事联盟的利弊提出了质疑，并指责其他国家占美国便宜，尤其在贸易领域。与此同时，特朗普还呼吁增加国防开支，组建一支规模更大、能力更强的军队。特朗普支持采取更激进的政策，打击“伊斯兰国”等极端组织，并对抗朝鲜等“无赖国家”，他高调拒绝伊朗协议，似乎反映出他愿意制造而非化解冲突热点。让评估变得更加复杂的是，这位新总统缺乏外交经验，而且他在这个问题上似乎没有前后一致的或坚定的观点。[51] 结果具有巨大的不确定性，时间会证明“美国优先”政策究竟将会带来更加孤立、脱离接触的大战略，还是会在外交政策上采取更加激进和单边主义的做法。[52]

根据我们的理论预测，除非相对权力变化的趋势发生逆转，否则新一届美国政府会继续实施收缩政策。鉴于美国经济相对于竞争对手的疲软表现、持续的赤字以及对国家债务的担忧，新政府很难增加国防开支，国会中的赤字鹰派和国防鹰派就特朗普提出的增加国防开支的规模和方式产生了分歧。[53] 中国在亚洲的经济影响力和军事实力持续增强，对美国在该地区采取的政策，在某种程度上构成了地缘政治制约。尽管特朗普在竞选过程中的言辞非常强硬，但现实情况是，任何针对朝鲜核计划、中国南海争端，都需要适当考虑中国的利益。更广泛地说，在中东等地区重建战败国家或保障稳定的尝试很可能会遭到质疑，这些雄心勃勃的计划没有赢得美国国会和公众的太多热情，反恐手段似乎也只是延续了惯用形式，如空中力量对峙（standoff airpower）、向当地盟友提供援助、选择性地使用特种作战部队以及区域外交。鉴于美国的资源、时间和注意力有限，新一届政府很可能会效仿上一届，力图以较低成本遏制现有战争。

当然，在某些危机期间，趋势可能不是线性的，动机也并不总能保持同向，但由于美国的相对排名正缓慢且不断地遭受侵蚀，美国应继续设法尽快而适当地减轻其外交政策负担，将资源从中东和欧洲转移到东亚。当然这些政策结果并非不可避免，正如本书的案例研究所显示的，反复无常和难以捉摸的领导者可能会造成意想不到的后果。如果负面反馈含混不清或新总统选择忽视它，那么特朗普就有可能改变线路，从而扩大美国外交雄心的程度和范围。我们接下来要讨论的问题是，如果他选择这么做会带来什么危险。

“再做 50 年领跑者”：美国收缩的后果

本书告诉我们，国家倾向于通过收缩来应对衰落，但很大程度上回避了国家是否应该这样做这一问题。在本部分内容中，我们在关于美国是否应该增强或减弱其雄心勃勃的大战略的争论这一语境下，讨论上述“应该”的问题。一些人认为美国应该维持现状。布鲁克斯（Brooks）、伊肯伯里和沃尔弗斯（Wohlforth）断言：“从本质上讲，采取收缩策略将牵涉大规模的实验，这将带来更大的风险和成本。”[54] 贝克利附和这一观点："主张收缩的人假设或希望这个世界可以自行解决问题……但秩序和繁荣不是自然而然产生的。"[55] 另一些人则意见相左，认为收缩会更好。巴里·波森认为，"向更加克制的全球立场转变将为美国带来重大的好处，挽救生命和节省资源，并可以防止国家走下坡路"。[56] 约翰·米尔斯海默对此表示认同："现在是美国应当更加克制的时候了……这意味着要结束美国对全球统治地位的追求。"[57]

我们的观点有别于上述两种立场。与布鲁克斯、艾肯伯里和沃尔弗斯的立场相反，我们认为收缩是大国最熟知的政策工具，衰退经常发生，而收缩是最常见的反应，同时收缩可以比维持现状得到更好的结果。未能进行收缩的衰落国家都没有成功地避免衰落，也不应成为美国的效仿对象，收缩不一定会带来复苏，但却是复苏的必要条件，而且收缩有利于避免战争的失败，眷恋旧时的显赫并不是解决衰退的方法，而美国即将经历的轻度衰落恰恰是收缩政策最擅长应对的挑战。

尽管历史事件各有不同，但我们既看到了以往的霸权衰落，也看到了收缩策略的效果在最近发生的案例中相当不错。19 世纪 70 年代，美国和英国有许多利益冲突，如阿拉巴马号索赔、边界争夺和海上争端，但英国的收缩有效地处理了这些问题，并在后续几十年中保持了强大的影响力。中美关系中也存在类似的机遇，中美两国在气候、贸易和防止核扩散等领域拥有共同利益，但在海上安全、货币操纵和知识产权等问题上存在分歧，如果美国也像英国一样坚定而灵活，即使是棘手的问题也能得到妥善处理。此外，维持较高的国防预算虽然不会让美国破产，但增加军费开支并非最高明的投资，尤其当资金被用于增强基层军事力量而非激发创新和改革时。毕竟，布什政府在国防上投入了史无前例的巨额资金，但最后却收效甚微。

一些研究者还误将收缩描述为对领导权的彻底否定。布鲁克斯、艾肯伯里和沃尔弗斯将收缩定义为，美国将"取消或大幅削减其全球安全承诺"的政策，而贝克利将收缩描述为"放弃所有外交政策义务，只保留与重大利益相关的义务"。[58] 然而他们将收缩错误地等同于孤立主义。正如案例研究显示的，采取收缩政策的国家很少会放弃大多数外交政策承诺，更不用说全部了。收缩通常意味着将重心从某些问题领域和地区转至他处。资源从军事流向民用经济；预备军队比现役军队受到更多的关注；军事资产从遥远边境转移到战略中心据点。在我们调查的大国中，没有一个国家认为实行收缩需要放弃领导地位，而且在收缩之后，所有国家都继续发挥着显著的作用，这对美国同样适用。美国凭借其创新型经济和军事网络的优势，即使将资源从中东代价高昂的困境中，转移到更有希望的亚洲国家，也没有理由失去领导力。表现强硬和政策的不可预见性，无法取代可以明确评估利益和确定承诺优先级的大战略。

虽然我们认为收缩符合当前的战略环境，但我们并不主张单纯为了收缩而收缩，[59] 与波森的观点相反，我们认为收缩并不是一项可预测且持久的政策。决策者必须根据具体情况调整政策，这在一定程度上保证了收缩的成功。值得强调的是，美国所面临的外部环境并不像波森所强调的那样始终支持收缩。一方面，由于核武器和民族主义，占领和控制领土变得极为困难，基于征服的考量倾向于更大幅度的收缩。同样，美国的海洋地理位置和分散的承诺也有利于收缩，美国可以牺牲大量的边际利益，而不会造成严重后果，因此波森坚定地强调这些条件均有利于收缩。[60]然而，从另一方面看，美国可选择的盟友参差不齐，一直以来，欧洲国家一直忽视国防投资，亚洲国家也没有将实力和地缘优势结合起来以有效遏制中国。美国的高排名同样也不利于收缩，由于有着深厚而多样的实力储备，美国有能力拖延时间，以观察中国经济是否会衰退或美国自身经济是否会反弹。因此，我们有理由确信，美国不会后撤得太远太快，特别是在盟国无法或不愿维持有利权力分配的地区。

我们也不认同米尔斯海默的观点，即收缩需要彻底否定美国在国际政治中的统治地位。如果收缩有助于促进复兴，也就可以为未来的领导地位奠定基础，正如曾担任副国家安全顾问的本罗兹（Ben Rhodes）所解释，“我们并不是试图扭转美国的衰落。我们努力要做的是让美国再做 50 年领跑者”。[61] 正如我们在案例研究中所看到的，收缩过程一波三折，衰落中的国家在收缩与否的问题上摇摆不定，通常会在国运复苏或结构性条件发生变化时放弃克制，这通常是合理的。因为当世界发生变化时,大国也必须随之改变,而收缩政策可以让国家灵活地进行更有效的改变。在中美关系中,收缩可以减少被中国包抄(Chinese encirclement)的感觉,并为双方创造相互接纳的机会。与此同时,通过节约资源和避免陷入困境,收缩政策使美国在中国有激进行为时,能够采取更具对抗性的手段。收缩可能是全球领导地位的终结,也有可能是其前奏。

总之,本书中的证据表明,中美两国有令人信服的动机避免对抗,并通过外交手段解决争端。未进行收缩的衰落国家往往会加速衰落,而用暴力争夺霸权的崛起大国通常会走向毁灭。但如果特朗普总统或其继任总统选择无视这些前车之鉴呢?在国际政治权力分配仍不断变化的局面下,如果美国扩大其外交政策雄心,又会发生什么呢?

我们推测,拒绝收缩将导致外交政策危机频发并不断升级,崛起中的大国或地区挑衅者更有可能认为美国在虚张声势,而震慑这些对手需要投入更多的资源和展示解决问题的更强大的决心。随着美国雄心的提升和地区反抗的不断强化,对外干预更有可能陷入困境,因为对外承诺和可利用资源之间的差距将会扩大,造成赤字不断增长以及重整军备计划的崩溃,从而无法制定稳定的预算与开展合理的改革。证据表明,历史上不断衰落的强国一直试图避免这种悲惨的命运,但却很难做到这一点。小型争端可能演变成大型对抗;国内对立可能会失控;领导者可能会作出糟糕的决定;最后,一切土崩瓦解。当前美国政策制定者能否避开这些危险,取决于他们从收缩政策中吸取了多少教训。

尾声

国际关系思想家痴迷于研究崛起与衰落、战争与和平,迄今为止,他们中的大多数并没有从历史记载中发现太多值得乐观的理由。随着新兴大国的崛起和往昔大国的衰落,未来的和平越来越渺茫,因为侵略是要付出代价的,而国内政治时常陷入瘫痪,长时间的平静会时常被爆发战争和变革打断,恐惧、荣誉和贪婪浮出水面,大国政治的悲剧也将再次上演。

在本书中,我们提出了一些不同的见解。从标准假设出发,我们推断会发生国内派系整肃这类严酷的政治事件，但却不至于经常引发扩张行径。领导者也拥有一系列政策工具，可以用自己的方式对不断变化的形势作出反应，国家也可以掌控自己的命运。衰落促成收缩，但这并不是一件坏事，也几乎不会引发战争，在过去，政策制定者在防止国家这条大船搁浅方面作出了卓绝的努力，而如今他们拥有更好的船只、仪表和天气条件。

沉溺于永远保持显赫地位的幻想、迁就僵化的机构以及活在过去的时光里，这些都是毫无意义的，只会加剧衰退。美国作为世界上最大的经济体长达一个多世纪，以前能击败众多挑战者，现在也可以再次击败对手，但保持耐心、谨慎和正确的判断力才最有可能获得成功。美国正在衰落，但程度不深，而中国正专注于自身的崛起，没有理由挑起先发制人的战争或制造无端的恶意。虽然两国实现和平与繁荣的概率很大，但国内政治或意外危机可能会导致事态偏离轨道，此类风险不可忽视。如果美国让外界形成一种错误认知，认为他正在试图遏制崛起的中国，无论是通过快速的军事建设，还是不妥协的外交手段，都将使强硬派壮大，加剧人们对多米诺效应的担忧，并增加爆发小型危机的风险。

注　释

序言

1. Thucydides, *The Landmark Thucydides: A Comprehensive Guide to the Peloponnesian War*, trans. Richard Crawley (New York: Free Press, 2008), 16 [1. 23. 6-1. 23. 7]. See also Graham Allison, "The Thucydides Trap: Are the U. S. and China Headed for War?" *Atlantic* (September 24, 2015), https://www. theatlantic. com/international/archive/2015/09/united-states-china-war-thucydides-trap/406756/; T. V. Paul, "The Accommodation of Rising Powers," in *Accommo-dating Rising Powers: Past, Present, Future*, ed. T. V. Paul (New York: Cambridge University Press, 2016), 7; and the various sources cited in chapter 1.

2. See, most famously, Paul Kennedy, *The Rise and Fall of the Great Powers: Economic Change and Military Conflict from* 1500 *to* 2000 (New York: Random House, 1987), xxii; Paul Kennedy, "Conclusions," in *The Fall of Great Powers: Peace, Stability, and Legitimacy*, ed. Gier Lundestad (New York: Oxford University Press, 1994), 374.

3. See Robert Gilpin, *War and Change in World Politics* (Princeton: Princeton University Press, 1981), 10-11, 156-57; Robert Gilpin, "The Theory of Hegemonic War," *Journal of Interdis-ciplinary History* 18, no. 4 (Spring 1988): 591-613.

4. See A. F. K. Organski and Jacek Kugler, *The War Ledger* (Chicago: University of Chicago Press, 1980), 19-22; Douglas Lemke and Jacek Kugler, eds., *Parity and War: Evaluations and Extension of the War Ledger* (Ann Arbor: University of Michigan Press, 1996), 7-12.

5. See Arnold Wolfers, *Discord and Collaboration: Essays on International Politics* (Baltimore: Johns Hopkins University Press, 1962), 118; Inis Claude, *Power and International Relations* (New York: Random House, 1962), 42.

6. See James Fearon, "Rationalist Explanations for War," *International Organization* 49, no. 3 (Summer 1995): 379-414; Robert Powell, "War as a Commitment Problem," *International Orga-nization* 60, no. 1 (Winter 2006): 169-203.

7. See Deborah Welch Larson, "Bandwagon Images in American Foreign Policy: Myth or Reality?" in *Dominos and Bandwagons: Strategic Beliefs and Great Power Competition in the Eurasian Heartland*, ed. Robert Jervis and Jack Snyder (New York: Oxford University Press, 1991), 85-111; Jennifer Milliken, "Metaphors of Prestige and Reputation in American Foreign Policy," in *Post-Realism: The Rhetorical Turn in International Relations*, ed. Francis Beer and Robert Hari-man (East Lansing: Michigan State University Press, 1996), 217-38.

8. See Jack Snyder, *Myths of Empire: Domestic Politics and International Ambition* (Ithaca: Cornell University Press, 1991), chap. 2; Charles Kupchan, *The Vulnerability of Empire* (Ithaca: Cornell University Press, 1996), 3-8.

9. See Robert Lieber, *Power and Willpower in the American Future: Why the U. S. Is Not Destined to Decline*(New York: Cambridge University Press, 2012), 3–5; Robert Lieber, *Retreat and Its Consequences: American Foreign Policy and the Problem of World Order* (New York: Cambridge University Press, 2016), 9–12; Robert Kagan, *The World America Made*(New York: Knopf, 2012), 133–39.

10. Robert Kagan, "No Time to be Cutting the Defense Budget," *Washington Post*, February 3, 2009.

11. Robert Kaplan, "Where's the American Empire When We Need It?" *Washington Post*, December 3, 2010.

12. Quoted in Scott Shane and Jo Becker, "After Revolt, a New Libya 'With Very Little Time Left'", *New York Times*, February 29, 2016.

13. Leon Panetta, "Speech onAl – Qaeda," Center for New American Security (November 2012).

14. Rex Tillerson, "Statement Before the Senate Foreign Relations Committee" (January 11, 2017), https://www. state. gov/secretary/remarks/2017/01/267394. htm.

15. Graham Allison, "The Thucydides Trap: Are the U. S. and China Headed for War?" *Atlantic*, September 24, 2015.

16. Aaron Friedberg, "Hegemony with Chinese Characteristics," *National Interest* 114(July/August 2011), 18.

17. Quoted in Max Fisher, "Trump's Military Ambition: Raw Power as a Means and an End," *New York Times*, March 3, 2017.

18. For similar definitions, see George Modelski, *Principles of World Politics*(New York: Free Press, 1972), 149; Jack Levy, *War in the Modern Great Power System*, 1495 – 1975 (Lexington: University of Kentucky Press, 1983), 16 – 17; Karen Rasler and William Thompson, *The Great Powers and Global Struggle*, 1490 – 1990 (Lexington: University of Kentucky Press, 1994), 15 – 16.

19. See Gilpin, *War and Change*, 28–30; Organski and Kugler, *War Ledger*, 52.

20. For similar definitions, see Aaron Friedberg, *The Weary Titan: Britain and the Experience of Relative Decline*, 1895 – 1905 (Princeton: Princeton University Press, 1988), 17; Dale Copeland, *The Origins of Major War* (Ithaca: Cornell University Press, 2000), 41; Alex Weisiger, *Logics of War* (Ithaca: Cornell University Press, 2013), chap. 2.

21. See Kenneth Waltz, *Theory of International Politics* (New York: McGraw – Hill, 1979), 105; Joseph Grieco, "Anarchy and the Limits of Cooperation: A Realist Critique of the Newest Liberal Institutionalism," *International Organization* 42, no. 3(Summer 1988): 498; Robert Powell, "Absolute and Relative Gains in International Relations Theory," *American Political Science Review* 85, no. 4(December 1991): 1303–20.

22. See Christopher Layne, "The Unipolar Illusion: Why New Great Powers Will Rise," *International Security* 17, no. 4(Spring 1993): 10–12; John Matthews, "Current Gains and Future Outcome: When Cumulative Relative Gains Matter," *International Security* 21, no. 1 (Summer 1996): 112–46.

23. See G. John Ikenberry and Charles Kupchan, "Socialization and Hegemonic Power," *International Organization* 44, no. 3 (Summer 1990): 283 – 315; Stacie Goddard, "When Right Makes Might: How Prussia Overturned the European Balance of Power," *International Security* 33, no. 3(Winter 2008/09): 110–42.

24. For similar definitions, see Barry Posen, *Sources of Military Doctrine: France, Britain, and Germany Between the World Wars* (Ithaca: Cornell University Press, 1984), 13; Richard Rosecrance and Arthur Stein, eds., *The Domestic Bases of Grand Strategy* (Ithaca: Cornell University Press, 1993), 4; Kupchan, *Vulnerability of Empire*, 3; Christopher Layne, *The Peace of Illusions: American Grand Strategy from* 1940 *to the Present* (Ithaca: Cornell University Press, 2006), 13; Hal Brands, *What Good is Grand Strategy? Power and Purpose in American Statecraft from Harry S. Truman to George W. Bush* (Ithaca: Cornell University Press, 2014), 2-6.

25. For similar definitions, see Arnold Wolfers, "'National Security' as an Ambiguous Symbol," *Political Science Quarterly* 67, no. 4 (December 1952): 484; Waltz, *Theory of International Politics*, 126; Andrew Kydd, "Sheep in Sheep's Clothing: Why Security Seekers Do Not Fight Each Other," *Security Studies* 7, no. 1 (Fall 1997): 125-26.

26. See Williamson Murray and Mark Grimsley, "Introduction: On Strategy," in *The Making of Strategy: Rulers, States, and War*, ed. Williamson Murray, MacGregor Knox, and Alvin Bernstein (New York: Cambridge University Press, 1994), 1-23; Williamson Murray, "Thoughts on Grand Strategy," in *The Shaping of Grand Strategy: Policy, Diplomacy, and War*, ed. Williamson Murray, Richard Hart Sinnreich, and James Lacey (New York: Cambridge University Press, 2011), 1-33.

27. The term comes from the seminal work by Ronald Robinson and John Gallagher, *Africa and the Victorians: The Official Mind of Imperialism* (New York: Macmillan, 1961).

28. For various ways to distinguish grand strategies, see Robert Art, *A Grand Strategy for America* (Ithaca: Cornell University Press, 2003), 43-46; Peter Trubowitz, *Politics and Strategy: Partisan Ambition and American Statecraft* (Princeton: Princeton University Press, 2011), 15, 31; Colin Dueck, *Reluctant Crusaders: Power, Culture, and Change in American Grand Strategy*, (Princeton: Princeton University Press, 2007), 12-20; Kevin Narizny, *The Political Economy of Grand Strategy* (Ithaca: Cornell University Press, 2007), 11-12.

29. For overviews, see Barry Posen and Andrew Ross, "Competing Visions for U. S. Grand Strategy," *International Security* 21, no. 3 (Winter 1996/97): 5 - 53; Dueck, *Reluctant Crusaders*, chap. 5.

30. See, for example, Walter Russell Mead, *Power, Terror, Peace, and War: America's Grand Strategy in a World at Risk* (New York: Vintage, 2005); Timothy Lynch and Robert Singh, *After Bush: The Case for Continuity in American Foreign Policy* (New York: Cambridge University Press, 2008).

31. See, for example, Claude, *Power and International Relations*, chap. 4; Charles Kupchan and Clifford Kupchan, "Concerts, Collective Security, and the Future of Europe," International Security 16, no. 1 (Summer 1991): 114-61.

32. See, for example, Eric Nordlinger, *Isolationism Reconfigured: American Foreign Policy for a New Century* (Princeton: Princeton University Press, 1995); Christopher Preble, *The Power Problem: How American Military Dominance Makes Us Less Safe, Less Prosperous, and Less Free* (Ithaca: Cornell University Press, 2009).

33. See, for example, Robert J. Art, *A Grand Strategy for America* (Ithaca: Cornell University Press, 2003); Stephen Walt, *Taming American Power: The Global Response to U. S. Primacy* (New York: Norton, 2006), chap. 5; Barry Posen, *Restraint: A New Foundation for U. S. Grand Strategy* (Ithaca: Cornell University Press, 2014), chap. 2.

34. See Paul MacDonald and Joseph Parent, "Graceful Decline? The Surprising Success of

Great Power Retrenchment," *International Security* 35, no. 4 (Spring 2011): 11. For similar definitions, see Trubowitz, *Politics and Strategy*, 13; Dueck, Reluctant Crusaders, 115-17; Stephen Brooks, G. John Ikenberry, and William Wohlforth, "Don't Come Home America: The Case Against Retrenchment," *International Security* 37, no. 3 (Winter 2012/13): 8-9.

35. See Norrin Ripsman and Jack Levy, "Wishful Thinking or Buying Time? The Logic of British Appeasement in the 1930s," *International Security* 33, no. 2 (Fall 2008): 148-81; Stephen Rock, *Appeasement in International Politics* (Lexington: University Press of Kentucky, 2000), 10-14; Daniel Treisman, "Rational Appeasement," *International Organization* 58, no. 2 (Spring 2004): 345-73.

36. On the dilemma facing declining powers, see Harold Sprout and Margaret Sprout, "The Dilemma of Rising Demands and Insufficient Resources," *World Politics* 20, no. 4 (July 1963), 660-93; Arthur Stein, "The Hegemon's Dilemma: Great Britain, the United States, and the International Economic Order," in *Theory and Structure in International Political Economy: An International Organization Reader*, ed. Charles Lipson and Benjamin Cohen (Cambridge: MIT Press, 1999), 312-13.

37. Alexis de Tocqueville, *The Old Régime and the French Revolution*, Stuart Gilbert, trans. (New York: Anchor Books, 1983 [1856]), 177 [Ⅲ. 4.].

第一章　绝望时刻,孤注一掷

1. Fareed Zakaria, "The Future of American Power: How America Can Survive the Rise of the Rest," *Foreign Affairs* 87, no. 3 (May/June 2008): 18-43.

2. National Intelligence Council, *Global Trends* 2030: *Alternate Worlds* (December 2012), 7, see also 9, 12, https://www.dni.gov/files/documents/GlobalTrends_2030.pdf.

3. Joseph Nye, *Is the American Century Over?* (Malden, MA: Polity Press, 2015), 116.

4. Josef Joffe, "The Default Power: The False Prophecy of America's Decline," *Foreign Affairs* 88, no. 5 (September/October 2009): 21-35.

5. Robert Kagan, "Not Fade Away: The Myth of American Decline," *New Republic*, January 11, 2012, 19-25.

6. Robert Lieber, *Power and Willpower in the American Future: Why the U. S. Is Not Destined to Decline* (New York: Cambridge University Press, 2012), 4.

7. Christopher Layne, "The End of the Pax Americana: How Western Decline Became Inevitable," *Atlantic* (April 26, 2012), https://www.theatlantic.com/international/archive/2012/04/the-end-of-pax-americana-how-western-decline-became-inevitable/256388/.

8. Charles Kupchan, "The Decline of the West: Why America Must Prepare for the End of Dominance," *Atlantic* (March 20, 2012), https://www.theatlantic.com/international/archive/2012/03/the-decline-of-the-west-why-america-must-prepare-for-the-end-of-dominance/254779/. See also Charles Kupchan, *No One's World: The West, the Rising Rest, and the Coming Global Turn* (New York: Oxford University Press, 2013), 3.

9. Robert Gilpin, *War and Change in World Politics* (New York: Cambridge University Press, 1981), 187. See also Robert Gilpin, "The Theory of Hegemonic War," *Journal of Interdisciplinary History* 18, no. 4 (Spring 1988): 601-3.

10. Gilpin, *War and Change*, 189.

11. Gilpin, *War and Change*, 193-94. For similar arguments, see Harold Sprout and Margaret Sprout, "The Dilemma of Rising Demands and Insufficient Resources," *World Politics* 20, no. 4

(July 1963):661.

12. Gilpin, *War and Change*, 191. Less known is that Gilpin softened his position subsequently. See Robert Gilpin, *Global Political Economy: Understanding the International Economic Order*(Princeton:Princeton University Press,2001),146.

13. Dale Copeland, *The Origins of Major War*(Ithaca:Cornell University Press,2000),53. See also Jack Levy, "Declining Power and the Preventive Motivation for War," *World Politics* 40, no. 1 (October 1987):82-107; Stephen Van Evera, *Causes of War*(Ithaca: Cornell University Press, 1999), chap. 4.

14. Copeland, *Origins of Major War*, 40. See also Dale Copeland, *Economic Interdependence and War*(Princeton:Princeton University Press,2015), chap. 1.

15. Copeland, *Origins of Major War*, 49. See also Robert Powell, "Uncertainty, Shifting Power, and Appeasement," *American Political Science Review* 90, no. 4 (December 1996): 749-64; James Fearon, "Rationalist Explanations for War," *International Organization* 49, no. 3 (Summer 1995): 405-7; Alex Weisiger, *Logics of War* (Ithaca: Cornell University Press, 2013), chap. 2.

16. Copeland, *Origins of Major War*, 41.

17. See A. F. K. Organski and Jacek Kugler, *The War Ledger* (Chicago: University of Chicago Press, 1980), 19; Jacek Kugler and Douglas Lemke, "The Power Transition Research Program: Assessing Theoretical and Empirical Advances," in *The Handbook of War Studies* Ⅱ, ed. Manus Midlarsky(Ann Arbor:University of Michigan Press,2000),174-75.

18. A. F. K. Organski, *World Politics* (New York: Knopf, 1968), 367; see also William Thompson, *On Global War* (Columbia:University of South Carolina Press,1988),14-15.

19. See Organski and Kugler, *War Ledger*, 28.

20. Copeland, *Origins of Major War*, 3.

21. Organski and Kugler, *War Ledger*, 19.

22. For similar arguments, see Geoffrey Blainey, *The Causes of War* (New York: Free Press, 1988), 122; George Modelski, *Long Cycles in World Politics* (Seattle: University of Washington Press, 1987), 35-36; Karen Rasler and William Thompson, *The Great Powers and Global Struggle*, 1490-1990 (Lexington:University of Kentucky Press,1994),1.

23. See Robert Jervis, "Theories of War in an Era of Leading Power Peace," *American Political Science Review* 91, no. 1(March 2002):1-14; John Mueller, "War Has Almost Ceased to Exist: An Assessment," *Political Science Quarterly* 124, no. 2 (Summer 2009): 297-322; Carl Kaysen, "Is War Obsolete? A Review Essay," *International Security* 14, no. 4(Spring 1990):42-64.

24. See Gilpin, *War and Change*, 203; Copeland, *Origins of Major War*, 42-46.

25. Gilpin, *War and Change*, 201. See also Copeland, *Origins of Major War*, 20, 40-41.

26. As Oneal, de Soysa, and Park also point out, rising powers are the least likely to be dissatisfied, because they are benefiting disproportionately from the status quo. See John Oneal, Indra de Soysa, and Yong-Hee Park, "But Power and Wealth *Are* Satisfying: A Reply to Lemke and Reed," *Journal of Conflict Resolution* 42, no. 4(August 1998):517.

27. Gilpin, *War and Change*, 194.

28. See Jonathan Mercer, *Reputation and International Politics* (Ithaca: Cornell University Press, 1996), 10, 67; Daryl Press, *Calculating Credibility: How Leaders Assess Military Threats* (Ithaca:Cornell University Press, 2005), 32. See also Alex Weisiger and Keren Yarhi-Milo,

"Revisiting Reputation: How Past Actions Matter in International Politics," *International Organization* 69, no. 2(Spring 2015):473–95.

29. As Lobell points out, great powers rarely experience declines that are "global, rapid, and uniform," which allows a declining power to "tailor its responses across locales." Steven Lobell, *The Challenge of Hegemony: Grand Strategy, Trade, and Domestic Politics* (Ann Arbor: University of Michigan Press, 2003), 4.

30. For similar points, see Charles L. Glaser, *Rational Theory of International Politics: The Logic of Competition* and *Cooperation* (Princeton: Princeton University Press, 2010), 109–10; Andrew Kydd, "Trust, Reassurance, and Cooperation," *International Organization* 54, no. 2(Spring 2000), 325–57.

31. A point emphasized by Stacie Goddard, "When Right Makes Might: How Prussia Over-turned the European Balance of Power," *International Security* 33, no. 3(Winter 2008/09): 110–42.

32. Aaron Friedberg, *The Weary Titan: Britain and the Experience of Relative Decline*, 1895–1905(Princeton: Princeton University Press, 1988), 286. British decision makers were averse to offending public preferences about more government involvement in the economy, higher taxes, larger military expenditures, and some form of conscription. See Friedberg, *Weary Titan*, 302–3; cf. 133–34, 289–90.

33. Friedberg, *Weary Titan*, 286–87.

34. Friedberg, *Weary Titan*, 288, 290.

35. Mark Brawley, *Afterglow or Adjustment? Domestic Institutions and Responses to Overstretch*(New York: Columbia University Press, 1999), 2. See also Paul Kennedy, *The Rise and Fall of the Great Powers: Economic Change and Military Conflict from* 1500 *to* 2000 (New York: Vintage, 1989), xxiii.

36. See Brawley, *Afterglow or Adjustment*, 35–36, 38, 280.

37. Brawley, *Afterglow or Adjustment*, 7.

38. Hendrik Spruyt, *Ending Empire: Contested Sovereignty and Territorial Partition*(Ithaca: Cornell University Press, 2005), 10, 26–28.

39. Spruyt, *Ending Empire*, 7.

40. Spruyt, *Ending Empire*, 265.

41. Lobell, *Challenge of Hegemony*, 22.

42. Lobell, *Challenge of Hegemony*, 24.

43. Lobell, *Challenge of Hegemony*, 26, 37.

44. For related concerns, see Friedberg, *Weary Titan*, 291; and Spruyt, *Ending Empire*, 6, 29–31. It is odd that whereas Friedberg considers Great Britain to be a highly decentralized polity, Spruyt considers the Westminster system to have "few constitutional and partisan veto points." Compare Friedberg, *Weary Titan*, 18–19, 302–3; and Spruyt, *Ending Empire*, 32.

45. Brawley, *Afterglow or Adjustment*, 15, 28.

46. Spruyt, *Ending Empire*, 26–27.

47. Ironically, a persistent theme of Friedberg's critique of British foreign policy is that domestic-oriented lobbies proved more powerful than international-focused ones. See Fried-berg, *Weary Titan*, 133–34, 289–90, 302–3.

48. See, for example, Jonathan Kirshner, *Appeasing Bankers: Financial Caution on the Road to War* (Princeton: Princeton University Press, 2007), chap. 1.

49. See Lobell, *Challenge of Hegemony*, 22–24.

50. Friedberg, *Weary Titan*, 291.

51. Spruyt, *Ending Empire*, 6.

52. See Irving Janis, *Groupthink: Psychological Studies of Policy Decisions and Fiascoes* (Boston: Wadsworth, 1982), 260–76; Alexander George, *Presidential Decisionmaking in Foreign Policy: The Effective Use of Information and Advice* (Boulder: Westview Press, 1980), 204–5.

53. See, for example, Stephen D. Kranser, "Are Bureaucracies Important? (Or Allison Wonderland)," *Foreign Policy* no. 7 (Summer 1972): 159–79.

54. In Friedberg's own narrative, for example, we observe Prime Minister Salisbury forming a royal commission to study British trade and industry, as well as Prime Minister Balfour using his place on the Committee of Imperial Defence to press for his preferred policy on Indian defense. See Friedberg, *Weary Titan*, 39–40, 240–41.

55. Brawley, *Afterglow or Adjustment*, 2, 35–36.

56. See Lobell, *Challenge of Hegemony*, 37, 26.

57. For examples, see Richard Betts, *Soldiers, Statesmen, and Cold War Crises* (New York: Columbia University Press, 1991), 153–60; Stefano Recchia, *Reassuring the Reluctant Warriors: U. S. Civil–Military Relations and Multilateral Intervention* (Ithaca: Cornell University Press, 2015), 6–8.

第二章 躲避攻击

1. See, for example Niccolò Machiavelli, *The Discourses on Livy*, Harvey Mansfield and Nathan Tarcov, trans. (Chicago: University of Chicago Press, 1998), book Ⅲ, 209–310; Montesquieu, *Considerations on the Causes of the Greatness of the Romans and Their Decline*, trans. David Lowenthal (Indianapolis: Hackett, 1965), 91–96, 167–74; Edward Gibbon, *The Decline and Fall of the Roman Empire* (New York: Everyman, 1993), vol. 1: chap. 2, 65–68; vol. 3: chap. 31, 327–28; vol. 4: chap. 38, 117–27.

2. On the central importance of anarchy in international politics, see Kenneth Waltz, *Theory of International Politics* (New York: McGraw-Hill, 1979), 88; Robert Jervis, "Cooperation Under the Security Dilemma," *World Politics* 30, no. 2 (January 1978): 167.

3. On resource tradeoffs as a critical constraint, see Robert Gilpin, *War and Change in World Politics* (New York: Cambridge University Press, 1981), 19; Stephen Brooks, "Dueling Realisms," *International Organization* 51, no. 3 (Summer 1997), 459–63.

4. Much remains unknown about the causes of decline, but the best works tend to attach primacy to internal factors. See, for example, Roger Fouquet and Stephen Broadberry, "Seven Centuries of European Economic Growth and Decline," *American Economic Review* 29, no. 4 (Fall 2015): 227–44, esp. 240; Daron Acemoglu and James Robinson, *Why Nations Fail: The Origins of Power, Prosperity, and Power* (New York: Crown Publishers, 2012), chaps. 3–4; Dani Rodrik, "Where Did All the Growth Go? External Shocks, Social Conflict, and Growth Collapses," *Journal of Economic Growth* 4, no. 4 (December 1999): 385–412; Joseph Tainter, *The Collapse of Complex Societies* (New York: Cambridge University Press, 1990), chap. 6.

5. From Walter Lippmann, U. S. *Foreign Policy: Shield of the Republic* (Boston: Little, Brown, 1943), 7–8.

6. See Kevin Narizny, *The Political Economy of Grand Strategy* (Ithaca: Cornell University Press, 2007), 301.

7. For similar discussions of negative feedback, see Waltz, *Theory of International Politics*, 118; Gilpin, *War and Change*, 121; Robert Jervis, *Systems Effects: Complexity in Political and Social Life* (Princeton: Princeton University Press, 1997), chap. 4.

8. For the importance of socialization, see Waltz, *Theory of International Politics*, 116-22; Gil-pin, *War and Change*, 85-87; G. John Ikenberry and Charles Kupchan, "Socialization and Hege-monic Power," *International Organization* 44, no. 3 (Summer 1990): 238-315.

9. For a discussion of emulation, see Waltz, *Theory of International Politics*, 127-28; João Resende-Santos, *Neorealism, States, and the Modern Mass Army* (New York: Cambridge University Press, 2007), 5-6.

10. For a similar approach, see Charles Glaser, *Rational Theory of International Politics: The Logic of Competition and Cooperation* (Princeton: Princeton University Press, 2010), 20-33. See discussion in Miles Kahler, "Rationality in International Politics," *International Organization* 52, no. 4 (Autumn 1998): 919-41; Jonathan Mercer, "Rationality and Psychology in International Relations," *International Organization* 59, no. 1 (Winter 2005): 77-106. Humans are not the only ones adept at assessing power and avoiding costly battles. See Lawrence Freedman, *Strategy: A History* (New York: Oxford University Press, 2015), 4, 8.

11. The term comes from Ronald Robinson and John Gallagher, *Africa and the Victorians: The Official Mind of Imperialism* (New York: Macmillan, 1961), 19. For a useful discussion, see Thomas Otte, *The Foreign Office Mind: The Making of British Foreign Policy* 1865-1914 (New York: Cambridge University Press, 2011), 2-6.

12. See, for example, Robert Jervis, *Perception and Misperception in International Politics* (Princeton: Princeton University Press, 1976), 3-10; Richard Ned Lebow, *Between Peace and War: The Nature of International Crises* (Baltimore: Johns Hopkins University Press, 1981), chap. 6.

13. See, for example, Robert Jervis, "Political Implications of Loss Aversion," *Political Psychology* 13, no. 2 (June 1992): 187-204; Rose McDermott, *Risk-Taking in International Politics: Prospect Theory in American Foreign Policy* (Ann Arbor: University of Michigan Press, 1998), 42-43; Jack Levy, "Loss Aversion, Framing Effects, and International Conflict," in *Handbook of War Studies II*, ed. Manus Midlarsky (Ann Arbor: University of Michigan Press, 2000), 193-221.

14. Misperceptions can also lead states to cooperate and avoid conflict. See Arthur Stein, *Why Nations Cooperate: Circumstance and Choice in International Relations* (Ithaca: Cornell University Press, 1990), chap. 3.

15. See Jeffrey Taliaferro, "Security Seeking Under Anarchy: Defensive Realism Revisited," *International Security* 25, no. 3 (Winter 2000/1), 141.

16. For similar claims, see Waltz, *Theory of International Politics*, 134; Stephen Krasner, *Defending the National Interest* (Princeton: Princeton University Press, 1978), 11-12.

17. See Narizny, *Political Economy of Grand Strategy*, chap. 2; Peter Trubowitz, *Politics and Strategy: Partisan Ambition and American Statecraft* (Princeton: Princeton University Press, 2011), chap. 2.

18. See Morton Halperin and Arnold Kanter, *Bureaucratic Politics and Foreign Policy* (Washington: Brookings Institution Press, 1974).

19. See, for example, Arnold Wolfers, *Discord and Collaboration: Essays on International Politics* (Baltimore: Johns Hopkins University Press 1962), 16.

20. George Washington to John Hancock (December 16, 1776), in *The Papers of George Washington*, Vol. 7, *Revolutionary War Series*, ed. Philander Chase (Charlottesville: University of Virginia Press, 1997), 352.

21. See Williamson Murray, "Grand Strategy, Alliances, and the Anglo-American Way of War," in *Grand Strategy and Military Alliances*, ed. Peter Mansoor and Williamson Murray (New York: Cambridge University Press, 2016), 31. Alternatively, see Geoffrey Parker, *Global Crisis: War, Climate Change, and Catastrophe in the Seventeenth Century* (New Haven: Yale University Press, 2013), 123.

22. See Graham Allison and Philip Zelikow, *Essence of Decision: Explaining the Cuban Missile Crisis* (New York: Longman, 1994), chap 3; James March, *How Decisions Happen* (New York: Free Press, 1994), chap. 4.

23. See Richard Betts, *Enemies of Intelligence: Knowledge and Power in American National Security* (New York: Columbia University Press, 2009), 142-46; Robert Jervis, *Why Intelligence Fails: Lessons from the Iranian Revolution and the Iraq War* (Ithaca: Cornell University Press, 2011), chap. 4.

24. A point emphasized by Aaron Friedberg, *In the Shadow of the Garrison State: America's Anti-Statism and Its Cold War Grand Strategy* (Princeton: Princeton University Press, 2000), 75-77.

25. See Benjamin Fordham, "Paying for Global Power: Assessing the Costs and Benefits of Postwar U. S. Military Spending," in *The Long War: A New History of U. S. National Security Policy Since World War II*, ed. Andrew Bacevich (New York: Columbia University Press, 2007), 382-83.

26. See Bruce Cumings, *Dominion from Sea to Sea: Pacific Ascendancy and American Power* (New Haven: Yale University Press, 2009), 430-70; also Mark Zachary Taylor, *The Politics of Innovation: Why Some Countries are Better than Others at Science and Technology* (New York: Oxford University Press, 2016), 5, 225.

27. See Jesús Crespo Cuaresma and Gerhard Reitschuler, "A Non-Linear Defence-Growth Nexus? Evidence from the U. S. Economy," *Defence and Peace Economics* 15, no. 1 (February 2004): 77-80; Joshua Aizenman and Reuven Glick, "Military Expenditure, Threats, and Growth," *Journal of International Trade and Economic Development* 15, no. 2 (June 2006): 129-55.

28. See Harvey Starr, Francis Hoole, Jeffrey Hart, and John Freeman, "The Relationship Between Defense Spending and Inflation," *Journal of Conflict Resolution* 28, no. 1 (March 1984): 103-22; Gordon Adams and David Gold, *Defense Spending and the Economy: Does the Defense Dollar Make a Difference?* (Washington: Center on Budget and Policy Priorities, 1990), 6-11, 55-56.

29. See J. Paul Dunne and Nan Tian, "Military Expenditure, Economic Growth and Heterogeneity," *Defence and Peace Economics* 26, no. 1 (2015): 29-30. See also Daniel Drezner and Nancy F. Hite-Rubin, "Does American Military Power Attract Foreign Investment?" in *Sustainable Security: Rethinking American National Security Strategy*, ed. Jeremi Suri and Benjamin Valentino (New York: Oxford University Press, 2016), 65.

30. One of the most durable pieces of military advice is to hold formidable forces in reserve to be able to react to the ineluctable surprises of conflict. See, for instance, Carl von Clausewitz, On War, trans. Michael Howard and Peter Paret (Princeton: Princeton University Press, 1976), 210-11; Parker, *Global Crisis*, 497.

31. For a good example of asset shifting in a different context, see Ira Katznelson, "Flexible Capacity: The Military and Early American Statebuilding," in *Shaped by War and Trade: International Influences on American Political Development*, ed. Ira Katznelson and Martin Shefter (Princeton: Princeton University Press, 2002), 82-110.

32. See Robert Powell, "Uncertainty, Shifting Power, and Appeasement," *American Political Science Review* 90, no. 4 (December 1996): 749-64; Patrick McDonald, "Complicating Commitment: Free Resources, Power Shifts, and the Fiscal Politics of Preventive War," *International Studies Quarterly* 55, no. 4 (December 2011): 1095-1120.

33. See Brandon Yoder, "Power Transitions and Uncertainty of Intentions: A Dynamic Model of Belief Formation," paper presented at the Annual Meeting of American Political Science Association, Seattle (September 2011). See also Evan Braden Montgomery, *In the Hegemon's Shadow: Leading States and the Rise of Regional Powers* (Ithaca: Cornell University Press, 2016), 8, 11, 20.

34. Kyle Haynes, "Decline or Devolution: The Sources of Strategic Military Retrenchment," *International Studies Quarterly* 59, no. 3 (September 2015): 490-502.

35. See Stephen Brooks, G. John Ikenberry, and William Wohlforth, "Don't Come Home, America: The CaseAgainst Retrenchment," *International Security* 37, no. 3 (Winter 2012/2013): 15.

36. On the challenge of unreliable allies, see Waltz, *Theory of International Politics*, 163-72; Thomas Christensen and Jack Snyder, "Chain Gangs and Passed Bucks: Predicting Alliance Patterns in Multipolarity," *International Organization* 44, no. 2 (Spring 1990): 137-38; James Mor-row, "Arms versus Allies: Trade-Offs in the Search for Security," *International Organization* 47, no. 2 (Spring 1993): 207-33.

37. See John Lewis Gaddis, *Strategies of Containment: A Critical Appraisal of Postwar American National Security Policy* (New York: Oxford University Press, 1982), chap. 4.

38. Often referred to as the difference between internal and external balancing. See Waltz, *Theory of International Politics*, 163-72; Resende-Santos, *Modern Mass Army*, 66-69.

39. For other views on structural modifiers, see Glenn Snyder, "Process Variables in Neorealist Theory," Security Studies 5, no. 3 (Spring 1996): 171-72; Joshua Itzkowitz Shifrinson, "Dilemmas of Decline, Risks of Rise" (PhD diss., MIT, 2013), chap. 2; Peter Toft, "The Way of the Vanquished" (PhD diss., University of Copenhagen, 2006), 88-117.

40. See Glenn Snyder, "Mearsheimer's World: Offensive Realism and the Struggle for Security," *International Security* 27, no. 1 (Summer 2002): 153-58.

41. For similar claims, see Kenneth Waltz, *Realism and International Politics* (New York: Routledge, 2008), 134; Kenneth Waltz, "The Continuity of International Politics," in Worlds in *Collision: Terror and the Future of Global Order*, ed. Ken Booth and Tim Dunne (New York: Palgrave Macmillan, 2002), 348-54; Robert Jervis, *American Foreign Policy in a New Era* (New York: Routledge, 2005), 92-96.

42. See Michael Mastanduno, "System Maker and Privilege Taker: US Power and the International Political Economy," in *International Relations Theory and the Consequences of Unipolarity*, ed. John Ikenberry, Michael Mastanduno, and William C. Wohlforth (New York: Cambridge University Press, 2011), 144.

43. See Haynes, "Decline or Devolution," 492-93; Glenn Snyder, "The Security Dilemma in Alliance Politics," *World Politics* 36, no. 4 (July 1984): 469.

44. See James Morrow, "Alliances and Asymmetry: An Alternative to the Capability Aggregation Model of Alliances," *American Journal of Political Science* 35, no. 4 (November 1991):920.

45. On buck-passing, see John Mearsheimer, *The Tragedy of Great Power Politics* (New York: Norton, 2002), 157-59.

46. See Glenn Snyder, "Alliances, Balance, and Stability," *International Organization* 45, no. 1 (Winter 1991): 121-42; Randall Schweller, "Bandwagoning For Profit: Bringing the Revisionist State Back In," *International Security* 19, no. 1 (Summer 1994):72-107.

47. See Timothy Crawford, "Preventing Enemy Coalitions: How Wedge Strategies Shape Power Politics," *International Security* 35, no. 4 (Spring 2011):155-89; Yasuhiro Izumikawa, "To Coerce or Reward? Theorizing Wedge Strategies in Alliance Politics," *Security Studies* 22, no. 3 (August 2013):498-531.

48. The tendency to balance, of course, does not mean that the distribution of power in the system will be distributed equally, or that an individual challenger will inevitably fail in its efforts to dominate its rivals. See Jack Levy, "Balances and Balancing: Concepts, Prospects, and Research Design," in *Realism and the Balancing of Power: A New Debate*, ed. John Vasquez and Colin Elman (New York: Prentice-Hall, 2002), 128-53; Daniel Nexon, "The Balance of Power in the Balance," *World Politics* 61, no. 2 (April 2009):338-40, 351-53.

49. See Gilpin, *War and Change*, 193-94.

50. For similar distinctions, see Paul Huth, "Reputations and Deterrence: A Theoretical and Empirical Assessment," *Security Studies* 7, no. 1 (Autumn 1997): 72-99; Paul Huth, "Deterrence and International Conflict: Empirical Findings and Theoretical Debates," *Annual Review of Political Science* 2 (1999):32-33.

51. For applications of this analogy, see Thomas Schelling, *Arms and Influence* (New Haven: Yale University Press, 1967), 124; Robert Jervis, "Domino Beliefs and Strategic Behavior," in *Domino and Bandwagons: Strategic Beliefs and Great Power Competition in the Eurasian Rimland*, ed. Robert Jervis and Jack Snyder (New York: Oxford University Press, 1991), 22.

52. Compare Jervis, "Domino Beliefs," 39-40; and Dale Copeland, "Do Reputations Matter?," *Security Studies* 7, no. 1 (February 1997): 50-53. For systemic conditions that might favor interdependent commitments, see Jervis, *Systems Effects*, 118-22; Robert Jervis, "Was the Cold War a Security Dilemma?" *Journal of Cold War Studies* 3, no. 1 (Winter 2001):44-45.

53. See Jonathan Mercer, *Reputation and International Politics* (Ithaca: Cornell University Press, 1996), 10, 67; Daryl Press, *Calculating Credibility: How Leaders Assess Military Threats* (Ithaca: Cornell University Press, 2005), 32. For a contrasting view, see Anne Sartori, *Deterrence by Diplomacy* (Princeton: Princeton University Press, 2005), 5.

54. See Paul Huth, "Deterrence and International Conflict," 43-44; Vesna Danilovic, "The Sources of Threat Credibility in Extended Deterrence," *Journal of Conflict Resolution* 45, no. 3 (June 2001): 341-69. States may not develop reputations for weakness, but leaders can develop reputations for dishonest bluffing. See Alexandra Guisinger and Alastair Smith, "Honest Threats: The Interaction of Reputation and Political Institutions in International Crises," *Jour-nal of Conflict Resolution* 46, no. 2 (April 2002): 175-200; Mark Crescenzi, "Reputation and Interstate Conflict," *American Journal of Political Science* 51, no. 2 (April 2007): 382-96; Alex Weisiger and Keren Yarhi-Milo, "Revisiting Reputation: How Past Actions Matter in International Poli-tics," *International Organization* 69, no. 2 (Spring 2015):473-95.

55. Here we draw on the controversial literature on the office defense balance. See, for example, Jervis, "Cooperation Under the Security Dilemma," 186–213; Jack Levy, "The Offense/Defense Balance of Military Technology and the Incidence of War," *International Studies Quarterly* 28, no. 2 (June 1984): 219–30; Charles Glaser and Chaim Kaufman, "What is the Offense–Defense Balance and How Can We Measure It?" *International Security* 22, no. 4 (Spring 1998): 44–82.

56. On the effects of offense dominance, see Stephen Van Evera, "The Cult of the Offensive and the Origins of the First World War," *International Security* 9, no. 1 (Summer 1984): 63–66; Robert Art, "American Foreign Policy and the Fungibility of Force," *Security Studies* 5, no. 4 (Summer 1996): 7–42.

57. See Dale Copeland, *The Origins of Major War* (Ithaca: Cornell University Press, 2000), 40.

58. On the effects of defense dominance, see Charles Glaser, "Realists as Optimists: Cooperation as Self–Help," *International Security* 19, no. 3 (Winter 1994/95): 67–70; Charles Glaser, "The Security Dilemma Revisited," *World Politics* 50, no. 1 (October 1997): 185–93.

59. One familiar, albeit controversial, claim contends that armies fighting on the tactical offensive need a three–to–one superiority in numerical strength to succeed. Others note that in order to overcome the defensive advantages offered by improved firepower, modern militaries have had to master the complicated features of combined armed warfare. See Stephen Biddle, *Military Power: Explaining Victory and Defeat in Modern Battle* (Princeton: Princeton University Press, 2004), chap. 1.

60. See, for example, Tanisha Fazal, *State Death: The Politics and Geography of Conquest, Occupation, and Annexation* (Princeton: Princeton University Press, 2007), 53–54; Boaz Atzili, *Good Fences, Bad Neighbors: Border Fixity and International Conflict* (Chicago: University of Chicago Press, 2011), 23–27.

61. Acentral finding of Keir Lieber, *War and the Engineers: The Primacy of Politics over Technology* (Ithaca: Cornell University Press, 2005), 149–58.

62. By insular powers, we mean those great powers that do not share a land border with another great power. For similar definitions, see Mearsheimer, *Tragedy of Great Power Politics*, 126–28; Jack Levy and William Thompson, "Balancing on Land and at Sea: Do States Ally against the Leading Global Power?" *International Security* 35, no. 1 (Summer 2010): 13–14, 16–19. The usual caveat applies: insular great powers are seldom completely insular. For example, Britain maintained a large land army in India, though most of the forces were not British regulars.

63. An insular power, as Layne argues, "enjoys a wider range of strategic options." Christopher Layne, "The Unipolar Illusion: Why New Great Powers Will Rise," *International Security* 17, no. 4 (Spring 1993), 49.

64. For the received wisdom, see William Wohlforth, *The Elusive Balance: Power and Perceptions During the Cold War* (Ithaca: Cornell University Press, 1993), 299, 306–7; Norrin Ripsman, Jeffrey Taliaferro, and Steven Lobell, *Neoclassical Realist Theory of International Politics* (New York: Cambridge University Press, 2016), 2, 21–22, 31.

第三章　大国命运

1. They are Austria–Hungary (1870–1918); China (1950–present); France (1870–1940, 1945–present); Germany (1870–1918, 1925–45, 1955–present); Italy (1870–1943); Japan (1870–1945, 1952–present); Russia/Soviet Union (1870–1917, 1922–present); United Kingdom (1870–

present); and United States (1870 - present). See Correlates of War Project, "State System Membership List, v2008. 1." We make three minor changes to the start-and end-dates used by the Correlates of War project. First, rather than code the United States as a great power beginning in 1898, we code it as one for our entire dataset, which dates back to 1870. We think this coding better reflects the influence of the United States after the Civil War. Second, we code Imperial Japan as a great power beginning in 1870, rather than in 1895. We contend this coding more accurately captures the ascendance of Japan as a regional power following the Meiji Restoration. Third, rather than code postwar Japan and Germany as great powers only after 1991, we code these countries as great powers following the negotiation of treaties granting them formal independence in 1952 and 1955 respectively. We believe this coding closely corresponds to the important role each of these powers played in shaping the Cold War international system. These coding decisions result in the addition of just two cases of decline to our dataset, and do not substantially affect our primary findings. For similar lists, see J. David Singer and Melvin Small, *The Wages of War*, 1816-1965: *A Statistical Handbook* (New York: Wiley and Sons, 1972), 23-24; Jack Levy, *War in the Modern Great Power System*, 1495-1975 (Lexington: University of Kentucky Press, 1983), 10-19; Daniel Geller and J. David Singer, *Nations at War: A Scientific Study of International Conflict* (New York: Cambridge University Press, 1998), 177.

2. Our data come from Angus Maddison, *Monitoring the World Economy*, 1820-1992 (Paris: Development Centre of the Organisation of Economic Cooperation and Development, 1995); Angus Maddison, *Contours of the World Economy*, 1-2030 *AD: Essays in Macro-Economic History* (New York: Oxford University Press, 2007). Maddison does his best to measure GDP neutrally and non-imperially, so India does not count toward British GDP, nor do Finland and Poland count toward Russian GDP.

3. A theme found in Diane Coyle, GDP: *A Brief but Affectionate History* (Princeton: Princeton University Press, 2014), 81 - 82; Joseph Stiglitz, Amartya Sen, and Jean - Paul Fitoussi, *Mismeasuring Our Lives: Why GDP Doesn't Add Up* (New York: Free Press, 2010), chap. 1.

4. Maddison's series for Imperial Russia, for example, omits certain years. Maddison includes data for Russia in 1870, 1900, 1913, and 1928 - 2008. We filled these gaps using the industry of origin method, which measures output based on volume estimates of physical indicators such as agricultural and industrial production. We interpolated missing data for forty - six years: 1871 - 99, 1901-12, and 1923-27. For a description of the method, see Maddison, *Monitoring the World Economy*, 141-42. The historical data come from Raymond Goldsmith, "The Economic Growth of Tsarist Russia, 1860-1913," *Economic Development and Cultural Change* 9, no. 3 (April 1961): 450, 462-63; and Robert Davies, ed., *From Tsarism to the New Economic Policy: Continuity and Change in the Economy of the USSR* (Ithaca: Cornell University Press, 1990), 279.

5. See, among many examples, Emerson Niou, Peter Ordeshook, and Gregory Rose, *The Balance of Power: Stability in International Systems* (New York: Cambridge University Press, 1989), 223 - 34; Stephen Brooks and William Wohlforth, *World Out of Balance: International Relations and the Challenge of American Primacy* (Princeton: Princeton University Press, 2008), 30.

6. See Michael Beckley, "China's Century? Why America's Edge Will Endure," *International Security* 36, no. 3 (Winter 2011/2012): 41-78.

7. See, for example, Ronald Findley and Kevin H. O'Rourke, *Power and Plenty: Trade, War, and the World Economy in the Second Millennium* (Princeton: Princeton University Press,

2007),216,264,465.

8. See, for example, Allan Mitchell, *The German Influence in France after* 1870: *The Formation of the French Republic*(Chapel Hill: University of North Carolina Press, 1979), 119; Aaron Friedberg, *The Weary Titan*: *Britain and the Experience of Relative Decline*, 1895 - 1905 (Princeton: Prince-ton University Press, 1988), 44-50, 67, 81.

9. The main limitation of the Banks data is missing values: data for state revues, for example, were available for just 66 percent of the country-year observations in our dataset. Despite these gaps, GDP had correlation coefficient of 0. 83 for revenues, 0. 85 for state expenditures, 0. 87 for exports, and 0. 80 for imports across our entire sample of great powers. See Arthur Banks, "Cross National Times Series, 1815 - 1973," ICPSR 5701 (Ann Arbor: Interuniversity Consortium for Political and Social Research, 1999), http://www. icpsr. umich. edu/icpsrweb/ ICPSR/ studies/7412.

10. Measuring decline with GDP has advantages over well-known alternatives. The Correlates of War project's Composite Index of National Capabilities (CINC) score, for example, is often used to track the balance of power among the great powers. By aggregating measures of economic production with military strength, however, this index conflates the causes of decline with its consequences. Adecision by a great power to reduce its military expenditures may reflect a decision to retrench, and thus be a consequence rather than a cause of decline. CINC scores are also poorly correlated with most other indicators of national power, including economic output (0. 2301), state revenues (0. 3181) and expenditures (0. 3255), imports (0. 1299) and exports (0. 2139). When using CINC scores, therefore, we must make even more heroic assumptions about how policymakers generated perceptions of their relative position. Correlation coefficients reported; GDP data come from Maddison; data for revenues, expenditures, imports, and exports from Banks; CINC data from J. David Singer, "Reconstructing the Correlates of War Dataset on the Material Capabilities of States, 1816-1965," *International Interactions* 14(1987): 115-32.

11. See William Grampp, "What Did Smith Mean by the Invisible Hand?" *Journal of Political Economy* 108, no. 3 (June 2000): 441-65.

12. Due in part to data availability but also the unreliability of wartime figures, we exclude transitions that took place during the two world wars.

13. Between 1870 and 1914, Austria-Hungary's share of great power GDP remained fixed around 1. 6 percent; Italy's share fluctuated between 5. 4 and 8. 4 percent, with no clear pattern in one direction or the other.

14. In a previous article, we made an error in calculating the GDP of postwar West Germany, which led us to incorrectly identify two additional cases of decline: 1956 United Kingdom and 1967 West Germany. See Paul K. MacDonald and Joseph M. Parent, "Graceful Decline? The Surprising Success of Great Power Retrenchment," *International Security* 35, no. 4 (Spring 2011): 28. We exclude these two cases here, a decision that does not significantly impact our findings. We are grateful to George Peden for bringing this mistake to our attention.

15. See Robert Gilpin, *War and Change in World Politics* (Princeton: Princeton University Press, 1981), 190 - 94; also Ronald Tammen et al., *Power Transitions*: *Strategies for the* 21*st Century* (New York: Chatham House, 2000), 49.

16. We use military personnel data from Correlates of War, *National Material Capabilities* data set, ver. 3. 02. See Singer, "Material Capabilities of States," 115-32.

17. We use alliance agreement data from the Alliance Treaty Obligations and Provisions

Project, ver. 3. See Brett Ashley Leeds, Jeffrey Ritter, Sara McLaughlin Mitchell, and Andrew Long, "Alliance Treaty Obligations and Provisions, 1815 – 1944," *International Interactions* 28, no. 3(July 2002):237–60.

18. We use data from Correlates of War, *Militarized Interstate Disputes* data set, ver. 3. 1. See Daniel M. Jones, Stuart A. Bremer, and J. David Singer, "Militarized Interstate Disputes, 1816–1992: Rationale, Coding Rules, and Empirical Patterns," *Conflict Management and Peace Science* 15, no. 2(Fall 1996), 163–213.

19. The online appendix can be found at http://politicalscience. nd. edu/faculty/faculty–list/joseph–m–parent/.

20. See, for example, Jack Snyder, *Myths of Empire: Domestic Politics and International Ambition*(Ithaca: Cornell University Press, 1991), 2–21; Jeffrey Taliaferro, *Balancing Risks: Great Power Intervention in the Periphery*(Ithaca: Cornell University Press, 2004), 40–54.

21. For similar findings, see Dan Reiter, "Exploding the Powder Keg Myth: Preemptive Wars Almost Never Happen," *International Security* 20, no. 2 (Fall 1995): 25 – 28; Richard Betts, "Suicide from Fear of Death?" *Foreign Affairs* 82, no. 1(January/February 2003):34–43.

22. See, for example, Michael Howard, *The Franco–Prussian War: The German Invasion of France*, 1870 – 1871 (New York: Fontana, 1967), 40 – 42, 54; Otto Pflanze, *Bismarck and the Development of Germany*(Princeton: Princeton University Press, 1990), 1:451.

23. This suggests a more general problem with power transition theories—in many cases transition is produced by war rather than vice versa. See Richard Ned Lebow and Benjamin Valentino, "Lost in Transition: A Critical Analysis of Power Transition Theory," *International Relations* 23, no. 3(September 2009):389–410.

24. Democracies accounted for 50 percent of great power country – years across our sample. Based on coding in Monty Marshall, Ted Robert Gurr, and Keith Jaggers, "Political Regime Characteristics and Transitions, 1800 – 2012," Polity IV Project (April 2013), http://www.systemicpeace. org/polity/polity4. htm.

25. See Jack Snyder, "Review of *The Weary Titan: Britain and the Experience of Relative Decline*, 1895 – 1905, by Aaron Friedberg," *American Political Science Review* 84, no. 2 (June 1990):719.

26. Eight of our cases involved a great power whose economic output was shrinking in absolute terms, six of which retrenched. Of the eight cases of great powers that were losing out in relative terms only, between five and seven retrenched.

27. See Randall Schweller, *Unanswered Threats: Political Constraints on the Balance of Power* (Princeton: Princeton University Press, 2006), chap. 3; Jeffrey W. Taliaferro, Norrin M. Ripsman, and Steven E. Lobell, eds. , *The Challenge of Grand Strategy: The Great Powers and the Broken Bal – ance between the World Wars* (New York: Cambridge University Press, 2012), chaps. 6–7.

28. We note that our approach here differs from an earlier version of this project, where we compared strategic adjustment in the five–year periods following ordinal transitions with five–year periods that did not. We improve that approach in two ways. First, we make our unit of analysis individual country–years, rather than five – year periods. Second, we examine both the five years prior to and the five years following an ordinal transition. These changes did not alter our main findings, but the additional observations allow us to be more confident in our results. Compare to MacDonald and Parent, "Graceful Decline?," 30–31.

29. Between 1932 and 1936, for example, Germany increased its military personnel five-fold and its military spending fifteen-fold. British defense spending likewise increased by 324 percent in 1939, and its military personnel ballooned by 159 percent in 1940.

30. This difference is significant at the $p<0.01$ level, $p=0.0038$, t(2.6981, 190.966df). We use a one-tailed t-test for unpaired samples with unequal variance for all of the following tests. This finding held for three of our four comparisons. The only comparison for which this finding did not hold was when we included outliers, but excluded world wars from the baseline category. This finding also held for all four of our time windows.

31. Russian defense spending increased by 16.2 percent during its decline, but much of this is the result of a 238 percent spike in defense spending in 1905. When this outlier year is excluded, Russia averages −6 percent for the ten remaining years surrounding its ordinal transition.

32. This difference is significant at the $p<0.1$ level, $p=0.0531$, t(1.6223, 229.55df). This finding held for three of our four comparisons. The only comparison for which this finding did not hold was when we included outliers, but excluded world wars from the baseline category. This finding also held for three of our four time windows.

33. France increased its military personnel by 121 percent in 1871 during the Franco-Prussian War, Russia increased its military personnel by 104 percent in 1905 during the Russo-Japanese War, and Great Britain increased its military personnel by 125 percent in 1941 during the Second World War.

34. With 1871 excluded, 1873 France averaged a −5.5 percent annual change in military personnel during its decline. With 1905 excluded, 1903 Russia averaged a −1.2 percent annual change in military personnel during its decline. With 1946 excluded, 1946 United Kingdom averaged a −3.9 percent annual average change in military personnel during its decline.

35. In what follows, we exclude the two influential outliers—1935 United Kingdom and 1931 Germany—from figures for medium decliners.

36. This echoes the discussion of capability versus capacity cuts in contemporary American defense planning. See Department of Defense, "Press Briefing by Secretary Hagel and Admiral Winnefeld" (July 31, 2013), http://archive.defense.gov/news/newsarticle.aspx? id=120560.

37. Benjamin Goldsmith, "Bearing the Defense Burden, 1886–1989: Why Spend More?" *Journal of Conflict Resolution* 47, no. 5 (October 2003): 551–73. For similar findings, see William Nordhaus, John Oneal, and Bruce Russett, "The Effects of the International Security Environ-ment on National Military Expenditures: A Multicountry Study," *International Organization* 66, no. 3 (June 2012): 491–513.

38. This is based on Goldsmith's preferred specification (Model 5), adding a dummy variable for decline with outliers excluded. Our variable for decline was significant at the $p<0.05$ level ($p=0.035$). Holding all other variables at their mean, decline reduced a state's predicted defense burden by 6.9 percent (from 1.51 percent to 1.40 percent of GDP). For the original model, see Goldsmith, "Bearing the Defense Burden," 563–64.

39. This difference is not statistically significant, $p=0.2114$, t(−0.8034, 177.648df). The alliance comparison failed to achieve significance in any of our four comparisons. Somewhat surprisingly, it did achieve statistical significance when we examined seven-and ten-year windows around ordinal transitions. Perhaps declining powers initiate the search for allies close to their ordinal transition, but are only able to conclude formal agreements with new partners after longer

stretches of time.

40. This difference is statistically significant at the 0. 05 level, p = 0. 0412, t(-1. 7701, 53. 3096df).

41. See, for example, Alison Brysk, Craig Parsons, and Wayne Sandholtz, "After Empire: National Identity and Post-Colonial Families of Nations," *European Journal of International Relations* 8, no. 2(June 2002): 269-71.

42. This difference is statistically significant at the 0. 1 level, p = 0. 0929, t(1. 3352, 77. 1935df).

43. This difference is significant at the p<0. 01 level, p= 0. 0049, t(2. 6384, 88. 9019df). This finding held in all four of our comparisons, and in all four time periods we considered.

44. Great Britain participated in seven and twelve militarized disputes in 1939 and 1940 respectively.

45. This difference does not achieve statistical significance, p = 0. 2456, t (0. 6900, 174. 375df). This finding regarding MID initiation is much more dependent on what comparison or time window one chooses. It achieves significance at the p<0. 1 level in two of our comparison groups(outliers included, world wars excluded; outliers excluded, world wars included) as well as in one of our alternate time periods(three-year window).

46. Hostility ranges from 1(no militarized action) to 5(war). This difference does not achieve statistical significance, p=0. 2565, t(0. 6565, 101. 048df). This null result was consistent across all four of our potential comparisons and alternative time windows.

47. We used the COW coding for dispute outcomes, which includes disputes that end in a win, lose, compromise, or stalemate. It is worth emphasizing that a plurality of disputes—43 percent—end in stalemate.

48. This difference is statistically significant at the p<0. 001 level, p = 0. 0001, t(3. 9791, 111. 744df).

49. This difference is statistically significant at the p<0. 001 level, p=0. 0001, t(-4. 0720, 243. 845df).

50. The difference in participation in militarized disputes did not achieve statistical significance, p=0. 1811, t(-0. 9186, 56. 964df). Difference in dispute initiation also failed to achieve sig-nificance, p=0. 1331, t(-1. 1238, 53. 1903df).

51. We added a dummy variable with outliers included. Our variable was significant at the p< 0. 001 level (p = 0. 000). Holding all other variables at their mean, decline reduced a state's predicted probability of dispute participation by 47 percent (from 3. 19 percent to 1. 68 percent). For original model, see Oneal and Russett, *Triangulating Peace*, pp. 171-74, 314.

52. We expand on this analysis using a wider sample of cases and robustness checks in Paul MacDonald and Joseph Parent, "Fast Falls and Fierce Fights: Relative Decline and Militarized Interstate Disputes in International Politics" (paper presented at the annual meeting of the International Studies Association, March 2013).

53. Snyder, *Myths of Empire*, chap. 2. See also Anthony D'Agostino, *The Rise of Global Powers: International Politics in the Era of the World Wars* (New York: Cambridge University Press, 2012), chap. 16.

54. G. John Ikenberry, *Liberal Leviathan* (Princeton: Princeton University Press, 2011), chap. 8. See also Charles Kupchan, *No One's World: The West, the Rising Rest, and the Coming Global Turn*(New York: Oxford University Press, 2013), chap. 7.

55. See Jonathan Kirshner, "The Tragedy of Offensive Realism: Classical Realism and the Rise of China," *European Journal of International Relations* 18, no. 1 (March 2012): 62–63.

56. This difference failed to achieve statistical significance, $p = 0.1632$, t (– 0. 9846, 149. 26df). We excluded the two world wars from all of the comparisons in this section.

57. This difference failed to achieve statistical significance, $p = 0.2800$, t (– 0. 5843, 148. 066df).

58. This difference achieved statistical significance at the $p < 0.1$ level, $p = 0.0704$, t (–1. 4812, 141. 087df).

59. This difference achieved statistical significance at the $p < 0.001$ level, $p = 0.000$, t (4. 4949, 207. 774df).

60. This difference achieved statistical significance at the $p < 0.001$ level, $p = 0.0025$, t (2. 8392, 189. 317df).

61. This is an argument emphasized by Nuno Monteiro, *Theory of Unipolar Politics* (New York: Cambridge University Press, 2014), chap. 6.

62. See, for example, Stephen Brooks and William Wohlforth, *America Abroad: The United States Global Role in the 21st Century* (New York: Oxford University Press, 2016), 4–5; Barry Posen, *Restraint: A New Foundation for U. S. Grand Strategy* (Ithaca: Cornell University Press, 2014), chap. 2.

63. Most preventive war theorists focus on dyads but keep systemic consequences in frame. See Gilpin, *War and Change*, chap. 5; A. F. K. Organski and Jacek Kugler, *The War Ledger* (Chicago: University of Chicago Press, 1980), 49.

64. See Schweller, *Unanswered Threats*, 9–13; Charles Kupchan, The *Vulnerability of Empire* (Ithaca: Cornell University Press, 1994), 3–11.

65. See Graham Allison, "The Thucydides Trap: Are the U. S. and China Headed for War?" *Atlantic* (September 24, 2015); Gilpin, *War and Change*, chap. 5.

复兴研究

1. See, for example, Correlli Barnett, *The Collapse of British Power* (New York: Morrow, 1972); Keith Robbins, *The Eclipse of a Great Power: Modern Britain* 1870–1975 (New York: Longman, 1983); and Aaron Friedberg, *The Weary Titan: Britain and the Experience of Relative Decline*, 1895–1905 (Princeton: Princeton University Press, 1988).

2. See, for example, Jean-Marie Mayeur and Madeline Rebérioux, *The Third Republic from its Origins to the Great War*, 1871–1914 (New York: Cambridge University Press, 1988); and William Fuller, *Strategy and Power in Russia*, 1600–1914 (New York: The Free Press, 1992).

第四章　霸主的权宜之策

1. Palmerston had served as secretary of state for foreign affairs for all but five years between 1830 and 1851, and had been prime minister for all but sixteen months between 1852 and 1865.

2. See, for example, David Krein, *The Last Palmerston Government: Foreign Policy, Domestic Politics and the Genesis of "Splendid Isolation"* (Ames: Iowa State University Press, 1978); David Steele, "Palmerston's Foreign Policy and Foreign Secretaries 1855–1865," in *British Foreign Secretaries and Foreign Policy: From Crimean War to First World War*, ed. Keith Wilson (Wolfeboro: Croom Helm, 1987), 25–84; John Charmley, "Palmerston: 'Artful Old Dodger' or 'Babe of Grace'?" in *The Makers of British Foreign Policy: From Pitt to Thatcher*, ed. Thomas

G. Otte(New York:Palgrave Macmillan,2002),75-97.

3. See,for example, Robert W. Seton-Watson, *Britain in Europe*, 1789-1914: *A Survey of Foreign Policy*(New York:Cambridge University Press,1938),465;Kenneth Bourne, *The Foreign Policy of Victorian England*, 1830-1902(New York:Oxford University Press,1970),110;Muriel Chamberlain, "*Pax Britannica*"? *British Foreign Policy*, 1789-1914 (New York: Longman, 1988),115,124.

4. Bernard Porter, *Britain, Europe and the World* 1850-1986: *Delusions of Grandeur*(London: George Allen and Unwin,1987),36.

5. René Albrecht-Carrié, *A Diplomatic History of Europe Since the Congress of Vienna*(New York:Harper and Brothers,1958),139.

6. See,for example, Paul Kennedy, *Strategy and Diplomacy*, 1870-1945(London: Allen and Unwin,1983), 15, 20; Paul Schroeder, "Munich and the British Tradition," *Historical Journal* 19,no. 1(March 1976):224; George Bernstein, "Special Relationship and Appeasement: Liberal Policy Towards America in the Age of Palmerston," *Historical Journal* 41, no. 3 (September 1998):725-50.

7. For discussion of Britain's role, see Werner E. Mosse, "Queen Victoria and Her Ministers in the Schleswig-Holstein Crisis 1863-1864," *English Historical Review* 78, no. 307(April 1963): 263-83;Keith Sandiford, *Great Britain and the Schleswig-Holstein Question*, 1848-64: *A Study in Diplomacy, Politics, and Public Opinion*(Toronto:University of Toronto Press,1975).

8. *Hansard Parliamentary Debates*, 3rd series, 172(1863), col. 1250.

9. *Hansard Parliamentary Debates*, 3rd series, 176(1864), col. 745.

10. *Hansard Parliamentary Debates*, 3rd series, 143(1864), col. 29.

11. *Hansard Parliamentary Debates*, 3rd series, 176(1864), col. 841.

12. Gladstone diary entry (July 8, 1864), in *The Gladstone Diaries, Volume VI*, 1861-1868, ed. Henry Colin Grey Matthew(New York:Oxford University Press,1978),288.

13. The phrase was coined by Lord Derby. See Krein, *Last Palmerston Government*, 141; *Sandiford, Great Britain and the Schleswig-Holstein Question*, 122-23.

14. John Prest, *Lord John Russell* (Columbia: University of South Carolina Press, 1972), 398.

15. Thomas G. Otte, *The Foreign Office Mind*: *The Making of British Foreign Policy* 1865-1914 (New York:Cambridge University Press,2011),23,24. G.

16. Quoted in Steele, "Palmerston's Foreign Policy," 66.

17. Quoted in Otte, *Foreign Office Mind*, 29.

18. Russell to Lewis (July 26, 1862) quoted in *The Later Correspondence of Lord John Russell*, 1840-1878, ed. George Peabody Gooch (New York: Longmans, Green and Co, 1925), 2:299.

19. Quoted in Norman Rich, *Great Power Diplomacy*, 1814-1914 (Boston: McGraw Hill, 1992),218.

20. Disraeli speech at Free Trade Hall (April 4, 1872), quoted in Alexander Charles Ewald, *The Right Hon. Benjamin Disraeli, Earl of Beaconsfield, and His Times* (London: William Mackenzie,1882),2:231.

21. Lord Derby, "The Promotion of Scientific Industry (1874)", quoted in *Speeches and Addresses of Edward Henry XVth Earl of Derby*, ed. T. H. Sanderson and E. S. Roscoe (London: Longmans, 1894), 1: 237, 1: 239. The British were not alone; starting in the 1870s, German

conservatives associated modernity with Americanization. See Fritz Stern, *The Politics of Cultural Despair: A Study in the Rise of the Germanic Ideology* (Berkeley: University of California Press, 1961), 131.

22. Quoted in Seton-Watson, *Britain in Europe*, 470.

23. For overviews, see Agatha Ramm, "Granville," in *British Foreign Secretaries and Foreign Policy: From Crimean War to First World War, ed. Keith Wilson* (Wolfeboro: Croom Helm, 1987), 86-100; Marvin Swartz, *The Politics of British Foreign Policy in the Era of Disraeli and Gladstone* (New York: St. Martin's Press, 1985), chap. 1.

24. Quoted in Charles R. M. F. Cruttwell, "Neutrality in Continental Affairs, 1866-1874," in *Cambridge History of British Foreign Policy* 1783-1919, ed. Adolphus W. Ward and George Peabody Gooch (New York: Macmillan, 1923), 3:21.

25. Granville to Gladstone (April 18, 1869), quoted in *The Political Correspondence of Mr. Gladstone and Lord Granville* 1868-1876, ed. Agatha Ramm (London: Offices of the Royal Historical Society, 1952), 1:20.

26. Disraeli speech at Free Trade Hall (April 4, 1872), quoted in Ewald, *Disraeli, Earl of Beaconsfield*, 2:231.

27. Edward Henry Stanley, the fifteenth Earl of Derby, previously Lord Stanley, not to be confused with his father Edward Smith-Stanley, the fourteenth Earl of Derby.

28. Lord Derby, "The Eastern Question (1876)," quoted in Sanderson and Roscoe, ed., *Speeches and Addresses*, 288.

29. As Brian Bond observes, "Not even Disraeli's romantic imperialism reversed the trend toward parsimony in military expenditure." Brian Bond, "Recruiting the Victorian Army, 1870-92," *Victorian Studies* 5, no. 4 (June 1962): 332.

30. *Hansard Parliamentary Debates*, 3rd series, 185 (1867), col. 1450. Both Stanley and Disraeli urged Peel to avoid large increases in the army estimates. See Richard Millman, *British Foreign Policy and the Coming of the Franco-Prussian War* (New York: Oxford University Press, 1965), 145-46.

31. As Hoppen argues, if "the Tory government of 1866-8 had been notably parsimonious in military matters, the new Secretary for War, Edward Cardwell ... was determined to be more parsimonious still." K. Theodore Hoppen, *The Mid-Victorian Generation*, 1846-1886 (New York: Oxford University Press, 1998), 602.

32. See *Hansard Parliamentary Debates*, 3rd series, 194 (1869), col. 1112-16. For a discussion, see Robert Biddulph, *Lord Cardwell at the War Office: A History of His Administration* 1868-1874 (London: John Murray, 1904), 27-37.

33. *Hansard Parliamentary Debates*, 3rd series, 199 (1870), col. 1163.

34. See *Hansard Parliamentary Debates*, 3rd series, 185 (1867), col. 1463-69.

35. Edward Spiers, *The Late Victorian Army*, 1868-1902 (New York: Manchester University Press, 1992), 9. See also Bond, "Recruiting the Victorian Army," 332-33; Albert Tucker, "Army and Society in England, 1870-1900: AReassessment of the Cardwell Reforms," *Journal of British Studies* 2, no. 2 (May 1963), 130-31.

36. See Spiers, *Late Victorian Army*, 19-20.

37. *Hansard Parliamentary Debates*, 3rd series, 204 (1871), col. 358.

38. See Biddulph, *Cardwell at the War Office*, 50-55; Correlli Barnett, *Britain and Her Army*, 1509-1970: *A Military, Political and Social Survey* (New York: William Morrow and

Company,1970),309;Spiers,*Late Victorian Army*,303.

39. See Spiers,*Late Victorian Army*,18.

40. Barnett,*Britain and Her Army*,309.

41. See Tucker,"Army and Society in England," 110-11,140-41; Spiers, *Late Victorian Army*,2,24.

42. As a result, by 1878, the first class and militia reserves totaled 37,000 men, far short of the 80,000 that Cardwell had viewed as sufficient. See *Hansard Parliamentary Debates*,3rd series,238 (1878),col. 673.

43. In 1879, for example, there were 82 battalions overseas compared to just 59 at home. Figure cited in Tucker,"Army and Society in England,"134.

44. See *Hansard Parliamentary Debates*,3rd series,204(1871),col. 329-30.

45. See *Hansard Parliamentary Debates*,3rd series,209(1872),col. 880.

46. *Hansard Parliamentary Debates*,3rd series,222(1875),col. 1467.

47. See *Hansard Parliamentary Debates*,3rd series,227(1876),col. 1237-1264.

48. See Sydney Buxton,*Finance and Politics:A Historical Study*, 1783-1885 (London: John Murray,1888),2:44.

49. Figures cited in Buxton,*Finance and Politics*,156,158,160.

50. The cumulative cost of wars in South Africa and Afghanistan alone totaled some £ 12.3 million, only £ 4.5 million of which was met with immediate taxation. Figures cited in Buxton,*Finance and Politics*,258-29.

51. Figures come from Brian R. Mitchell,*British Historical Statistics*(New York: Cambridge University Press,1988),passim.

52. *Hansard Parliamentary Debates*,3rd series,209(1872),col. 1832.

53. *Hansard Parliamentary Debates*,3rd series,191(1868),col. 96-97.

54. *Hansard Parliamentary Debates*,3rd series,224(1873),col. 1150.

55. See Charles P. Stacey,*Canada and the British Army*,1846-1871:*A Study in the Practice of Responsible Government*(Toronto:University of Toronto Press,1963),198,201.

56. Peter Burroughs, "Defence and Imperial Disunity," in Oxford *History of the British Empire: The Nineteenth Century*, ed. Andrew Porter (New York: Oxford University Press, 1999),332.

57. See Carl Adolf Bodelsen, *Studies in Mid-Victorian Imperialism* (Copenhagen: Gyldendal,1924),89-93;Henry Colin Gray Matthew,*Gladstone*,1809-1874(New York:Oxford University Press,1986),188;Burroughs,"Defence and Imperial Disunity,"329-30.

58. Quoted in Spiers, Late Victorian Army, 4. See also Swartz, *Politics of British Foreign Policy*,11.

59. See *Hansard Parliamentary Debates*,3rd series,199(1870),col. 1162.

60. Figures cited in *Hansard Parliamentary Debates*,3rd series,204(1871),col. 331.

61. Burroughs,"Defence and Imperial Disunity,"333.

62. Figures cited in Burroughs,"Defence and Imperial Disunity,"333.

63. See William P. Morrell, *British Colonial Policy in the Mid-Victorian Age: South Africa,New Zealand,the West Indies*(New York:Oxford University Press,1969);John Cell,*British Colonial Administration in the Mid-nineteenth Century:The Policy-Making Process*(New Haven: Yale University Press,1970),95,113-16.

64. *Hansard Parliamentary Debates*,3rd series,191(1868),col. 96-97.

65. See Peter B. Waite, "Edward Cardwell and the Confederation" *Canadian Historical Review* 43, no. 1 (March 1962): 23; James Gibson, "The Colonial Office View of Canadian Fed-eration, 1856-1868" *Canadian Historical Review* 35, no. 4 (December 1954): 303-4.

66. See Kenneth Bourne, *Britain and the Balance of Power in North America*, 1815-1908 (Berkeley: University of California Press, 1967), 300; Barnett, *Britain and Her Army*, 318.

67. See Edmund George Petty-Fitzmaurice Fitzmaurice, The *Life of Granville George Leveson Gower, Second Earl of Granville, K. G.*, 1815-1891, Vol. 2 (Berkeley: University of California Press, 1905), 22.

68. Gladstone to Granville (May 29, 1869), quoted in Ramm, *Political Correspondence of Gladstone and Granville*, 24.

69. Quoted in Otte, *Foreign Office Mind*, 75.

70. See William Harbutt Dawson, "Forward Policy and Reaction, 1874-1885," in *The Cambridge History of British Foreign Policy*, 1783-1919, ed. Adolphus William Ward and George Peabody Gooch (New York: Cambridge University Press, 2011), 147.

71. See Cruttwell, "Neutrality in Continental Affairs," 1; Millman, *British Policy and the Franco-Prussian War*, 6-37.

72. *Hansard Parliamentary Debates*, 3rd series, 183 (1866), col. 576. On the connection Russell drew between "peace" and "economy" abroad and "work to be done" at home, see J. Parry, "Past and Future in the Later Career of Lord John Russell," in *History and Biography: Essays in Honor of Derek Beales*, ed. Timothy C. W. Blanning and David Cannadine (New York: Cambridge University Press, 1996), 163, 166.

73. Quoted in Bourne, *Foreign Policy of Victorian England*, 387. Clarendon was even blunter: "The idea of our spending one shilling or one drop of blood in the banditti quarrel which is now going on in Germany is simply absurd." Clarendon to Russell (March 31, 1866), quoted in Gooch, *Later Correspondence of Lord John Russell*, 2: 345.

74. Quoted in Seton-Watson, *Britain in Europe*, 470.

75. *Hansard Parliamentary Debates*, 3rd series, 184 (1866), col. 1253-56.

76. See Cruttwell, "Neutrality in Continental Affairs," 24; Seton-Watson, *Britain in Europe*, 491-92.

77. See Ramm, "Granville," 88; Steiner, "Fall of Great Britain," 49; Richard Shannon, *Gladstone: Volume II* 1865-1898 (Chapel Hill: University of North Carolina Press, 1999), 87-89.

78. Quoted in Otte, *Foreign Office Mind*, 65.

79. Granville to Gladstone (October 7, 1870), quoted in Fitzmaurice, *Life of Granville*, 2, 63.

80. Quoted in Otte, *Foreign Office Mind*, 67.

81. See Cruttwell, "Neutrality in Continental Affairs," 52; Seton-Watson, *Britain in Europe*, 500.

82. Ramm, "Granville," 92.

83. See, in particular, Adrian Cook, *The Alabama Claims: American Politics and Anglo-American Relations*, 1865-1872 (Ithaca: Cornell University Press, 1975).

84. One of the chief obstacles here was Charles Sumner, the chairman of the Senate Committee on Foreign Relations, who insisted that Britain withdraw "from this hemisphere, including provinces and islands" as part of a deal. Sumner to Fish (January 15, 1871), quoted in Robert Balmain Mowat, *The Diplomatic Relations of Great Britain and the United States* (Farming-ton Hills: Gale

2013),212.

85. See Bourne, *Foreign Policy of Victorian England*, 96; Cook, *Alabama Claims*, 179–86; Matthew, *Gladstone*, 186. Matters appeared to be settled until December 1871, when the Americans laid before the arbitration panel a claim that included not only direct damages caused by the *Alabama*, but also indirect damages resulting from the prolongation of the war. The English press decried American perfidy, but behind the scenes, Granville convinced the Americans to abandon their more excessive demands. See Cook, *Alabama Claims*, 233–40.

86. Granville to Schenck(February 3, 1872), quoted in Fitzmaurice, *Life of Granville*, 2, 96.

87. Roy Jenkins, *Gladstone: A Biography*(New York: Random House, 2002), 356. For similar assessments, see Ramm, "Granville," 91; Cook, *Alabama Claims*, 244–46.

88. See Seton–Watson, *Britain in Europe*, 483; M. R. D. Foot, "Great Britain and Luxemburg 1867," *English Historical Review* 67, no. 264 (July 1952), 352–79; F. Roy Bridge and Roger Bullen, *The Great Powers and the European States System*, 1814–1914 (New York: Longman, 2004), 107.

89. Disraeli to Stanley (April 22, 1867), quoted in Millman, *British Foreign Policy and the Franco–Prussian War*, 77.

90. For details of the Belgian railway dispute, see Gordon Craig, "Great Britain and the Belgian Railways Dispute of 1869," *American Historical Review* 50, no. 4(July 1945): 738–61.

91. Quoted in Seton–Watson, *Britain in Europe*, 490. See also Craig, "Great Britain and the Belgian Railways Dispute," 754.

92. Clarendon to Lyons (April 21, 1869), quoted in Millman, *British Foreign Policy and the Franco–Prussian War*, 141.

93. Granville to Lyone (August 4, 1870), quoted in Millman, *British Foreign Policy and the Franco–Prussian War*, 205.

94. Otte, *Foreign Office Mind*, 52.

95. Quoted in Cruttwell, "Neutrality in Continental Affairs," 20.

96. Gladstone praised "the signal prudence of Mr. Disraeli during the anxious period of the Controversy with the United States." Quoted in Jenkins, *Gladstone*, 358.

97. *Hansard Parliamentary Debates*, 3rd series, 199(1870), col. 209.

98. W. David McIntyre, *The Imperial Frontier in the Tropics*, 1865–75: *A Study of British Colonial Policy in West Africa, Malaya and the South Pacific in the Age of Gladstone and Disraeli* (New York: Macmillan, 1967), 51.

99. Cardwell admitted he had "adversaries to contend with both on the right and the left... [and could not] give entire satisfaction to everybody." *Hansard Parliamentary Debates*, 3rd series, 214(1873), col. 1143.

100. See Nini Rodgers, "The Abyssinian Expedition of 1867–1868: Disraeli's Imperialism or James Murray's War?" *Historical Journal* 27, no. 1 (March 1984): 146, cf. 142–44, 149. For an alter– native interpretation, which views the expedition as an effort to distract from domestic unrest, see Freda Harcourt, "Disraeli's Imperialism, 1866–1868: A Question of Timing," *The Historical Journal* 23, no. 1(March 1980), 104.

101. The parliamentary undersecretary was "against taking fresh territory" but "Basutoland must soon break up and become ours or the Boers." Adderley Minute(October 25, 1866), quoted in C. J. Uys, *In the Era of Shepstone: Being a Study of British Expansion in South Africa*, 1842–1877 (Lovedale: Lovedale Press, 1933), 48.

102. Kimberly Minute(May 22,1873),quoted in W. David McIntyre,"British Policy in West Africa:The Ashanti Expedition of 1873-4,"*Historical Journal* 5,no. 1(March 1962):29.

103. Kimberly to Cardwell (July 26, 1873), quoted in McIntyre, *Imperial Frontier in the Tropics*,143. *See also Robert Edgerton*, *The Fall of the Asante Empire* (New York: Free Press, 1995), 100-101.

104. See John Keegan, "The Ashanti Campaign, 1873 - 4," in *Victorian Military Campaigns*,ed. Brian Bond(New York:Praeger,1967),190-96;John Fynn,"Ghana-Asante," in *West African Resistance*: *the Military Responses to Colonial Occupation*, ed. Michael Crowder (London:Hutchinson,1971),49-50.

105. See Emily Sadka, *The Protected Malay States* (Kuala Lumpur: University of Malaya Press,1968),26-37;Nicholas Tarling,"The Establishment of Colonial Regimes," in *Cambridge History of Southeast Asia*, *Volume Two*, *The Nineteenth and Twentieth Centuries*, ed. Nicholas Tarling(New York:Cambridge University Press,1992),13-22,28-34.

106. Kimberly to Gladstone(September 10,1873),quoted in McIntyre,*Imperial Frontier in the Tropics*, 205.

107. See Sadka, *Protected Malay States*, 46 - 49; John M. Gullick, *Rulers and Residents*: *Influence and Power in the Malay States*, 1870 - 1920 (New York: Oxford University Press, 1992),13-21.

108. As with Basutoland, the move was designed in part to preempt Afrikaner claims. See Leonard Thompson, "The Subjection of the African Chiefdoms, 1870 - 1898," in *The Oxford History of South Africa*, *Volume Two*, ed. Monica Wilson and Leonard Thompson (New York: Oxford University Press,1971),255-56.

109. Disraeli complained the continental powers were "asking us to sanction them in their putting the knife to the throat of Turkey." Quoted in Matthew Smith Anderson, *The Eastern Question*,1774-1923(New York:St. Martin's,1966),183. Derby held a much different view. "To the Premier,the main thing is to please and surprise the public by bold strokes...to me,the first object is to keep England out of trouble." Quoted in Swartz,*Politics of British Foreign Policy*, 47.

110. In December 1875, Britain accepted a note calling for reforms, but refused to endorse stronger memorandum five months later designed to pressure the Sultan. British efforts to reach a negotiated compromise during the 1876 Constantinople Conference were likewise undermined by divisions between the British plenipotentiary Lord Salisbury, who sought to work with his Russian counterpart,and the British consul Sir Henry Elliot, who encouraged Ottoman intransigence. See Dawson,"Forward Policy and Reaction," 96 - 97, 113; Seton - Watson, *Britain in Europe*, 517 - 18,521-22.

111. Quoted in Seton-Watson,*Britain in Europe*,523.

112. Reinforcements from India were dispatched to Malta, and the Cabinet eventually agreed to a vote of credit and to dispatch ships to the Dardanelles. The latter move prompted foreign secretary Derby to resign. See Seton - Watson, *Britain in Europe*, 535; P. J. V. Rolo, "Derby," in *British Foreign Secretaries and Foreign Policy*,ed. K. M. Wilson(London:Croom Helm,1987),117.

113. The powers bristled at the creation of a semi-autonomous Greater Bulgaria under Russian supervision. Lord Salisbury, having replaced Derby at the Foreign Office, seized the diplomatic opening. He worked with Austria-Hungary and Germany to reduce the size of a semi-autonomous Bulgaria, scale back Russian expansion in Asia Minor, and impose a modest slate of reforms on the

Turks. See Seton-Watson, *Britain in Europe*, 533, 542-44; Bridge and Bullen, *Great Powers and European States System*, 123-25.

114. The Treaty of Berlin was a serious departure from the British government's initial defense of the integrity of the Ottoman Empire: three provinces had achieved their independence, and two more had been granted considerable autonomy. While the *Dreikaiserbund* had been riven apart, this outcome was transitory: the alliance was reconstituted in 1881 under Bismarck's more active, controlling supervision. For similarly skeptical takes, see Porter, *Britain, Europe and the World*, 38; *Bridge and Bullen, Great Powers and the European States System*, 125; *Otte, Foreign Office Mind*, 149.

115. Disraeli was a key figure leading this charge, although his enthusiasm for empire was both complicated and intermittent. See Stanley Stembridge, "Disraeli and the Millstones," *Journal of British Studies* 5, no. 1 (1965): 122-25; and Colin C. Eldridge, *England's Mission; the Imperial Idea in the Age of Gladstone and Disraeli*, 1868-1880 (London: Macmillan, 1973), 176-80.

116. The term comes from Albrecht-Carrié, *Diplomatic History of Europe*, 169-70.

117. See Dawson, "Forward Policy and Reaction," 84.

118. See Clement Francis Goodfellow, *Great Britain and South African Confederation* 1870-1881 (New York: Oxford University Press, 1966), 71; Bill Guest, "Colonists, Confederation, and Constitutional Change," in *Natal and Zululand from Earliest Times to* 1910, ed. Andrew Duminy and Bill Guest (Pietermaritzburg, South Africa: University of Natal Press, 1989), 146-69.

119. See Ronald Robinson, John Gallagher, and Alice Denny, *Africa and the Victorians: The Official Mind of Imperialism* (New York: Palgrave Macmillan, 1978), 122-60; Alexander Schölch, "The 'Men on the Spot' and the English Occupation of Egypt in 1882," *Historical Journal* 19, no. 3 (September 1976): 773-85; Antony G. Hopkins, "The Victorians and Africa: AReconsideration of the Occupation of Egypt, 1882," *Journal of African History* 27, no. 2 (June 1986): 378-79.

120. Northbrook Cabinet Memo (December 24, 1883), quoted in Robinson and Gallagher, *Victorians and Africa*, 134.

第五章 霸权觉醒

1. See, for example, George W. Monger, *The End of Isolation: British Foreign Policy* 1900-1907 (New York: Thomas Nelson and Sons, 1963), chap. 1; Christopher Howard, *Splendid Isolation: A Study of Ideas Concerning Britain's International Position and Foreign Policy during the Later Years of the Third Marquis of Salisbury* (New York: St. Martin's Press, 1967), 14-15; and Cedric J. Lowe and Michael L. Dockrill, *The Mirage of Power: Volume One, British Foreign Policy* 1902-1914 (Boston: Routledge, 1972), 1-3.

2. George W. Monger, "The End of Isolation: Britain, Germany, and Japan, 1900-1902," *Transactions of the Royal Historical Society* 13 (1963), 120.

3. Paul Kennedy, *The Realities Behind Diplomacy: Background Influences on British External Policy*, 1865-1980 (Boston: Allen and Unwin, 1981), 21.

4. See Geoffrey R. Searle, *The Quest for National Efficiency: A Study in British Politics and Political Thought*, 1899-1914 (Berkeley: University of California Press, 1971), 45-50.

5. Quoted in David Steele, "Salisbury and the Soldiers," in *The Boer War: Direction, Experience, and Image*, ed. John Gooch (Portland: Frank Cass, 2000), 3.

6. Monson to Salisbury (October 24, 1899), *British Documents on the Origins of the War*,

1898–1914, ed. George Peabody Gooch and Harold Temperley (London: Her Majesty's Stationery Office, 1926–1938), I, no. 286.

7. Rumbold to Salisbury (February 2, 1900), *British Documents* (hereafter BD), I, no. 310.

8. Thomas Pakenham, *Boer War* (New York: Abacus, 1991), 543. See also Shula Marks, "War and Union, 1899 – 1910," in *Cambridge History of South Africa, Volume Two*, 1885 – 1994, ed. Robert Ross, Anne Kelk Mager, and Bill Nasson (New York: Cambridge University Press, 2011), 158.

9. Figure cited in Geoffrey Russell Searle, *A New England: Peace and War* 1866–1918 (New York: Clarendon Press, 2005), 298. See also Rhodri Williams, *Defending the Empire: The Conservative Party and British Defence Policy*, 1899 – 1914 (New Haven: Yale University Press, 1991), 9.

10. Hamilton to Curzon, (March 15, 1901), quoted in Monger, "End of Isolation," 106.

11. Brodrick to Curzon (November 9, 1900), quoted in Lowell Satre, "St. John Brodrick and Army Reform, 1901–1903," *Journal of British Studies*, 15, no. 2 (Spring 1976): 119.

12. Opinion reported in Hamilton to Curzon (July 4, 1901), quoted in Monger, *End of Isolation*, 13.

13. Kerr to Selborne (September 2, 1901), quoted in Thomas G. Otte, *The China Question: Great Power Rivalry and British Isolation* 1894 – 1905 (New York: Oxford University Press, 2007), 293.

14. Figure cited in Monger, *End of Isolation*, 10.

15. Second Report of Committee (December 30, 1902), quoted in Monger, *End of Isolation*, 4.

16. Salisbury to Northcote (June 8, 1900), quoted in John A. S. Grenville, *Lord Salisbury and Foreign Policy* (London: Athlone Press, 1970), 295.

17. Hamilton to Curzon (April 2, 1902), quoted in Grenville, *Lord Salisbury and Foreign Policy*, 322.

18. Grey to Lyttelton (April 15, 1906), quoted in Keith Robbins, *Sir Edward Grey: A Biography of Lord Grey of Fallodon* (London: Cassell, 1971), 136. See also Francois Crouzet, "Trade and Empire: The British Experience from the Establishment of Free Trade until the First World War," in *Great Britain and Her World*, 1750 – 1914: *Essays in Honour of W. O. Henderson*, ed. Barrie Ratcliffe (Manchester, U. K.: Manchester University Press, 1975), 209–36.

19. Figure cited in Bill Nasson, *South African War* (London: Bloomsbury, 1999), 285. In 1901 alone, spending on the army exceeded £94 million, almost half of Britain's total national expenditure. Figure cited in Hew Strachan, "The Boer War and Its Impact on the British Army, 1902–14," in "*Ashes and Blood*": *The British Army in South Africa* 1795 – 1914, ed. Peter Boyden, Alan Guy, and Marion Harding (London: National Army Museum, 1999), 85.

20. Figures cited in David Omissi and Andrew Thompson, "Investigating the Impact of the War," in *The Impact of the South African War*, ed. David Omissi and Andrew Thompson (New York: Palgrave, 2002), 9.

21. Quoted in Monger, *End of Isolation*, 168. Lord Cromer confided, "The two greatest dangers at present are backwardness in education and unsound finance—by which term I mean more specifically spending more money than we can afford." Cromer to Balfour (October 15, 1903), quoted in Lowe and Dockrill, *Mirage of Power*, 8

22. Geoffrey Searle, "'National Efficiency' and the 'Lessons' of the War," in Omissi and

Thompson, eds., *Impact of the South African War*, 205.

23. Salisbury to Curzon (October 17, 1900), quoted in Monger, *End of Isolation*, 17.

24. Lansdowne to Lascelles (March 18, 1901), quoted in Grenville, *Lord Salisbury and Foreign Policy*, 341.

25. Balfour cabinet letter (December 14, 1903), quoted in Ruddock F. Mackay, *Balfour: Intellectual Statesman* (New York: Oxford University Press, 1985), 166–67.

26. See, in particular, Francis Harry Hinsley, ed., *British Foreign Policy Under Sir Edward Grey* (New York: Cambridge University Press, 1977), passim; Keith Wilson, "Grey," in *British Foreign Secretaries and Foreign Policy: From Crimean War to First World War*, ed. Keith Wilson (Wolfeboro, N. H.: Croom Helm, 1987), 172–97 Keith Neilson, "'Control the Whirlwind': Sir Edward Grey as Foreign Secretary, 1906–16," in *The Makers of British Foreign Policy: From Pitt to Thatcher*, ed. Thomas G. Otte (New York: Palgrave, 2002), 128–49.

27. *Hansard Parliamentary Debates*, 3rd series, 156 (1906), col. 1413.

28. Quoted in Muriel E. Chamberlain, *Pax Britannica? British Foreign Policy* 1789 – 1914 (New York: Routledge, 1989), 166.

29. Quoted in Andrew Roberts, *Salisbury: Victorian Titan* (London: Phoenix Press, 2006), 807.

30. *Hansard Parliamentary Debates*, 3rd series, 90 (1901), col. 1653.

31. Quoted in Roberts, *Salisbury*, 768.

32. *Hansard Parliamentary Debates*, 4th series, 119 (1903), col. 302. Economy – minded members of the cabinet, prominent critics in the press, and a group of young Unionist backbenchers known as the Hughligans vigorously condemned the war secretary's plans as extravagant. See Searle, *A New England*, 316; and Williams, *Defending the Empire*, 22.

33. Arnold – Forster admitted that "the capacities of this country to spend money on its armaments are not infinite." Quoted in *Hansard Parliamentary Debates*, 4th series, 131 (1904), col. 337.

34. *Hansard Parliamentary Debates*, 4th series, 143 (1905), col. 1401. See Tucker "Army Reform in the Unionist Government," 94; Searle, *A New England*, 318–19.

35. Balfour to King (June 14, 1904), quoted in Edward Spiers, *Haldane: An Army Reformer* (Edinburgh: Edinburgh University Press, 1980), 52.

36. Figured cited in Williams, *Defending the Empire*, 59.

37. Fisher to Thursfield (July 5, 1903), quoted in Jon Tetsuro Sumida, *In Defence of Naval Supremacy: Finance, Technology, and British Naval Policy*, 1889 – 1914 (Boston: Unwin Hyman, 1989), 27.

38. See Sumida, *Defence of Naval Supremacy*, 26–29.

39. *Hansard Parliamentary Debates*, 4th 144 (1905), col. 173.

40. *Hansard Parliamentary Debates*, 4th, 153 (1906), col. 664.

41. Figure cited in Sumida, *Defence of Naval Supremacy*, 185–86.

42. For details, see Satre, "St. John Brodrick and Army Reform," 121–22; Edward Spiers, *The Army and Society*, 1815 – 1914 (New York: Longman, 1980), 245 – 46; Williams, *Defending the Empire*, 13.

43. See John Gooch, "Sir George Clarke's Career at the Committee of Imperial Defence, 1904–1907," *Historical Journal* 18, no. 3 (September 1975): 564–65; Albert Tucker, "The Issue of Army Reform in the Unionist Government, 1903–5," *Historical Journal* 9, no. 1 (March 1966): 97.

44. See Arthur J. Marder, *The Anatomy of British Sea Power: A History of British Naval Policy in the Pre - Dreadnought Era*, 1880 - 1905 (London: Frank Cass, 1940), 418; Ruddock F. Mackay, *Fisher of Kilverstone* (New York: Oxford University Press, 1974), 274 - 84; Williams, *Defending the Empire*, 35-39.

45. See Marder, *Anatomy of British Sea Power*, 483 - 95; Arthur J. Marder, *From the Dreadnought to Scapa Flow*, Vol. 1: The Road to War, 1904 - 1914 (Annapolis: Naval Institute Press, 2013), 36 - 45; Samuel R. Williamson, Jr., *The Politics of Grand Strategy: Britain and France Prepare for War*, 1904-1914 (Cambridge: Harvard University Press, 1969), 238.

46. Haldane Memorandum (January 1, 1906), quoted in Spiers, *Haldane*, 77.

47. See Williamson, *Politics of Grand Strategy*, 90-91; Spiers, *Haldane*, 81, 83, 86-87, 109-10; Spiers, *Army and Society* 276-78.

48. Haldane to Campbell-Bannerman (January 27, 1907), quoted in Spiers, *Haldane*, 107.

49. For criticisms, see Williamson, *Politics of Grand Strategy*, 100; John Gooch, *Plans of War: The General Staff and British Military Strategy c.* 1900-1916 (New York: Routledge, 1974), 106; Robbins, *Sir Edward Grey*, 178 - 79; Edward Spiers, "Reform of the Regular Army: Scope for Revision," *British Journal of International Studies* 6, no. 1 (April 1980): 73-74.

50. See especially the conclusions in Spiers, Haldane, 199, 279 - 80. Haldane's reforms were also more ambitious than the 1881 Childers' reforms, which were essentially a second wave of the Cardwell reforms.

51. Quoted in Denis Judd, *Balfour and the British Empire: AStudy in Imperial Evolution*, 1874-1932 (London: Macmillan, 1968), 37. See also Max Egremont, *Balfour: A Life of Arthur James Balfour* (London: William Collins, 1980), 154.

52. See Franklyn A. Johnson, *Defence by Committee: The British Committee of Imperial Defence*, 1885-1959 (New York: Oxford University Press), 49-58; John MacKintosh, "The Role of the Committee of Imperial Defence before 1914," *English Historical Review* 77, no. 304 (July 1962): 493.

53. See Spiers, *Haldane*, 124; Strachan, "Boer War and the British Army," 88.

54. See Zara S. Steiner, *Britain and the Origins of the First World War* (New York: Macmillan, 1974), 35; Williams, *Defending the Empire*, 25; Spiers, *Haldane*, 79-80.

55. Searle, *Quest for National Efficiency*, 233.

56. While Balfour used the committee on a regular basis, his successors did not. Asquith rarely used the institution, and the full committee met only three times in 1910. Figure cited in Nicholas D'Ombrain, *War Machinery and High Policy* (New York: Oxford University Press, 1973), 17.

57. See David W. Sweet, "Great Britain and Germany, 1905 - 1911," in Hinsley, ed., *British Foreign Policy Under Grey*, 228-32; Robbins, *Sir Edward Grey*, 202-3.

58. Figures cited in Sumida, *Defence of Naval Supremacy*, 189. See also George C. Peden, *Arms, Economics and British Strategy* (New York: Cambridge University Press, 2009), chap. 1.

59. Grey to Asquith (February 5, 1909), quoted in Lowe and Dockrill, *Mirage of Power*, 32.

60. An unexpected deficit in 1909 reversed these efforts, leading to a small increase to the income tax and on tobacco duties. See Bernard Mallet, *British Budgets*, 1887-88 to 1912-13 (London: Macmillan, 1913), 209, 230, 246, 289.

61. See Mallet, *British Budgets*, 262, 291, 319.

62. See Mallet, *British Budgets*, 274, 291. See also Bruce Murray, *The People's Budget: Lloyd George and Liberal Politics* (Oxford: Clarendon Press, 1980), chap. 1.

63. This category includes expenditure on education, old age pensions, labor exchanges, and insurance commissions. Figures cited in Mallet, *British Budgets*, 508–9.

64. Figures come from Brian R. Mitchell, *British Historical Statistics* (New York: Cambridge University Press, 1988), passim.

65. Quoted in d'Ombrain, *War Machinery and High Policy*, 5.

66. Hamilton to Curzon (April 25, 1901), quoted in Monger, *End of Isolation*, 36–37.

67. See Lowe and Dockrill, *Mirage of Power*, 97.

68. *Daily News interview* (December 5, 1907), quoted in Spiers, *Haldane*, 65.

69. Quoted in Arthur J. Marder, *Fear God and Dread Nought: The Correspondence of Admiral of the Fleet Lord Fisher of Kilverstone*, Vol. 2 (London: Jonathan Cape, 1956), 469. See also Paul Kennedy, *The Rise and Fall of British Naval Mastery* (New York: Penguin, 1976), 217; and Charles Kupchan, *The Vulnerability of Empire* (Ithaca: Cornell University Press, 1994), 116–17.

70. Williamson, *Politics of Grand Strategy*, 18. See also Marder, *Anatomy of British Sea Power*, 479–92.

71. Williamson, *Politics of Grand Strategy*, 104. See also Marder, *Road to War*, 71–75.

72. Williamson, *Politics of Grand Strategy*, 239. That same year, Fisher fobbed off as many threats as possible to the Dominions, saying, "We manage the job in Europe, they'll manage it against the Yankees, Japs, and Chinese." Quoted in Christopher Bell, "Sentiment vs Strategy: British Naval Policy, Imperial Defence, and the Development of Dominion Navies, 1911–14," *International History Review* 37, no. 2 (June 2015): 264.

73. See Williamson, *Politics of Grand Strategy*, 254–55, 265–67.

74. Churchill to Haldane (May 6, 1912), quoted in Williamson, *Politics of Grand Strategy*, 267.

75. Officials in the Foreign Office feared denuding the Mediterranean might unnerve Turkey and embolden Italy. To assuage these fears, Churchill authorized the retention of two or three battle cruisers at Malta and accepted the need to reach more definitive naval arrangements with the French. See Keith A. Hamilton, "Great Britain and France, 1911–1914," in Hinsley, ed., *British Foreign Policy Under Grey*, 331; Williamson, *Politics of Grand Strategy*, 274–83; Robbins, *Sir Edward Grey*, 262.

76. Figure cited in Kennedy, *Rise and Fall of British Naval Mastery*, 228.

77. See Ian Nish, *Anglo-Japanese Alliance: The Diplomacy of Two Island Empires, 1894–1907* (London: Athlone, 1966).

78. For persuasive arguments that the alliance was aimed primarily at Russia, see Steiner, *Britain and the Origins of the First World War*, 28; Paul J. V. Rolo, "Landsdowne," in *British Foreign Secretaries and Foreign Policy*, ed. Keith M. Wilson (London: Croom Helm, 1987), 162.

79. As Otte argues, the combination of "financial and naval factors... brought the Japanese option into sharper focus." Otte, *China Question*, 292.

80. Selborne Memorandum (September 4, 1901), quoted in Zara Steiner, "Great Britain and the Creation of the Anglo-Japanese Alliance," *Journal of Modern History* 31, no. 1 (March 1959), 30.

81. Otte, *China Question*, 306.

82. As Salisbury famously argued, "The liability of having to defend the German and Austrian frontiers against Russia is heavier than that of *having to defend the British Isles against France... therefore*, in its most naked aspect the bargain would be a bad one for this country." Salisbury

Memorandum(May 29,1901),BD,Ⅱ,no. 86.

83. Salisbury and Balfour had the greatest doubts about a Japanese alliance, with both fearing being dragged into an unwanted war. Salisbury fretted, "There is no limit: and no escape. We are pledged to war." Salisbury Memo(January 7,1907), quoted in Keith M. Wilson, *The Policy of the Entente: Essays on the Determinants of British Foreign Policy*, 1904-1914(New York: Cambridge University Press, 2010), 52.

84. Otte describes the alliance as "an arrangement with a peripheral power involving limited obligations and with the object of safeguarding Britain's regional interests." Thomas G. Otte, *The Foreign Office Mind: The Making of British Foreign Policy*, 1865-1914(New York: Cam-bridge University Press, 2013), 271. For similar interpretations, see Kennedy, *Realities Behind Diplomacy*, 117; Chamberlain, *Pax Britannica*, 163.

85. See, in particular, Christopher Andrew, *Théophile Delcassé and the Making of the Entente Cordiale: A Reappraisal of French Foreign Policy*, 1898-1905 (New York: St. Martin's Press, 1968); and Paul J. V. Rolo, *Entente Cordiale: The Origins and Negotiation of the Anglo-French Agreements* (New York: St. Martin's Press, 1969).

86. For the claim that events in the Far East added urgency, see Nish, *Anglo-Japanese Alliance*, 287; Lowe and Dockrill, *Mirage of Power*, 8; Rolo, "Lansdowne," 165.

87. See Williamson, *Politics of Grand Strategy*, 12-15.

88. Porter concludes that entente was not a departure, but "followed...the pattern of the past: eliminating causes of conflict rather than preparing for conflict." Bernard Porter, *Britain, Europe and the World*, 1850-1982(London: Unwin Hyman, 1983), 74.

89. Lansdowne to Monson(April 8, 1904), BD, Ⅲ, no. 416.

90. Spring-Rice to Mallet(April 13, 1904), quoted in Otte, *Foreign Office Mind*, 289.

91. For background, see Rogers Platt Churchill, *The Anglo-Russian Convention of* 1907(Cedar Rapids: Torch Press, 1939); Beryl Williams, "Great Britain and Russia, 1905 to the 1907 Conven-tion," in Hinsley, ed., *British Foreign Policy Under Grey*, 133-48.

92. Quoted in Roberts, *Salisbury*, 770.

93. See John Gooch, "Sir George Clarke's Career at the Committee of Imperial Defence," 560-61; Williamson, *Politics of Grand Strategy*, 95.

94. General Staff Report(1907), quoted in Williams, "Great Britain and Russia," 135-36. See also Beryl J. Williams, "The Strategic Background to the Anglo-Russian Entente of August 1907," *The Historical Journal* 9, no. 3(1966), 365, 372.

95. Mackay argues that as a result of these vulnerabilities, the Balfour government became "anxious to minimize the possibility of a conflict" through "an accommodation with Russia." Mackay, *Balfour*, 124.

96. Sanderson to Scott(April 12, 1901), quoted in Otte, *Foreign Office Mind*, 265. Sanderson likewise declared, "The process of working in constant antagonism [with Russia] is too expensive." Sanderson to Spring-Rice(August 6, 1907), quoted in Williams, "Great Britain and Russia," 137.

97. See Mackay, *Balfour*, 171; Rolo, "Lansdowne," 167; Otte, *Foreign Office Mind*, 296.

98. Grey Minute(July 16, 1907), quoted in Williams, "Great Britain and Russia," 137. The Indian secretary Lord Morely likewise admitted, "That is the fundamental argument for the Convention for we have not got the men to spare and that's the plain truth of it." Morely to Minto (September 19, 1907), quoted in Monger, *End of Isolation*, 285.

99. Hardinge to Nicolson(September 4,1907)and Hardinge to Grey(April 26,1906),quoted in Otte,*Foreign Office Mind*,305.

100. See Williams,"Great Britain and Russia,"140–43.

101. Grey emphasized his desire to secure "a good understanding with Germany," although "it must be one which will not imperil those which we have with France and Russia." Grey to Goschen (September 1,1909),BD,Ⅵ,no. 195.

102. See Lansdowne to Bertie(May 17,1905),BD,III,no. 94. Rolo describes Lansdowne's approach as "a policy of bolstering France without giving any categorical guarantees." Rolo, "Lansdowne,"167–68.

103. Grey warned the German ambassador that if Berlin forced war on Paris,"public feeling would be so strong that it would be impossible to be neutral." Grey to Lascelles (January 9, 1906),BD,Ⅲ,no. 229). Conversely,he told the French ambassador that he "did not think people in England would be prepared to fight in order to put France in possession of Morocco." Grey to Bertie(January 31,1906),BD,Ⅲ,no. 219.

104. He encouraged these compromises while simultaneously declaring "cordial cooperation with France in all parts of the world remains a cardinal point of British policy." Grey to Bertie (March 15,1906),BD,Ⅲ,no. 357.

105. As Grey explained, "The balance of power in Europe was preserved by the present grouping,and I should not think of wishing to disturb it." Grey to Cartwright (January 6, 1909),BD,Ⅴ,no. 505.

106. Grey even promised to consider a future revision of the Straits question in Russia's favor. Through this concession, Grey "averted a collision between his Russian and Turkish policies." David W. Sweet, "The Bosnian Crisis," in *British Foreign Policy Under Sir Edward Grey*,ed. Hinsley,181.

107. See Sweet,"Bosnian Crisis,"190.

108. Hardinge to Edward (March 26, 1909), quoted in Lowe and Dockrill, *Mirage of Power*,84.

109. Grey told the French that British military support would only be forthcoming in a possible war if France had "no reasonable and honourable way of avoiding it." Grey to Goschen (March 9,1912),BD,Ⅵ,no. 531.

110. Grey to Bertie(July 20,1911),*BD*,Ⅶ,no. 405.

111. Grey emphasized "the impossibility of our standing aside,and disinteresting ourselves,if changes in the situation developed adversely to our interests." Grey to Goschen (July 21, 1911),*BD*,Ⅶ,no. 411.

112. See Keith M. Wilson,*Empire and Continent:Studies in British Foreign Policy from the* 1880*s to the First World War*(London:Mansell,1987),95;and Phillip M. H. Bell,*France and Britain*,1900–1940:*Entente and Estrangement* (New York:Longman,1996),47.

113. See Zara Steiner, "The Foreign Office under Sir Edward Grey, 1905 – 1914", in Hinsley,ed. ,*British Foreign Policy Under Grey*,51.

114. See Richard J. Crampton, "The Balkans, 1909 – 1914," in *British Foreign Policy Under Grey*,ed. Hinsley,269.

115. Germany adopted amendments to its existing naval law in both 1905 and 1907 that accelerated capital ship construction. See Jonathan Steinberg,"The German Background to Anglo-German Relations,1905–1914,"in *British Foreign Policy Under Grey*,ed. Hinsley,201–9.

116. Grey Memorandum(July 31,1908),*BD*, Ⅵ,appendix Ⅲ.

117. See Crowe Memorandum(January 1,1907),*BD*,Ⅲ,appendix A.

118. Efforts were made at the 1906 Hague Conference, in both 1909 and 1910 after a change of ministries in Berlin, and as part of the Haldane Mission in 1912. See David W. Sweet, "Great Britain and Germany, 1905-1911," in *British Foreign Policy Under Grey*, ed. Hinsley, 218; Robbins, *Sir Edward Grey*, 234; Steiner, *Britain and the Origins of the First World War*, 97.

119. Grey Minute on Goschen to Grey(April 11,1910),*BD*, Ⅵ,no. 344.

120. Richard T. B. Langhorne, "Great Britain and Germany, 1911-1914," in Hinsley, ed., *British Foreign Policy Under Grey*, 300. The permanent undersecretary warned the Germans were seeking to "entangle us in some engagement which would absolutely prevent us from having full liberty of action." Nicolson to Goschen(April 1,1912),*BD*, Ⅵ,no. 562.

121. See Langhorne, "Great Britain and Germany," 311; Marian Kent, "Constantinople and Asiatic Turkey," in *British Foreign Policy Under Sir Edward Grey*, ed. Francis Harry Hinsley(New York: Cambridge University Press, 2008), 152-54.

122. Nicolson to Goschen(February 28,1911),quoted in Otte, *Foreign Office Mind*, 353.

123. See Robbins, *Sir Edward Grey*, 133; Chamberlain, *Pax Britannica*, 165; Steiner, *Britain and the Origins of the First World War*, 41.

124. Keith G. Robbins, "The Foreign Secretary, the Cabinet, Parliament and the Parties," in *British Foreign Policy Under Grey*, ed. Hinsley, 8.

125. Robbins, *Sir Edward Grey*, 252.

126. Chamberlain, *Pax Britannica*, 165. Otte likewise concludes, "Britain's diplomatic elite provided a strong element of continuity in the country's foreign policy." Otte, *Foreign Office Mind*, 407.

127. Hamilton argues that "Grey displayed a greater readiness than his immediate prede-cessor to accept the Anglo-French understanding as a fundamental and permanent element in Britain's relations with the continental powers." Keith A. Hamilton, "Great Britain and France, 1905-1911," in *British Foreign Policy Under Grey*, ed. Hinsley, 113.

128. Steiner, *Britain and the Origins of the First World War*, 39.

129. Although it is possible to overstate the differences between the liberal imperialists and the rest of the party, see George L. Bernstein, "Campbell-Bannerman and the Liberal Imperialists," *Journal of British Studies* 23, no. 1 (Autumn 1983), 118-19; Cameron Hazlehurst, "Asquith as Prime Minister, 1908-1916," *English Historical Review* 85, no. 336(July 1970), 522.

130. Steiner, *Britain and the Origins of the First World War*, 154.

131. As Steiner concludes, "Sir Edward Grey was his own master." Steiner, "The Foreign Office under Sir Edward Grey," 69.

132. Balfour to Brodrick (October 28, 1903), quoted in Judd, *Balfour and the British Empire*, 240.

133. Quoted in David W. Sweet and Richard T. B. Langhorne, "Great Britain and Russia, 1907-1914," in *British Foreign Policy Under Grey*, ed. Hinsley, 236.

134. Grey to Scott(September 21, 1912), quoted in Neilson "'Control the Whirlwind': Sir Edward Grey as Foreign Secretary," 141.

135. Selborne Memorandum(January 17,1901),quoted in Monger, *End of Isolation*, 11.

136. Grey Minute(February 10,1909),quoted in Steiner, *Britain and the Origins of the First World War*, 48.

137. Lansdowne to Balfour(December 12, 1901), quoted in Monger "End of Isolation," 120.

138. Lord Morely, quoted in Ira Klein, "The Anglo-Russian Convention and the Problem of Central Asia," *Journal of British Studies* 11, no. 1(November 1971), 134.

139. Grey to Hardinge(January 28, 1912), quoted in Sweet and Langhorne, "Great Britain and Russia," 251.

140. For the strong version of this argument, which portrays Grey as naïve and confused, see Luigi Albertini, *The Origins of the War of* 1914, trans. Isabella Massey(London: Oxford University Press, 1953), 2: 197. A milder version of this argument, which sympathizes with Grey but views his diplomatic balancing act as impossible, see Michael Ekstein, "Some Notes on Sir Edward Grey's Policy in July 1914," *Historical Journal* 15, no. 2 (June 1972): 348; J. Paul Harris, "Great Britain," in Richard Hamilton and Holder Herwig, eds., *The Origins of World War I*(New York: Cambridge University Press, 2003), 294.

141. See, for example, Paul Schroeder, "World War I as Galloping Gertie: AReply to Joachim Remak," *Journal of Modern History* 44, no. 3(September 1972): 323-25; Wilson, "Grey," 188-89.

142. See Grey's candid conversation with the German ambassador described in Grey to Rumbold (July 6, 1914), *BD*, XI, no. 32 See also Robbins, *Sir Edward Grey*, 287; Keith Wilson, "Britain," in Keith Wilson, ed., *Decisions for War* 1914 (New York: St. Martin's Press, 1995), 186.

143. As a ploy to extract British concessions, German policymakers deliberately promoted the misperception that there were distinct peace and war factions in Berlin. See Michael Ekstein, "Sir Edward Grey and Imperial Germany," *Journal of Contemporary History* 6, no. 3 (1971): 126, 128.

144. See Ekstein, "Some Notes on Sir Edward Grey's Policy in July 1914," 323-24.

145. Quoted in Steiner, *Britain and the Origins of the First World War*, 225.

146. This warning came two days after Grey had cautioned that in the event of war, "[England] would place herself unconditionally by the side of France and Russia." Quoted in Wilson "Britain," 187, 190.

147. Quoted in Holger H. Herwig "Germany," in Keith Wilson, ed., *Decisions for War 1914* (New York: St. Martin's Press, 1995), 181.

148. See Gerhard Ritter, *The Schlieffen Plan: A Critique of a Myth* (Westport: Praeger, 1958), 161-64.

149. Chamberlain, *Pax Britannica*, 175. Neilson reaches a similar conclusion: "The impetus for war came from Vienna and Berlin, not from London." Neilson, "Grey as Foreign Secretary," 141. Steiner concurs that "the British role was of secondary importance." Steiner, *Britain and the Origins of the First World War*, 126.

150. Barbara Tuchman, *The Guns of August*(New York: Random House, 2004), 145-46.

151. See Williamson, *Politics of Grand Strategy*, 48, 77-78, 90.

152. See Williamson, *Politics of Grand Strategy*, 172-73, 366.

153. Williamson, *Politics of Grand Strategy*, 244-47, 320-321.

154. This lack of influence was "inherent in Britain's situation at that time." See Porter, *Britain, Europe, and the World*, 76.

155. Joachim Remak, "The Third Balkan War: Origins Reconsi-dered," *Journal of Modern*

History 43, no. 3(Fall 1971), 366.

156. Quoted in Monger, *End of Isolation*, 13. His language may have been figurative, but strikingly Britain was becoming the third ranked power in the system when he said it.

157. See David Stevenson, *Armaments and the Coming of War: Europe* 1904 - 1914 (New York: Oxford University Press, 1996), 2 - 8; David Herrmann, *The Arming of Europe and the Making of the First World War*(Princeton: Princeton University Press, 1996), 234.

第六章　不断减速的旋转木马

1. Figure cited in Dietrich Geyer, *Russian Imperialism: The Interaction of Domestic and Foreign Policy*, 1860-1914(New Haven: Yale University Press, 1987), 5.

2. Quoted in Alexander Polunov, *Russia in the Nineteenth Century: Autocracy, Reform, and Social Change*, 1814-1914(New York: M. E. Sharpe, 2005), 165.

3. As Pintner notes, from 1725 to 1850, Russia was successful in nearly every major conflict; from 1850-1917, it almost never was. See Walter Pintner, "The Burden of Defense in Imperial Russia, 1725-1914," *Russian Review* 43, no. 3(July 1984): 231.

4. See Alfred Rieber, "Persistent Factors in Russian Foreign Policy: An Interpretive Essay," in *Imperial Russian Foreign Policy*, ed. Hugh Ragsdale and Valerii Nikolaevich Ponomarev (New York: Cambridge University Press, 1993), 356.

5. A term derived from Gorchakov's famous quip—"La Russie ne boude pas, mais se recueille"—which serves as the epigraph to this chapter. Quoted in David Schimmelpenninck van der Oye, "Russian Foreign Policy, 1815-1917," in *The Cambridge History of Russia, Volume* Ⅱ: *Imperial Russia*, 1689 - 1917, ed. Dominic Lieven (New York: Cambridge University Press, 2006), 561. See also Barbara Jelavich, *A Century of Russian Foreign Policy*, 1814 - 1914 (New York: Lippincott, 1964), 134; and Andrei Tsygankov, *Russia and the West from Alexander to Putin: Honor in International Relations*(New York: Cambridge University Press, 2014), 149-50.

6. See Geoffrey Hoskin, *Russia and the Russians: A History*, 2nd ed. (Cambridge: Harvard University Press, 2011), 315.

7. For debt estimates, see Bruce Menning, *Bayonets Before Bullets: The Imperial Russian Army*, 1861-1914(Bloomington: Indiana University Press, 1992), 11; W. Bruce Lincoln, *The Great Reforms: Autocracy, Bureaucracy, and the Politics of Change in Imperial Russia*(DeKalb: Northern Illinois University Press, 1990), 147.

8. See Menning, *Bayonets before Bullets*, 11.

9. As Miliutin observed, "The requirements of foreign policy dictate, in large measure, the lower limits below which it is impossible to permit the Empire's military strength to fall." Miliutin in 1862, quoted in Lincoln, *Great Reforms*, 150.

10. Quoted in Alfred Rieber, "Interest-Group Politics in the Era of the Great Reforms," in *Russia's Great Reforms*, 1855 - 1881, ed. Ben Eklof, John Bushnell, and Larissa Zakharova (Bloomington: Indiana University Press, 1994), 74.

11. German mobilization and technological gaps made Russian military officials profoundly alarmed about the Polish salient and Western front. See David Alan Rich, *The Tsar's Colonels: Professionalism, Strategy, and Subversion in Late Imperial Russia*(Cambridge: Harvard University Press, 1998), 4, 86 - 87, 90 - 94, 218 - 19; Alex Marshall, *The Russian General Staff and Asia*, 1800-1917(New York: Routledge, 2006), 68, 95.

12. See Firuz Kazemzadeh, *Russia and Britain in Persia*, 1864-1914: *A Study in Imperialism*

(New Haven:Yale University Press,1968),40.

13. Quoted in Geyer, *Russian Imperialism*, 76.

14. Quoted in Hosking, *Russia and the Russians*, 287.

15. Figure cited in William Fuller, *Civil-Military Conflict in Imperial Russia*, 1881-1914 (Princeton:Princeton University Press,1985),60.

16. Quoted in Jacob Kipp, "Strategic Railroads and the Dilemmas of Modernization," in *Reforming the Tsar's Army: Military Innovation in Imperial Russia from Peter the Great to the Revolution*, ed. David Schimmelpenninck van der Oye and Bruce Menning (New York:Cambridge University Press,2004),102.

17. Quoted in Richard Weeks, "Peter Shuvalov and the Congress of Berlin: A Reinterpretation," *Journal of Modern History* 51, no. 1 (March 1979):D1060

18. See Martin Smith Anderson, *The Eastern Question*, 1774-1923: *A Study in International Relations* (New York:Macmillan Press,1966),201,207; William Langer, *European Alliances and Alignments* 1871-1890, 2nd ed. (New York:Vintage Books,1950),172. There was a push to no avail by Prince Alexander Bariatinskii and others to expand the conflict to India for a more favorable outcome. Others also campaigned for expansion in vain. See Marshall, *Russian General Staff and Asia*, 36, 46.

19. Quoted in David MacKenzie, *The Serbs and Russian Panslavism*, 1875-1878 (Ithaca: Cor-nell University Press,1967),327.

20. Geyer, *Russian Imperialism*, 117.

21. Quoted in William Fuller, *Strategy and Power in Russia*, 1600-1914 (New York:The Free Press,1992),337-38, emphasis in original. See also George Kennan, *The Decline of Bismarck's European Order: Franco-Russian Relations* 1875-1890 (Princeton: Princeton University Press, 1979),362.

22. Pares describes the policy of Alexander Ⅲ toward Bulgaria as "that of a bear with a sore head." Bernard Pares, *A History of Russia* (New York:Alfred Knopf,1953),432.

23. Morier to Rosebery (July 21, 1886), quoted in Barbara Jelavich, *Russia's Balkan Entanglements*, 1806-1914 (New York:Cambridge University Press,2004),193.

24. Kennan, *Decline of Bismarck's European Order*, 202.

25. Quoted in Flemming Splidsboel-Hansen, "Past and Future Meet: Aleksandr Gorchakov and Russian Foreign Policy," *Europe-Asia Studies* 54, no. 3 (May 2002):380.

26. Quoted in Astrid Tuminez, *Russian Nationalism Since* 1856: *Ideology and the Making of Foreign Policy* (Lanham, Md.: Rowman and Littlefield,2000),110.

27. Quoted in David Schimmelpenninck van der Oye, *Toward the Rising Sun: Russian Ideologies of Empire and the Path to War with Japan* (DeKalb: Northern Illinois University Press,2001),115.

28. Jomini to Giers (July 4,1888), quoted in Jelavich, *Russia's Balkan Entanglements*, 195.

29. Quoted in George Kennan, *The Fateful Alliance: France, Russia, and the Coming of the First World War* (New York:Pantheon Books,1984),147. It is worth noting that there was minor Russian involvement in Ethiopia in the 1890s, but little came of Russian contact with Africa. See Roger Kanet, "The Soviet Union and Sub-Saharan Africa: Communist Policy in Africa, 1917-1965" (PhD diss., Princeton University,1966),9-14.

30. Fuller, *Civil-Military Conflict*, 49.

31. Quoted in Menning, *Bayonets before Bullets*, 91.

32. See William N. Medlicott, *Bismarck, Gladstone, and the Concert of Europe* (London: Athlone Press University of London, 1956), 244; *Geyer, Russian Imperialism*, 112.

33. Fuller, *Strategy and Power*, 332.

34. Pintner, "Burden of Defense," 258.

35. See Fuller, *Civil-Military Conflict*, 49; John Bushnell, "Miliutin and the Balkan War: Military Reform vs. Military Performance," in *Russia's Great Reforms*, 1855 - 1881, ed. Ben Eklof, John Bushnell, and Larissa Zakharova (Bloomington: Indiana University Press, 1994), 139-58.

36. Quoted in Fuller, *Strategy and Power*, 338.

37. Fuller, *Civil-Military Conflict*, 61.

38. Miliutin, quoted in Menning, *Bayonets before Bullets*, 11.

39. For figures on active versus reserve forces, see Menning, *Bayonets before Bullets*, 29, 100, 108-9.

40. The tsar announced the policy in 1870, but it took several years for it to be fully approved. See Robert Baumann, "Universal Service Reform: Conception to Implementation, 1873-1883," in *Reforming the Tsar's Army: Military Innovation in Imperial Russia from Peter the Great to the Revolution*, ed. David Schimmelpenninck van der Oye and Bruce Menning (New York: Cambridge University Press, 2004), 12; Bushnell, "Miliutin and the Balkan War," 151.

41. See Fuller, *Strategy and Power*, 283-84.

42. David MacKenzie, *Imperial Dreams, Harsh Realities: Tsarist Russian Foreign Policy*, 1815-1917 (New York: Cengage, 1994), 57. See also David Stone, *A Military History of Russia: From Ivan the Terrible to the War in Chechnya* (Westport: Praeger, 2006), 136.

43. See Bushnell, "Miliutin and the Balkan War," 144-45.

44. See Fuller, *Strategy and Power*, 323-24.

45. See Menning, *Bayonets before Bullets*, 111-12.

46. See Menning, *Bayonets before Bullets*, 104 - 7; Chris Bellamy, *Red God of War: Soviet Artillery and Rocket Forces* (London: Brassey's Defence Publishers, 1986), 22-25.

47. See Fuller, *Strategy and Power*, 339 - 40; Menning, *Bayonets before Bullets*, 116 - 20; Geyer, *Russian Imperialism*, 33-42.

48. Obruchev to Giers (October 27, 1883), quoted in Fuller, *Strategy and Power*, 339.

49. See Fuller, *Civil-Military Conflict*, 54; and Menning, *Bayonets before Bullets*, 114.

50. See Forrestt Miller, *Dmitrii Miliutin and the Reform Era in Russia* (Nashville: Vanderbilt University Press, 1968), 86; Lincoln, *Great Reforms*, 148, 152, 154; Rich, *Tsar's Colonels*, 68-71.

51. See Fuller, *Civil-Military Conflict*, 9-10; Menning, *Bayonets before Bullets*, 33-38.

52. Figure cited in Lincoln, *Great Reforms*, 154.

53. See Walter Pintner, "Reformability in the Age of Reform and Counterreform, 1855 - 1894," in Reform in *Russia and the U. S. S. R.: Past and Prospects, ed. Robert Crummey* (Chicago: University of Illinois Press, 1989), 96-97; John Steinberg, *All the Tsar's Men: Russia's General Staff and the Fate of the Empire*, 1898 - 1914 (Baltimore: Johns Hopkins University Press, 2010), 38.

54. See Rich, *Tsar's Colonels*, 110 - 11, 168; Menning, *Bayonets before Bullets*, 98; and Matitiahu Mayzel, "The Formation of the Russian General Staff, 1880 - 1917: A Social Study," *Cahiers du Monde Russe et Soviétique* 16, nos. 3-4 (July-December 1975): 297-321.

55. See Rich, *Tsar's Colonels*, 179 - 81; Menning, *Bayonets before Bullets*, 99; Carl Van

Dyke, *Russian Imperial Military Doctrine and Education*, 1832 - 1914 (Westport: Praeger, 1990),95-96.

56. See Menning *Bayonets before Bullets*, 103, Fuller *Civil Military Conflict*, 12; Hosking, *Russia and the Russians*, 195.

57. See Walter Pintner, "The Nobility and the Officer Corps in the Nineteenth Century," in *The Military and Society in Russia*, 1450 - 1917, ed. Eric Lohr and Marshall Poe (Boston: Brill, 2002),241-52; Brian Taylor, *Politics and the Russian Army: Civil-Military Relations*, 1689-2000 (New York: Cambridge University Press, 2003),58.

58. See Fuller, *Civil-Military Conflict*, 60-62.

59. See Pintner, "The Burden of Defense in Imperial Russia," 249 - 50, 258; Fuller, *Civil-Military Conflict*, 67.

60. Witte pursued this policy ambivalently. See Olga Crisp, "Some Problems of French Investment in Russian Joint-Stock Companies, 1894-1914," *Slavonic and East European Review* 35, no. 84 (December 1956): 237-39; and Geyer, *Russian Imperialism*, 146.

61. See Olga Crisp, "Some Problems of French Investment in Russian Joint - Stock Companies," 199; Geyer, *Russian Imperialism*, 148.

62. Figures cited in Geyer, *Russian Imperialism*, 37. See also Malcolm E. Falkus, *The Industrialisation of Russia*, 1700-1914 (London: MacMillan, 1972), 54.

63. On Russian railroads and conflicting economic and strategic imperatives, see Felix Patrikeeff and Harold Shukman, *Railways and the Russo-Japanese War: Transporting War* (New York: Routledge, 2007); Jacob Kipp, "Strategic Railroads and the Dilemmas of Modernization," in *Reforming the Tsar's Army: Military Innovation in Imperial Russia from Peter the Great to the Revolution*, ed. David Schimmelpenninck van der Oye and Bruce Menning (New York: Cambridge University Press, 2004), 82-103.

64. Figures cited in Schimmelpenninck van der Oye, *Toward the Rising Sun*, 76. There were of course many factors that caused the Russian growth spurt in the 1890s, and that spurt is sometimes exaggerated, but previous reforms made a significant, if secondary, contribution. See Peter Gatrell, "The Meaning of the Great Reforms in Russian Economic History," in *Russia's Great Reforms*, 1855 - 1881, ed. Ben Eklof, John Bushnell, Larissa Zakharova (Bloomington: Indi - ana University Press, 1994), 85, 99.

65. See Polunov, *Russia in the Nineteenth Century*, 196.

66. Figures cited in John M. Hobson, "The Military-Extraction Gap and the Wary Titan: The Fiscal Sociology of British Defence Policy, 1870 - 1913," *Journal of European Economic History*, 22, no. 3 (1993): 464-65.

67. Fuller, *Strategy and Power*, 329. See also Menning, *Bayonets before Bullets*, 94.

68. Rich, Tsar's Colonels, 209.

69. During an important strategic conference, Obruchev reported that "the armed forces of Russia in their present condition [were] insufficient for the defense of her security." Quoted in Fuller, *Strategy and Power*, 296. See also Rich, *Tsar's Colonels*, 97-99.

70. Quoted in Marshall, *Russian General Staff and Asia*, 68. Russia still spent major funds reinforcing Asia, but this money paled in comparison to that spent on the west. See ibid., 70-71, 76.

71. See Fuller, *Civil-Military Conflict*, 15; and Marshall, *Russian General Staff and Asia*, 68.

72. Quoted in Geyer, *Russian Imperialism*, 117.

73. Ivo Lederer, "Russia and the Balkans," in *Russian Foreign Policy: Essays in Historical Perspective*, ed. Ivo Lederer(New Haven: Yale University Press, 1962), 438.

74. Russian decision-makers had toyed with this idea idly for years. See Anderson, *Eastern Question*, 257, 259, 263; A. J. P. Taylor, *The Struggle for Mastery in Europe* 1848-1918 (New York: Oxford University Press, 1977), 270, 359; William Langer, *The Diplomacy of Imperialism*, 1890-1902, 2nd ed. (New York: Alfred Knopf, 1951), 338-45.

75. Fuller, *Strategy and Power*, 371-72.

76. Germany was thrilled and the Austrians surprised by Russia's generous terms. See John White, *Transition to Global Rivalry: Alliance Diplomacy and the Quadruple Entente*, 1895-1907 (New York: Cambridge University Press, 1995), 45; F. Roy Bridge, *From Sadowa to Sarajevo: The Foreign Policy of Austria-Hungary*, 1866-1914(New York: Routledge, 1972), 232-33. It was not easy to maintain calm. In 1903, the tsar and the Austrian emperor met at Mürzsteg to again deflate Balkan tension. See Ian Nish, *The Origins of the Russo-Japanese War* (New York: Longman, 1985), 187; Duncan Perry, "Death of a Russian Consul: Macedonia 1903," *Russian History* 7, nos. 1-2(1980), 212.

77. Versions of this cynical diplomacy can be observed in Russia's annexation of Tashkent (1865), Bukhara (1866), Samarkand (1868), Khiva (1873), and Kokand (1875). See Firuz Kazemzadeh, "Russia and the Middle East," in *Russian Foreign Policy: Essays in Historical Perspective*, ed. Ivo Lederer(New Haven: Yale University Press, 1962), 497-98.

78. Russia also stayed on the sideline when Britain intervened in Persia that same year. Tsar Alexander II explained: "Our collision with that power [Britain] would be a signal for a general and stubborn war under circumstances and in a situation extremely unfavorable to us." Quoted in Kazemzadeh, *Russia and Britain in Persia*, 51; cf. Barbara Jelavich, "Great Britain and the Russian Acquisition of Batum, 1878-1886," *Slavonic and East European Review* 48, no. 110 (January 1970): 49.

79. Rose Louise Greaves, *Persia and the Defence of India* 1884-1892: *A Study in the Foreign Policy of the Third Marquis of Salisbury* (London: Athlone Press The University of London, 1959), 76.

80. See Greaves, *Persia and the Defence of India* 1884-1892, 130.

81. Quoted in Geyer, *Russian Imperialism*, 114. See also Taylor, *Struggle for Mastery in Europe*, 301.

82. See Fuller *Strategy and Power*, 364-66.

83. Lamsdorf report to Emperor, 1897, quoted in Fuller, *Strategy and Power in Russia*, 364.

84. Sarah C. Paine, *Imperial Rivals: China, Russia, and Their Disputed Frontiers* (New York: M. E. Sharpe, 1996), 135, also 141, and 157-59.

85. As the historian John LeDonne argues, "the Russians, recognizing that they had more to gain from a friendly policy toward China, retreated." John LeDonne, *The Russian Empire and the World*, 1700-1917: *The Geopolitics of Expansion and Containment*(New York: Oxford University Press, 1996), 191.

86. Quoted in Paine, *Imperial Rivals*, 163.

87. See Lawrence Battistini, "The Korean Problem in the Nineteenth Century," *Monumenta Nipponica* 8, no. 1/2(1952): 58; and Alexander Lukin, "Russian Views of Korea, China, and the Regional Order in Northeast Asia," in *Korea at the Center: Dynamics of Regionalism in Northeast Asia*, ed. Charles Armstrong, Gilbert Rozman, Samuel Kim, and Stephen Kotkin (New York:

M. E. Sharp, 2006), 24.

88. See Geyer, *Russian Imperialism*, 94–95; Anderson, *Eastern Question*, 216; Medlicott, *Bismarck, Gladstone, and the Concert of Europe*, 38, 257.

89. See Geyer, *Russian Imperialism*, 56–57; Taylor, *Struggle for Mastery in Europe*, 267; Glenn Snyder, *Alliance Politics* (Ithaca: Cornell University Press, 1997), 101.

90. See Snyder, *Alliance Politics*, 102, and 105.

91. Quoted in Medlicott, *Bismarck, Gladstone, and the Concert of Europe*, 334. In 1884, Giers triumphed over nationalist elements, including the Russian ambassador Peter Saburov, who wanted the alliance modified from a defensive agreement to an offensive tool that could help Russia seize the Turkish Straits. See MacKenzie, *Imperial Dreams*, 117.

92. Quoted in Kennan, *Fateful Alliance*, 147.

93. Quoted in Polunov, *Russia in the Nineteenth Century*, 170.

94. See Anderson, *Eastern Question*, 235; Kennan, *Decline of Bismarck's European Order*, 209–10.

95. See Melvin Wren, "Pobedonostsev and Russian Influence in the Balkans, 1881–1888," *Journal of Modern History* 19, no. 2 (June 1947), 141; William Langer, "The Franco–Russian Alliance (1890–1894)," *Slavonic Review* 3, no. 9 (March 1925), 569.

96. See M. P. Hornik, "The Mission of Sir Henry Drummond–Wolff to Constantinople, 1885–1887," *English Historical Review* 55, no. 220 (October 1940): 598–623; Taylor, *Struggle for Mastery in Europe*, 315; Anderson, *Eastern Question*, 250. There was some Russian retaliation: a secret agreement in 1887 with Persia not to build rail lines with another power "*before consulting with His Majesty the Emperor.*" Quoted in Greaves, *Persia and the Defence of India* 1884–1892, 149.

97. See Andreas Dorpalen, "Tsar Alexander III and the Boulanger Crisis in France," *Journal of Modern History* 23, no. 2 (June 1951): 131; Geyer, *Russian Imperialism*, 153; Kennan, *Decline of Bismarck's European Order*, 342. Not long after this, Russia forbade foreigners (read Germans) from buying Russian real estate. See William Langer, *The Franco–Russian Alliance* 1890–1894 (Cambridge: Harvard University Press, 1929), 32.

98. See Fuller, *Strategy and Power*, 351.

99. See Kennan, *Fateful Alliance*, 76.

100. See Gordon Martel, "The Near East in the Balance of Power: The Repercussions of the Kaulla Incident in 1893," *Middle Eastern Studies* 16, no. 2 (May 1980): 25.

101. See E. Malcolm Carroll, *French Public Opinion and Foreign Affairs*, 1870–1914 (New York: The Century Co., 1931), 153; Snyder, *Alliance Politics*, 111; Kennan, *Decline of Bismarck's European Order*, 393–95, 406.

102. See Langer, *Franco–Russian Alliance*, 104.

103. See Langer, "Franco–Russian Alliance," 563–64, 559.

104. See Kennan, *Fateful Alliance*, 175; and Langer, *Franco–Russian Alliance*, 393. By 1899, both the Balkans and Alsace–Lorraine would be under the treaty's umbrella. See Charles Porter, *The Career of Théophile Delcassé* (Philadelphia: University of Pennsylvania Press, 1936), 144. It was a secret because Russia did not want to endanger negotiations for a commercial agreement with Germany or to tempt a German preventive attack. See Snyder, *Alliance Politics*, 120–21; and Langer, *Franco–Russian Alliance*, 263–326.

105. See Kennan, *Fateful Alliance*, 181.

106. On the commercial treaty, see Kennan, *Fateful Alliance*, 245; and Langer, *Franco-Russian Alliance*, 334.

107. See Langer, *Franco-Russian Alliance*, 355.

108. See Polunov, *Russia in the Nineteenth Century*, 173.

109. Menning, *Bayonets before Bullets*, 119, see also 111, 117, 120.

110. Fuller, *Strategy and Power*, 362.

111. Rich, *Tsar's Colonels*, 84, see also 93-96.

112. Fuller, *Strategy and Power*, 332.

113. Geyer, *Russian Imperialism*, 113.

114. See Fuller, *Civil-Military Conflict*, 11; Pintner, "Reformability in the Age of Reform and Counterreform," 96-97; Steinberg, *All the Tsar's Men*, 38.

115. Quoted in MacKenzie, *Imperial Dreams*, 97. Giers likewise claimed that that the Turkoman territories were conquered "by necessity to ensure a defensive position against English hostility." Geyer, *Russian Imperialism*, 114. Our translation.

116. Quoted in Fuller, *Strategy and Power*, 301-2.

117. MacKenzie, *Imperial Dreams*, 140.

118. On this incident, see also Nish, *Origins of the Russo-Japanese War*, 39; Langer, *Diplomacy of Imperialism*, 476.

119. White, *Transition to Global Rivalry*, 86.

120. See Geyer, *Russian Imperialism*, 199; Lukin, "Russian Views of Korea, China, and the Regional Order in Northeast Asia," 26; Nish, *Origins of the Russo-Japanese War*, 47-48. The Rus-sians put little stock in the deal—the foreign minister, Baron Roman Romanovich Rosen, referred to it as "a rather lame and pointless convention." Quoted in Ernest Batson Price, *The Russo-Japanese Treaties of* 1907-1916 *Concerning Manchuria and Mongolia* (Baltimore: Johns Hop-kins Press, 1933), 19.

121. See White, *Transition to Global Rivalry*, 75.

122. The Russian Far East was economically a big loss. See Patrikeeff and Shukman, *Railways and the Russo-Japanese War*, 2; Fuller, *Strategy and Power*, 374.

123. Quoted in Schimmelpenninck van der Oye, *Toward the Rising Sun*, 192. The diplomatic cost was significant, China, Japan, the United Kingdom, and the United States condemned the move. See John Albert White, *The Diplomacy of the Russo-Japanese War* (Princeton: Princeton University Press, 1964), 54-58.

124. Quoted in Anatolii V. Ignatev, "The Foreign Policy of Russia in the Far East at the Turn of the Nineteenth and Twentieth Centuries," in *Imperial Russian Foreign Policy*, ed. Hugh Ragsdale (New York: Cambridge University Press, 1993), 257.

125. Bezobrazov was joined by such luminaries as the minister of the interior Vyacheslav Plehve, Admiral Yevgeni Alekseyev, Rear-Admiral Aleksei Abaza, Grand Duke Alexander Mikhailovich, and General Nnikolay Ivanov, but opposed by the most powerful ministers: Witte, Kuropatkin, and Lamsdorf. See Langer, *Diplomacy of Imperialism*, 748, 764-65; Marc Ferro, *Nicholas II: Last of the Tsars*, trans. Brian Pierce (New York: Oxford University Press, 1993), 65.

126. See Lukin, "Russian Views of Korea, China, and the Regional Order in Northeast Asia," 29.

127. Quoted in David MacLaren McDonald, *United Government and Foreign Policy in Russia*

1900-1914 (Cambridge: Harvard University Press, 1992), 55-56. For an alternative interpretation, see Dale Copeland, *Economic Interdependence and War* (Princeton: Princeton University Press, 2015), 109-22.

128. See Nish, *Origins of the Russo-Japanese War*, 242.

129. See Wren, "Pobedonostsev and Russian Influence in the Balkans," 141; Taylor, *Struggle for Mastery in Europe*, 323.

130. High-level warnings of strategic overextension and straitened economic circumstances were unanimous and continuous. See Kazemzadeh, *Russia and Britain in Persia*, 1864-1914, 465; Fuller, *Strategy and Power*, 395; Nish, *Origins of the Russo-Japanese War*, 164; Andrew Malozemoff, *Russian Far Eastern Policy* 1881-1904, *with Special Emphasis on the Causes of the Russo-Japanese War* (Berkeley: University of California Press, 1958), 248-49.

131. Figure cited in Schimmelpenninck van der Oye, "Russian Foreign Policy" 567.

132. Quoted in Fuller, *Strategy and Power*, 373.

133. Quoted in Fuller, *Strategy and Power in Russia*, 370. See also Schimmelpenninck van der Oye, *Toward the Rising Sun*, 155-56.

134. Quoted in Schimmelpenninck van der Oye, *Toward the Rising Sun*, 192.

135. Quoted in MacKenzie, *Imperial Dreams*, 144.

136. MacKenzie, *Imperial Dreams, Harsh Realities*, 135.

137. LeDonne, *Russian Empire and the World*, 211.

138. Menning, *Bayonets Before Bullets*, 92.

第七章 "已成定局"

1. See, for example, Bertrand Taithe, *Defeated Flesh: Medicine, Welfare, and Warfare in the Making of Modern France* (Lanham: Rowman and Littlefield, 1999), 4-17; Karine Varley, *Under the Shadow of Defeat: The War of 1870-71 in French Memory* (New York: Palgrave Macmillan, 2008), chap. 1; Rachel Chrastil, *Organizing for War: France*, 1870-1914 (Baton Rouge: Louisiana State University Press, 2010), 38-49.

2. Quoted in E. Malcolm Carroll, *French Public Opinion and Foreign Affairs*, 1870-1914 (New York: The Century Co., 1931), 93. See also William Langer, *European Alliances and Alignments* 1871-1890, 2nd ed. (New York: Vintage Books, 1950), 284; David Watson, "France, Europe, and the World: International Politics since 1880," in *Modern France*: 1880-2002, ed. James McMillan (New York: Oxford University Press, 2003), 104.

3. Quoted in Henri Brunschwig, *French Colonialism* 1871-1914: *Myths and Realities* (London: Pall Mall, 1966), 177.

4. The historian Jonathan House documents how "French soldiers remembered the first campaigns of the Franco-Prussian War, in which a colonially oriented French army failed to exploit its defensive success." Jonathan House, "The Decisive Attack: A New Look at French Infantry Tactics on the Eve of World War I," *Military Affairs* 40, no. 4 (December 1976): 164.

5. Lyons to Derby (October 31, 1876), quoted in John P. T. Bury, *Gambetta and the Third Republic* (New York: Longman, 1973), 329.

6. Quoted in Carroll, *French Public Opinion*, 74.

7. Varley, *Under the Shadow of Defeat*, 46.

8. Quoted in Jean-Marie Mayeur and Madeleine Rebérioux, *The Third Republic from its Origins to the Great War*, 1871-1914, trans. J. R. Foster (New York: Cambridge University

Press,1988),126.

9. General Cosseron de Villenoisy, quoted in Alan Mitchell, *Victors and Vanquished: The German Influence on Army and Church in France after* 1870 (Chapel Hill: University of North Carolina Press,2011),101.

10. Quoted in Christopher Andrew, *Théophile Delcassé and the Making of the Entente Cordiale: A Reappraisal of French Foreign Policy* 1898-1905(New York: Macmillan,1968),15-16.

11. Quoted in John P. T. Bury and Robert P. Tombs, *Thiers*, 1797 - 1877: *A Political Life* (Boston: Allen and Unwin,1986),217. Thiers similarly argued, "The true *revanche* of which we are thinking is the reconstitution of France." Quoted in Bury, *Gambetta and the Third Republic*, 328

12. Gambetta speech (September 1875), quoted in Bury, *Gambetta and the Third Republic*, 335.

13. Robert D. Anderson, *France* 1870 - 1914: *Politics and Society* (New York: Routledge, 1984), 144.

14. Quoted in Bury, *Gambetta and the Third Republic*, 332. An 1876 Republican campaign pamphlet likewise stated, "After the war and the invasion, the legacy of the last reign, France seeks repose." Quoted in Chrastil, *Organizing for War*, 38.

15. Quoted in Thomas Power, *Jules Ferry and the Renaissance of French Imperialism* (New York: King's Crown,1944),163.

16. The Chamber of Deputies was so skeptical of intervention that Ferry referred to it as "simply a police operation." Brunschwig, *French Colonialism*, 55, cf. 570. See also Graham Stuart, *French Foreign Policy: From Fashoda to Sarajevo* (New York: Century Co., 1921), 13; Frederick Quinn, *The French Overseas Empire* (Westport: Praeger,2000),128.

17. See Quinn, *French Overseas Empire*, 128; and John F. V. Keiger, *France and the Origins of the First World War* (New York: St. Martin's Press,1988),10.

18. See Carroll, *French Public Opinion*, 101; Mayeur and Reberioux, *Third Republic from its Origins to the Great War*, 96-97; *Frederick Schuman, War and Diplomacy in the French Republic: An Inquiry into Political Motivations and the Control of Foreign Policy* (New York: AMS Press,1970 [1931]),88,101.

19. See Ferry in *France: Empire and Republic*, 1850-1940, ed. David Thomson (New York: Harper Torch Books, 1968), 307 - 9; cf. Charles Porter, *The Career of Théophile Delcassé* (Philadel- phia: University of Pennsylvania Press, 1936), 95; Brunschwig, *French Colonialism*, 89,96,103.

20. Quoted in John Dreifort, *Myopic Grandeur: The Ambivalence of French Foreign Policy toward the Far East*, 1919-1945(Kent, Ohio: Kent State University Press,1991),3.

21. Quoted in Power, *Jules Ferry*, 192.

22. A Paris mob smeared Ferry as "le Tonkinois" and nearly tossed him in the Seine. See Carroll, *French Public Opinion*, 103; Mayeur and Rebérioux, *Third Republic from its Origins to the Great War*, 97, cf. 99.

23. Quinn, *French Overseas Empire*, 113. The historian Charles Sowerwine likewise observes that "Ferry's colonialism was deeply unpopular... because Ferry continually misled the Chamber with over-optimistic reports." Sowerwine, *France since* 1870: *Culture, Society, and the Making of the Republic* (New York: Palgrave Macmillan,2009),38. Even Ferry recognized that the public had been "sickened" by "adventures" abroad. Quoted in Christopher M. Andrew and A. Sydney Kanya-

Forstner, *The Climax of French Imperial Expansion*, 1914–1924 (Stanford: Stanford University Press, 1981), 10.

24. As one newspaper put it, "For a couple of dubious mines in Indochina, Ferry is pawning off to Germany our security, our dignity, and our hopes." Quoted in Brendan Simms, *Europe: The Struggle for Supremacy, from* 1453 *to the Present* (New York: Basic Books, 2013), 259.

25. Quoted in Keiger, *France and the Origins of the First World War*, 10.

26. See Carroll, *French Public Opinion*, 101.

27. Quoted in Porter, *Career of Théophile Delcassé*, 44. For a similar quote from politician Georges Clemenceau, see Gabriel Hanotaux, *Contemporary France*, vol. 4, 1877–1882 (New York: Putnam, 1909), 635.

28. Figures cited in Chrastil, *Organizing for War*, 6.

29. Quoted in David Ralston, *The Army of the Republic: The Place of the Military in the Political Evolution of France*, 1871–1914 (Cambridge: MIT Press, 1967), 121.

30. Figure cited in Ralston, *The Army of the Republic*, 134.

31. Figure cited in Ralston, *The Army of the Republic*, 122.

32. Quoted in Arne Røksund, *The Jeune École: The Strategy of the Weak* (Boston: Brill, 2007), ix–x. Pothuau similarly admitted, "All our efforts must be concentrated on land. Indeed, what good will a navy do us now?" Quoted in Theodore Ropp, *The Development of a Modern Navy: French Naval Policy 1871–1904* (Annapolis: Naval Institute Press, 1987), 31.

33. Quoted in Ropp, *Development of a Modern Navy*, 140.

34. See Peter Flora, *State, Economy, and Society in Western Europe 1815–1975: Volume* 1: *The Growth of Mass Democracies and Welfare States* (London: Macmillan, 1983), 378–82. This was all while government expenditures as a percentage of GDP held steady around 11 percent. See Brian R. Mitchell, *International Historical Statistics: Europe 1750–2000*, 5th ed. (New York: Palgrave Macmillan, 2003), 817–19; Richard Bonney, "The Apogee and Fall of the French Rentier Regime, 1801–1914," in *Paying for the Liberal State: The Rise of Public Finance in Nineteenth Century Europe*, ed. José Luis Cardoso and Pedro Lains (New York: Cambridge University Press, 2013), 81–102.

35. Quoted in Ralston, *Army of the Republic*, 132.

36. Figure cited in Allan Mitchell, "'A Situation of Inferiority': French Military Reorganization after the Defeat of 1870," *American Historical Review* 86, no. 1 (February 1981): 22–23. Comparative budget analysis likewise shows that in 1892 Germans were spending 730 million francs while the French were at 560 million, a gap that would widen in the coming years. See Allan Mitchell, "The Freycinet Reforms and the French Army, 1883–1893," *Journal of Strategic Studies* 4, no. 1 (1981): 52.

37. Quoted in Jack Snyder, *The Ideology of the Offensive: Military Decision Making and the Disasters of* 1914 (Ithaca: Cornell University Press, 1984), 55. The chief of the General Staff concurred: "We ought to have forces equivalent to those of the Germans." Quoted in Mitchell, "Freycinet Reforms," 21.

38. See Richard Challener, *French Theory of Nation in Arms*, 1866–1939 (New York: Russell & Russell, 1965), 60. On the 1889 conscription law, see Eugen Weber, *Peasants into Frenchmen: The Modernization of Rural France*, 1870–1914 (Stanford: Stanford University Press, 1976), 293, 294, 298; George Peabody Gooch, *Franco-German Relations* 1871–1914 (New York: Longmans, Green and Co., 1923), 27.

39. See *The Statesman's Yearbook*(London: Macmillan, 1870), 74; Challener, French *Theory of Nation in Arms*, 38, 44, 46–47; and *The Statesman's Yearbook*(London: Macmillan, 1885), 75. Joseph Monteilhet puts the number of total military manpower at 1914 at 4 million. See Joseph Monteilhet, *Les Institutions Militaires de la France, 1814–1932*(Paris: Alcan, 1932), 219. See also André Corvisier, Claude Carlier, Henry Dutailly, Jean–Charles Jauffret, Philippe Masson, Jules Maurin, and Francine Roussane, *Histoire Militaire de la France: Tome* 3, *de* 1871 *à* 1940(Paris: Presses Universitaires de France, 1992), 19.

40. See Meredith Perry Gilpatrick, "Military Strategy on the Western Front from 1871 to 1914"(PhD diss., University of Chicago, 1957), 334; Ralston, *Army of the Republic*, 105; Adolph Rosengarten Jr., "The Evolution of French Military Manpower Policy from 1872–1914," *Military Affairs* 45, no. 4(December 1981): 181.

41. In 1883, top army officials gloomily acknowledged that French reserves were too low in quality and quantity. See Challener, *French Theory of Nation in Arms*, 34, 43 – 44; also Rosengarten, "Evolution of French Military Manpower Policy," 182; Raoul Girardet, *La Société Militaire dans la France Contemporaine, 1815–1939*(Paris: Librairie Plon, 1953), 169.

42. See Challener, *French Theory of Nation in Arms*, 51; Mitchell, "Freycinet Reforms," 23. French military officials were ambivalent about reserves and their dependence on and deployment of them vacillated. See Snyder, *The Ideology of the Offensive*, 68 – 69; Gilpatrick, "Military Strategy on the Western Front," 491–92; and Monteilhet, *Les Institutions Militaires de la France*, chap. 5.

43. See Ropp, *Development of a Modern Navy*, 191, 226.

44. See Ralston, *Army of the Republic*, 87.

45. See Mayeur and Rebérioux, *Third Republic from Origins to Great War*, 127; Langer, *European Alliances and Alignments*, 491.

46. The Commission for Reorganization of the Army, quoted in Ralston, *Army of the Republic*, 50.

47. For a similar periodization, see Mitchell, "Freycinet Reforms," 19; Jean Doise and Maurice Vaïsse, *Diplomatie et Outil Militaire*, 1871 – 1991 (Paris: Imprimerie Nationale, 1987), 29. The arc of events followed a course of increasing inclusion of military conscription but shorter training periods: in 1868 military service was seven years by law, in 1869 it fell to five years, in 1889 it dropped to three, and in 1905 it hit two years before going back up to three in 1913.

48. See Mayeur and Rebérioux, *Third Republic from its Origins to the Great War*, 15; Monteilhet, *Les Institutions Militaires de la France*, chap. 6. On the conservatism of these reforms, see Arpad Kovacs, "French Military Legislation in the Third Republic, 1871 – 1940," *Military Affairs* 13, no. 1(Spring 1949): 3–4.

49. See Stefan Possony and Etienne Mantoux, "Du Picq and Foch: The French School," in Edward Mead Earle, *Makers of Modern Strategy: Military Thought from Machiavelli to Hitler*(New York: Atheneum, 1967), 218; Gilpatrick, "Military Strategy on the Western Front," 166.

50. See Ralston, *Army of the Republic*, 150.

51. Quoted in Ralston, The *Army of the Republic*, 183. Freycinet hoped the General Staff would become "analogous to the one which had permitted Marshal von Moltke to achieve such great results." Quoted in Mitchell, "Freycinet Reforms," 20.

52. The CSG was founded in 1872, but it did not meet from 1874 to 1881. See Allan Mitchell, "Thiers, MacMahon, and the Conseil supèrieur de la Guerre," *French Historical Studies*

6, no. 2 (Autumn 1969): 232–52; Gilpatrick, "Military Strategy on the Western Front," 316–17.

53. Douglas Porch, *The March to the Marne: The French Army*, 1871–1914 (New York: Cambridge University Press, 1981), 52–53.

54. See Porch, *The March to the Marne*, 42.

55. See Mitchell, "Situation of Inferiority," 56; Porch, *March to the Marne*, 43; and Ropp, *Development of a Modern Navy*, 177.

56. On the paltry steps through the mid-1880s, see Ropp, *Development of a Modern Navy*, 42, 57–59, 92, 106, 109, 118–19, 122, 125.

57. See Ropp, *The Development of a Modern Navy*, 48, 126, 177, 227, 293.

58. See Mitchell, *German Influence in France*, 186; A. J. P. Taylor, *The Struggle for Mastery in Europe 1848–1918* (New York: Oxford University Press, 1977), 225.

59. See Flora, *State, Economy, and Society*, 382.

60. See Flora, *State, Economy, and Society*, 382.

61. Porch, *March to the Marne*, 54.

62. Mitchell, "Freycinet Reforms," 26.

63. Quoted in Porch, *March to the Marne*, 43.

64. Figures cited in John M. Hobson, "The Military-Extraction Gap and the Wary Titan: The Fiscal Sociology of British Defence Policy, 1870–1913," *Journal of European Economic History* 22, no. 3 (1993): 464–65.

65. In 1881, the minister of marine Auguste Gougeard was thinking in terms of coastal defenses and nearby naval strong points, but in 1886 the minister of marine Aube thought in terms of multiplying bases and colonies. See Ropp, *Development of a Modern Navy*, 34, 157–58, 167, 178, 180, 198.

66. Ropp, *Development of a Modern Navy*, 263, 267, see also 198, 235.

67. Ropp, *The Development of a Modern Navy*, 318, 352, 357.

68. The Jeune École's popularity depended on the minister of marine and came in waves (1886–87, 1895, 1902) followed by counter-movements. But the rise of dreadnought technology finally demoted *Jeune École* notions in France. See Lawrence Sondhaus, "Strategy, Tactics, and the Politics of Penury: The Austro-Hungarian Navy and the *Jeune École*," *Journal of Military History* 56, no. 4 (October 1992): 589; Røksund, *Jeune École*, 106, 162, 226–29; Corvisier et al., *Histoire Militaire de la France*, 124–34.

69. Anthony Clayton, *France, Soldiers and Africa* (London: Brassey's, 1988), 212–13, 219, 246–48.

70. Calculations based on Frederick Martin, ed., *The Statesman's Yearbook* (London: MacMillan, 1880), 69; and J. Scott Keltie, ed., *The Statesman's Yearbook* (London, MacMillan, 1900), 530.

71. Clayton, *France, Soldiers and Africa*, 312–13, 315, 336.

72. Figure cited in Porch, *March to the Marne*, 139–40.

73. Clayton, *France, Soldiers and Africa*, 248.

74. See Taylor, *Struggle for Mastery*, 225–27; Norman Rich, *Great Power Diplomacy*, 1814–1914 (New York: McGraw Hill, 1992), 220–21; Hajo Holborn, *A History of Modern Germany*, 1840–1945 (Princeton: Princeton University Press, 1982), 237–38.

75. Quoted in Bury, *Gambetta and the Third Republic*, 328. Policymakers came to accept that France would not be able to retake the lost provinces at any foreseeable point, and in the early

1880s, there was a noticeable thaw in Franco-German relations. See Langer, *Franco-Russian Alliance*, 405; Robert Aldrich, *Greater France: A History of French Overseas Expansion* (New York: St. Martin's Press, 1996), 29.

76. See Mitchell, *German Influence in France*, 184-85.

77. Quoted in Carroll, *French Public Opinion*, 133.

78. See Mayeur and Rebérioux, *Third Republic from its Origins to the Great War*, 171.

79. See Robert Aldrich and John Connell, *France's Overseas Frontier: Departements et Territoires D'Outre Mer* (New York: Cambridge University Press, 1992), 39; Quinn, *French Overseas Empire*, 115.

80. Power, *Jules Ferry*, 92.

81. See Power, *Jules Ferry*, 128-29; Dennis W. Brogan, *France under the Republic: The Development of Modern France* (1870-1939) (New York: Harper, 1940), 243.

82. Quoted in James Cooke, *New French Imperialism*, 1880-1910: *The Third Republic and Colonial Expansion* (Hamden: Archon, 1973), 30.

83. Delcassé to Grodet (December 4, 1893), quoted in Robinson and Gallagher, "The Parti-tion of Africa," in *The Decline, Revival, and Fall of the British Empire*, ed. Anil Seal (New York: Cambridge, 1982), 50. See also Porter, *Career of Théophile Delcassé*, 78. In 1887, France stopped its subsidies to Gabon and warned its administrator in the Congo that "we cannot stay indefinitely in a period of costly exploration." Freycinet to Brazza (April 12, 1886), quoted in Robin-son and Gallagher, "The Partition of Africa," 35.

84. Delcassé to Dodds (February 22, 1893), quoted in Porter, *Career of Théophile Delcassé*, 81; also ibid., 40.

85. See Brunschwig, *French Colonialism*, 102.

86. Langer, *Franco-Russian Alliance*, 140.

87. See Andrew, *Théophile Delcassé and the Entente Cordiale*, 33-34.

88. See Langer, *Franco-Russian Alliance*, 331.

89. See George F. Kennan, *The Decline of Bismarck's European Order: Franco-Russian Relations*, 1875-1890 (Princeton: Princeton University Press, 1981), 22-23; *Langer*, *Franco-Russian Alliance*, 13.

90. See Kennan, *Decline of Bismarck's European Order*, 286; also Andreas Dorpalen, "Tsar Alexander III and the Boulanger Crisis in France," *Journal of Modern History* 23, no. 2 (June 1951), 133.

91. See Langer, "Franco-Russian Alliance," 567.

92. See David N. Collins, "The Franco-Russian Alliance and Russian Railways, 1891-1914," *Historical Journal* 16, no. 4 (December 1973): 777; Langer, *Franco-Russian Alliance*, 119.

93. See Kennan, *Decline of Bismarck's European Order*, 68.

94. See Langer, *Diplomacy of Imperialism*, 130.

95. On French overtures to Italy around this time, see Langer, *Franco-Russian Alliance*, 116; Langer, *European Alliances and Alignments*, 471-72; Langer, *Diplomacy of Imperialism*, 10. On French overtures to Britain at this time, see Carroll, *French Public Opinion*, 153; Kennan, *Decline of Bismarck's European Order*, 108; Taylor, *Struggle for Mastery*, 352-354.

96. See Langer, "Franco-Russian Alliance," 570.

97. See Langer, "The Franco-Russian Alliance (1890-1894)," 569.

98. Georges Michon, *The Franco-Russian Alliance* 1891-1917, Norman Thomas, trans.

(Lon-don:Allen and Unwin,1929),20.

99. See Langer,*Franco-Russian Alliance*,218.

100. See John F. V. Keiger, *France and the World Since* 1870 (London: Arnold, 2001), 52. The original defensive scheme was Sèrè's de Rivières notion of "corridors" channeling German advance. That faded after 1877. By 1880, the CSG moved to putting defensive forts wherever possible, small, cheap, and numerous, and soon transitioned to a few, immense fortifications, which were seldom completed. See Mitchell, "Situation of Inferiority," 52-53, 61-62.

101. See Gilpatrick, "Military Strategy on the Western Front," 507, 713.

102. These statistics can be found in David Stevenson, "War by Timetable? The Railway Race before 1914," *Past & Present*, no. 162 (February 1999): 168-69, 175-76; see also Allan Mitchell, "Private Enterprise or Public Service: The Eastern Railway Company and the French State in the Nineteenth Century," *Journal of Modern History* 69, no. 1 (March 1997): 18-41.

103. Anderson, *France* 1870-1914, 140.

104. Quoted in Quinn, *French Overseas Empire*, 114.

105. Figure cited in James McMillan, "Consolidating the Republic: Politics 1880-1914," in *Modern France* 1880-2002, ed. James McMillan (New York: Oxford University Press, 2003), 14.

106. Keiger, *France and the Origins of the First World War*, 7.

107. Quoted in Porch, *March to the Marne*, 47.

108. See Quinn, *French Overseas Empire*, 111, 159.

109. There is a lively debate about whether business interests had a significant influence on French colonial policy in these conditions. See Mark B. Hayne, *The French Foreign Office and the Origins of the First World War*, 1898-1914 (New York: Oxford University Press, 1993), 42-43, see also 37, 50, 56; L. Abrams and D. J. Miller, "Who Were the French Colonialists? A Reassessment of the *Parti Colonial*, 1890-1914," *Historical Journal* 19, no. 3 (September 1976): 718; and Christopher M. Andrew and A. Sydney Kanya-Forstner, "French Business and the French Colonial- ists," *Historical Journal* 19, no. 4 (December 1976): 987.

110. See Brunschwig, *French Colonialism*, 106, see also 105.

111. Christopher M. Andrew, "The French Colonialist Movement During the Third Republic: The Unofficial Mind of Imperialism," *Transactions of the Royal Historical Society* 26 (1976): 145.

112. The *parti's* victories tended to be when French foreign policy was indifferent or pushing in the same direction. When the two were at odds, the foreign ministry did as it pleased with little penalty. See Abrams and Miller, "Who Were the French Colonialists?" 718; Andrew, "French Colonialist Movement," 144.

113. See Quinn, *French Overseas Empire*, 116; Ropp, *Development of a Modern Navy*, 142; Andrew and Kanya-Forstner, *Climax of French Imperial Expansion*, 19.

114. Moreover, French cabinets from 1885 on were habitually indifferent to colonial affairs, and that reflected public opinion. See Andrew and Kanya-Forstner, *Climax of French Imperial Expansion*, 7, also 10-11; Langer, *European Alliances and Alignments*, 284.

115. This in part reflected Delcassé and Hanotaux's differing levels of enthusiasm. See Alf Andrew Heggoy, *The African Policies of Gabriel Hanotaux* (Athens: University of Georgia Press, 1972), 5-7.

116. Andrew, *Théophile Delcassé and the Entente Cordiale*, 45.

117. Eugen Weber, *The Nationalist Revival in France*, 1905-1914 (Berkeley: University of

California Press,1959),26. See also Carroll,*French Public Opinion*,172.

118. Delcassé to wife (October 22, 1898), quoted in Andrew, *Théophile Delcassé and the Entente Cordiale*,92. See also Porter,*Career of Théophile Delcassé*,205–6,212.

119. Quoted in Quinn,*French Overseas Empire*,1.

120. Quoted in Cooke,*New French Imperialism*,96.

121. Negotiations with Spain on Morocco fell through for domestic political reasons in Spain,but they would pay off with better terms for France in 1904. See Porter, *Career of Théophile Delcassé*, 154–56,164,184;Stuart,*French Foreign Policy*,154;Hayne,*The French Foreign Office and the Origins of the First World War*, 98–99,113–14.

122. On the heels of these agreements were consolidating deals in 1903 and 1904. See Stuart,*French Foreign Policy*,82;Hayne,*The French Foreign Office and the Origins of the First World War*, 112.

123. See Stuart, *French Foreign Policy*, 8, 82; Keiger, *France and the Origins of the First World War*, 18;Porter,*Career of Théophile Delcassé*,150–51.

124. Quoted in Phillip M. H. Bell,*France and Britain* 1900–1940:*Entente and Estrangement* (New York:Longman,1996),32.

125. Bell,*France and Britain* 1900–1940,30.

126. The crisis was caused by the wrongful conviction of French officer Alfred Dreyfus for espionage in 1894. Dreyfus would be fully exonerated in 1906,but the scandal peaked in 1898–19 during his retrial.

127. Freycinet's 1888–90 revival of the CSG was probably in violation of an 1873 law,for example,but no one objected. Similarly, the naval program of 1890 was never approved of by parliament "except vaguely in its first year." Ralston, *Army of the Republic*, 95, 186–87, 198; Ropp,*Development of a Modern Navy*,198.

128. In 1905, mandatory service fell from three to two years and what few exemptions remained were erased. A conscription law would pass in 1913 restoring the service term to three years. In general,these reforms had important social implications,though they did not significantly alter France's fighting ability. See Kovacs, "French Military Legislation," 5; Rosengarten, "Evolution of French Military Manpower Policy," 182; Doise and Vaïsse, *Diplomatie et Outil Militaire*, 165.

129. This led to spying and intrigue, the so-called *affaire des fiches*. See Kovacs, "French Military Legislation,"6.

130. See Challener,*French Theory of Nation in Arms*,89;Ralston,*Army of the Republic*,252.

131. See Kovacs,"French Military Legislation,"7.

132. See Porch, *March to the Marne*, 77, 80, 83–84, 89–90, 92–93, 102, 105, 107, 109, 193,200, 204; Snyder, *The Ideology of the Offensive*, 73, 77; Joel Setzen, "Background to the French Failure of August 1914:Civilian and Military Dimensions,"*Military Affairs* 42,no. 2(April 1978):87.

133. See Robert Doughty, "French Strategy in 1914: Joffre's Own," *Journal of Military History* 67,no. 2(April 2003):427–54;House,"The Decisive Attack,"165.

134. See Joseph Arnold, "French Tactical Doctrine, 1870–1914," *Military Affairs* 42, no. 2 (April 1978):66;Setzen,"Background to the French Failure,"88;Michael Howard,"Men Against Fire:Expectations of War in 1914,"*International Security* 9,no. 1(Summer 1984):51–52,56.

135. See William C. Fuller, *Strategy and Power in Russia*, 1600–1914 (New York: Free

Press, 1992), 337-38; Kennan, *Decline of Bismarck's European Order*, 362; Brunschwig, *French Colonialism*, 177; Power, *Jules Ferry*, 192.

136. See David MacKenzie, *Imperial Dreams, Harsh Realities: Tsarist Russian Foreign Policy*, 1815-1917 (New York: Harcourt Brace, 1994), 97; Fuller, *Strategy and Power*, 301-2.

第八章 沙皇统治

1. See Dominic Lieven, *Empire: The Russian Empire and Its Rivals* (New Haven: Yale University Press, 2001), 286-87; William Fuller, "The Imperial Army," in *The Cambridge History of Russia: Volume II, Imperial Russia, 1689-1917*, ed. Dominic Lieven (New York: Cambridge Uni- versity Press, 2006), 553.

2. Russia was especially vulnerable to German coercion. In 1902 Germany accounted for 41 percent of Russian exports and 35 percent of Russian imports. See Dietrich Geyer, *Russian Imperialism: The Interaction of Domestic and Foreign Policy, 1860-1914* (New Haven: Yale Univer-sity Press, 1987), 163.

3. See John White, *Transition to Global Rivalry: Alliance Diplomacy and the Quadruple Entente, 1895-1907* (New York: Cambridge University Press, 1995), 31; David Schimmelpenninck van der Oye, *Toward the Rising Sun: Russian Ideologies of Empire and the Path to War with Japan* (DeKalb: Northern Illinois University Press, 2001), 77.

4. See William Fuller, *Strategy and Power in Russia*, 1600-1914 (New York: Free Press, 1992), 377-78; John Albert White, *The Diplomacy of the Russo-Japanese War* (Princeton: Princeton University Press, 1964), 47.

5. See White, *Transition to Global Rivalry*, 30; William Langer, *The Diplomacy of Imperialism, 1890-1902*, 2nd ed. (New York: Alfred Knopf, 1951), 748-49, 764-65. Before his death in 1900, the foreign minister Muraviev came around to Witte's view, too. See Andrew Malozemoff, *Russian Far Eastern Policy 1881-1904, with Special Emphasis on the Causes of the Russo-Japanese War* (Berkeley: University of California Press, 1958), 121-22. See also Theodore von Laue, *Sergei Witte and the Industrialization of Russia* (New York: Columbia University Press, 1963), 307.

6. See Bruce Menning and John Steinberg, "Lessons Learned: The Near-Term Military Legacy of 1904-5 in Imperial Russia," in *The Treaty of Portsmouth and Its Legacies*, ed. Steven Ericson and Allen Hockley (Hanover: Dartmouth College Press, 2008), 77; Raymond Esthus, *Double Eagle and Rising Sun: The Russians and Japanese at Portsmouth in 1905* (Durham, N. C.: Duke University Press, 1988), 35-36.

7. Quoted in Esthus, *Double Eagle and Rising Sun*, 65.

8. Quoted in Geyer, *Russian Imperialism*, 253. Security, Kokovtsov said, depended on economic stability first. He insisted that diplomacy be the primary solution to Russia's problems by "appropriate orientation of our foreign policy." Quoted in Geyer, *Russian Imperialism*, 256.

9. Quoted in Fuller, *Strategy and Power*, 412.

10. See Peter Gatrell, *Government, Industry and Rearmament in Russia*, 1900-1914: *The Last Argument of Tsarism* (New York: Cambridge University Press, 1994), 317.

11. Quoted in Gatrell, *Government, Industry and Rearmament*, 317.

12. Quoted in Jennifer Siegel, *Endgame: Britain, Russia and the Final Struggle for Central Asia* (New York: Tauris, 2002), 71.

13. Quoted in David Herrmann, *The Arming of Europe and the Making of the First World War*

(Princeton:Princeton University Press,1996),153.

14. Quoted in Fuller,*Strategy and Power*,415.

15. Quoted in Fuller, *Strategy and Power*, 395. For policymakers concurring, see White, *Transition to Global Rivalry*, 205; David MacLaren McDonald, *United Government and Foreign Policy in Russia* 1900-1914(Cambridge:Harvard University Press,1992),159,190.

16. Quoted in Fuller, *Strategy and Power*, 421, see also 422. All the ministries consulted agreed. See Langer,*Diplomacy of Imperialism*,667.

17. See Gatrell,*Government,Industry and Rearmament*,66.

18. Statistics are given in constant pounds. See David Stevenson,*Armaments and the Coming of War:Europe*, 1904 - 1914 (New York: Oxford University Press, 1996), 4. See also Gatrell, *Government,Industry and Rearmament*, 22.

19. It is important to note that military spending trends do not closely follow the performance of the overall economy,which grew at 1.5 percent from 1900 to 1906,and 6.3 percent from 1907 to 1913. See John McKay, *Pioneers for Profit: Foreign Entrepreneurship and Russian Industrialization*(Chicago: University of Chicago Press, 1970), 3 - 4; Peter Gatrell, *The Tsarist Economy* 1850-1917(New York:St. Martin's Press,1986),219;Alexander Polunov,*Russia in the Nineteenth Century: Autocracy, Reform, and Social Change*, 1814 - 1914 (New York: M. E. Sharpe,2005),200.

20. See Fuller, *Strategy and Power*, 436; and Gatrell, *Government, Industry and Rearmament*,126,138.

21. See Stevenson, *Armaments and the Coming of War*, 145; also William Fuller, *Civil - Military Conflict in Imperial Russia*,1881-1914(Princeton:Princeton University Press,1985),227; also W. Thomas Wilfong,"Rebuilding the Russian Army,1905-14:The Question of a Comprehensive Plan for National Defense,"(PhD diss.,Indiana University,1977),130.

22. See *The Statesman's Yearbook*(London:Palgrave Macmillan,1900),957-58.

23. See *The Statesman's Yearbook* (London: Palgrave Macmillan, 1905), 1076 - 1077; Herrmann,*Arming of Europe*,234.

24. See John Bushnell,"Peasants in Uniform:The Tsarist Army as a Peasant Society,"*Journal of Social History* 13, no. 4 (Summer 1980): 565; Bruce Menning, *Bayonets Before Bullets: The Imperial Russian Army*, 1861-1914(Bloomington:Indiana University Press,1992),226;Norman Stone,*The Eastern Front* 1914-1917(New York:Penguin,1998),214.

25. Herrmann,*Arming of Europe*,132.

26. See Stone,*Eastern Front*,265.

27. See Wilfong,"Rebuilding the Russian Army,"69-71,73,76-77.

28. See Herrmann,*Arming of Europe*,69,134-35,205;Stevenson,*Armaments and the Coming of War*,78.

29. See Fuller, *Civil - Military Conflict*, 220 - 22; Gatrell, *Government, Industry and Rearmament*, 130-31;Wilfong,"Rebuilding the Russian Army,"86-87,151-53,159,65.

30. Herrmann,*Arming of Europe*,134; see also Menning,*Bayonets before Bullets*,227-28; Stevenson,*Armaments and the Coming of War*, 153.

31. See Stevenson,*Armaments and the Coming of War*, 78.

32. Scholars argue the problem was less material insufficiency than poor decision making. See Gatrell,*Government,Industry and Rearmament*,63-64;Stone,*Eastern Front*,58,131.

33. See Bushnell, "Peasants in Uniform," 567; Gatrell, *Government, Industry and*

Rearmament, 22–23.

34. As much as one–third of the Russian army was used for internal security between 1906 and 1908, angering the war minister. See Jack Snyder, *The Ideology of the Offensive: Military Decision Making and the Disasters of 1914* (Ithaca: Cornell University Press, 1984), 166; Allan Wild–man, *The End of the Russian Imperial Army: The Old Army and the Soldiers' Revolt* (Princeton: Princeton University Press, 1980), 64.

35. On the fortress controversy, see Bruce Menning, "Mukden to Tannenberg: Defeat to Defeat, 1905–1914," in *The Military History of Tsarist Russia*, ed. Frederick Kagan and Robin Higham (New York: Palgrave Macmillan, 2002), 215–17; Wilfong "Rebuilding the Russian Army," 79, 134–38; Gatrell, *Government, Industry and Rearmament*, 130–31.

36. See Wilfong, "Rebuilding the Russian Army," 138; Stevenson, *Armaments and the Coming of War*, 151, 155–56.

37. See Menning, *Bayonets before Bullets*, 219; Evgenii Podsoblyaev, "The Russian Naval General Staff and the Evolution of Naval Policy, 1905–1914," trans. Francis King and John Big–gart, *Journal of Military History* 66, no. 1 (January 2002): 54.

38. See Donald Mitchell, *A History of Russian and Soviet Sea Power* (New York: MacMillan Publishing, 1974), 280, also 184, 272, 281.

39. See Stone, *Eastern Front*, 29; Mitchell, *History of Russian and Soviet Sea Power*, 274, 282; Niall Ferguson, *The Pity of War* (New York: Basic Books, 1999), 85.

40. On their contrasting styles, see William Fuller, *The Foe Within: Fantasies of Treason and the End of Imperial Russia* (Ithaca: Cornell University Press, 2006), 256; Roberta Thompson Manning, *The Crisis of the Old Order in Russia: Gentry and Government* (Princeton: Princeton University Press, 1982), 37.

41. Menning and Steinberg, "Lessons Learned," 78, see also 80.

42. Essentially, three posts were combined. See Wilfong, "Rebuilding the Russian Army," 92; and Christopher Clark, *The Sleepwalkers: How Europe Went to War in* 1914 (New York: Harper Perennial, 2014), 215.

43. See Fuller, *Strategy and Power*, 410; Walter Pintner, "Russian Military Thought: The Western Model and the Shadow of Suvorov," in *Makers of Modern Strategy: From Machiavelli to the Nuclear Age*, ed. Peter Paret (Princeton: Princeton University Press, 1986), 364; Wilfong, "Rebuilding the Russian Army," 69, 71, 73, 76–77, 85.

44. See Herrmann, *Arming of Europe*, 93.

45. See Fuller, *Civil–Military Conflict*, 195.

46. See Fuller, *Civil–Military Conflict*, 220–22; Wilfong, "Rebuilding the Russian Army," 86–87. Reform sparked harsh reaction. See Steinberg, *All the Tsar's Men*, 155, 187; Peter von Wahlde, "A Pioneer in Russian Strategic Thought: G. A. Leer, 1829–1904," *Military Affairs* 35, no. 4 (December 1971): 151–52.

47. On Russian aviation, see Clark, *Sleepwalkers*, 479; Pertti Luntinen, *French Information on the Russian War Plans*, 1880–1914 (Helsinki: Societas Historica Finlandiae, 1984), 165; Fuller, "Imperial Army," 550.

48. Quoted in David Schimmelpenninck van der Oye, "Reforming Military Intelligence," in *Reforming the Tsar's Army: Military Innovation in Imperial Russia from Peter the Great to the Revolu–tion*, ed. David Schimmelpenninck van der Oye and Bruce Menning (New York: Cambridge University Press, 2004), 150.

49. See Raymond Garthoff, "The Military as a Social Force," in *The Transformation of Russian Society: Aspects of Social Change since 1861*, ed. Cyril Black (Cambridge: Harvard University Press, 1967), 326; see also Matitiahu Mayzel, "The Formation of the Russian General Staff, 1880-1917: A Social Study," *Cahiers du Monde Russe et Soviétique* 16, nos. 3-4 (July-December 1975): 302; Walter Pintner, "The Burden of Defense in Imperial Russia, 1725-1914," *Russian Review* 43, no. 3 (July 1984): 258-59.

50. See Menning, *Bayonets before Bullets*, 277, see also 236, 246, 248, 271, 275. See also Fuller, *Strategy and Power*, 457; Wildman, *End of the Russian Imperial Army*, 70.

51. See Fuller, *Strategy and Power*, 426-427, 450; Menning, *Bayonets before Bullets*, 220, 227-28; Wildman, *End of the Russian Imperial Army*, 69-70.

52. His personnel policies would have ruinous results for himself and the country. Among the marginalized were Witte, Rödiger, and Stolypin. Among the tsar's darlings were Bezobrazov, Rasputin, and Sukhomlinov, the persistent support of whom estranged the military and society from the tsar and widened the cracks that led to revolution. See John David Walz, "State Defense and Russian Politics under the Last Tsar" (PhD diss., Syracuse University, 1967), 155.

53. See McDonald, *United Government*, 2-7; Stone, *Eastern Front*, 22.

54. Quoted in Fuller, *Civil-Military Conflict*, 233.

55. Fuller, *Strategy and Power*, 411.

56. Mark von Hagen, "Autocracy Defeats Military Reform on Eve of First World War," *Russian History* 38, no. 1 (January 2011): 152.

57. Fuller, *Civil-Military Conflict*, 262, see also 259; Menning and Steinberg, "Lessons Learned," 80-81; John Steinberg, *All the Tsar's Men: Russia's General Staff and the Fate of the Empire, 1898-1914* (Baltimore: Johns Hopkins University Press, 2010), 156-57, 189-90.

58. See Wilfong, "Rebuilding the Russian Army," 170-71; Herrmann, *Arming of Europe*, 231.

59. Quoted in Schimmelpenninck van der Oye, *Toward the Rising Sun*, 72, 75.

60. Figures from Gatrell, *Tsarist Economy*, 221.

61. Figures from Gatrell, *The Tsarist Economy*, 221.

62. See Paul Gregory, *Russian National Income*, 1885-1913 (New York: Cambridge University Press, 1982), 77; Gatrell, *Tsarist Economy*, 41, 45, 192; cf. Raymond Goldsmith, "The Economic Growth of Tsarist Russia 1860-1913," *Economic Development and Cultural Change* 9, no. 3 (April 1961): 441-43.

63. See McKay, *Pioneers for Profit*, 3-4, 6; David Landes, *The Wealth and Poverty of Nations: Why Some are So Rich and Some So Poor* (New York: Norton, 1999), 268; also Arcadius Kahan, "Capital Formation during the Period of Early Industrialization in Russia, 1890-1913," in *The Cambridge Economic History of Europe: Volume III, Part 2: The Industrial Economies Capital, Labour, and Enterprise*, ed. Peter Mathias and Michael Moissey Postan (New York: Cambridge Univer- sity Press, 1978), 290.

64. See Paul Gregory, *Russian National Income, 1885-1913* (New York: Cambridge University Press, 1982), 442.

65. See Landes, *Wealth and Poverty of Nations*, 268; Hugh Seton-Watson, *The Decline of Imperial Russia: 1855-1914* (New York: Praeger, 1961), 285.

66. See Gatrell, *Tsarist Economy*, 50.

67. Ferguson, *Pity of War*, 263. Others agree, see Stone *Eastern Front*, 35-36, 159, 208-11.

68. Alexander Gerschenkron, *Europe in the Russian Mirror: Four Lectures in Economic History* (New York: Cambridge University Press, 1970), 113; Alexander Gerschenkron, *Economic Backwardness in Historical Perspective: A Book of Essays* (Cambridge: Harvard University Press, 1962), 22.

69. See Gatrell, *Tsarist Economy*, xii, 232; McKay, *Pioneers for Profit*, 7, 10; Arcadius Kahan, "Government Policies and the Industrialization of Russia," *Journal of Economic History* 27, no. 4 (December 1967): 460, 477.

70. Olga Crisp, *Studies in the Russian Economy before* 1914 (New York: Barnes and Noble Books, 1976), 26. See also McKay, *Pioneers for Profit*, 37; Gatrell, *Tsarist Economy*, 228.

71. Figures cited in John M. Hobson, "The Military-Extraction Gap and the Wary Titan: The Fiscal Sociology of British Defence Policy, 1870 - 1913," *Journal of European Economic History*, 22, no. 3 (1993): 464-65.

72. See Luntinen, *French Information*, 35 - 36, 61, 207, 214, 220 - 21; Fuller, *Strategy and Power*, 384, 396, 425; Rich, *Tsar's Colonels*, 220. On defense in the East, see Alex Marshall, *The Russian General Staff and Asia*, 1800-1917 (New York: Routledge, 2006), 186; Fuller, "Imperial Army," 186-89.

73. See Pintner, "Russian Military Thought," 371; Herrmann, *Arming of Europe*, 133, 135.

74. Stevenson, *Armaments and the Coming of War*, 154, 318, 324-25.

75. See Wilfong, "Rebuilding the Russian Army," 141.

76. Walz, "State Defense," 125 - 26; also Luntinen, *French Information*, 226 - 28, 231 - 32; Wilfong, "Rebuilding the Russian Army," 138-39, 141.

77. Snyder, *Ideology of the Offensive*, 166. General Danilov devoted fifty-three divisions to Germany and nineteen to Austria.

78. See Podsoblyaev, "Russian Naval General Staff," 53, also 63, 67.

79. Quoted in David MacLaren McDonald, "A Lever without a Fulcrum: Domestic Factors and Russian Foreign Policy, 1905 - 1914," in Hugh Ragsdale, ed., *Imperial Russian Foreign Policy* (New York: Cambridge University Press, 1993), 283. See also Menning and Steinberg, "Lessons Learned," 90; Patricia Weitsman, *Dangerous Alliances: Proponents of Peace, Weapons of War* (Stanford: Stanford University Press, 2004), 129.

80. Quoted in McDonald, "Lever without a Fulcrum," 291.

81. See White, *Transition to Global Rivalry*, 285 - 88. A possible exception to that was when Russia sought land in Azerbaijan in 1909, which led to slightly greater involvement in Northern Persia. See Siegel, *Endgame*, 51. Izvolsky's misadventures over the Bosnian annexation crisis also caused Russia to rein in its ambitions in the Middle East. See Firuz Kazemzadeh, *Russia and Britain in Persia, 1864-1914: A Study in Imperialism* (New Haven: Yale University Press, 1968), 528.

82. See Kazemzadeh, *Russia and Britain in Persia*, 319-20, 384; Rogers Platt Churchill, *The Anglo-Russian Convention of 1907* (Cedar Rapids, Iowa: Torch Press, 1939), 142, also 229. Sazonov complained he got more help from the Central Powers than his entente partners. See Ira Klein, "The Anglo-Russian Convention and the Problem of Central Asia, 1907-1914," *Journal of British Studies* 11, no. 1 (November 1971): 139.

83. On Russian passivity in the region after 1905, see Kazemzadeh, *Russia and Britain in Persia*, 468, 474; White, *Transition to Global Rivalry*, 272.

84. Quoted in Churchill, *Anglo-Russian Convention*, 155.

85. See White, *Transition to Global Rivalry*, 8, 240, 275; Menning, *Bayonets before*

Bullets,90.

86. See Matthew Smith Anderson,*The Eastern Question*,1774–1923:*A Study in International Relations*(New York: Macmillan Press, 1966), 264; Siegel, *Endgame*, 10; Geyer, *Russian Imperialism*, 252.

87. See Raymond Esthus, "Nicholas II and the Russo-Japanese War," *Russian Review* 40, no. 4(October 1981),410–11; Geyer, *Russian Imperialism*, 214; White, *Diplomacy of the Russo-Japanese War*,171.

88. See Fuller, *Strategy and Power*,423; White, *Transition to Global Rivalry*,251.

89. See Esthus, *Double Eagle and Rising Sun*, 197.

90. Masato Matsui, "The Russo-Japanese Agreement of 1907: Its Causes and the Progress of Negotiations," *Modern Asian Studies* 6, no. 1(January 1972),33; also White, *Transition to Global Rivalry*, 226,269; Lukin, "Russian Views of Korea, China, and the Regional Order in Northeast Asia,"29.

91. See Snyder, *Alliance Politics*, 275. The Russians informed the French that help could not be forthcoming for at least three years and the Polish frontier had been denuded of troops and supplies. See Stevenson, *Armaments and the Coming of War*,71; also Siegel, *Endgame*,105.

92. See Glenn Snyder, *Alliance Politics* (Ithaca: Cornell University Press, 1997), 278–79; Weitsman, *Dangerous Alliances*, 129–30; cp. Geyer, *Russian Imperialism*, 250–51.

93. Kazemzadeh, *Russia and Britain in Persia*, 595.

94. See Fuller, *Strategy and Power*, 417; Seton-Watson, *Decline of Imperial Russia*, 331; Siegel, *Endgame*, 66.

95. See Anderson, *Eastern Question*, 283–85; Fuller, *Strategy and Power*, 421.

96. Quoted in Herrmann, *Arming of Europe*, 118; see also 113, 115, 127.

97. Quoted in Herrmann, *Arming of Europe*, 127.

98. See Stevenson, *Armaments and the Coming of War*, chap. 3; Herrmann, *Arming of Europe*, 132; Snyder, *Alliance Politics*, 281.

99. See Seton-Watson, *Decline of Imperial Russia*, 332–33; Snyder, *Alliance Politics*, 283. Russia ingratiated itself with Germany so successfully that Britain was suspicious. See Kazemzadeh, *Russia and Britain in Persia*, 561.

100. See Snyder, *Alliance Politics*, 284–85.

101. See Snyder, *Alliance Politics*, 288–89.

102. Geyer, *Russian Imperialism*, 275; also Clark, *Sleepwalkers*, 353.

103. See Clark, *Sleepwalkers*, 124–31.

104. On French diplomatic cables, see Snyder, *Ideology of the Offensive*, 182; also Snyder, *Alliance Politics*, 290.

105. For repeated examples, see Snyder, *Alliance Politics*, 284–85, 288–90, 293–96; Snyder, *Ideology of the Offensive*, 169, 181–82, 185–87, 196; cf. Scott Sagan, "1914 Revisited: Allies, Offense, and Instability," *International Security* 11, no. 2(Fall 1986): 153, 163.

106. On Russian rail lines, see Pintner, "The Burden of Defense in Imperial Russia, 1725–1914," 249–50, 258; Fuller, *Civil-Military Conflict*, 67, 439; Geyer, *Russian Imperialism*, 259.

107. The French had little faith in the Russian navy. See Arthur Marder, *The Anatomy of British Sea Power: A History of British Naval Policy in the Pre-Dreadnought Era*, 1880–1905 (New York, Knopf, 1940), 399, 436; Fuller, *Strategy and Power*, 196; Walz, "State Defense" 232–33.

108. See Menning and Steinberg, "Lessons Learned," 92.

109. See Pintner, "Russian Military Thought," 371; Fuller, *Strategy and Power*, 388, 428-30, 442-44; also Stone, *Eastern Front*, 33.

110. See Snyder, *Alliance Politics*, 295. For the military agreement, see Charléty Sébastien, ed., *Documents Diplomatiques Français*, 1871 - 1914, 3ième Série, 1911 - 1914, VIII (Paris: Imprim- erie Nationale, 1935), no. 79.

111. General Danilov thought French offensive tactics suicidal, but still ordered Russian offensives out of strategic desperation to relieve the French. See Snyder, *Ideology of the Offensive*, 157, 165, 170, 181-82, 184, 188, 196; Sagan "1914 Revisited," 163.

112. Whether this deal would have held is unclear; the terms were growing ragged around 1914. See Klein, "Anglo-Russian Convention," 144-45; Siegel, *Endgame*, xviii, 186, 189.

113. See Esthus, *Double Eagle and Rising Sun*, 203; Sarah C. Paine, *Imperial Rivals: China, Russia, and Their Disputed Frontiers* (New York: M. E. Sharpe, 1996), 275, 290, 292, 298; Ernest Batson Price, *The Russo-Japanese Treaties of* 1907-1916 *Concerning Manchuria and Mongolia* (Baltimore: The Johns Hopkins University Press, 1933), 44.

114. See Klein, "Anglo-Russian Convention," 139; Paine, *Imperial Rivals*, 275, 290, 292, 298.

115. See Fuller, *Strategy and Power*, 439.

116. See Stone, *Eastern Front*, 54; Stevenson, *Armaments and the Coming of War*, 323.

117. Debatably the most salient cleavage was between those fighting for an autocracy with rule of law (e. g. Witte, Stolypin, the Duma), and those clutching the core features of tsarist absolutism. The latter won. See Mark Steinberg, "Russia's *fin-de-siècle*, 1900-1914," in The *Cam- bridge History of Russia: Volume III, the Twentieth Century*, ed. Ronald Grigor Suny (New York: Cambridge University Press, 2006), 71; Andrew Verner, *The Crisis of Russian Autocracy: Nicholas II and the 1905 Revolution* (Princeton: Princeton University Press, 1990), 350; Dominic Lieven, *Russia's Rulers Under the Old Regime* (New Haven: Yale University Press, 1989), 153.

118. On the weakness of the business lobby, see Gatrell, *Government, Industry and Rearmament*, 163-66; McKay, *Pioneers for Profit*, 385; Dominic Lieven, *The Aristocracy in Europe, 1815-1914* (New York: Columbia University Press, 1992), 223.

119. See Polunov, *Russia in the Nineteenth Century*, 221-28.

120. There was a purge of reformers in late 1908 early 1909, yet the tsar reluctantly permitted many of the liberal reforms he had previously objected to. See Wilfong, "Rebuilding the Russian Army," 92-94; Mark von Hagen, "Autocracy Defeats Military Reform," 152, 156.

121. See Fuller, *Strategy and Power*, 437; Gatrell, *Government, Industry and Rearmament*, 133.

122. See Fuller "Imperial Army," 545; Luntinen, *French Information*, 197.

123. On Plan 20, see Wilfong, "Rebuilding the Russian Army," 144; Menning, *Bayonets before Bullets*, 239.

124. See Luntinen, *French Information*, 126, 129; Snyder, *Ideology of the Offensive*, 179; Walz, "State Defense," 152.

125. On the galling lack of oversight, see Snyder, *Ideology of the Offensive*, 186-87, 196.

126. Russia meddled in Korea, China, and Persia, and turned Mongolia into a buffer state. See Paine, *Imperial Rivals*, 275, 290, 292, 298; Anderson, *Eastern Question*, 289-90; Siegel, *Endgame*, *xviii*.

127. See Clark, *Sleepwalkers*, 220, 266–72.

128. See Seton–Watson, *Decline of Imperial Russia*, 323–24.

129. Moltke verged on despair in February 1914: "Russia's preparedness for war has made gigantic progress since the Russo–Japanese war, and it is now much greater than ever in the past." Quoted in Stone, *Eastern Front*, 37. See also Lieven, *Aristocracy in Europe*, 226–27; Gatrell, *Government, Industry and Rearmament*, 320.

130. Marshall, *Russian General Staff and Asia*, 188.

131. See Fuller, *Strategy and Power*, 459.

132. See Stevenson, *Armaments and the Coming of War*, 157.

133. Witte likened the tsar to a child. See Esthus, "Nicholas II and the Russo–Japanese War," 396–97. Many senior voices warned the tsar Russia was in no shape to go to war before World War I, including Durnovo, Witte, Kokovtsev, Rosen, and Rasputin. See Fuller, Foe *Within*, 259.

134. See Fuller, *Strategy and Power*, 462.

135. There was high turnover under Nicholas, though not all of it his doing. See Paine, *Imperial Rivals*, 249; Dominic Lieven, *Nicholas II: Twilight of the Empire* (New York: St. Martin's Press, 1993), 70.

136. See Dominic Lieven, *Russia's Rulers Under the Old Regime* (New Haven: Yale University Press, 1989), 284–85.

137. See Walz, "State Defense," 155; Seton–Watson, Decline *of Imperial Russia*, 270–71; Stone, *Eastern Front*, 225–26, 261, 263.

138. Stevenson, *Armaments and the Coming of* War, 77. See also Gatrell, *Government, Industry and Rearmament*, 127–29, 321; Stone, *Eastern Front*, 51, 58–59; Lieven, *Aristocracy in Europe*, 223.

139. See Marc Ferro, *Nicholas II: Last of the Tsars*, trans. Brian Pierce (New York: Oxford Uni– versity Press, 1993), 4, 70; Herrmann, *Arming of Europe*, 195.

140. See Lieven, *Russia's Rulers Under the Old Regime*, 286–87.

141. See Ian Nish, *Origins of the Russo–Japanese War* (New York: Longman, 1985), 253.

142. See McDonald, *United Government*, 106.

143. Historians generally consider Russian military progress in this period as enormous. See Wilfong, "Rebuilding the Russian Army," 170; Gatrell, *Government, Industry and Rearma–ment*, 328; Herrmann, *Arming of Europe*, 231; cf. Menning, *Bayonets before Bullets*, 237.

第九章 乌托邦背景

1. See Steven Ward, "Explaining Accommodation Failure" (paper presented at the annual meeting of the International Studies Association, New Orleans, 2015), 2.

2. Randall Schweller, *Unanswered Threats: Political Constraints on the Balance of Power* (Princeton: Princeton University Press, 2006), 76. See also Elizabeth Kier, *Imagining War: French and British Military Doctrine between the Wars* (Princeton: Princeton University Press, 1999), 55; Mark Brawley, "Neoclassical Realism and Strategic Calculations: Explaining Divergent British, French, and Soviet Strategies toward Germany between the World Wars (1919–1939)," in *Neo–classical Realism, the State, and Foreign Policy*, ed. Steven Lobell, Norrin Ripsman, and Jeffrey Taliaferro (New York: Cambridge University Press, 2009), 96.

3. While the causes of French defeat in 1940 remain controversial, the decadence hypothesis has come under heavy criticism. See Peter Jackson, "Recent Journeys Along the Road Back to

France, 1940," *Historical Journal* 39, no. 2(June 1996): 497–510; Robert Young, *France and the Origins of the Second World War* (New York: St. Martin's Press, 1996), 19–42.

4. By way of comparison, Germany had mobilized 154 and lost 30. Figures cited in Roger Price, *A Concise History of France* (New York: Cambridge University Press, 1993), 219.

5. See Frederick Schuman, *War and Diplomacy in the French Republic: An Inquiry into Political Motivations and the Control of Foreign Policy* (New York: AMS Press, 1970 [1931]), 255.

6. Quoted in Jacques Bariéty, "France and the Politics of Steel, from the Treaty of Versailles to the International Steel Entente, 1919–1926," in *French Foreign and Defence Policy, 1918–1940: The Decline and Fall of a Great Power*, ed. Robert Boyce (New York: Routledge, 1998), 45.

7. Quoted in Benjamin Martin, *France and the Après Guerre, 1918–1924: Illusions and Disillusionment* (Baton Rouge: Louisiana State University Press, 1999), 90–91.

8. Quoted in Judith Hughes, *To the Maginot Line: The Politics of French Military Preparation in the 1920s* (Cambridge: Harvard University Press, 1971), 185–86.

9. Quoted in Arnold Wolfers, *Britain and France between Two Wars: Conflicting Strategies of Peace since Versailles* (Hamden: Archon Books, 1963), 33. Our translation.

10. Quoted in Walter McDougall, *France's Rhineland Policy, 1914–1924: The Last Bid for a Balance of Power in Europe* (Princeton: Princeton University Press, 1978), 151. Our translation.

11. Quoted in Nicole Jordan, *The Popular Front and Central Europe: The Dilemmas of French Impotence, 1918–1940* (New York: Cambridge University Press, 1992), 5.

12. See Hughes, *To the Maginot Line*, 119.

13. See Peter Jackson, *Beyond the Balance of Power: France and the Politics of National Security in the Era of the First World War* (New York: Cambridge University Press, 2013), 416.

14. See Wolfers, *Britain and France*, 84–86; cf. Patrick Cohrs, *The Unfinished Peace after World War I: America, Britain and the Stabilisation of Europe, 1919–1932* (New York: Cambridge University Press, 2006), 580; Zara Steiner, *The Lights that Failed: European International History, 1919–1933* (New York: Oxford University Press, 2005), 678.

15. Quoted in McDougall, *France's Rhineland Policy*, 136.

16. See McDougall, *France's Rhineland Policy*, 178, 233.

17. See McDougall, *France's Rhineland Policy*, 239; Schuman, *War and Diplomacy*, 285; Jackson, *Beyond the Balance of Power*, 396–97. French industrialists opposed the occupation but went along with it anyway. See Schuman, *War and Diplomacy*, 279.

18. See Schuman, *War and Diplomacy*, 296.

19. See Jordan, *Popular Front and Central Europe*, 7; also Gerald Feldman, *The Great Disorder: Politics, Economics, and Society in the German Inflation, 1914–1924* (New York: Oxford University Press, 1997); Charles Maier, *Recasting Bourgeois Europe: Stabilization in France, Germany, and Italy in the Decade after World War I* (Princeton: Princeton University Press, 1975), 579, 594.

20. See Anthony Adamthwaite, *Grandeur and Misery: France's Bid for Power in Europe, 1914–1940* (New York: Arnold, 1995), 73.

21. Jon Jacobson, "Is There a New International History of the 1920s?" *The American Historical Review* 88, no. 3(June 1983): 623; Stephen Schuker, *The End of French Predominance in Europe: The Financial Crisis of 1924 and the Adoption of the Dawes Plan* (Chapel Hill: University of North Carolina Press, 1976), 3, 392; Jackson, *Beyond the Balance of Power*, 479.

22. Richard Challener, "The French Foreign Office: The Era of Philippe Berthelot," in *The Diplomats*, 1919 – 1939, ed. Felix Gilbert and Gordon Craig (Princeton: Princeton University Press, 1953), 54.

23. See Hughes, To the Maginot Line, 145; Adamthwaite, *Grandeur and Misery*, 13. According to historian Peter Jackson, there was no equivalent reshuffling of military brass because of how marginalized they had become. See Jackson, *Beyond the Balance of Power*, 465, 470–71.

24. Quoted in Edward David Keeton, *Briand's Locarno Policy: French Economics, Politics, and Diplomacy, 1925–1929* (New York: Garland, 1987), 94–95.

25. Keeton, *Briand's Locarno Policy*, 94; cf. Jackson, *Beyond the Balance of Power*, 353, 360.

26. See Jon Jacobson and John Walker, "The Impulse for a Franco–German Entente: The Origins of the Thoiry Conference, 1926," *Journal of Contemporary History* 10, no. 1 (January 1975): 165–66; Carolyn Webber and Aaron Wildavsky, *A History of Taxation and Expenditure in the Western World* (New York: Simon and Schuster, 1986), 447; Brian R. Mitchell, *International Historical Statistics: Europe* 1750 – 2000, 5th ed. (New York: Palgrave Macmillan, 2003), 819, 838; Thelma Liesner, *One Hundred Years of Economic Statistics: United Kingdom, United States of Amer- ica, Australia, Canada, France, Germany, Italy, Japan, Sweden* (New York: Facts on File, 1989), 194.

27. See Jari Eloranta, "The Demand for External Security by Domestic Choices: Military Spending as an Impure Public Good among Eleven European States, 1920 – 1938" (PhD diss., European University Institute, 2002), 85. For slightly different figures, see Webber and Wil – davsky, *History of Taxation*, 451; Peter Flora, *State, Economy, and Society in Western Europe 1815–1975: Volume 1: The Growth of Mass Democracies and Welfare States* (London: Macmillan, 1983), 376.

28. Quoted in Hughes, *To the Maginot Line*, 111.

29. Spending began to flutter at higher levels after, however, bouncing from 5.1 billion francs in 1926 to 6.2 billion in 1928 to 10.1 billion in 1930 to 5.1 billion in 1932. See Liesner, *One Hundred Years*, 194.

30. See Eloranta, "Demand for External Security," 112, 116–17, 123. See also Price, *Concise History of France*, 235; *Statesman's Yearbook* (London: Macmillan, 1919 – 29), 836 – 68; Niall Ferguson, *The Cash Nexus: Money and Power in the Modern World, 1700–2000* (New York: Basic Books, 2002), 44.

31. See Flora, *State, Economy, and Society*, 380.

32. On the French Navy, see Barry Posen, *The Sources of Military Doctrine: France, Britain, and German between the World Wars* (Ithaca: Cornell University Press, 1984), 105; on the French Air Force, see Flora, *State, Economy, and Society*, 131–35.

33. Quoted in Valentine Thomson, *Briand: Man of Peace* (New York: Covici – Friede, 1930), 255. See also Hughes, *To the Maginot Line*, 134; Steiner, *Lights that Failed*, 374.

34. See Steiner, *Lights that Failed*, 378; Martin, *France and the Après Guerre*, 92; Peter Jackson, "French Security and a British 'Continental Commitment' after the First World War: Reassessment," *English Historical Review* 136, no. 519 (April 2011): 356–59.

35. Fragmentary data and different methods of accounting make precise numbers problematic, but the *Statesman's Yearbook* puts the total number of French Metropolitan and Colonial forces at 698,000 in 1922, and 735,000 in 1926. These figures would come down only after 1929. See *Statesman's Yearbook* (London: Macmillan, 1919–31), 853–908.

36. Irving Gibson, "Maginot and Liddell Hart: The Doctrine of Defense," in *Markers of Modern Strategy: Military Thought from Machiavelli to Hitler*, ed. Edward Mead Earle(New York: Atheneum, 1967), 366.

37. See Richard Challener, *The French Theory of the Nation in Arms*, 1866–1939(New York: Russell & Russell, 1965), 172–73.

38. Hughes, *To the Maginot Line*, 173–78.

39. See Posen. *Sources of Military Doctrine*, 108; Robert Doughty, *The Seeds of Disaster: The Development of French Army Doctrine*, 1919–1939(Hamden: Archon Books, 1985), 18–19.

40. Gibson, "Maginot and Liddell Hart," 370.

41. See Hughes, *To the Maginot Line*, 116, 159–63; Challener, *Nation in Arms*, 175–76.

42. Challener, *Nation in Arms*, 215.

43. See Doughty, *Seeds of Disaster*, 21. Because of poor pay and conditions, France's professional cadre of 100, 000 soldiers seldom amounted to more than 70, 000 at first. See Hughes, *To the Maginot Line*, 171.

44. See Challener, *Nation in Arms*, 191.

45. Hughes, *To the Maginot Line*, 172–73.

46. See John F. V. Keiger, *France and the World Since* 1870(London: Arnold, 2001), 58.

47. From 1927 to 1930, Generals Pétain and Debeney suppressed tactical initiative, but experiments with mobility would revive after 1930 when Gamelin and Weygand rose to power. See Brian Bond and Martin Alexander, "Liddell Hart and De Gaulle: The Doctrines of Limited Liability and Mobile Defense," in *Makers of Modern Strategy: from Machiavelli to the Nuclear Age*, ed. Peter Paret(Princeton: Princeton University Press, 1986), 603–4, 606–8.

48. Bond and Alexander, "Liddell Hart and De Gaulle," 604.

49. Quoted in Bond and Alexander, "Liddell Hart and De Gaulle," 608.

50. Posen, *Sources of Military Doctrine*, 139; see also Bond and Alexander, "Liddell Hart and De Gaulle," 600, 621.

51. See Posen, *Sources of Military Doctrine*, 106, 130, 135, 138; Bond and Alexander, "Liddell Hart and De Gaulle," 623.

52. See Ernest May, *Strange Victory: Hitler's Conquest of France* (New York: Hill and Wang, 2000), 10; Posen, *Sources of Military Doctrine*, 118; Adamthwaite, *Grandeur and Misery*, 159–60.

53. Of course, foreign lending remained essential to the French economy. See Philippe Bernard and Henri Dubief, *The Decline of the Third Republic*, 1914–1938(New York: Cambridge University Press, 1985), 129.

54. For total expenditures and expenditures by category, see Flora, *State, Economy, and Society*, 381.

55. See John F. V. Keiger, *Raymond Poincaré* (New York: Cambridge University Press, 1997), 334; also Bernard and Dubief, *Decline of the Third Republic*, 173, 179; Jacques Néré, *The Foreign Policy of France from* 1914 *to* 1945 (Boston: Routledge and Kegan Paul, 1975), 100; Anthony Adamthwaite, *The Lost Peace: International Relations in Europe*, 1918–1939(New York: St. Martin's, 1981), 113–15.

56. See Mitchell, *International Historical Statistics*, 838; Liesner, *One Hundred Years*, 194.

57. Of twenty-seven European countries and the United States, only Latvia, Bulgaria, and Poland grew appreciably faster. See Joan Roses and Nikolaus Wolf, "Aggregate Growth, 1913–

1950," in *The Cambridge Economic History of Modern Europe*, *Volume* 2: 1870 *to the Present*, ed. Stephen Broadberry and Kevin H. O'Rourke (New York: Cambridge University Press, 2010), 188–90.

58. See David Landes, *The Unbound Prometheus: Technological Change and Industrial Development in Western Europe from* 1750 *to the Present*, 2nd ed. (New York: Cambridge University Press, 2003), 364; Schuker, *End of French Predominance*, 13; cf. Adamthwaite, *Grandeur and Misery*, 131.

59. Landes, *Unbound Prometheus*, 382, see also 386; Adamthwaite, *Grandeur and Misery*, 130.

60. Figures calculated using data in Jari Eloranta, "The Demand for External Security by Domestic Choices: Military Spending as an Impure Public Good Among Eleven European States, 1920–1938" (PhD diss., European University Institute, 2002), 112, 116–17, 123.

61. Posen, *Sources of Military Doctrine*, 105. A 1930 memorandum to the French prime minister explicitly discusses that geography forced France to consider its armaments as interdependent. See Adamthwaite, *Lost Peace*, 111–12.

62. See *Statesman's Yearbook*(1922–30), 837–910.

63. Quoted in Néré, *Foreign Policy of France*, 66, see also Adamthwaite, *Lost Peace*, 67.

64. See Patrick Manning, *Francophone Sub - Saharan Africa*, 1880 - 1995 (New York: Cambridge University Press, 1998), 66; Christopher M. Andrew and A. Sydney Kanya - Forstner, *The Climax of French Imperial Expansion*, 1914 - 1924 (Stanford: Stanford University Press, 1981).

65. Steiner, *Lights that Failed*, 44.

66. Andrew and Kanya–Forstner, *Climax of French Imperial Expansion*, 214. Many of France's claims were sanctioned by the British. See Bernard and Dubief, *Decline of the Third Republic*, 103.

67. Andrew and Kanya–Forstner, *Climax of French Imperial Expansion*, 223.

68. See Adamthwaite, *Grandeur and Misery*, 95; Néré, *Foreign Policy of France*, 60–61.

69. See Keiger, *France and the World Since* 1870, 56.

70. See Néré, *Foreign Policy of France*, 45.

71. Quoted in Andrew and Kanya–Forstner, *Climax of French Imperial Expansion*, 230.

72. Quoted in Andrew and Kanya–Forstner, *Climax of French Imperial Expansion*, 229.

73. Dennis W. Brogan, *France Under the Republic: The Development of Modern France* (1870–1939) (New York: Harper and Brothers, 1940), 577.

74. See Andrew and Kanya–Forstner, *Climax of French Imperial Expansion*, 235.

75. See Bernard and Dubief, *Decline of the Third Republic*, 104; Cohrs, *Unfinished Peace*, 61.

76. For the British and French postwar positions, see Robert Boyce, *The Great Interwar Crisis and the Collapse of Globalization*(New York: Palgrave Macmillan, 2009), 95; Néré, *Foreign Policy of France*, 50; Bruce Kent, *The Spoils of War: The Politics, Economics, and Diplomacy of Reparations*, 1918–1932(New York: Oxford University Press, 1989), 10.

77. See Andrew and Kanya–Forstner, *Climax of French Imperial Expansion*, 218.

78. McDougall, *France's Rhineland Policy*, 112.

79. Steiner, *Lights that Failed*, 200–201. See also Adamthwaite, *Grandeur and Misery*, 105.

80. Walter McDougall describes the fallout: "Germany had dealt the Allies an unforgivable 'slap in the face,' while Britain responded by demanding more concessions of *France*." McDou-

gall, *France's Rhineland Policy*, 202.

81. See Cohrs, *Unfinished Peace*, 107; Steiner, *Lights that Failed*, 237; Schuker, *End of French Predominance*, 19.

82. Quoted in McDougall, *France's Rhineland Policy*, 368. See also Sally Marks, "Smoke and Mirrors: In Smoke-Filled Rooms and the Galerie des Glaces," in *The Treaty of Versailles: A Reassessment after* 75 *Years*, ed. Manfred Boemeke, Gerald Feldman, and Elisabeth Glaser (New York: Cambridge University Press, 1998), 366-67; Cohrs, *Unfinished Peace*, 9, 167; Schuker, *End of French Predominance*, 383, 386.

83. See Jackson, "French Security," 374; Steiner, *Lights that Failed*, 399, see also McDougall, *France's Rhineland Policy*, 246-47.

84. See Jordan, *Popular Front and Central Europe*, 50-51.

85. Here, too, policy was very continuous between leaders in large part because it was in line with French public opinion. See Jon Jacobson, *Locarno Diplomacy: Germany and the West, 1925-1929* (Princeton: Princeton University Press, 1972), 370 - 71, 374, 382; Keiger, *Raymond Poincaré*, 311, 321; Piotr Wandycz, *The Twilight of French Eastern Alliances*, 1926-1936: *French-Czechoslovak-Polish Relations from Locarno to the Remilitarization of the Rhineland* (Princeton: Princeton University Press, 1988), 60.

86. See Néré, *Foreign Policy of France*, 73; Jackson, *Beyond the Balance of Power*, 491, 493; Steiner, *Lights that Failed*, 401; Peter Jackson, "Deterrence, Coercion, and Enmeshment—French Grand Strategy and the German Problem after World War I," in *The Challenge of Grand Strategy: The Great Powers and the Broken Balance between the World Wars*, ed. Steven Lobell, Jeffrey Taliaferro, and Norrin Ripsman (New York: Cambridge University Press, 2013), 59; Wandycz, *Twi-light of French Eastern Alliances*, 35.

87. Quoted in Jackson, "French Security," 377; and quoted in Jackson, "Deterrence, Coercion, and Enmeshment," 59.

88. See Cohrs, *Unfinished Peace*, 274-75, see also Néré, *Foreign Policy of France*, 98.

89. Wandycz, *Twilight of French Eastern Alliances*, 157.

90. Bariéty, "France and the Politics of Steel," 44; Keiger, *France and the World Since* 1870, 127.

91. See Eric Bussiére, "Economics and Franco-Belgian Relations in the Inter-War Period," in *French Foreign and Defence Policy*, 1918 - 1940: *The Decline and Fall of a Great Power*, ed. Robert Boyce (New York: Routledge, 1998), 79-80.

92. See Martin, *France and the Après Guerre*, 256; cf. Wandycz, *Twilight of French Eastern Alli-ances*, 23.

93. Bernard and Dubief, *Decline of the Third Republic*, 122.

94. Wandycz, *Twilight of French Eastern Alliances*, 148-49. See also Martin, *France and the Après Guerre*, 256.

95. See Bernard and Dubief, *Decline of the Third Republic*, 220; Néré, *Foreign Policy of France*, 106.

96. McDougall, *France's Rhineland Policy*, 60, see also 68, 86-87.

97. Jackson, "French Security," 352; see also Jordan, *Popular Front and Central Europe*, 49; Peter Jackson, "Politics, Culture, and the Security of France: A Reinterpretation of French Foreign and Security Policy after the First World War," *French Historical Studies* 34, no. 4 (Fall 2011): 577-81.

98. Quoted in John Keiger, "Raymond Poincaré and the Ruhr Crisis," in *French Foreign and Defence Policy, 1918–1940: The Decline and Fall of a Great Power*, ed. Robert Boyce (New York: Routledge, 1998), 50.

99. See Wolfers, *Britain and France*, 76; Millerand quoted in Jackson, *Beyond the Balance of Power*, 337–38; Seydoux quoted in McDougall, *France's Rhineland Policy*, 175.

100. Quoted in Jackson, "French Security," 351.

101. Boyce, *Great Interwar Crisis*, 58, see also 68. Coordinated defense planning between Britain and France would have to wait a very long time. See George Peden, "Chamberlain, the British Army, and the 'Continental Commitment,'" in *Shaping British Foreign and Defence Policy in the Twentieth Century: A Tough Task in Turbulent Times*, ed. Malcolm Murfett (New York: Palgrave Macmillan, 2014), 86–110; Young, *In Command of France*, 221–29.

102. Wolfers, *Britain and France*, 72, see also Jackson, "Deterrence, Coercion, and Enmeshment," 48 – 50; Jackson, *Beyond the Balance of Power*, 503; Néré, *Foreign Policy of France*, 122.

103. Quoted in Jackson, "French Security," 364.

104. Quoted in Boyce, *Great Interwar Crisis*, 113.

105. Quoted in Boyce, *Great Interwar Crisis*, 336, see also 57; cf. Wandycz, *Twilight of French Eastern Alliances*, 217; Anthony Adamthwaite, *France and the Coming of the Second World War* 1936–1939 (New York: Routledge, 1977), 15.

106. See Bernard and Dubief, *Decline of the Third Republic*, 105; Jonathan Helmreich, "The Negotiation of the Franco-Belgian Military Accord of 1920," *French Historical Studies* 3, no. 3 (Spring 1964): 361–62, 365, 370; Sally Marks, "Ménages à Trois: The Negotiations for an Anglo-French-Belgian Alliance in 1922," *International History Review* 4, no. 4 (November 1982): 543, 551–52.

107. On France and Rhenish autonomy, see Jackson, *Beyond the Balance of Power*, 342, 391; McDougall, *France's Rhineland Policy*, 48, 280; Steiner, *Lights that Failed*, 23.

108. Steiner, *Lights that Failed*, 225, see also McDougall, *France's Rhineland Policy*, 280; Cohrs, *Unfinished Peace*, 118–19.

109. Quoted in Steiner, *Lights that Failed*, 225.

110. See Steiner, *The Lights that Failed*, 295.

111. Jackson, *Beyond the Balance of Power*, 366.

112. See Steiner, *Lights that Failed*, 151.

113. Wandycz, *Twilight of French Eastern Alliances*, 5.

114. See Steiner, *Lights that Failed*, 287–88.

115. Wolfers, *Britain and France*, 115. Our translation.

116. See Posen, *Sources of Military Doctrine*, 124, 127, 130, 138–39.

117. Jackson, *Beyond the Balance of Power*, 370, see also 366; Posen, *Sources of Military Doctrine*, 106, 115, 130.

118. Keeton, *Briand's Locarno Policy*, 360; see also Wandycz, *Twilight of French Eastern Alliances*, 23, 55, 60.

119. The Czechoslovakian army was the most powerful of the group. By 1938 it was nearly half as large as Germany's and nearly as well equipped. See Posen, *Sources of Military Doctrine*, 110.

120. Wandycz, *Twilight of French Eastern Alliances*, 15–16, 153; see also Young, *France and*

the Origins of the Second World War, 17–18; Jackson, *Beyond the Balance of Power*, 485.

121. The policy to channel the German flood east was only made explicit in the 1930s. See Jordan, *Popular Front and Central Europe*, 49, 91.

122. Hughes, *To the Maginot Line*, 192–93; see also Keeton, *Briand's Locarno Policy*, 98; Doughty, *Seeds of Disaster*, 33.

123. Jordan, *Popular Front and Central Europe*, 16–17; Keeton, *Briand's Locarno Policy*, 98. Contrary to the prevailing view, Generals Weygand and Gamelin remained interested in retaining offensive capability and mobility in the 1930s. See Bond and Alexander, "Liddell Hart and De Gaulle," 607, 609, 620–21; Posen, *Sources of Military Doctrine*, 117, 140.

124. Wandycz, *Twilight of French Eastern Alliances*, 108.

125. See Keiger, *France and the World Since* 1870, 56. See also Martin Alexander, "In Defence of the Maginot Line: Security Policy, Domestic Politics and the Economic Depression in France," in *French Foreign and Defence Policy, 1918–1940: The Decline and Fall of a Great Power*, ed. Robert Boyce (New York: Routledge, 1998).

126. See J. E. Kaufmann and H. W. Kaufmann, *The Maginot Line: None Shall Pass* (Westport: Praeger, 1997), 12–13; Young, *France and the Origins of the Second World War*, 20; Anthony Kemp, *The Maginot Line: Myth and Reality* (New York: Military Heritage Press), 46. Incidentally, though it was not much tested, the Maginot Line fared well in actual fighting. See Doughty, *Seeds of Disaster*, 69–70.

127. See Jacobson, *Locarno Diplomacy*, 361.

128. See Doughty, *Seeds of Disaster*, 21, 57; Posen, *Sources of Military Doctrine*, 112–15.

129. When Hitler came to power, there were discussions in France about forcibly removing him. Contrary to the predictions of preventive war theorists, however, these notions never became a viable policy option.

130. Adamthwaite, *Grandeur and Misery*, viii.

131. Challener, *Nation in Arms*, 138; see also Adamthwaite, *Grandeur and Misery*, 156–57, 166, 168. One could object that the national organization bill, which planned to ready France for total war and passed the Chamber in 1924 by 500 to 31 in a meager four days, was shelved, unreconciled with the Senate until 1938. Yet an outside expert found that "many of its objectives had been achieved through decrees and instructions" from the CSDN, and delayed ratification had not delayed the major parts of French mobilization plans. See Adamthwaite, *Grandeur and Misery*, 193–95, 234.

132. See Keiger, *Raymond Poincaré*, 272.

133. See Keiger, "Poincaré and the Ruhr Crisis," 53–55.

134. See Jackson, "French Security," 360; Andrew and Kanya-Forstner, *Climax of French Imperial Expansion*, 231; Bernard and Dubief, *Decline of the Third Republic*, 110.

135. See Schuman, *War and Diplomacy*, 272–73; Keiger, "Poincaré and the Ruhr Crisis," 49, 53; Robert Young, *Power and Pleasure: Louis Barthou and the Third French Republic* (Montreal: McGill-Queen's University Press, 1991), 168.

136. Quoted in Martin, *France and the Après Guerre*, 134.

137. McDougall, *France's Rhineland Policy*, 190.

138. See Keiger, "Poincaré and the Ruhr Crisis," 54–55; Jackson, "French Security," 362–63; Gordon Wright, *Raymond Poincaré and the French Presidency* (Stanford: Stanford University Press, 1942), 248.

139. See Wandycz, *Twilight of French Eastern Alliances*, 458.

140. See Eloranta, "Demand for External Security," 83.

141. Challener, "French Foreign Office," 52.

142. See Doughty, *Seeds of Disaster*, 112, 118.

143. See Cohrs, *Unfinished Peace*, 183–84, 520; Keiger, "Poincaré and the Ruhr Crisis," 49; Schuman, *War and Diplomacy*, 272 – 73; Jackson, "French Security," 368 – 69, 371, 376, 380; Néré, *Foreign Policy of France*, 70; McDougall, *France's Rhineland Policy*, 164; Young, *France and the Origins of the Second World War*, 12; and Challener, *Nation in Arms*, 140. For a historiographical overview, see Peter Jackson, *France and the Nazi Menace: Intelligence and Policy Making*, 1933–1939 (New York: Oxford University Press, 2000), 1–2.

144. Challener, "French Foreign Office," 83.

145. See Phillip M. H. Bell, *France and Britain*, 1900–1940: *Entente and Estrangement* (New York: Longman, 1996), 182; Donald Cameron Watt, *Too Serious a Business: European Armed Forces and the Approach of the Second World War* (Berkeley: University of California Press, 1975), 37. This agreement was very popular in France; only one cabinet member opposed it. See Bernard and Dubief, *Decline of the Third Republic*, 286; and Wandycz, *Twilight of French Eastern Alliances*, 358.

146. See Wolfers, *Britain and France*, 81, 101.

147. See Néré, *Foreign Policy of France*, 152.

148. Néré, *Foreign Policy of France*, 153; also Posen, *Sources of Military Doctrine*, 126.

149. See Néré, *Foreign Policy of France*, 154.

150. Néré, *Foreign Policy of France*, 183–84.

151. A point made by Bond and Alexander, "Liddell Hart and De Gaulle," 598.

152. An argument made by Young, *In Command of France*, 2.

153. See Fuller, *Strategy and Power*, 459; Néré, *Foreign Policy of France*, 66; Adamthwaite, *Lost Peace*, 67.

154. See David G. Herrmann, The *Arming of Europe and the Making of the First World* War (Princeton: Princeton University Press, 1997), 81.

结论

1. Allison's cases suggest a 75 percent probability. See Graham Allison, "The Thucydides Trap: Are the U. S. and China Headed for War?" *Atlantic* (September 24, 2015); also T. V. Paul, "The Accommodation of Rising Powers," in *Accommodating Rising Powers: Past, Present, Future*, ed. T. V. Paul (New York: Cambridge University Press, 2016), 7.

2. Walter Russell Mead, "The Return of Geopolitics: The Revenge of the Revisionist Powers," *Foreign Affairs* 93, no. 3 (May/June 2014): 77.

3. Robert Kaplan, "Eurasia's Coming Anarchy: The Risks of Chinese and Russian Weakness," *Foreign Affairs* 95, no. 2 (March/April 2016): 33.

4. Michael Cohen, "It's Coming from Inside the House," in A *Dangerous World? Threat Perception and U. S. National Security*, ed. Christopher Preble and John Mueller (Washington: Cato Institute, 2014), 167.

5. Thucydides, *The Landmark Thucydides*: A *Comprehensive Guide to the Peloponnesian War*, trans. Richard Crawley (New York: Free Press, 1996), 16 [I. 23. 6].

6. See Robert Gilpin, *War and Change in World Politics* (Princeton: Princeton University

Press,1981),10-11;Immanuel Wallerstein, *World Systems Analysis*(Durham:Duke University Press,2004),58-59;Ronald Tammen et al.,*Power Transitions:Strategies for the 21st Century*(New York:Chatham House,2000),49.

7. See John Vazquez,"Was the First World War a Preventive War? Concepts, Criteria, and Evidence," in *The Outbreak of the First World War:Structure,Politics,and Decision-Making*, ed. Jack Levy and John Vazquez(New York:Cambridge University Press,2014),199-223.

8. See Dale Copeland, *Economic Interdependence and War*(Princeton:Princeton University Press,2015),chap. 3.

9. See Jack Snyder, *Myths of Empire:Domestic Politics and International Ambition*(Ithaca:Cornell University Press,1991),chap. 3.

10. See Paul Kennedy, *The Rise and Fall of the Great Powers:Economic Change and Military Conflict from* 1500 *to* 2000(New York:Lexington Books,1987),xxii;Aaron Friedberg, *The Weary Titan:Britain and the Experience of Relative Decline*,1895-1905(Princeton:Princeton University Press,1988),286;Randall Schweller, *Unanswered Threats:Political Constraints on the Balance of Power*(Princeton:Princeton University Press,2006),46-47.

11. See E. Malcolm Carroll, *French Public Opinion and Foreign Affairs*,1870-1914(New York:Century,1931),103.

12. The French war minister Louis Barthou, quoted in Judith Hughes, *To the Maginot Line:The Politics of French Military Preparation in the* 1920*s*(Cambridge:Harvard University Press,1971),111.

13. See William Fuller, *Strategy and Power in Russia*,1600-1914(New York:Free Press,1992),377-78,423.

14. John Mearsheimer,"The Gathering Storm:China's Challenge to U. S. Power in Asia," *Chinese Journal of International Relations* 3,no. 4(2010):382.

15. G. John Ikenberry,"The Rise of China and the Future of the West:Can the Liberal System Survive?" *Foreign Affairs* 87,no. 1(January/February 2008):24.

16. Robert Blackwill and Ashley Tellis, *Revising U. S. Grand Strategy Toward China*(New York:Council on Foreign Relations,2015),4.

17. Michael Swaine,"The Real Challenge in the Pacific," *Foreign Affairs online*(April 20,2015).

18. Martin Jacques, *When China Rules the World:The End of the Western World and the Birth of the New Global Order*,2nd ed.(New York:Penguin,2012),11,16.

19. Arvind Subramanian, *Eclipse:Living in the Shadow of China's Economic Dominance*(Wash-ington:Petersen Institute for International Economics,2011),4.

20. Michael Beckley,"China's Century? Why America's Edge Will Endure," *International Security* 36,no. 3(Winter 2011/2012):44,78.

21. Quoted in David Shambaugh, *China Goes Global:The Partial Power*(New York:Oxford University Press,2013),311.

22. Barack Obama,"Commencement Address at the United States Military Academy at West Point,"(May 28,2014),https://obamawhitehouse. archives. gov/the-press-office/2014/ 05/28/remarks-president-united-states-military-academy-commencement-ceremony.

23. A decade ago, Angus Maddison, on whose data our analysis is based, put the transition point at 2018. See his, *Contours of the World Economy*, 1-2030:*Essays in Macro-Economic History*(New York:Oxford University Press,2007),340.

24. All figures in this section are from the World Bank "Databank" http://databank.worldbank.org, accessed March 30, 2017.

25. Robert Lieber, *Power and Willpower in the American Future: Why the U. S. Is Not Destined to Decline* (New York: Cambridge University Press, 2012), 41. See also Beckley, "China's Century?", 58-59.

26. Thomas Christensen, *The China Challenge: Shaping the Choices of a Rising Power* (New York: Norton, 2015), chaps. 1, 3; Jonathan Kirschner, *American Power after the Financial Crisis* (Ithaca: Cornell University Press, 2014), 17, 140-41, 149-51.

27. Obama, "Commencement Address."

28. Hillary Clinton, "America's Pacific Century," *Foreign Policy* (November 2011).

29. White House, "President Barack Obama's Inaugural Address" (January 21, 2009), https://obamawhitehouse.archives.gov/blog/2009/01/21/president-barack-obamas-inaugural-address.

30. White House, *National Security Strategy* (May 2010), p. ii, http://nssarchive.us/NSSR/2010.pdf.

31. Colin Dueck, *The Obama Doctrine: American Grand Strategy Today* (New York: Oxford University Press, 2015), 14.

32. Robert M. Gates, "A Balanced Strategy: Reprogramming the Pentagon for a New Age," *Foreign Affairs*, 88, no. 1 (January/February 2009): 28-40.

33. Figures cited in Paul K. MacDonald and Joseph M. Parent, "The Banality of Retrenchment," *Foreign Affairs online* (March 9, 2014), https://www.foreignaffairs.com/articles/united-states/2014-03-09/banality-retrenchment.

34. Figures cited in Office of the Undersecretary for Defense (Comptroller), "National Defense Budget Estimates for FY 2016 (Green Book)" (March 2015), Table 7-5.

35. Figures cited in "Green Book," Table 2-1.

36. Figure cited in Andrew Fickert and Lawrence Kapp, "Army Active Component/ Reserve Component Mix: Considerations and Options for Congress," *Congressional Research Service* (December 5, 2014), 2.

37. General Accounting Office, "Special Operations Forces: Opportunities Exist to Improve Transparency of Funding and Assess Potential to Lessen Some Deployments," (July 15, 2015), 2, 16, 22. Figures combine supplemental and base spending.

38. Department of Defense, "Major Budget Decisions Briefing from the Pentagon" (26 January 2012). See also Robert M. Gates, *Duty: Memoirs of a Secretary at War* (New York: Vintage, 2015), 460, 590.

39. Figure cited in Leo Shane, "Pentagon: Another BRAC Round Would Save Money," *Military Times* (March 3, 2015), https://www.militarytimes.com/news/pentagon-congress/2015/03/03/pentagon-another-brac-will-save-money/.

40. Leo Shane, "The Pentagon's 'Force of the Future' Plan Just Got Trashed in Congress," *Military Times* (February 25, 2016), https://www.militarytimes.com/news/pentagon-congress/2016/02/25/the-pentagon-s-force-of-the-future-plan-just-got-trashed-in-congress/.

41. Before drawing down, of course, Obama raised troops as part of his Afghan "surge." Figures taken from Michael O'Hanlon and Ian Livingston, "Iraq Index" (Washington: Brookings Institution, November 2011), 13; Ian Livingston and Michael O'Hanlon, "Afghan Index" (Washington: Brookings Institution, November 2015), 4.

42. See Andrew Feickert, "Army Drawdown and Restructuring: Background and Issues for Congress," *Congressional Research Service* (February 28, 2014): 7–9.

43. See Janine Davidson and Lauren Dickey, "America's Pivot to Asia has Some Serious Military Muscle," *National Interest* (April 16, 2015), http://nationalinterest.org/blog/the-buzz/fact-americas-rebalance-asia-has-some-serious-military-12652.

44. North Atlantic Treaty Organization "Financial and Economic Data Relating to NATO Defence" (2012), 6.

45. Calculations based on Stockholm International Peace Research Institute "Military Expenditure Database," http://www.sipri.org/databases/milex, accessed March 30, 2017.

46. Quoted in Ryan Lizza, "The Consequentialist: How the Arab Spring Remade Obama's Foreign Policy," *New Yorker* (May 2, 2011), 55.

47. Quoted in Jeffrey Goldberg, "The Obama Doctrine: The President Explains His Hardest Decisions about America's Role in the World," *Atlantic* (April 2016): 76.

48. See Paul K. MacDonald and Joseph M. Parent, "The Retrenchment War: Why the War Against ISIS Will Be Fought on the Cheap," *Foreign Affairs* online (September 24, 2014), https://www.foreignaffairs.com/articles/united-states/2014-09-24/retrenchment-war.

49. See Lisa Ferdinando, "Carter Reiterates Call for Peaceful Resolution in South China Sea," *DoD News* (November 4, 2015).

50. For Trump's views on foreign policy, see "A Transcript of Donald Trump's Meeting with The Washington Post Editorial Board," Washington Post (March 21, 2016); "Transcript: Donald Trump Expounds on His Foreign Policy Views," New York Times (March 26, 2016); "Transcript: Donald Trump's Foreign Policy Speech," *New York Times* (April 27, 2016); "Transcript of Donald Trump's Speech on National Security in Philadelphia," *Hill* (September 7, 2016).

51. See Max Fisher, "Uncertainty over Donald Trump's Foreign Policy Risks Global Instability," *New York Times* (November 9, 2016); Robert Gebelhoff, "Donald Trump's Foreign Policy Inexperience is a True Liability," *Washington Post* (November 11, 2016).

52. See "Transcript: Donald Trump on NATO, Turkey's Coup Attempt, and the World," *New York Times* (July 21, 2016).

53. Joe Gould, "White House 'Skinny Budget' Faces Congressional Headwinds," *Defense News* (March 15, 2017).

54. Stephen Brooks, G. John Ikenberry, and William Wohlforth, "Don't Come Home, America: The Case Against Retrenchment," *International Security* 37, no. 3 (Winter 2012/2013): 10. They have since clarified that their definition of retrenchment focuses largely on alliance commitments. See Stephen Brooks and William Wohlforth, *America Abroad: The United States Global Role in the 21st Century* (New York: Oxford University Press, 2016), 4–5.

55. Beckley, "China's Century?," 78.

56. Barry Posen, "Pull Back: The Case for a Less Activist Foreign Policy," *Foreign Affairs* 92, no. 1 (January/February 2013): 127.

57. John Mearsheimer, "Imperial by Design," *National Interest* 111 (January/February 2011): 34.

58. Brooks, Ikenberry and Wohlforth, "Don't Come Home, America," 7; Beckley "China's Century?," 78, respectively.

59. For a fuller articulation of our views, see Joseph M. Parent and Paul K. MacDonald, "The Wisdom of Retrenchment: America Must Cut Back to Move Forward," *Foreign Affairs*

(November/December,2011):32–47.

60. Barry R. Posen, *Restraint: A New Foundation for U. S. Grand Strategy* (Ithaca: Cornell University Press,201),21–22,75–76.

61. Quoted in James Mann, *The Obamians: The Struggle Inside the White House to Redefine American Power*(New York: Penguin,2013),60.

图书在版编目(CIP)数据

霸权的黄昏：大国的衰退和收缩／（美）保罗·K.麦克唐纳，（美）约瑟夫·M.培伦特著；武雅斌，郭晓梦译. -- 北京：法律出版社，2020(2023.2重印)

书名原文：Twilight of the Titans：Great Power Decline and Retrenchment

ISBN 978-7-5197-4596-7

Ⅰ.①霸… Ⅱ.①保… ②约… ③武… ④郭… Ⅲ.①霸权主义－研究 Ⅳ.①D51

中国版本图书馆CIP数据核字(2020)第098674号

霸权的黄昏：大国的衰退和收缩
BAQUAN DE HUANGHUN：DAGUO DE SHUAITUI HE SHOUSUO

[美]保罗·K.麦克唐纳
[美]约瑟夫·M.培伦特 著
武雅斌　郭晓梦 译

责任编辑 韩满春
装帧设计 汪奇峰

出版发行	法律出版社	**开本**	710毫米×1000毫米　1/16
编辑统筹	学术·对外出版分社	**印张**	19　**字数** 266千
责任校对	王晓萍	**版本**	2020年8月第1版
责任印制	陶　松	**印次**	2023年2月第2次印刷
经　　销	新华书店	**印刷**	保定市中画美凯印刷有限公司

地址：北京市丰台区莲花池西里7号(100073)

网址：www. lawpress. com. cn　　　销售电话：010-83938349

投稿邮箱：info@ lawpress. com. cn　　　客服电话：010-83938350

举报盗版邮箱：jbwq@ lawpress. com. cn　　　咨询电话：010-63939796

书号：ISBN 978-7-5197-4596-7　　　**定价**：88.00元

凡购买本社图书，如有印装错误，我社负责退换。电话：010-83938349